浙江省重点学科新闻传播学资助项目研究成果

"十二五"普通高等教育本科国家级规划教材

传媒效果研究

Aud**1**ence Survey and Rating Analysis

受众调查与收视分析
第二版

葛进平 编著

ZHEJIANG UNIVERSITY PRESS

浙江大学出版社

20 世纪 70 年代末,收视率的概念就进入中国。1996 年央视—索福瑞公司在北京创立,AC 尼尔森在上海建立中国办事处;1997 年党的十五大确认社会主义市场经济,1998 年的九届人大一次会议明确,对包括电视台在内的大多数事业单位将实行"断奶"政策,收视率从观念进入实务。随着"市场在资源配置中起决定性作用"被党的十八届三中全会论定,收视率和满意度的科学调查数据在大众媒体的评价中,也一定会起决定性作用。

然而,对收视率的质疑也长期存在。业界有人喊出了"收视率是万恶之源"的口号(李晓枫,2002),中央电视台台长提出绿色收视率(赵化勇,2006)。学界有人认为追求收视率会导致低俗化和社会效益的偏失,因此对收视率进行文化、社会学、传播学等全方位的批判(时统宇等,2007)。2010 年《人民日报》发表多篇文章,讨论收视率与电视节目的"三俗"。

在对收视率的所有质疑中,有一种观点值得认真对待。该观点认为,中国社会群体的金字塔结构,使电视观众构成表现为低端化,电视台为追求高收视率不得不制作和播出满足甚或迎合这些以低端化观众为主导的收视取向,具体表现为节目低俗化。2008 年 6 月,中国传媒大学受众研究所"收视率问题及其影响研究"课题组的调查,反映了相同问题,有 69% 的受访者认为"样本代表性不足",认为"样本量不足"的占 66.7%。

"样本代表性不足"和"样本量不足",是老生常谈的问题,是对调查公司抽样科学性的怀疑。一方面有抽样知识普及的问题,另一方面在许多从业者看来,理论上样本量的"够"并不意味着实际应用中的"好",尤其是当观众市场层次复杂而差异多样时。因此,在理论上"够"的基础上,增加一定样本量,或许能达到"好"的要求。随着有线数字电视的发展,本书中提到的尼尔森网联公司的海量样本收视率调查,已迈出了实质性的一步。

收视率是反映受众收看节目的一系列指标,同社会效益的偏失没有本质的联系。因为在现代社会中,无论是商业电视台,或是公共电视台,都必须正确处理社会效益和经济效益的关系,必须坚持把社会效益放在首位。无论社会效益还是经济效益的实现,都必须有高收视率。因此无论是商业电视台,或是公共电视台,都在不懈地追求高收视率。

收视率的作用和意义以及其导向本质是个综合化、复杂化的论题(盛伯骥,2006)。为体现本书用数据说话的特点,我们使用"收视率问题及其影响研究"课题组的调查数据。课题组使用李克特五级量表,设计了10项陈述,涉及当时对收视率的各种看法,既有正面说辞,也有负面批评。1～5分别表示不同意、不太同意、一般、较同意、同意。经过信度和效度检验,该量表具有可以接受的信度和效度,可以作为对受访者关于收视率的相关认识和观念的有效评测工具。

电视从业者对收视率的态度

陈　述	回答人数	均值	态度水平
1. 收视率高的节目其专业水准也较高	140	2.77	一般
2. 低收视率的节目就应该被淘汰	139	2.43	不太同意～一般
3. 节目庸俗化的主要原因是追求高收视率	140	3.23	一般
4. 节目制作人员收入应该与收视率挂钩	139	3.54	较同意～一般
5. 收视率在节目评估中的作用被夸大了	139	3.40	一般～较同意
6. 收视率是万恶之源	139	2.25	不太同意
7. 收视率高意味着观众满意度高	139	2.50	不太同意～一般
8. 没有收视率就没有影响力	138	3.20	一般
9. 绿色收视率是一种理想化的提法	138	3.76	较同意
10. 追求收视率与讲求社会效益并不矛盾	139	4.18	较同意

本书第七章中介绍的有关满意度与收视率关系的研究结果,也不支持满足低端观众的收视取向,导致节目低俗化的观点。

延续阅读

1. 周欣欣,王建平. 对收视率"误读"与"误用"的解析. 收视中国,2010(4).

2. 陈汉元. "电视界的老爷子"陈汉元实话实说:老百姓看电视是为了啥,有饭吃能说话就和谐. 新闻晨报,2009年9月13日,2009年12月27日.

目 录 MU LU

第一部分　受众调查与收视分析的理论基础

第二部分　受众调查与收视分析的方法

第三部分　受众调查与收视分析的应用

第一部分 >>
受众调查与收视分析的理论基础

受众调查与收视分析是定量的受众研究。受众研究是对人行为和态度的研究，涉及社会科学中的许多学科，是横贯社会科学各学科之间的一个重要桥梁。从另一个角度讲，传播学、心理学、经济学等社会科学为受众研究提供了丰富的理论基础，同时以数学为基础的统计学是上述学科的主要工具。本部分将从这四个方面阐述受众调查与收视分析的相关理论。

第一章

传播学基础

大众传播研究的历史就是受众调查的历史。早在 1914 年,美国广告商为了防止报社虚报发行量,联合组织了"报纸发行数字稽核局",通过各种途径调查报纸发行数量。这可以说是受众研究的起源(张隆栋,1993)。此后受众研究除了调查报纸和杂志的发行量外,发展到调查广播电视收听收视率及满意度,进而对网络、手机等网民进行调查。

第一节 传播概念中传者与受众的关系

不同的学者对传播有不同的理解和定义。综观各种理解和定义,其核心是论述传者同受众的关系,可归纳为以下四种。

一、受众被传者"影响"

沃伦·韦弗①对传播的定义是"一个心灵影响另一个心灵的全部程序"(1949)。韦弗强调影响受众是传播者传递信息的目的,把传者目的的实现和受者行为的改变看作是一切传播的基本特征,并据此检测传播活动是否进行和进行得怎样;但这一定义忽视了人类传播活动中另一类信息,如"心脏在右"、"猫长翅膀"等消息并非是向人们有目的地施加影响。该定义在指导和评估政治传播和经济传播等具有明显劝服性的传播活动方面,具有实用价值和可操作性。

---

① 沃伦·韦弗(Warren Weaver,1894—1978):机器翻译的鼻祖,1949 年同香农合写《通讯的数学原理》。

同类的说法有美国传播学者霍夫兰[①]、贾尼斯和凯利的传播定义,"某个人(传播者)传递刺激(通常是语言的)以影响另一些人(接受者)行为的过程"(1953)。奥斯古德[②]等人认为"传播就是一个系统(信源),通过操纵可选择的符号去影响另一个系统(信宿)"(1957)。德弗勒和丹尼斯在《大众传播通论》(L De-Fleur and D. Dennis,1989)一书中定义更全面:"大众传播是一个过程,在这个过程中,职业传播者利用机械媒介广泛、迅速、连续不断地发出讯息,目的是使人数众多、成分复杂的受众分享传播者要表达的含义,并试图以各种方式影响他们。"该定义强调了信息由传者经媒介流向受众这一过程的完整性和连续性,它要求传播有始有终,而且传播的效果最终能够显示出来。

二、受众与传者"共享"

亚历山大·戈德的定义,传播"就是使原为一个人或数人所有的化为两个或更多人所共有的过程"(1959)。威尔伯·施拉姆[③]将传播定义为"它即是对一组告知性符号采取同一意向"(1971)。这些定义强调了传播者与接受者对符号的共有性,但没有明确指出:传受两者要"分享的是其含义,而非符号"。因为,"同一个符号对两个人可能有完全不同的含义,或者对一个人有意义,对另一个人却毫无意义"(W. Sevefin and W. Tankard,1985)。为此,希伯特(P. Hibbert,1974)认为:"传播的确可视为一个过程,过程就是一系列的活动及运行永远向着一个特定的目标在行动。传播不是一个被时间和空间所固定的静止的实体。传播是一个恒动过程,用以运送意义,传递社会价值,并分享经验。"徐佳士(1987)认为传播"乃是设法建立共同性,也就是设法共同享有一则消息、一个观念,或者一种态度"。

现代社会中的知情权就是共享信息的法律体现。但是,在特定的社会条件下,共享信息是很难的。

三、受众"反应"

史蒂文斯定义传播"是一个有机体对于某种刺激的各不相同的反应"(S. Stevens,

---

① 卡尔·霍夫兰(Carl I. Hovland,1916—1961):传播学四大奠基人之一,美国心理学家,研究社会交往以及态度和信念改变的先驱,主要论著有《说服的表达次序》(1957);与人合著《大众传播实验》(1949),《传播与说服》(1953),《个性与可说服性》(1959),《态度的形成和改变》(1960)。

② 奥斯古德(Charles E. Osgood,1916—1991):美国心理学家,1963年当选为美国心理学会主席,致力于学习理论及其实验研究,提出了具有重要影响的学习迁移模型,创立的语义分化法被广泛应用。

③ 威尔伯·施拉姆(Wilbur Lang Schramm,1907—1987):传播学科的创始人,建立了世界上第一个大学的传播学研究机构和传播院系,编撰了第一本传播学教科书,授予第一个传播学博士学位。

1966）。理兹认为传播是"一个来源透过对讯息（不管是语文或非语文、记号或符号）的传达,能使接受者引起反应的过程"（LRich,1974）。这类定义吸收了心理学中刺激——反应论的观点,其含义极为广泛和模糊;在强调传播的广泛性和受者反应必然性的同时,抛弃了传播的社会性和受者的能动性;有的定义甚至混淆了人类传播与动物传播、传播学与心理学、生物学之间的界限与区别,使传播学成了一门无所不包的百科全书。

传播是人类的活动,人是传播的主体和轴心。不论是传播信息还是接受信息,每一个参与活动的人,都是有意图、有目的和有自觉性的,而不管他是否能意识到。只要人在传播中发生了相应的变化,那么至少可以说明三点:传者送出了信息,受者收到了信息,并且产生了传播效果。这种"相应的变化",不专指态度与行为的改变,还包括情报资料的获得、知识的增加、见闻的扩大、感情的沟通、精神的愉悦、事实的澄清等等。

四、受众与传者"互动"

格伯纳[①]认为传播是"通过讯息进行的社会的相互作用"（1967）。瓦茨罗维克等人认为,"在互动的情境中,有讯息价值的所有活动都是传播"（1967）。这些定义强调了传播者与受传者之间通过信息传播相互作用、相互影响的双向性和互动性。在信息传播过程中,传播者不是简单地输出信息,还应含有复杂的双向交流;受传者也不是被动地接受信息,还应包括主动地反馈信息。信息作为传播的内容,就像没有货物即无需搬运和运输一样,没有它即没有传播。所以,传播的过程既是人与人之间信息交流的过程,也是人与人之间相互影响、相互制约、交替作用的过程。

但是,人类传播毕竟不是一种简单意义上的一来一往的讯息互动,而是一种复杂的、多向的、有目的、合需求的信息交流与沟通。同时,随着信息传播的持续进行,每个参与交流的人所拥有的信息非但不会减少,也不限于对等交换,而且会一起增加、共同累积。

对于上述定义,各有特色和不足,是特定时代和传播阶段的定义,而时代和媒介却在不断发展变化。可见,要想给"传播"下一个统一的科学的定义,需要学者不断努力。

---

①　乔治·格伯纳（George Gerbner,1919—2005）:于1968年建立了文化指标研究项目,以追踪电视内容的变化以及这些变化如何影响观众对世界的感觉,包含3000多个电视节目和35000个目视角色,提出涵化理论,认为"邪恶世界综合症"（mean world syndrome）,即收看大量电视节目的人更倾向于相信世界是无情的和危险的地方。

第二节 受众的概念

中文"受众"一词最早出现在由威尔伯·施拉姆著、余也鲁1978年翻译的《传媒·信息与人——传学概论》一书中。书中"受众"被定义为"在传播的过程的另一端的读者、听众与观众的总称"。中国社科院新闻传播研究所陈崇山对"受众"的注释是:"受众,是一个集合概念,是报刊读者、广播听众、电影观众、互联网网民的统称,是指一切通过大众媒体接收信息的人。不论国家元首、政党领袖、社会名流,还是工人、农民、知识分子等普通劳动者,都统称为受众。"

简而言之,受众是指信息传播的接受者,包括报刊和书籍的读者、广播的听众、电影电视的观众、互联网的网民。从传播媒体产生的那一刻起,受众就作为信息的接收者而存在,并随着传播媒体的发展而不断丰富。

作为传播学的基本概念,"受众"的英语单词是"audience"。"audience"一词最早出现在14世纪(J. G. Webster & P. S. Phalen,1997),当时仅指布道集会时的听众,即作为上帝的信徒和子民,从四面八方汇集到一起,接受牧师对教义的宣讲。

"受众"的更准确的英语表达应该是"mass audience","mass"是社会学意义上的"大众"。芝加哥社会学派的赫伯特·布卢默①提出了一个明确的框架,认为受众是现代社会各种因素相互作用的结果,是一种新型集合体。他称这种集合体为大众(mass),区别于传统的社会集合体,特别是群体(group)、群集(crowd)和公众(public)。

群体是指两个或两个以上的人,为了达到共同的目标,以一定的方式联系在一起进行活动的人群。群体内的所有成员都生活在一定的社会和地理范围内,相互知晓,彼此互动;成员有共同的目标,有认同感和归属感,共同的价值观等。群体的价值和力量来源于其成员思想和行为的一致性,而这种一致性取决于群体规范。群体规范对个体行为的制约表现为服从和从众。

群集的成员是一个相对较大的群类,其成员可能拥有一致的身份认同和心态(mood),但是一个暂时的、极少会重聚的群类。群集的本质是不稳定的、缺乏理性和容易冲动的,是一个与文化和道德无关的群体(布卢默,1946)。

---

① 赫伯特·布卢默(Herbert Blumer,1900—1987):美国社会学家,芝加哥学派的代表人物之一,符号互动论的主要倡导者。主要著作有《符号互动论:观点和方法》(1986)、《电影和品行》(1970)、《人与社会》(1937)等。

广义的公众是除自己之外的所有人,具有排己性。狭义的公众是除自己及与自己有相当关系或一定交往的人(或群体)外的人群,具有排他性。从社会的角度看,公众是现代社会的产物,由那些自由参与公共议题的讨论,提出一些观点、意见、原则和建议,希望为改变现状而努力的人构成。

大众是一种由分散、匿名的个体所组成的非常庞大的集合体,对那些超出其直接经验范围和直接控制之外的事物感兴趣,并加以关注。大众同群体的区别是人数悬殊,是否有相似的价值观。大众同群集的不同是,大众缺乏为实现自身目的而行动的意愿和手段,也没有固定的场所。大众与社会意义上公众的差异表现在两个方面,一是关注内容范围不同,大众关注的范围广,而公众关注的范围窄,一般为公共议题;二是参与程度不同,大众的浅,公众的深。

大众一词体现了受众的一些基本特征,即报纸、电影、广播、电视、网络的使用者或消费者的特征。大众的成员与受众的成员一样,人数众多,分布广泛,互不知晓也无法知晓。因此"大众"与"受众"的概念经常被混用,但是从它们所属的话语范畴来看,"大众"是社会学范畴,"受众"是传播学范畴。按照大众社会理论,大众是现代工业化社会的产物,反映了脱离家庭、血缘等传统纽带,相互依赖却又彼此陌生的人们的生存形态。而"受众"按照麦奎尔的说法,是社会环境和特定媒介供应方式的产物。受众概念的发展与演变伴随着人类传播媒介的使用,具有鲜明的社会特征和环境特征。

在早期的传播学研究中,受众处于被动的地位。因此受众与大众媒体之间的关系是非人格的,受众不容易给大众媒体"回话"。受众成员与强大、专业、具影响力的大众媒体之间,存在很大的社会差距。

从 20 世纪 50 开始,出现一个重大的转折。有关受众的原子理论,受到以卡茨和拉扎斯菲尔德[①]为代表的学者质疑。即使在大型工业化城市中,群体从未真正地消失过,受众具备一些集体和社会群体的特征,即基于地域和共同利益而形成的许多相互交错的社

---

① 伊莱休·卡茨(Elihu Katz,1926—):美国社会学者和传播学者,是使用与满足理论"现代时期"的主要代表人物。他的主要著作有《个人影响》(1955 年同拉扎斯菲尔德合作)、《意义输出》(1990)、《媒介事件》(1992 年),经典论文有《论为"逃避"而使用大众媒介:一个概念的澄清》(1962)、《个人对大众传播的使用》(1974)等。保罗·F.拉扎斯菲尔德(Paul Felix Lazarsfeld,1901—1976):美籍奥地利社会学家、实验心理学家,传播学奠基人之一,创立了"两级传播"理论,倡导"实地调查法"为传播学的基本研究方法之一,强调精确的定量测量和定性的评价分析,其代表作有《人民的选择》(1944)、《社会科学中的数学思维》等。

会关系网(Janowitz,1952;Merton[①],1949)。在 20 世纪六七十年代,受众已经被当作一个主体来研究了,改变了早期受众观的误差——媒体选择受众,确立受众选择媒体,从而建立受众的中心地位。

网络的发展,为受众选择提供了更加丰富的内容、灵活的时间和地点、方便的交互。特别是网络互动功能的凸显,成为博客、播客和微博等形成的基础。纽曼把交互性定义为"具有被电子媒介化的传播属性,其特点是发送者和接受者对传播过程的控制增加了"(Neuman,1991)。网络媒介的交互性明显强化了受众成员的介入、反馈、选择、接近和使用媒体的能力,意味着受众更多的自我控制、卷入、更丰富的经验和对媒体影响的抵御。

第三节　受众研究类型

受众研究首先要考察受众的分类。除了按照接触媒介类别,分为读者、听众、观众、网民外,还有许多分类方法,并且各种不同分类方法之间可以组合成更复杂的分类。

一、受众分类

1. 按照媒体,受众可以分为读者、观众、听众、网民等类型。这些类型可以再按照性别、年龄、职业、地域、教育水平等标志进行人口统计学分类。

2. 按照接触媒体的可能性,分为现实受众和潜在受众。已经使用媒体的受众称为现实受众;具备正常的媒体接触能力,但是还没有使用媒介的称为潜在受众。

3. 按照接触频率,可以分为忠实受众和流动受众。忠实受众是各个媒体的重点争取对象。

按照接触频率还可以分为核心受众和重、中、轻度受众。核心受众(Core Audience)是根据媒体接触时间来衡量:每天阅读报纸的时间在 0.5 小时以上或每周阅读杂志的时间在 1 小时以上的读者;经常收听某电台且每天收听时间在 1 小时以上的听众;经常收看某电视频道且每天收看时间在 2 小时以上的观众;经常访问某网站且每周上网时间在 5 小时以上的网民。重度受众是每天阅读报纸在 1.5 小时以上或每周阅读杂志在 4 小

---

① 罗伯特·K.默顿(Robert King Merton,1910—2003):美国社会学家,结构功能主义的代表人物之一,以对社会结构、行政系统和大众传播的研究而著名,被称为"焦点小组之父",主要著作有《17 世纪英国的科学、技术与社会》(1938)、《大众见解》(1946)、《社会理论与社会结构》(1949)、《站在巨人的肩上》(1965)、《科学社会学》(1973)等。

时以上的读者（通常占读者总数的 20%）；每天收听电台在 2 小时以上的听众；每天收看电视在 4 小时以上的观众；每周上网时间在 10 小时以上的网民。中度受众是每天阅读报纸在 0.5～1.5 小时之间或每周阅读杂志的时间在 1～3 小时之间的读者（通常占读者总数的 50%～60%）；每天收听电台在 1～2 小时之间的听众；每天收看电视在 2～3.5 小时之间的观众；每周上网在 2～10 小时之间的网民。轻度受众是除重度、中度以外的受众[①]。

二、受众研究类型

克劳斯·布鲁恩·詹森和卡尔·埃里克·罗森格伦（Klaus Bruhn Jensen and Karl Eric Rosengren）合写的《受众调查的五项传统》（Five Traditions in Search of the Audience，1990）一文，梳理了受众研究发展过程，将受众研究分为效果研究、使用与满足研究、文学批评、文化研究和接受分析等五类，认为受众研究的重心有从"传者本位"向"受众本位"迁移的趋向。

丹尼斯·麦奎尔[②]在《受众分析》（Audience Analysis，1997）一书中，把受众研究分为结构的、行为的、社会文化的三大类，并进行比较，详见表 1-3-1。三种受众研究的目的、数据和方法涵盖了大众传播研究的方方面面。

表 1-3-1　三种受众研究传统的比较

	结构的	行为的	文化的
主要目的	描述受众构成，统计数据，描述社会关系	解释并预测受众的选择、反应和效果	理解所接收内容的意义及其在语境中的应用
主要数据	社会人口统计数据，使用时间数据	动机、选择行为和反应	理解意义，关于社会和文化语境
主要方法	调查和统计分析	调查、实验、心理测试	民族志、定性方法

1."结构的"受众研究是最早的受众研究，根据受众的构成与总人口的社会结构关系来描述受众，揭示大众媒体与使用者之间的关系，其目的是获得有关受众规模、到达率、受众流动、以及媒介使用模式等方面的信息，以满足媒体和广告业的需要，同时促进大众

---

① 数据来源：http://www.meihua.info/knowledge/wi/li/7213

② 丹尼斯·麦奎尔（Denis McQuail）：英国著名传播学者，"欧洲传媒研究小组"成员，《欧洲传播学杂志》三位创始人之一。先后在美国宾夕法尼亚大学、哥伦比亚大学、哈佛大学、俄罗斯莫斯科大学、芬兰坦佩雷大学、英国南安普敦大学担任教授或客座教授。主要著作有《迈向大众传播社会学》(1971)、《传播学》(1975)、《大众传播研究模式论》(1982 年第 1 版,1993 年第 2 版)、《大众传播理论》(1983)等。

媒体承担更多的公共责任。研究内容主要包括以下方面:第一,受众规模;第二,受众人口统计特征;第三,受众群体构成以及与社会结构的关系;第四,受众形态,如从媒体角度,将受众分为潜在受众、付费受众等;第五,受众构成与形态的变化。

对广播电视和广告商来说,"结构的"受众研究是一个重要的课题,它既是传播活动的决策依据,也是衡量传播效果的尺度来源,它的量化形态成为媒体与广告市场的通用货币。同时,以受众理论为指导,采用社会科学研究方法所进行的受众调查,如视听率调查、阅读率调查及其分析,成为市场调查行业(7232)①的一个重要组成部分。

2."行为的"受众研究侧重传播效果,是大众传播研究的重要内容,是满意度研究的理论源泉。早期"行为的"受众研究特别关注大众媒体对儿童和青少年的影响,尤其是对他们的潜在伤害。"行为的"受众研究主要运用内容分析、实验或准实验的方法,旨在探索大众传播与人类心理、行为之间的复杂关系。"行为的"受众研究重在改进和强化媒体传播效果,从受众对媒体的选择、使用、意见和态度等,来解释媒体的影响,并据以预测受众可能出现的行为。行为的受众研究硕果累累,从非常有效的魔弹论,到非常弱小的有限效果模式,再到非常有效的强大效果模式,如图1-3-1所示。

3."文化的"受众研究大多运用定性的研究方法,处在人文研究和社科研究之间,界限模糊的中间地带。"文化的"受众研究旨在了解受众对媒体文本如何进行"解码"(decoding),广义上包括批判研究、文化研究、接受分析等。

文化研究派前期以霍尔②为代表,后期代表是莫利③。霍尔认为,媒体产品并不是现实的反映,而是对什么是现实的定义和建构。由于媒体是对现实的重新建构,所以不再仅仅被经济基础所决定,而是具有相对的自主性,具有一种"物质的力量"。这样,媒体就可透过其意识形态的表意作用(signification)参加对文化霸权的争夺。文化研究派受到符号学派的影响。符号学派侧重于研究意义的产生与交换、文本在文化中的地位,将传播视为一种生产意义的互动行动。所以文化受众研究的重心在"文本"与"受众解读"的关系上。

---

① 根据国民经济行业分类(GB/T4754—2011),收视调查属于L门类,商务服务大类(72),咨询与调查中类(723),市场调查小类(7232)。

② 斯图尔特·霍尔(Stuart Hall,1928—),英国文化研究学派的代表人物,提出编码/解码理论和"偏好解读"观点。其代表作有:《文化、媒介和"意识形态效果"》(1977)、《电视话语中的编码与解码》(1980)、《意识形态与传播理论》(1989)。

③ 戴维·莫利(David Morley,1949—),文化研究学派中从文本研究转向受众研究的关键人物。莫利认为文本意义的解构既受制于受众个人的"文化符码",又受制于受众接受文本时的家庭收视语境,要把收视行为放置于社会、政治和经济现实等更加广阔的话境下来研究。莫利的民族志研究方法有效地发掘了受众解读文本的复杂性和创造性,开创了电视受众研究的新途径。

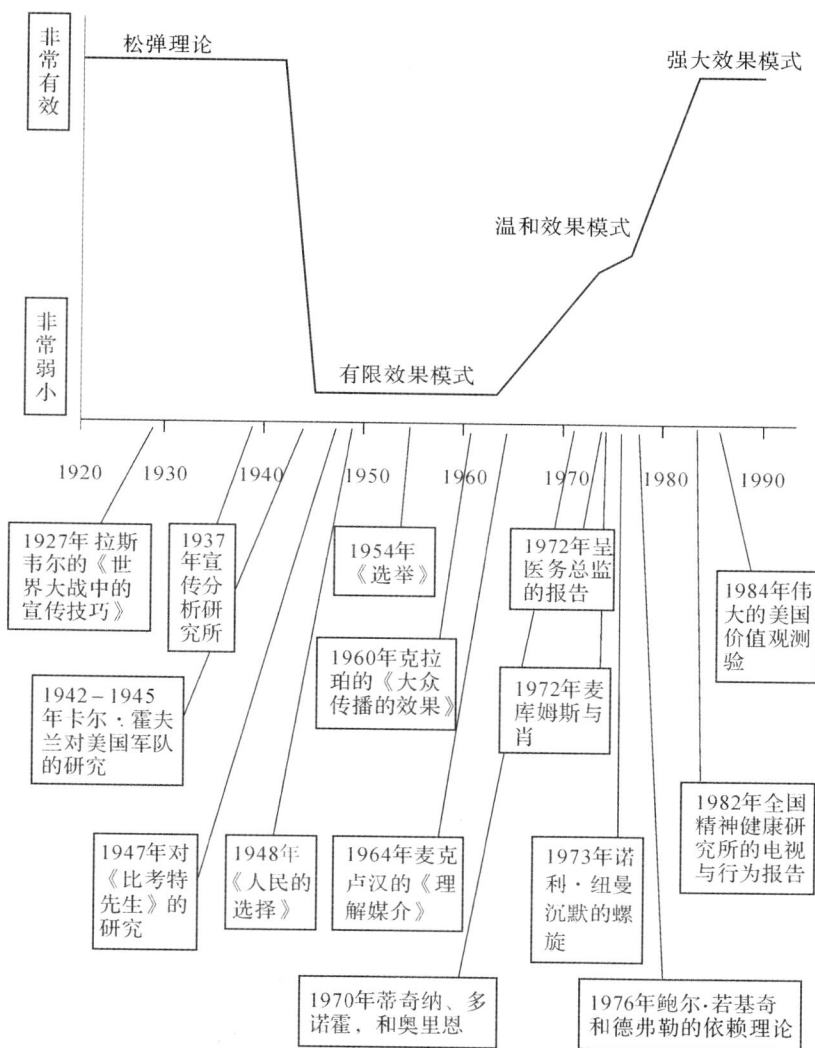

图 1-3-1 各种理论与大众传播效果

来源：Jennings Bryaut 等著，陆剑南等译. 传媒效果概论. 中国传媒大学出版社，2007 年

莫利认为处于不同结构、社会和文化群体的受众对同一讯息的"解读"（read）和"解码"（decode）是多种多样、彼此互异的，且与讯息发送者的本意相去甚远。莫利吸收了霍尔的编码解码观点，他在 1980 年开始研究 BBC 晚间新闻节目"举国上下"的观众，目标就是理解和证明霍尔的编码解码模式，即不同观众如何对同样的节目进行解码。莫利根据

职业划分，安排了两组观众，每组 5 至 10 人，让他们观看两集 BBC 晚间新闻"举国上下"，然后分析各组的解读，研究成果写成专著《全国观众：结构和解码》(*The Nationwide Audience：Structure and Decoding*，1980)。在这本书中，莫利采用的是民族志的研究方法，试图进入一个特定群体的文化内部，"自内而外"来展示意义和行为的说明。

在各种各样的受众研究中，不同研究流派的差别，暗示了不同的研究目的和研究方法。麦奎尔认为，如果将"受众控制"(audience control)和"受众自治"(audience autonomy)视为研究目的的两端，那么在受众控制一端，数量最多的无疑是定量受众研究，这是传媒工业需要并且愿意为之投资的研究。近年来，受众研究虽然出现了由"受众控制"向"受众自治"方向的迁移，从传播者视角向受众视角转变的趋向，但是整体上仍以"结构"和"行为"的研究为主流。

第四节 大众传播模式中的受众

麦奎尔在 1993 年出版的《大众传播模式论》第二版中介绍了 66 个大众传播模式。翻译者祝建华认为其原因应仔细推敲：是因为传媒学内容玄奥而需要借助图像形式来传意？或者相反，因为传媒学内容肤浅需要借助图形来掩饰？还是因为传播学更接近艺术而注重视觉效果？或者因为传播过程的本质特别适合用图形来表述？模式化的传播学更抽象还是更具象？

任何理论可以而且必须同时用三种语言来表述：文字定义、图形模式、数字公式。大众传播理论可分为三类：大多数是"结构图"，显示一个理论所涉及的主要概念及其关系，如相关或因果。另有不少是"隐喻图"，其不一定标明概念和关系，但形象地传达了有关理论的意图或隐含，是只可意会不可言传的"前理论"状态，是使用图形表达理论的最低层次。最后有少量的"检验图"，不仅揭示所涉及的概念和关系，而且进一步规定其关系方向、分析单元、时间维度等，可以直接用作假设检验，是使用图形表达理论的最高境界。

模式是用图形对某一客观现象进行有意简化的描述，表明该现象结构或过程的主要组成部分和这些部分之间的相互关系。为此，介绍《大众传播模式论》第二版中同受众关系密切的 10 个模式。

一、拉斯韦尔的传播元素模式

1948 年美国政治学家哈罗德·D. 拉斯韦尔[①]提出了传播学中最有名的命题："描述传播行为的一个便利方法是回答下列五个 W 的问题：谁（Who）？ 说了什么（Says what）？ 通过什么渠道（In which channel）？ 对谁（To whom）？ 取得了什么效果（With what effect）？"将其转换为图形，就成了拉斯韦尔模式。

拉斯韦尔使用这个模式来对应传播研究的五个类型：控制研究、内容分析、媒体分析、受众分析、效果研究。

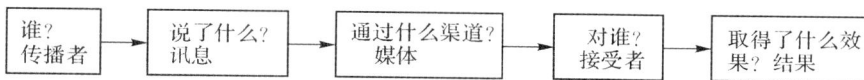

图 1-4-1　拉斯韦尔模式及其所对应的传播过程基本元素

拉斯韦尔模式忽视了受众的"反馈"，即假定任何传播讯息总是有效果的，把传播看成主要是一种劝服性过程，传播者具有影响受众的意图。虽然拉斯韦尔模式助长了传播（特别是大众传播）效果的高估，但仍然是指导我们研究传播过程的一种便利和综合的方法，特别是对政治宣传十分合适。

二、香农—韦弗的数学模式

关于文字、数字、图画、声音的知识已有几千年历史。但是它们的总称是什么，如何计量，直到 19 世纪末还没有解决。20 世纪初期，随着电报、电话、照片、电视、无线电、雷达等的发展，如何计量信号中信息量的问题被提上日程。

1928 年哈特利（R. V. H. Harley）考虑到从 D 个彼此不同的符号中取出 N 个符号并且组成一个"词"的问题。如果各个符号出现的概率相同，而且是完全随机选取的，就可以得到 DN 个不同的词。从这些词里取特定的一个就对应一个信息量 I。哈特利建议用 $N \log D$ 表示信息量，即 I＝$N \log D$（log 表示以 10 为底的对数）。

克劳德·香农（Claude Elwood Shannon，1916—2001）的大部分时间是在贝尔实验室和麻省理工学院度过。1949 年在 *Bell System Technical Journal* 上发表了《通信的数学

---

① 哈罗德·D. 拉斯韦尔（Harold D. Lasswell，1902—1978）：传播学四位奠基人之一，美国政治学家，较早地将社会学、心理学以及精神分析法引入政治学研究，是美国行为主义政治学的创始人之一，主要论著有《精神病理学与政治学》（1930）、《传播的结构和功能》（1948）、《政治的语言：语义的定量研究》（1965）、《世界历史上的宣传性传播》（1979，与人合著）。

理论》(A Mathematical Theory of Communication)数十页的论文,成了信息论诞生的里程碑。论文把哈特利的公式扩大到随机变量 a_i 概率 $p(a_i)$ 不同的情况,得到了著名的计算信息熵 H 的公式:$H = -\sum_{i=1}^{n} p(a_i) \log p(a_i)$。

如果公式中的对数 log 是以 2 为底的,那么计算出来的信息熵就以比特(bit)为单位。比特的出现标志着人类能够计量信息量,由此组成的字节(Byte)、KB、MB、GB、TB、PB、EB、ZB、YB、NB、DB 等成为信息的计量单位。

香农理论的重要概念是信息熵(entropy)。熵曾经是波尔兹曼在热力学第二定律引入的概念,即分子运动的混乱度,熵与信息内容的不确定程度有等价关系。信息熵大,意味着不确定性也大。例如在中文信息处理时,汉字的静态平均信息熵比较大,是 9.65 比特(英文是 4.03 比特)。这表明中文的复杂程度高于英文,反映了中文词义丰富、行文简练,但处理难度也大。

香农信息论明确地把信息量定义为随机不定性程度的减少,统一了信息的定义。信息是用来减少随机不定性的东西,或香农逆定义:信息是确定性的增加。

　　　　信息量=系统状态原有的熵—系统状态确定后的熵

香农把信息量的公式称作不确定性的度量,信息量就是信息受者在收到信息后不确定性减少的数量,信息就是两次不定性之差。

用公式表示就是:$I = S(Q/X) - S(Q/X')$。I 代表信息,Q 表示对某件事的疑问,S 表示不定性,X 为收到信息前关于 Q 的知识,X' 表示收到信息后关于 Q 的知识。如果信息的内容是原来就知道的,那么受者收到信息后,就不会引起知识上的变化,即 $X = X'$,不确定性没有减少和消除。如果信息的内容是受者以前所不知道的,那么收到信息后就会引起受者知识的变化,不确定性就有所减少或消除。

香农—韦弗的数学模式原本是用来探讨纯技术问题,与社会信息系统的传播并无多大关系。但是后来却一直为社会信息传播过程研究所青睐。

数学模式把传播描述成一种直线的单向过程,整个过程由五个环节和一个"不速之客"——噪音构成。作为传播过程的第一环节,信源负责发出将要传播的讯息。此后讯息会经发射器编码而采用与所经渠道相适应的信号形式到达接收器。接收器的功能与发射器相反,它将接收到的信号还原为讯息并发送到传播的目的地即信宿。

"噪音"概念的引入,是这一模式的优点。噪音不是信源有意传送而附加在信号上面的任何东西。构成噪音的原因既可能是机器本身的故障,也可能是来自外界的干扰。例如,在收看广播电视节目时,由于各种原因,信号不好,造成图像、声音不清晰;教室里光

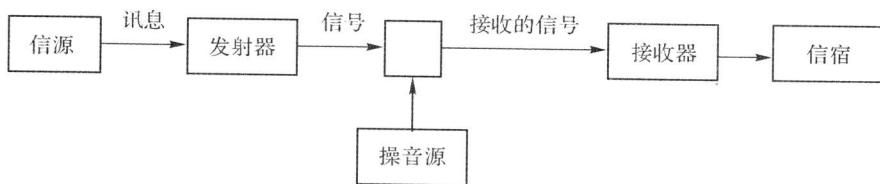

图 1-4-2 香农—韦弗的数学模式

线过强,影响了显示在屏幕上的投影图像的清晰度;教室外过道上的谈话声过大,影响了课堂的教学等。克服噪音的办法是重复某些重要的信息,因此传播的信息中就不仅包括"有效信息",还包括重复的那部分信息即"冗余"。传播过程要力争处理好有效信息和冗余信息之间的平衡。

三、格伯纳的传播基本模式

传播基本模式由美国传播学者乔治·格伯纳提出,其目的是要探索一种在多数情况下都具有广泛适用性的模式。该模式能够依具体情况的不同而以不同的形式对千变万化的传播现象进行描述。

格伯纳模式有不同的图示。他的文字模式则简明扼要地说明了其图解模式的构造:

1. 某人　　　　　　　2. 感知到某事

3. 并做出反应　　　　4. 在某种场合下

5. 借助某种工具　　　6. 制作可用的材料

7. 于某种形式　　　　8. 和语境中

9. 传递某些内容　　　10. 获得某种效果

传播基本模式分四步完成从"感知"到"产生",再到"感知"的过程。首先,某一事件 E(大气中水汽的凝聚),被某人 M 感知为事件 E^1("雨")。第二步是假定 M 希望将有关 E^1 的信息与他人分享,M 制作了讯息 SE(即有关该事件的叙述)。S 表示"外观、形式"(中文、英语或图形、图像等),而 E 是"内容"("正在下雨")。除了噪音外,S 不能独立存在,总是与 E 相伴。第三步是 M 通过他所控制的媒介发送 SE。最后,讯息(SE)被另一个传播参与者(受众)M^2 所感知。同 E 被 M 感知成 E^1 一样,SE 将被 M^2 感知为 SE^1("下雨了")。

格伯纳认为,E、M 和 E^1,SE、M^2 和 SE^1 之间的关系是一种感知关系。这种关系是两个极端之间的各种中间过渡。一端是"交易式"方法,将各种 E^1 看成是由 M 的"假定、

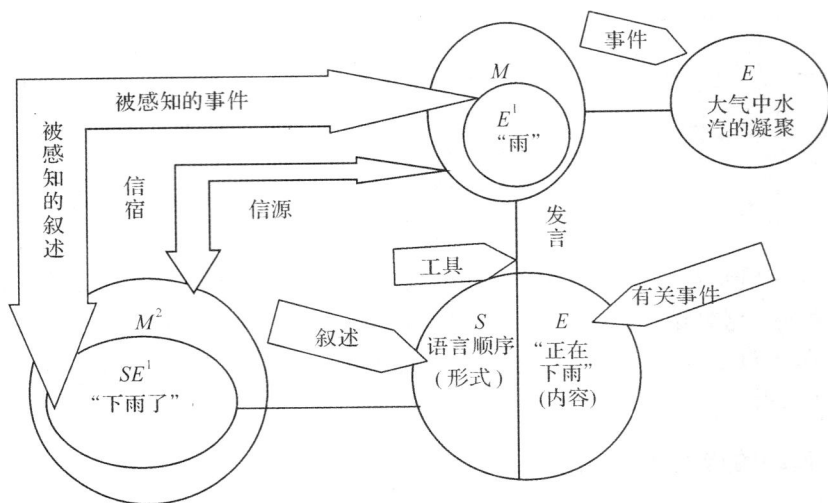

图 1-4-3　M 将其对天气的感知传播给另一人 M^2

观点、经验背景及其其他相关因素"所决定。因此,在 M 眼里的 E^1 是什么,取决于 M 的各种内在或外附因素。另一端是"心理物理学"方法,E 自身就是最重要的因素,在有利的环境下产生真实和充分的感知。格伯纳认为今天的研究者更倾向于接受以"交易式"方法看待感知。

如此,格伯纳的传播基本模式说明传播过程被看成主观的、选择性的、不固定的和不可预测的,因而传播系统是开放系统,M(传播者)和 M^2(受众)分别对 E(事件)和 ES(有关事件的叙述)进行加工。格伯纳顺理成章提出"事实本身与媒体(M)对事实的报道之间的一致性如何?"以及"媒体受众(M^2)对媒体内容(ES)如何理解?",包括不同方向的理解和理解的程度。

四、纽科姆 ABX 模式及维斯特利—麦克莱恩传播研究概念化模式

这两个模式是研究受众态度改变、民意形成、宣传策略等许多领域的核心理论。具体的介绍见第二章第三节相关内容。

五、展示和注意力传播模式

1987 年麦奎尔提出的展示和注意力传播模式,是受众收视率调查和应用的理论基础。麦奎尔认为大众媒体的首要目的不是传递某种信息,也不是表述某种文化、信念或价值观来团结公众,而只是为了吸引和抓住视觉或听觉上的注意力。

受众不是大众传播的参与者或信息接收者，而是一群"旁观者"（spectatorship）。注意力的动作通常比注意力的质量更重要，这是因为注意力的动作是质量的前提，注意力的质量很难有效测量。注意力的动作始终多半被用来检验传播是否成功。奥尔泰德和斯诺（Altheide & Snow,1979）认为讯息的内涵通常服从于其表现形式。因此，媒体制作中煞费苦心地通过吸引眼球、煽动情绪、刺激兴趣等技巧来博取和维持注意力。

在展示和注意力传播模式中，同一受众市场几个消息来源（S），采用不同的竞争媒体渠道来展示各自的视觉或听觉讯息（MD）以赢得注意力。由于受众的注意力总量的有限性，因此任一渠道或展示所赢得的就是竞争对手所输掉的。收视率、市场份额就是这种零和游戏的数学表达。

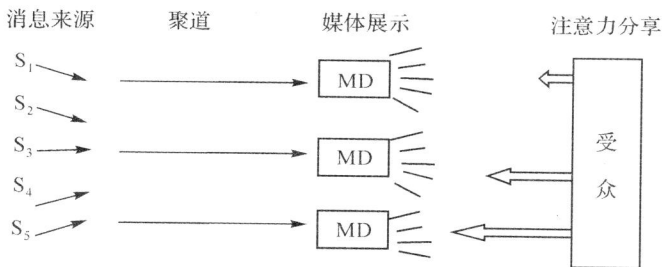

图 1-4-4　展示/注意力模式

追求注意力的目的与那些为了消遣、逃避现实或打发时间而使用媒体的受众对媒体的基本看法相吻合。按照展示和注意力传播模式，传播者和受众的关系不必是被动或非投入的，而是观念上中性、本身并不一定涉及任何意义的转达或创造。

六、新闻学习的传递模式

在所有传播模式中，麦奎尔总结的新闻学习传递模式最接近受众调查，几乎使用了同收视分析相同的语言。该模式揭示的规律，不仅适用于新闻传播，也适用于其他内容的传播，是受众收视调查、分析和应用最直接的理论基础。

随着大众媒体在当今政治与社会过程中占据越来越中心的地位，一方面政府、政党、利益集团试图通过新闻来实施其权利和影响，另一方面新闻成为大多数人（受众）参与政治的主要工具，关注度也日益提高。新闻效果研究中的三项主要测量指标分别为：

1. 受众到达率（reach）
2. 受众对新闻内容的记忆（recall）
3. 受众对给定新闻消息的理解（comprehension）

麦奎尔仿照康斯拓克的电视对个体行为之影响的心理学模式（1978 年），绘制了新闻

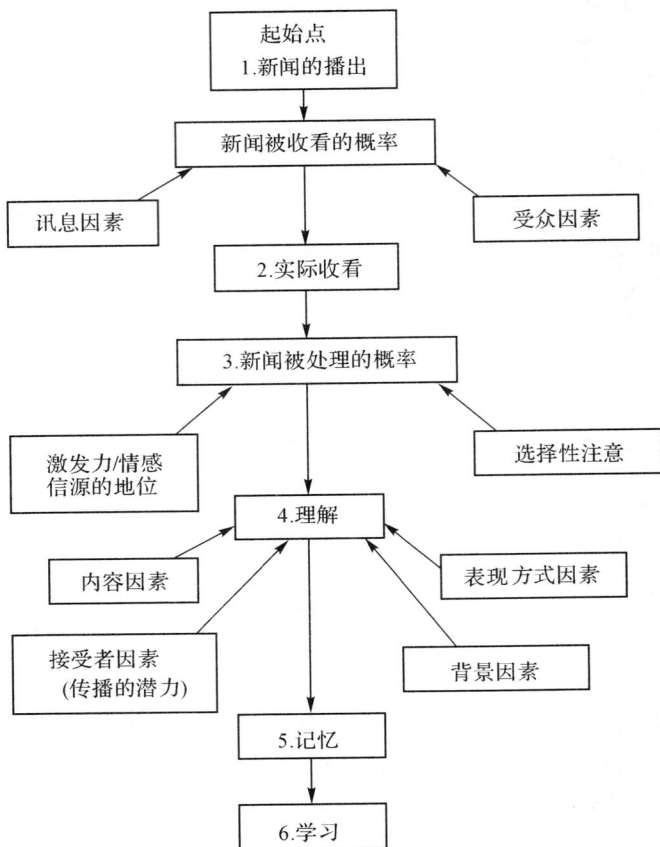

图 1-4-5 麦奎尔新闻学习的传递模式

学习的传递模式。新闻学习传递模式的重心,是那些与受众的记忆和理解新闻有关的因素和条件。该模式显示的顺序,从新闻来源到一个学习的可能循环之终结,涉及播出、实际收看、处理、理解、记忆、学习等六个阶段,其中每一个阶段均有不同的因素在起作用。

阶段 1~2:从演示到接触。新闻到达受众的概率由传播者和受众的变量决定。在传播者方面,新闻的价值越高,在收视率高或声誉好的频道和最有利的时段播出,被受众收看的概率就高。在受众方面,如果某些个人具有"新闻习惯",从属于大量使用新闻社会人群(如老年人、受过良好教育者、男性),或者已经熟悉有关新闻事件,他们越有可能关注有关新闻。

阶段 3~6:从处理到学习。在受众看来,"新闻"构成了一种海量、连续、高度不平衡的信息供应,其中大部分从我们身边无声无息地流逝。是否到达受众是有案可查的。但到达了受众的新闻,绝大部分被受众视而不见、充耳不闻。

受众接收到的新闻被"处理"成有用信息的概率由两个因素决定:一个是新闻激发情感和摄取注意力的潜力,另一个是被视为相关或有趣的潜力。对被处理新闻的理解,一般是指能够在新闻中辨认出发送者的意图,而理解的概率、程度和质量由新闻的内容或实质,表达形式,接收时的环境,接收者的特征四组变量来决定。

记忆是指能够辨认或正确回想起新闻的内容。一般而言,影响理解的变量同样会导致不同的记忆程度。理解很难被直接或全部测量出来,只能用近似的方式测量(如用作题目的方式测量对数学定理的理解),而记忆的测量有几种测量方法。

学习是新闻接触、处理、理解、记忆的结果,是假设信息具有某些长期效果,会被应用到对日后新闻的寻求和处理行为之中。一般而言,新闻的任何显著性"效果"都属于学习,而学习是关注、处理、理解和记忆能力之循环过程的最高境界。

七、媒体满足的期待——价值模式

大多数使用与满足理论都有一个基本假设:媒体使用向受众提供了他们根据以往与媒体打交道的经验而能够期待(因此能够预测)的回报。这些回报是受众所看重的心理效果。

1985年帕姆格林(Palmgreen)和雷伯恩(Rayburn)将使用与满足的中心重新定位为实际获得。他们将"期望"分解为实证性和评估性两类。人们的行为取决于他们对该行为能否获得某些特定结果的估计(实证性)和他们对该结果在不同程度上做的价值判断(评估性)。然而,这两种期望在概念上和逻辑上都不同,他们用如下的模式来解释。

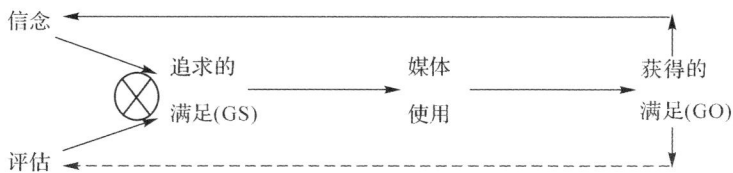

图 1-4-6　追求与获得的媒体满足之期望——价值模式

模式中的 $GS_i = b_i e_i$。GS_i 是受众从某个媒体对象 X(如某节目类型或内容类型)中寻求第 i 种满足(如认知、情感、行为等层次的多种满足);b_i 是受众对 X 的某种特征或与 X 有关的某种行为是否能产生期望结果的信念(即主观判断的成功概率);e_i 是对上述特征或结果的情感性评估。该模式的文字可表达为,受众对媒体所提供的益处的认知,以及对这些益处的评价,这两者的结合解释了媒体的使用行为。

媒体满足的期待——价值模式界定了媒体使用行为在时间维度上的增量。当"获得的满足"明显大于"期望(或追求)的满足"时,可以预期高度的注意力(收视率)和满意度。我们看电视是因为我们期望能满足自己的需要(如观看连续剧达到娱乐目的),而且认为很有价值(朋友推荐看)。然后我们衡量需要满足的程度(我们笑了吗?是否受到冒犯?)以决定将来是否再进行这样的行为。如果我们的期望总是得以实现,我们就建立起习惯性的传媒使用模式(如沉溺于某一肥皂剧)。

八、电视节目选择模式

大众传播的特征是受众的"不可见"。不同的大众媒体,使用不同的指标来测量。相比之下,电影的票房对观众的注意力和兴趣反映最好,其次是图书、杂志、报纸的销售量能较好地反映读者的注意力和兴趣。而对广播、电视来说,由于具有部分公共产品的特征(非竞争性、非排他性),不仅受众的人数未知,经常切换频道,而且极难测量其接收质量。

大多数大众媒体的从业人员都赞同"使用与满足"理论的假设:受众的特定口味、兴趣和偏好影响他们对媒体内容的选择。可惜的是,没有太多的证据来支持这一假设。其主要原因是使用广播、电视是一种高度习惯性和非理性的活动,比起使用媒体带来的满足感(看电视本身),那些有动机指导和经过选择的节目可能会相形见绌(巴怀斯和艾伦伯格,1988 年)。

为此韦伯斯特(Webster)和瓦什莱格(Wakshlag)1983 年构建的电视节目选择模式将节目选择所涉及的主要解释因素组织起来。该模式有三个前提条件:各类已有节目的结构是固定不变的;对观众来说,在同时播放的各节目之间选择的成本是相同的;分析单元是个人,而非集体(当然其选择也适用于观众的总体)。

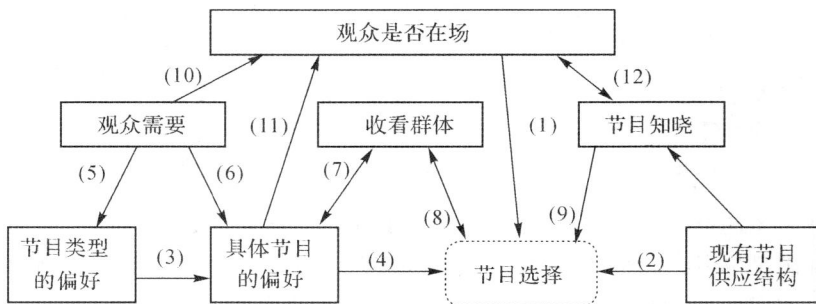

图 1-4-7　电视节目选择模式

图中节目选择是主要因变量。影响节目选择的直接自变量有 5 个。首先是观众是否在场（1）。被动的"在场"是指观众有电视机和时间收看，而主动的"在场"则暗示观众有意识地寻找某种媒体体验来满足自己的需要。

其次是该节目是否正在播放（2）。各频道在同一时点播放同类节目的竞争性编排策略，常常限制了实际选择。节目编排还可以通过"继承效果"（即观众一旦选择了某频道后，就一直留在那里不动）来影响选择。

第三是节目偏好（4）。正常情况下，观众一般收看喜欢的节目类型（3），但也可能不是最想看的特定节目（如正在看浙江卫视的新闻联播，但真正想看的是中央一套的新闻联播）（4）。"观众需要"因素（动机、兴趣、期望等）不直接影响节目选择，而是通过影响类型偏好和节目偏好间接产生作用。

第四是收看群体（如在场的家人）的影响，也许需要通过集体或协商来选择节目（8）。收看群体的组成本身既可能影响节目的选择，也可能受到节目选择的影响（双箭头）。

第五是观众对喜好的节目是否在播的知晓程度（9）。知晓程度不仅指知道什么节目正在播放，也包括对内容的喜欢态度是否足够强烈而影响选择。

九、电视节目欣赏模式

人们通常认为，收视率和市场份额不可能完全检验节目的内在质量。电视节目选择模式清楚地说明许多同节目质量无关的因素（如收看时间、收看群体、其他节目的存在），却在很大程度上影响了节目选择。受众的收视"质量"，常指受众满意度，但有时也指受众对内容、表现手段等节目内在特征的评价，而与他们实际是否享受无关。

受众研究经验也显示，"定量"收视率与"质量"评估并无密切关系（莱格特，Leggett，1991）。其原因是受众不仅不一定选择"质量"最"好"的节目看，而且大量看质量不高的节目，边看边骂，越骂越看。麦奎尔总结了如下的电视节目欣赏模式。

受众的每一选择衍生了对某种满意的期望（ES：satisfactions）。满意的期望类似于媒体满足的期待——价值模式中的"追求的满足"（GS：gratifications），但他们的理论假定不同，GS 在节目选择之前就存在，而 ES 在节目选择之后产生。

模式中的受众欣赏（A）是体验与期望比较的实证结果。每个受众以 ES 为参照标准而对实际获得的满意（OS）进行心理检验，OS 大于 ES，欣赏程度高，反之亦然。影响 ES 的因素是观众方面的社会电视收视习惯、口味和偏好、收看群体等，影响 OS 的因素来自媒体方面，主要有：

类型/形式：偏好的某种节目类型，实际的节目体验将与之相比。

气氛：内容中表现的，能为观众所发现和欣赏的艺术或文化特征。

影星：节目中有明星出场，能提高欣赏程度。

推广宣传：事先的宣传能营造对质量的期望（不管以后是否兑现），甚至会产生与实

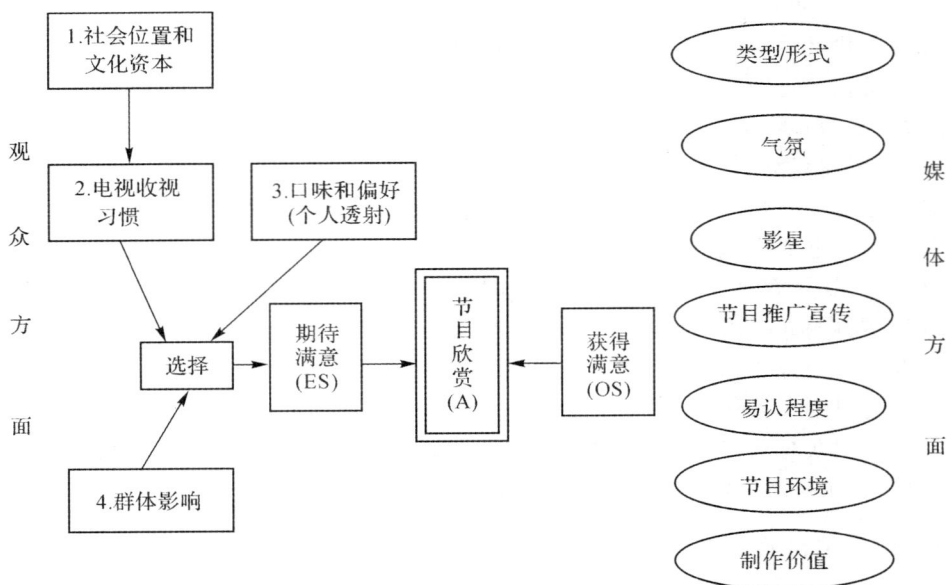

图 1-4-8　受众欣赏程度的影响因素模式

际体验无关的质量保证效果。

易认程度:主要指观众对节目内容的熟悉程度或理解的困难程度。如果节目中的艺术或智力内涵难以被人辨认,欣赏程度就会降低。

节目环境:是指与同时段其他频道播出节目的比较,会影响到相对的欣赏程度。

制作价值:同"影星"一样,观众根据对拍摄场地、化妆、音乐、真实性、动感等特征的期望来评价内容。

十、效果层次的整合模式

传播活动可以对受众的知识、态度和行为产生深浅程度和先后次序不同的效果。雷(Ray,1973)比较了多种传播效果理论之后,从效果层次归纳出了三种基本模式。

1.学习层次模式:认知→情感→行为

该模式代表了经典的劝服宣传过程。传播首先并且主要影响信息的获得,其次是影响态度的改变,最后才影响行为的变化。每一步都是下一步的前提条件。创新扩散理论(罗杰斯,1963)的知晓、兴趣、评价、试用和采用五过程就是这种模式的一个实例。

2.认知失衡——自我合理化层次模式：行为→情感→认知

同学习层次模式相反，根据范·库伦伯格（van Cuilenburg）和努门（Noomen）的和谐——失和理论（1984），该模式认为某些新行为或新体验（如尝试某种新产品或接触某个强刺激讯息），就会导致态度变化（情感层面的反应），然后再引起对事物进行了解，从而在认知层面取得对已有行为的支持。

3.低参与层次模式：认知→行为→情感

该模式最初由克鲁格曼（Krugman,1965）提出。如果讯息中没有明确立场或各种选择缺乏明显差别时，人们会随意浏览信息，恰好碰到某产品，就试用一下（行为），然后根据体验而调整对此产品的态度。雷认为收看电视就是这种低参与情景，观众毫不经意地看电视，多半在下意识状态中受到影响。

查菲和罗泽（Chaffee ＆ Roser,1986）将上述三种模式整合成一个连续和累加的传播效果过程。在一项健康宣传的研究中验证了下述理论，并发现参与度是在知识、态度和行为之间保持一致的基本条件。

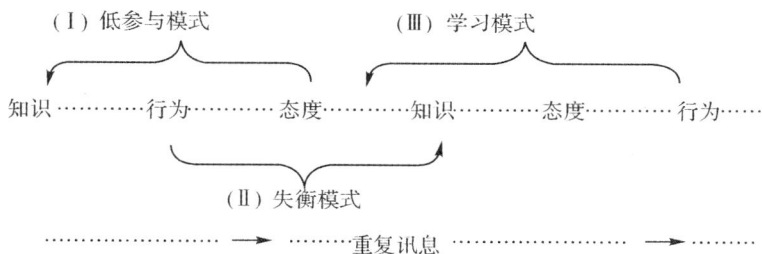

图 1-4-9　效果层次的整合模式

查菲和罗泽认为传播效果的最初阶段是"低参与"的。受众既不知情也不关心，但当他们获得微量信息，就会有一些行为变化，随后形成了相关的价值观和行为。这时，"失衡模式"开始起主导作用，受众会收集更多的相关信息，从而进入"学习模式"。从此，受众的行为变得更加理性，按照已有的知识和已形成的态势行事。

他们进一步论述，在重复讯息的影响下，初期的肤浅和易忘信息会逐渐演变为一套理性的看法。而这些看法将成为对日后行为的稳定、一致和有效的预测。该过程的关键条件是受众对有关讯息的反复接触以及其参与度的不断提高，没有这些条件，该过程就会半途而废或无法得到充分发展。

延续阅读

1.林晓光.日本受众社会心理构造成因的切片分析——兼论德弗勒"媒介效果研究"

操作模式的缺陷.新闻与传播研究,2006(1)

2.陈力丹,易正林.传播学关键词.北京师范大学出版社,2009:174－185.

思考题

1.如何理解"受众"概念？

2.如何理解受众与传播者的关系？

3.简述香农对传播学的贡献。

4.比较媒体满足的期待——价值模式和电视节目选择模式。

5.从效果层次的整合模式综述你对传播效果的理解。

知识点

1.德弗勒和丹尼斯定义的大众传播　　2.亚历山大·戈德定义的传播

3.史蒂文斯定义的传播　　4.格伯纳定义的传播

5.赫伯特·布卢默定义的受众　　6.大众与群体、群集和公众的区别

7.核心受众　　8.重、中、轻度受众

8.结构受众研究的主要内容　　10.行为受众研究的主要内容

11.文化受众研究的主要内容　　12.拉斯韦尔的传播元素模式

13.香农—韦弗的数学模式　　14.格伯纳的传播基本模式

15.展示和注意力传播模式　　16.新闻学习的传递模式

17.媒体满足的期待——价值模式　　18.电视节目选择模式

19.电视节目欣赏模式　　20.效果层次的整合模式

参考文献

1.李晓枫.重视研究.2002年增刊.

2.时统宇,申琳,吕强.收视率导向研究.四川出版社,2007.

3.央视国际网站.央视深化频道品牌化战略坚持倡导"绿色收视率".http://www.cctv.com/program/tongying/20060315/100988.shtml.

4.郑维东.收视率与低俗化辨析.收视中国,2007(6).

5.刘燕南,徐展,陈玲.收视率:历史观照与现实反思——来自电视台数据使用者的报告.中国电视受众研究,2008(4).

6.盛伯骥.关于收视率导向批判的批判——关于本质的追问的追问.收视中国,2006(9).

7.中共中央关于全面深化改革若干重大问题的决定.http://finance.ifeng.com/a/

20131115/11093995_0.shtml

8.张隆栋.大众传播学总论.中国人民大学出版社,1993.

9.陈崇山.受众本位论.社会科学文献出版社,2008.

10.丹尼斯·麦奎尔著,刘燕南等译.受众分析.中国人民大学出版社,2006.

11.藏海群,张晨阳.受众学说:多维学术视野的观照与启迪.复旦大学出版社,2007.

12.丹尼斯·麦奎尔,斯文·温德尔著,祝建华译.大众传播模式论(第2版).上海译文出版社,2008.

13.沃纳·赛佛林等著,郭镇之等译.传播理论:起源、方法与应用(第4版).华夏出版社,2006.

14.希伦·A.洛厄里等著,刘海龙等译.大众传播效果研究的里程碑(第3版).中国人民大学出版社,2004.

第二章

心理学基础

在现代社会中,报纸、广播、电视、网络、手机等,每天以新闻、通讯、评论、专题节目、小说、影视剧、广告等多种形式叩击着受众的心扉。受众调查和受众效果研究与心理学相互依存、密不可分。本章分别介绍行为主义、精神分析、人本主义和认知心理学等流派对受众研究的影响。

第一节　行为主义心理学与受众研究

正如德国心理学家艾宾浩斯(1850—1909)的名言,心理学有一个悠久的过去,但只有短暂的历史。1860 年德国心理学家费希纳(1801—1887)开创心理物理学,1879 年冯特(1832—1920)在德国莱比锡大学建立了世界上第一个心理学实验室,标志着科学心理学的诞生。在此以前漫长的前科学心理学时期,采用思辨的研究方法,尽管在中外哲学家的论著中有着丰富的心理学思想,但却没有系统的心理学理论。

一、行为主义心理学

行为主义心理学(behavioristic psychology)是美国现代心理学主流派别之一,被称为西方心理学第一势力。行为主义心理学的根本特点是排斥意识,将行为作为心理学的研究对象。行为主义的发展大致可分为三个时期。1913—1930 年为早期行为主义或古典行为主义时期,代表人物是美国心理学家华生等。1930—1960 年为新行为主义理论时期,代表人物有托尔曼、斯金纳等。1960 年以后为新的新行为主义(new neo-behaviorism),试图在行为主义与认知心理学之间取一条折中道路,代表理论有班杜拉的社会学习理论,罗推尔的社会行为学习理论和米契尔的认知社会学习理论等。

华生(John Broadus Watson,1878—1958)主张心理学应该摈弃意识、意象等主观的东西,只研究所观察到的并能客观地加以测量的刺激和反应。1913年华生在《心理学评论》杂志上发表题为《行为主义者心目中的心理学》一文,对传统心理学方法和理论框架提出公开的挑战,标志着行为主义心理学的正式诞生。

华生认为人类的行为都是后天学得的,环境决定了一个人的行为模式,无论是正常的行为还是病态的行为都是经过学习而获得的,也可以通过学习而更改、增加或消除。他认为查明了环境刺激与行为反应之间的规律,就能根据刺激预知反应,或根据反应推断刺激,达到预测并控制动物和人行为的目的。在研究方法上,对内省法进行激烈批评,主张在行为研究中大力采用观察法、条件反射法、言语报告法、测验法和社会实验法,以便使心理学的研究结果更加客观和可靠,且使不同的研究人员可以相互验证和交流彼此的研究成果。

托尔曼(E. C. Tolman,1886—1959)是美国新行为主义的代表人物之一,修正了华生的极端观点。托尔曼把行为区分为整体行为和分子行为:动物走迷津、儿童上学等行为属于整体行为;声、光等刺激引起动物肌肉收缩和腺体分泌反应属于分子行为。认为心理学应研究整体行为,而不是像华生那样专门从事分子行为的研究。

托尔曼认为个体所受刺激与行为反应之间存在着中间变量,这个中间变量是指个体当时的生理和心理状态,它们是行为的实际决定因子,包括需求变量和认知变量。需求变量本质上就是动机,包括性、饥饿以及面临危险时对安全的要求。认知变量就是能力,包括对象知觉、运动技能等等。

斯金纳(Burrhus Frederick Skinner,1904—1990)也是新行为主义的代表人物,操作性条件反射理论的奠基者。斯金纳的代表作有《有机体的行为》(1938)、《科学与人类行为》(1953)、《言语行为》(1957)、《教学技术》(1968)、《关于行为主义》(1974)等。

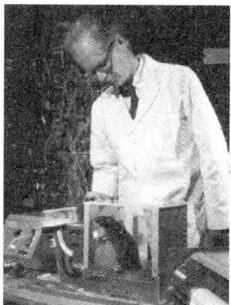

他研制了研究动物学习活动的仪器——斯金纳箱,也是现代计算机辅助教学的前身,程序教学和教学机器的创始人之一。操作性条件反射是斯金纳新行为主义学习理论的核心。斯金纳把行为分成两类:一类是应答性行为,是由已知的刺激引起的反应;另一类是

操作性行为,是有机体自身发出的反应,与任何已知刺激物无关。与这两类行为对应,斯金纳把条件反射也分为两类。与应答性行为相应的是应答性反射,称为 S(刺激)型;与操作性行为相应的是操作性反射,称为 R(反应)型。S 型条件反射是强化与刺激直接关联,R 型条件反射是强化与反应直接关联。斯金纳认为,人类行为主要是由操作性反射构成的操作性行为,操作性行为是作用于环境而产生结果的行为。在学习情境中,操作性行为更有代表性。斯金纳很重视 R 型条件反射,因为这种反射可以塑造新行为,在学习过程中尤为重要。

班杜拉(Albert Bandura,1925—　　)提出的观察学习模式同经典条件反射和操作性条件反射一起被称为解释学习的三大工具。在观察学习中,学习者不必直接作出反应,也无需亲身体验强化,只要观察他人在一定环境中的行为,并观察他人接受一定的强化便可完成学习。班杜拉认为观察学习包括四个相关联的过程:注意过程(榜样)、保持过程(记忆)、动作复现过程(模仿)、强化和动机过程(希望),因此观察学习主要是一种认知活动。

贝贝玩偶实验是班杜拉在 1963 年进行的一个经典研究,验证了儿童通过媒体暴力学习攻击行为。让 4 岁儿童单独观看一部电影。在电影中一名成年男子对贝贝玩偶(一种充气玩具,在受到打击后会恢复笔直的原状)表现出踢、打等攻击行为,影片有三种结尾。将孩子分为三组,分别看到的是结尾不同的影片。奖励攻击组的儿童看到的是在影片结尾时,进来一个成人对主人公进行表扬和奖励。惩罚攻击组的儿童看到另一成人对主人公进行责骂。控制组的儿童看到进来的成人对主人公既没奖励,也没惩罚。看完电影后,将儿童立即带到一间有与电影中同样的充气娃娃的游戏室里,实验者透过单向镜对儿童进行观察。结果发现,看到榜样受到惩罚的孩子表现出的攻击行为明显少于另外两组,而另外两组则没有显著差别。在实验的第二阶段,让孩子回到房间,告诉他们如果能将榜样的行为模仿出来,就可得到橘子水和一张精美的图片。结果表明,三组儿童(包括惩罚攻击组的儿童)的攻击行为均有所增加,而且各组间的差异几乎消失。由此可见,替代性惩罚抑制的仅仅是对新反应的表现,而不是获得,即儿童已学习了攻击的行为,只不过看到榜样受罚,而没有表现出来而已。

二、行为主义心理学对受众效果研究的影响

1.S-R 联结与魔弹论

在行为主义体系中,S-R 联结是解释一切行为的基础,S-R 学习理论就是研究刺激和反应形成联结的规律。

　　"魔弹论"也即伯罗(Berlo,1956)所谓的"皮下注射论",德弗勒称之为机械的"刺激—反应论"(M.DeFleur,1970),认为大众媒体具有骇人的威力。受众被描写成受其本能驱使、人数庞大、缺乏教养、没有个性和独立见解的人,他们孤寂无援,彼此隔离,难以沟通,除了有限的社会规章、法制、契约外,严重依赖大众媒体跟社会发生关系。受众被看作射击场里固定不动的靶子或护士面前昏迷的病人,处于消极被动地位,只要枪口对准靶子,针头对准人体部位,子弹和注射液就会产生神奇效果。

　　"魔弹论"思想显然受到了同时代行为主义心理学的影响,其观点跟华生的环境决定论几乎同出一辙。华生否认遗传的本能行为,认为人的行为类型完全是由于环境造成的。"魔弹论"中的靶子和病人如同华生眼中的婴儿,对外界反应没有任何自己的选择。魔弹论认为只要确定了传播内容,掌握了宣传技术,效果就会自然产生。由此可见,行为主义的 S-R 理论是魔弹论的理论基础。

　　"魔弹论"在第一次世界大战中被西方宣传机构所应用,因后来的法西斯宣传而得以影响扩大。特别是第二次世界大战前,由于纳粹德国一方面对传播实行严格的控制,一方面以武力作为宣传的后盾,曾出现"魔弹论"所谓的巨大效果。

　　"魔弹论"的出现和流行还与当时大众传播技术的发展关系密切。早在 1884 年俄裔德国科学家保罗·高特列本·尼普可夫(Paul Gottlieb Nipkow,1860—1940)就提出并申请了世界上第一个机械式电视系统的专利,但没有做出模型来证明他的设计。1925 年英国科学家约翰·洛吉·贝尔德(J. L. Baird,1888—1946)制造出了第一台能传输图像的机械式电视机。尽管画面上木偶面部很模糊、噪音也很大,但能在一个不起眼的黑盒子中看到栩栩如生的图像,仍引起了人们极大的兴趣,被称为"神奇魔盒"。

　　充分体现魔弹效果的是广播。1920 年,美国第一家广播电台 KDKA 开始播音,这也是世界上第一家广播电台,从此,人类进入了广播时代。在 1926—1948 年,美国广播电台迎来了它的黄金时代,在经济大萧条的年代,人们依靠广播来获得一些乐趣和安慰,广播业在此期间获得了突飞猛进的发展。1930 年,全美国仅有 1250 万台收音机,到 1940年,就猛增到 4400 万台,大约 90% 的家庭拥有一台或一台以上的收音机,人均每天在收音机前消磨达 4 小时之久。

　　罗斯福就职总统后的第 8 天(1933 年 3 月 12 日),在总统府楼下外宾接待室的壁炉前接受美国广播公司、哥伦比亚广播公司和共同广播公司的录音采访,工作人员在壁炉旁装置扩音器。总统说:希望这次讲话亲切些,免去官场那一套排场,就像坐在自己的家里,双方随意交谈。哥伦比亚广播公司华盛顿办事处经理哈里·布彻说:既然如此,那就叫"炉边谈话"(A Fireside Chat)吧。罗斯福在其 12 年总统任期内,共做了 21 次炉边谈话,每当美国面临重大事件之时,总统都用这种方式与美国人民沟通。"炉边谈话"是罗斯福当选总统后一种联系群众的广播方式,前四次分别是拯救金融、复兴工业(5 月 7

日)、再就业法规禁止雇佣童工(7月24日)、加强合作(10月22日),成为美国广播中最熟悉的声音。

爱德华·默罗在1940年8月18日开始《这里是伦敦》的现场报道,是广播节目中的经典之作。每次广播都是固定的开头语和结束语("这里是伦敦"……"晚安——祝你幸运"),广播地点主要在英国广播公司(BBC)大楼楼顶,在那里可以观察到全城情况,做现场报道。他的报道语调平静,没有对战局的议论,只有记者亲眼看到的事实,他的这种报道风格是CBS以至整个西方新闻的客观报道理论与实践发展到了广播时代的成果。

"魔弹论"的出现和流行还与当时的新媒体——广播和电影的出现有关。对于新事物的出现,人们总是带有本能的恐惧。实际上,自大众传媒出现以来,人们就在责难大众传媒对个人的思想观点、态度和行为产生了极大的消极影响。第一批大众报纸在19世纪30年代一出现,批评家就群起而攻之。广播、电影、电视问世之时,也成了恐惧、蔑视和斥责的对象。互联网出现之时,同样重复着对网络的恐惧和担忧。

2. 社会学习理论与媒体暴力

美国进行了三次规模较大的电视节目内容分析,认为暴力是电视节目中一个不可缺少的组成部分。第一次是由乔治·格伯纳和他的同事实施,从1967年到1989年历时22年。分析发现,在所研究的电视片(主要在黄金时段)中有80%的内容包含身体暴力的成分(Potter,1999)。第二次是20世纪70年代中期由B. 格林伯格和他的同事进行,使用的定义既包括言语攻击也包括其他形式的反社会行为。根据研究者的估计,在美国电视节目中平均每个小时就有14.6个暴力行为出现(Greenberg,1980)。第三次即《全国电视暴力研究》是在20世纪90年代进行,得到了全国有线电视协会的资助。这项研究使用了更为精确的(身体)暴力定义。研究发现,在黄金时段的节目中有60%存在暴力内容(Potter,1999)。

观看暴力电视节目跟随后在现实生活情境中表现出的暴力行为之间存在直接的因果关系吗?这个问题一直困扰着媒体和传播研究人员,迄今仍引起人们的激烈争议。

20世纪60年代开展的大多数实验研究都是针对传媒的负面效果。这跟班杜拉所进行的观察学习研究具有密切的关系。

1996年,在日内瓦召开的世界卫生组织大会上正式宣布,暴力为危害健康的重要原因,并从医学的角度将暴力(violence)定义为:蓄意地运用躯体的力量或权力,对自身、他人、群体或社会进行威胁或伤害,造成或极有可能造成损伤、死亡、精神伤害、发育障碍或权利剥夺的行为。

媒体暴力(media violence)一般被认为是包括电影、电视、电子游戏、报刊等在内的媒体含有或刊登暴力内容,分真实暴力与幻想中的暴力两种形式。真实暴力是指媒体对城市骚乱、示威游行、政治暗杀事件、战争场面等等的报道。幻想中的暴力是指在一些娱乐性节目中存在的暴力场景,如在电视剧里大量存在的暴力镜头,一些儿童节目中出现的暴力游戏(陈宪奎,2004)。

社会学习是媒体暴力负面影响的一个理论源泉。社会学习理论关注媒体暴力对行为的直接影响。班杜拉和他的同事们认为,和接触亲社会或者非暴力媒体的人相比,接触媒体暴力的人在行为上会更具有进攻性或更不适当。

安德森和布希曼(Anderson & Bushman,2001)使用元分析方法,为视频游戏暴力接触和攻击性行为之间的联系提供了令人信服的证据。他们分析了 33 项独立测试,得出结论:高水平的视频游戏暴力和进攻性水平增加之间的联系是"绝对的",使用实验和非实验方法都得到了这样的结论。这表明对视频游戏暴力的接触会增加生理唤起、敌对性、攻击性认知,以及后来的攻击性行为。研究者还发现玩视频游戏对亲社会行为具有破坏作用。

另一方面安德森和布希曼(2001)研究也表明,将这些发现应用到其他人群或使用实验证据推测可观察行为的变化时,需要一定程度的谨慎。这些研究可能是在不同国家和文化常模下做出的,报告称 46% 的样本由 18 岁以下的青少年组成,因此也难以确定年龄是否构成他们对暴力反应的影响因素。

对媒体暴力产生攻击性行为的质疑从未间断。认为暴力电影并不导致进攻性行为,只是产生生理唤起(Zillman,1979)。许多研究质疑了使用实验室研究的有效性,彭内尔和布朗恩(Pennell & Browne,1999)提出对进攻行为的测量,和现实中表现出的进攻行为截然不同,格里菲斯(Griffiths,1999)强调在这一领域进行研究时自然条件下实验的重要性。Coyne、Archer 和 Eslea(2004)研究了收看含有间接暴力、身体侵犯和无侵犯录像视频造成影响的差异;和收看体育视频的被试相比,那些接触到间接暴力或者身体侵犯的被试表现出了较高水平的多种消极性;有趣的是,接触间接暴力者能够产生更多间接进攻的方式,而接触直接暴力的则更倾向于使用身体侵犯方式。

另外,媒体可能阻碍了有负面影响的内容的发表。因为发表这样的信息,可能影响其目标也可能减少收视率(Cantor,2000)。

最新研究认为,暴力影片能防止暴力犯罪,因为这类片子把有暴力倾向的人吸引到黑漆漆而且没有酒精和毒品的环境(电影院)。美国的经济学家戈登·达尔和斯特凡诺·德拉维尼亚在 2008 年 1 月 5 日的美国经济学年度会议提交的论文显示,10 年来,暴力影片使美国每个周末的暴力袭击平均减少 1000 起,每年减少 2.5 万起,并且暴力案件周一周二也没有急剧增加,之后也没有迹象表明暴力犯罪变本加厉地激增。但反对者认为,研究只关注了短期结果。

第二节　精神分析心理学与受众研究

精神分析又称心理分析,是现代心理学的一个重要流派,产生于19世纪末20世纪初。它起源于精神病的治疗实践而非心理学实验室研究,是一个非学院心理学派,是对精神疾病的分析和治疗实践中形成的对人心理和人格的新解释。精神分析的影响已经远远超出了心理学的范围,作为社会科学重要组成部分的受众研究自然也受到该理论的影响。

一、精神分析心理学简介

西格蒙德·弗洛伊德(Sigmund Freud,1856—1939),奥地利精神分析学家,精神分析学的创始人。与传统心理学主要研究意识现象不同,弗洛伊德把无意识现象作为主要研究对象。弗洛伊德认为,人的心理包括意识和无意识现象,无意识现象又划分为前意识和潜意识。前意识是指能够从无意识中回忆起来的经验,它处于潜意识与意识之间,扮演着"稽查者"的角色,防守潜意识中的本能闯入意识中。潜意识则是指根本不能进入或很难进入意识中的本能(冲动和欲望),特别是性的欲望。由于这些冲动不被社会习俗、道德、习惯所容纳,而被排挤到意识之外,但它们并没有消失,而是在潜意识中积极活动,追求满足。

本能论(instinctive theory)是弗洛伊德学说的重要组成部分,也是他人格理论的基础。弗洛伊德在其晚期修正了本能理论,将本能划分为生的本能和死的本能。生的本能代表爱与建设的力量,其目的是生命的生长与增进。死的本能则代表了恨与破坏的力量,目的是死亡或回复到无生命、无机物和生命的解体状态。

弗洛伊德认为,人格是由本我(按快乐原则行事)、自我(按现实原则行事)和超我(按至善原则行事)三个部分组成的,据此把人格发展划分为五个阶段,即口唇期(0~1岁)、肛门期(1~3岁)、性器期(3~5岁)、潜伏期(5~12岁)、生殖期(12~20岁)。弗洛伊德以潜意识心理和性生理、性心理的发育为依据,第一次系统提出了人格发展的阶段理论,揭示了人格结构和人格发展的深层原因和动力。这些思想对人格心理学和发展心理学影响重大。

荣格(Carl Gustav Jung,1875—1961)是瑞士著名心理学家和精神分析学家,分析心理学的创始人。1900 年完成了博士论文《论所谓神秘现象的心理学与病理学》，随后几年中，他和同事们做了大量的字词联想测验，发现神经症和精神病患者存在压抑的思想观念和情感丛——后来被他称为情结。1912 年，他写了《里比多的转化与象征》，用神话分析的方法来解释梦和幻想，提出了对里比多的不同于性欲的理解，认为它是一种普遍的生命力，表现于生长和增殖，也表现为其他活动。1921 年出版了《心理类型学》，标志着分析心理学的创立。

　　荣格把人的态度分为内倾和外倾两种类型。内倾型人的心理能量指向内部，易产生内心体验和幻想，这类人远离外部世界，对事物的本质和活动的结果感兴趣。外倾型人的心理能量指向外部，这类人喜欢社交、对外部世界的各种具体事物感兴趣。荣格提出了四种功能类型，即思维、情感、感觉和直觉。感觉是用感官觉察事物是否存在；情感是对事物的好恶倾向；思维是对事物是什么做出判断和推理；直觉是对事物变化发展的预感，无需解释和推论。荣格把两种态度和四种功能类型组合起来，构成了八种人格类型：外倾思维型、内倾思维型、外倾情感型、内倾情感型、外倾感觉型、内倾感觉型、外倾直觉型、内倾直觉型。当然，荣格划分的这八种类型是极端情况，实际上个体的性格往往是某种类型占优势，还有另外一种或两种性格类型居于辅助位置。他的心理类型理论已被实验心理学家证明。

　　荣格认为，心理发展的最终目标是个性化，其中要经过一系列的发展阶段。第一阶段是童年期（从出生到青春期）：出生后的最初几年，儿童还不具备意识的自我。他虽然有意识，但意识结构不完整，一切活动几乎完全依赖父母。第二阶段是青年期（从青春期到中年）：随着自我意识的发展，年轻人需要摆脱对父母的依赖，但心理发展还不成熟。荣格认为这一阶段是"心灵的诞生"阶段。要顺利度过这一时期，必须克服童年期的意识狭窄，努力培养意志力，使自己的心理和外部现实保持一致，以便生存和发展。第三阶段是中年期（女性从 35 岁，男性从 40 岁开始直到老年）：这是荣格最为关注的时期。许多中年人虽然在社会上和家庭生活中都取得了很大的成功，但是，却面临着体力的衰退、青春的消逝、理想的黯淡，从而出现心理危机。荣格认为，要顺利度过这一时期，关键要把心理能量从外部转向内部，体验自己的内心，从而懂得个体生命和生活的意义。第四阶段是老年期：老年人喜欢回忆过去，惧怕死亡，并考虑来世的问题。荣格认为，老年人必须通过发现死亡的意义才能建立新的生活目标。他强调心灵的个性化实际上要到死后的生命中才能实现，意味着个人的生命汇入到集体的生命中，个人的意识汇入到集体潜意识中。

　　埃里克·埃里克森（Erik Homburger Erikson，1902—1994），美籍德国儿童精神分析医生，新精神分析派的代表人物。埃里克森只受过大学预科教育，生于德国的法兰克福，

1933 年移居美国，1939 年加入美国籍，1950 年出版重要著作《儿童期与社会》。

与弗洛伊德不同，埃里克森认为自我是一个独立的力量，而不是本我和超我压迫的产物。埃里克森修改并扩充了弗洛伊德的人格理论，提出心理社会发展八阶段：婴儿期（0～1 岁）、儿童期（1～3 岁）、学龄初期（3～5 岁）、学龄期（5～12 岁）、青春期（12～20 岁）、成年早期（20～25 岁）、成年期（25～65 岁）、成熟期（65 岁以上）。前五个阶段与弗洛伊德划分的阶段一致，但埃里克森在描述这几个阶段时，并不强调性本能的作用，而是把重点放在个体的社会经验上。

二、精神分析心理学对受众研究的影响

1. 潜意识与广告说服

弗洛伊德的精神分析理论和潜意识研究为广告提供了心理学基础。精神分析对潜意识的研究，使商界坚信，影视节目中短暂呈现的广告，其信息可进入受众的记忆。这就是广告商和广告主将电视收视率视为"硬通货"的心理学基础。

潜意识广告起源于 1950 年广告专家维克瑞（James Vicary）的研究。在该研究中，影片中每隔 5 秒便以 1/3000 秒的速度在屏幕上呈现"吃爆米花"和"喝可口可乐"的信息。6 个星期后，该电影院爆米花的销售量上升了 18％，可乐的销售量上升了 50％以上。由于这个研究，美国政府宣布在广告中设置潜意识信息的行为不合法，这个禁令一直持续到现在。

"潜意识学习"录音带的畅销，从另一个方面说明了潜意识的力量。在潜意识学习中，学习者听到的只是音乐或"自然声音"（波浪、鸟鸣，等等），但听了这类磁带后，人们就可以回忆起无意识中获得的信息（有时是在睡觉的时候），并由此掌握一门新的语言、增强记忆、减肥、戒烟、增强自尊，甚至减少焦虑。

也有研究者认为，这些技术除了安慰效应外，鲜有科学证据存在。格林沃尔德等人（Greenwald，1991）用一项双盲实验对记忆和自尊增强的情况进行检验。在该实验中，研究者不知道磁带中材料的性质（一半给予记忆增强材料，一半给予自尊材料）。研究结果没有支持制造商所声称的内容。在听了几个星期的磁带后，被试对实验材料的记忆分数没有增加，自尊的分数也没有增加。然而，那些以为在听自尊材料的被试报告说自尊得到了增强（记忆组被试也是如此）。

尽管存在争论，但潜意识广告的概念已深入到当代文化中。确有一些成功的广告可归因于无意识加工。如果我们在电视或收音机里多次听到某些广告语，通过重新激活神经元发散的模式,它将不可避免地渗透到我们的无意识中,注意和知觉是消费者购物的药引。这就是品牌广告的心理来源。

　　2.人格发展理论与受众对象性

　　关于人格发展,弗洛伊德根据自己的研究成果提出了著名的"心理性欲理论"。该理论认为,人格由本我、自我、超我三个部分组成,经过口腔期、肛门期、性器期、潜伏期和生殖期五个发展阶段,这三个部分逐渐整合,成为一体。美国心理学家埃里克森在弗氏理论的基础上,提出了其独特的心理社会发展理论。该理论将人格发展划分为八个不同的阶段,认为在每个阶段,都有一个中心发展任务,不同时期,这个任务是不同的。具体地说,就是要解决每一对矛盾。矛盾解决得好,则形成积极的个性品质,解决得不好,则形成消极的个性品质。一个阶段任务的顺利完成有助于下一个阶段任务的完成。但是,如果一个阶段的任务没有顺利完成,在下一个阶段仍有完成的可能。

　　随着社会发展,大众媒体必须对不同的受众提供特定的内容以满足他们的特定需求。精神分析学派的人格发展阶段论启示我们,大众媒体要取得预期的传播效果,不仅要考虑到受众个体的认知发展水平,在节目定位、内容与形式等方面还应遵循不同阶段的个体人格发展的特点。也就是说,大众媒体首先要定位目标受众,然后采用目标受众能够接受的形式,要能反映各个不同阶段的心理矛盾。

　　比如,根据埃里克森的人格发展阶段论,个体每个阶段都有需要解决的具体矛盾,以青少年为例,个体着重要解决的是"同一性与角色混乱的矛盾"。大众媒体如何从青年人的这一需求出发,制作相应的节目,帮助他们正确地认识自己、认识他人是一个值得重视的问题。而老年人面临的发展危机是完善与绝望的矛盾。目前,国内的大部分广播电台、电视台都开办了相对固定的老年专题节目,在帮助老年人克服孤独方面起着一定的作用;而健康、保健、养生节目将目标受众定位为老年人。

第三节　认知心理学与受众研究

　　认知心理学有广义、狭义之分,广义的认知心理学是以认知过程为主要研究对象的各种心理学流派和理论。除信息加工心理学外,它还包括了完形心理学、拓扑心理学和皮亚杰的发生认识论。

一、认知心理学简介

1.信息加工心理学

信息加工心理学是指用信息加工的观点和术语,以模拟、验证等方法来研究人的认知过程;认为人的认知过程就是信息的接收、编码、贮存、交换、操作、检索、提取和使用的过程,强调人已有的知识和知识结构对行为和当前认知活动起决定作用。

信息加工心理学不同于其他心理学流派,它既不是由某人独创的,也没有简单地否定历史上各派心理学的建树,而是受多种因素影响、逐渐演变而成的。因此,与其说信息加工心理学是一个独立的心理学流派,还不如说它是当代心理学的一种新思潮、新范式和新的研究取向。信息加工心理学从研究对象上是对行为主义的否定,从方法上则是对行为主义的深化。对那些放弃了极端观点的新行为主义,信息加工心理学更是继承多于批判。

奈塞尔(Ulric Neisser,1928—　　　),美国认知心理学家,1967年著《认知心理学》一书,标志着认知心理学的开始。他的主要研究兴趣是记忆、智力以及自我概念。他对自然环境下关于生活事件的记忆,个体、群体在测验成绩上的差异的研究十分著名。

西蒙(Herbert Alexander Simon,1916—2001),美国著名科学家,曾任伊利诺斯理工学院政治和社会科学系主任,卡内基理工学院工业管理研究院副院长,卡内基-梅隆大学计算机科学和心理学教授等,是世界上第一位荣获诺贝尔经济学奖的心理学家。他把心理学与计算机科学结合在一起,开创了人工智能的研究,并取得了卓越的成就,荣获1975年的图灵奖。他的主要著作是与纽厄尔(Alan Newell,美国心理学家和电脑科学家)合著的《人类问题解决》,是信息加工心理学极为重要的著作。

信息加工心理学将人脑与电脑进行类比,把人脑看作是类似于电脑的信息加工系统。尽管在硬件上电脑的电子元件与人脑的神经细胞有质的区别,但在软件上人脑和电脑的功能结构、认知历程却存在许多类似之处。信息加工心理学认为,人的认知过程是一个主动寻找信息、接受信息,进行信息编码并在一定的信息结构中进行加工的过程。

信息加工心理学将记忆分为感觉记忆、短时记忆、长时记忆三个记忆阶段。外界信息进入感觉记忆(也称瞬间记忆),仅停留一秒钟左右就消失。通过过滤和衰减,部分感觉信息进入短时记忆阶段,转入短时记忆的信息大约停留20秒钟左右,若得不到适当的加工也会消失,只有经过复述的短时记忆才有可能转入长时记忆阶段。长时记忆是一个容量很大、保留时间很长的记忆系统。

信息加工心理学对记忆的容量,尤其是短时记忆的容量进行了大量的研究。1956 年米勒在《奇妙的数字 7±2——信息加工的限度》一文中,提出了"组块"(Chunk)概念,认为短时记忆的容量是 7±2,即 5～9 之间。米勒认为,每个组块既可以是一个字母,也可以是一个单词,还可以是一个短语。组块所含信息量的多少和组块化过程密切相关。而组块化过程又受个体知识与经验的影响,组块化过程一般从两方面进行:一是把时间和空间上非常接近的单个项目结合起来;二是利用以往的知识把单个项目组成一个有意义的组块。正因为这样,在记忆容量方面存在个体之间的差异。

信息加工心理学的许多实验材料表明,记忆系统中存在着两种主要的编码形式,即视觉编码形式和言语编码形式。视觉编码形式是一种与实际的物理刺激表象相对应的信息加工,瞬间记忆和短时记忆阶段存在许多视觉编码形式。言语编码包括音素编码和语意编码两个方面。在短时记忆系统中,以音素编码为主;而在长时记忆中则以语意编码为主。语意编码又可分为语意网状模式和语意特征模式。语意网状模式认为,在记忆系统尤其是在长时记忆系统中,信息是以命题的形式进行语意编码的。人可以通过联想,在这些命题所构成的语意网络中寻找记忆和安置新的信息。语意特征模式认为,语意记忆是按照不同形式的归类而保存在记忆系统中的。

2. 格式塔心理学

格式塔心理学(Gestalt psychology)也称完形心理学,产生于 20 世纪初的德国,是西方心理学的主要流派之一。主张研究心理现象的整体、形式或形状,宣称心理现象最基本的特征是在意识经验中所显现的结构性或整体性,反对冯特和其学生铁钦纳(1867—1927)的构造主义心理学的元素主义和行为主义的 S-R 公式。

惠特海默(Max Wertheimer,1880—1943)是格式塔心理学的创始人和主要代表,1912 年与苛勒及考夫卡在法兰克福共同研究似动现象[①]。在这个研究的基础上,他们建立了格式塔心理学。惠特海默 1933 年离开德国,受聘为美国纽约社会研究新学院教授。惠特海默首创格式塔心理学这一术语,主要著作是《运动视觉的实验研究》、《创造性思维》等。

让·皮亚杰(Jean Paul Piaget 1896—1980),瑞士儿童心理学家,发生认识论的创始人。他通过儿童心理学把生物学与认识论、

---

① 似动现象是正后象的结果。由于外界刺激物引起的感觉并不随刺激物的消失而消失,称为"感觉暂留",也叫"后象"。后象有正负两种。长时间地注视一支亮着的日光灯,闭上眼睛后有一条黑色的现象,为负后象;而瞥一眼日光灯立刻闭眼,这个光点好像在眼前闪现,为正后象。

逻辑学结合起来,从而将传统的认识论改造成为一门实证的实验科学,主要著作有《儿童的语言和行为》、《儿童的判断与推理》、《儿童的道德判断》、《智慧心理学》、《发生认识论原理》等。皮亚杰认为智慧的本质就是适应,而适应的形成在生物学上就是同化和顺应,在心理学上就是主体(内因)和客体(外因)相互作用的一种平衡状态。

二、认知心理学对受众研究的影响

1.认知观点与受众理论研究

正如德弗勒所说:"大多数早期媒介研究都试图用这些个人属性来解释受到某部影片,某种报刊讯息或某个电台节目刺激的人们所做出的即刻反应"(德弗勒,1989,p. 229)。拉斯韦尔的5W模式、香农的数学模式所阐述的都是简单地从传播者到接收者的信息传递过程,信息运动的轨迹是线性的、单向的。这些模式深受行为主义的影响,将媒介信息看作刺激,而把受众的行为和态度的改变作为反应。后来传播效果研究虽然引入了中介变量(受众认知结构、亚文化类型和社会关系)的个人差异,但研究的重点不是要探讨受众在接触媒介信息时的内部处理过程,而是把人的差异作为干涉变量,研究的目的仍是要考察受众外在的行为的变化。

格式塔心理学家勒温(Kurt Lewin,1890—1947)的研究,使受众理论研究达到了一个新的高度。他提出的"场论"认为,人是一个场(field),人的心理活动发生在一种心理场或生活空间里。生活空间包括个人及其心理环境,一个人的行为(B)取决于个人(P)和他的环境(E)的相互作用,即 B=f(P,E)。他认为,大众媒体所面对的是整体的人,因而无论是传者还是受者,都具有整体的系统特征,仅仅专注于单一类型的浅表层次的研究,难以满足学科发展的真正要求。

在大众传播的早期研究中,也有认知观点的思考,只不过在行为主义盛行的年代,这些思考被掩盖了,没有成为主流。李普曼(Walter Lippmann,1889—1974),在他著名的《舆论学》(1922)一书中写到:"对于所有听众来说,完全相同的报道听起来也不会是同样的。由于没有完全相同的经验,每一个人的领会就略有不同,他会按照自己的方式去理解它,并且掺入他自己的感情。"观众在接收报道的时候,会把自己的特性加在报道上,会按自己的模式设想报道的内容。李普曼的上述观点,与当时流行的魔弹信念不同,强调了受众的原有认知结构对当前认知活动的影响。

迄今为止,认知心理学已经发展了许多不需直接询问被试本人而测量被试处理信息过程的工具。双作业操作就是测量加工容量和注意分配的方法。双作业操作要求被试同时进行两种作业,一种为主要作业,另一种为伴随作业,测量被试在有无主要作业的情况下,完成伴随作业的时间差。完成伴随作业的时间越长,说明对主要作业的注意所需的加工容量就越大。利用这种方法,考察受众对媒介信息(包括文字的、声音的和图像的信息)的注意程度和加工容量。例如,在实验中,可以安排受众观看事先编辑好的新闻节目作为主要任务,同时安排伴随任务,这些伴随任务可以是被试听到某种声音或看到某种光亮时,按下一个按钮。实验过程是,在受众观看新闻节目过程中的某些时间点,发出声音或光亮,记录被试从听到声音或看到光亮后到按下按钮所需的时间(通常在 $0.2 \sim 0.8$ 毫秒之间)。利用双作业操作方法,研究受众接触大众媒体例如观看电视,是否需要心理资源,以及当把电视节目作为背景时,对人的智力操作有无影响等问题进行了探讨(Basil,1994)。

2. 态度改变研究

态度是由认知、情感、意向三个因素构成的,比较持久的个人内在结构,是外界刺激与个体反应之间的中介因素。个体对外界刺激发出反应受态度调节。

态度改变研究深受认知心理学发展的影响。20 世纪 40 年代和 50 年代,在勒温的影响下,海德(F. Heider,1896—1988)、费斯廷格(Leon Festinger,1919—1989)相继提出认知平衡理论和认知失调理论。这些理论的主要观点是认知的不一致能产生动机,从而导致态度的改变或行为的发生。

海德的认知平衡理论认为,在日常生活中人们总是倾向于建立和保持一种有秩序、有联系和符合逻辑的认知状态,即在人们的认知系统中,存在着情感或评价趋于一致的压力。认知主体一旦失去这种平衡,就会产生紧张和恢复平衡的力量。态度可以凭借这种不平衡的关系而形成和改变。费斯廷格的认知失调理论,有两个基本假设:作为一种心理上的不适,不协调的存在将推动人们去努力减少不协调,并力求达到协调一致的目的;当不协调出现时,除设法减少它以外,人们还可以能动地避开那些很可能使这种不协调增加的情境因素和信息因素(周晓虹,1997)。

1953 年纽科姆(Theodore M. Newcomb,1903—1984)提出的 ABX 模式是海德认知平衡理论的扩充。纽科姆认为有时人际关系会出现不平衡或不和谐,即紧张状态,因为人(A)与人(B)之间的关系,不仅取决于彼此之间的交往,而且有时取决于第三者(X);正是由于第三者,造成彼此之间的关系紧张。第三者可能是人,也可能是物或事。这种紧张主要取决于以下几个因素:A 与 B 的亲密程度;X 对 A 或 B 的重要程度;A、B 因 X 发生的相关关系;A、B 对 X 的分歧程度;A 或 B 对自己态度的自信程度。

在纽科姆的 ABX 模式的基础上,1957 年美国传播学者韦斯特利(B. H. Westley)和麦克莱恩(M. S. Maclean)提出了适合于大众传播研究的韦斯特利—麦克莱恩模式,如图 2-3-1 所示。

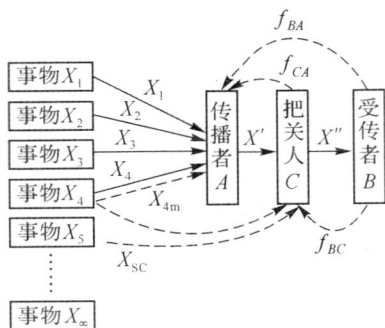

图 2-3-1　韦斯特利—麦克莱恩模式

模式中诸要素表示如下意义：

X：代表社会环境中的任何事件或事物，传播这些事件或事物的信息要借助大众媒体。

A：有意图的传播者，如政治家、广告客户、新闻来源等，是"鼓吹者"角色。

C：指媒介组织或其中的个人，也称把关人，它们从 A 或 X 处选择信息，传播给 B。

B：指受众或"行为"角色，可以是个人，也可以是群体，还可以是一个社会系统。

X'：指传播者为进入信息渠道而作出的选择。

X''：指媒介组织向受众传递的加工过的信息。

f_{BA}：指受众向原始信源的反馈。

f_{BC}：指受众通过直接接触或受众的研究向传播组织的反馈。

f_{CA}：指传播者(C)流向鼓吹者(A)的反馈。

1946—1961 年间由霍夫兰领导的"耶鲁传播与态度改变计划"被看作传播学研究的一个"里程碑"。该研究所提出的单方面论据和双方面论据的说服效果、信息来源的可信性对效果的影响、首因效应和近因效应，被广泛应用于广告、宣传等传播活动中。

从态度改变的机制来看，与霍夫兰的态度改变理论相比，认知一致性理论第一次从认知的角度探讨动机，认为只有考虑到复杂的认知活动，才可能充分理解动机，认知不一致同样会导致不愉快的唤起或紧张状态。

态度改变的精细加工可能性模式(ELM：Elaboration Likelihood Model)是 20 世纪80 年代由心理学家佩蒂(Richard E. Petty)和卡乔鲍(John T. Cacioppo)提出来的，如图2-3-2。该理论将态度改变归纳为两个基本路径：中枢的和边缘的。中枢说服路径将态度改变看成受众认真考虑和综合信息的结果，如消费者主动地考察广告的信源，重新搜集和检验有关体验，分析和判断广告商品性能与证据并做出综合评价。边缘说服路径则相反,它认为受众对某一事物的态度改变,不在于考虑对象本身的特性或证据,而是将该对象同诸多肯定或否定的线索联系起来。

ELM模式的基本原则是,不同的说服方法依赖于对传播信息精细加工的可能性高低。当精细加工的可能性高时,即受众有接受动机和处理媒介信息的能力时,中枢说服路径更有效,而且通过对媒介内容的接受后产生赞成的想法和意见,对态度和行为有持久的影响。如果精细加工的可能性低,则边缘说服路径更为有效。在中枢和边缘路径均能导致态度改变的情况下,如果传播目的在于持久的态度和行为改变,则中枢路径是首选策略。如果目的是即时形成新态度,即使这种新态度是一时性的(如美国的马拉松募捐电视节目导致的捐款行为),边缘路径也是可以接受的(Petty & Priester,1994)。

该理论可作为媒介内容影响态度改变的理论框架。如受众在形成对广告品牌的态度时,有意识地认真考虑广告提供的信息,对广告产品或目标的信息仔细思考、分析和归纳,最终导致态度的转变或形成。这就是受众以高参与度对待广告,这种劝导过程被称为态度改变的核心路线。

与核心途径相对的,是态度改变的外围路线。在外围路线中,态度的形成和改变没有经过积极地考虑品牌的特点及其优缺点,劝导性的影响是通过将品牌与广告中积极或消极的方面或技巧性暗示联系起来而产生的。

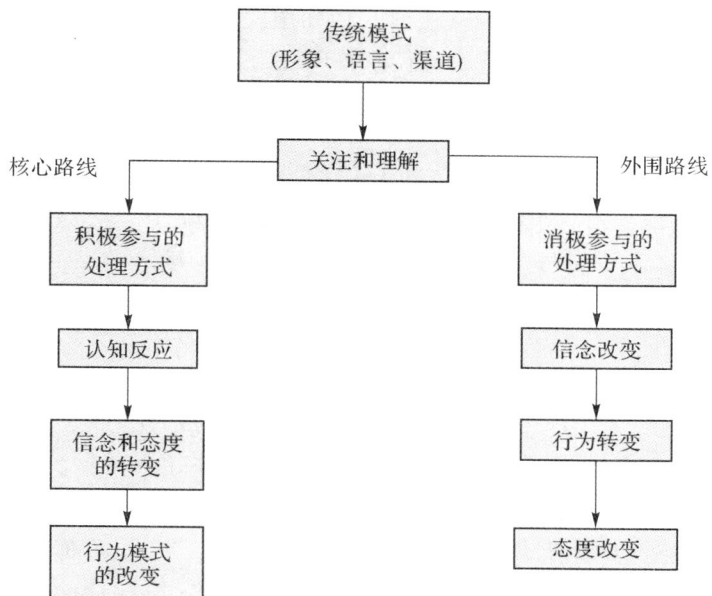

图 2-3-2　精细加工可能性模式

3.认知结构与接收分析

现代认知心理学研究表明,人类的行为并不能视为对外部刺激纯粹的被动反应,主体的选择、加工在受众与大众媒体的互动中发挥着十分重要的作用。这种作用的发挥与受众个体的认知结构密切相关。

接收分析被认为是 20 世纪 80 年代以后受众研究领域的新趋势。卜卫(1996)认为,接收分析作为受众研究的一种研究方法,主要特征在于其方法论上的意义,即在研究受众接触媒介的活动中,从以媒介讯息为中心(如魔弹论)和其以后的以受众为中心(如使用与满足理论)转向以两者及其相互作用为中心。

从心理学角度看,受众从媒介内容中获得意义的过程是一个学习过程。受众所获得的意义不等于媒介中原来的内容,而是受众通过一系列内部心理加工获得的主观经验。主观经验的获得,不但取决于媒介内容的性质和结构,还取决于受众原有的认知结构,即特定性质和结构的媒介内容和受众特定的认知结构相互作用,决定了受众所获得的意义。

大众传播的效果与受众认知结构的广度(容量)和深度(质量)直接相关。何种信息能成为对受众起作用的"刺激",取决于受众已有的认知结构。反之,受众的认知图式能否激活、构建、巩固,也与媒体信息的数量与质量有关。

传者通过大众媒体信息帮助受众激活其认知图式有多种途径,如增加背景介绍,增添解释性内容或综合性信息。这几个途径的心理机制是相同的,都是帮助受众提取认知结构中的相关内容,以同化传者提供的信息。"同化"是指受众对输入的刺激进行过滤和改造,并将之纳入主体已有的认知结构当中。这个过程的完成表明主体对这一信息的认知和理解。如果受众的认知结构中没有可用于同化媒体信息的认知图式,那就只能依靠调整和改变已有的图式来同化新的刺激。这个过程就是"顺应"。

第四节　人本主义心理学与受众研究

人本主义心理学(humanistic psychology)是 20 世纪 50 年代兴起于美国的心理学思潮。人本主义心理学反对行为主义环境决定论和精神分析生物还原论的思想,人本主义心理学强调人的主观活动,主张研究人的本性、潜能、经验、价值、创造力及自我实现等。

一、人本主义心理学介绍

1. 马斯洛的人本主义心理学理论

亚伯拉罕·哈罗德·马斯洛（Abraham Harold Maslow，1908—1970）被誉为人本主义心理学之父。1943年马斯洛的著名论文《人类动机论》（A Theory of Human Motivation）发表于《心理学评论》。1954年的《动机与人格》是马斯洛学说的奠基作，主要围绕需要层次论和自我实现论来阐述其基本观点，首次提出人本主义心理学的概念。

需要层次论：马斯洛认为动机理论的基点是需要，而人类价值体系中有两种类似本能的需要：一是沿着生物系谱上升，逐渐变弱的本能需求，称低级需要或生理需要；一是随生物的进化逐渐显示出来的潜能，称高级需要或心理需要。这两类需要分五个层次，即生理需要、安全需要、归属和爱的需要、尊重的需要自我实现的需要，它们一个比一个层次高。人类动机生活组织的主要原则是基本需要按优势或力量的强弱排列等级，优势需要一经满足，相对弱势的需要便会出现。此外，不同需要的满足具有不同作用，高级需要的满足会使人产生幸福感或内部生活的丰富感。如果低级需要和高级需要都得到满足，人们往往认为高级需要的满足具有更大价值。在一定意义上讲，需要的层次越高，其社会价值也越大，越少自私。马斯洛还强调行为是由多种因素决定的，动机不过是其中一种决定因素，而动机也往往是由几个或全部基本需要同时决定的。

自我实现论：自我实现是马斯洛需要层次结构中最高层次的需要，它在马斯洛的人格理论中占据重要地位。马斯洛以能"充分发挥自己才能"的48位历史和现代人物作为研究对象，通过对这些人物的人格和成就进行非正规的观察、整体分析，发现了自我实现者的一些特征：(1)他们能准确充分地认识现实。(2)他们表现出对自己、对别人以及整个自然的最大认可。(3)他们表现出自然、朴实和纯真的美德。(4)他们常常关注各种社会疑难问题，而不是他们自己。(5)他们具有喜欢独处和宁静的品质。(6)他们独立自主，不受文化和环境的约束。(7)他们呈现出一种清新不逊的鉴赏力。(8)他们较常感受到神秘和高峰体验。(9)他们较易具有一种全人类的同一性。(10)他们建立了仅与少数人深厚久远的人际关系。(11)他们易于接受民主的价值观。(12)他们具有很强的伦理观念。(13)他们具有完善的、非敌意的幽默感。(14)他们具有创造性。(15)他们抵制文化适应。马斯洛认为自我实现者虽然具备如此众多的优秀品质，但他们并不是完善无缺的，如有时表现出异常无情，也有罪恶感、焦虑、悲伤、自责，内心的矛盾和冲突等。

马斯洛的后期著作,《科学心理学》(1966 年)、《存在心理学探索》(1968 年)、遗作《人性能达的境界》等很大部分是反复论证他的价值论体系。他的价值理论大致可以概括为以下几点:

(1)人性是善的,至少是中性的,而恶是派生的,是人的基本需要受挫引起的。

(2)在生物进化的阶梯上,人有高于一般动物的心理潜能,心理潜能高于生理潜能。

(3)人的需要和动机有高低不同的层次结构。

(4)高级需要包括爱的需要或社会需要,因此人的自我满足和利他主义是一致的。

(5)创造潜能的充分发挥是人的最高需要,是人生追求的最高目标——自我实现。

(6)自我实现和创造潜能的发挥本身就是奖赏,是一种极度快乐的状态。

(7)高级需要和创造潜能(心理潜能)比低级需要(生理潜能)微弱,它只是一种类似本能的微弱冲动,不像动物本能那样牢固,它有赖于后天的学习和培养,才能得到充分的发展。

(8)人的潜能和社会价值并无本质矛盾。人的需要层次越高,自私行为就越少,而追求自我实现本身总是有利于社会的。

2. 罗杰斯的人本主义心理学理论

美国心理学家卡尔·罗杰斯(Carl Ransom Rogers,1902—1987)是人本主义心理学的主要代表之一,因"以当事人为中心"的心理治疗方法而驰名,是马斯洛在接受采访时多次提到的,对他"产生重大影响的人"。主要著作有《咨询与心理治疗》(1942 年)、《患者——中心治疗》(1951 年)、《论人的形成》(1961 年)、《自由学习》(1969、1983 年)、《卡尔·罗杰斯论交朋友小组》(1970 年)、《一种存在的方式》(1980 年)等。

在人本主义心理学的理论开创方面,罗杰斯不是最出色的;然而,就其在教育实际方面的影响而言,罗杰斯的影响最大。罗杰斯在强调心理咨询中咨询者对咨询客人的倾听、建立良好的"以当事人为中心"的治疗关系之外,还"为教育领域的变革贡献一种激进的理念和实践"。罗杰斯学习心理学以其心理学思想作为基础,以突出学习者的中心地位为核心,强烈冲击了传统的教育理论,大大影响了现代西方的教育。

罗杰斯对人性有一种深沉的信任。与弗洛伊德相似,罗杰斯认为,人有其本性,人生而有一些特定的心理倾向,并极其强调这种先天的动力倾向对人的作用。然而,与弗洛伊德认为人的本性是邪恶的、人性不可信赖不同,罗杰斯认为人性本身是好的、健康的,或者最起码并非坏的、病态的。他确信人的本性是倾向于创造,具有建设性,需要与其他人建立密切的个人关系。罗杰斯把精神健康视作人生正常的发展结果，而精神病态、犯罪以及其他的"有问题的人生"则是人的自然趋向被剥夺的后果。

二、人本主义心理学对受众研究的影响

1.卡茨的"功能取向"

态度取向是对大众传播效果的直接检验。心理学各个流派都相当关注态度的研究。在 20 世纪 70 年代之前，态度研究的两种主要理论取向，一个是学习理论取向（learning theory approach），主要与霍夫兰的理论相联系；另一个是一致理论取向（consistency theory approach），主要与费斯廷格、纽科姆、海德和奥斯古德等人的理论相联系。此间，这两种理论同时并存，相互之间很少有明显的联系。但是，在人本主义理论盛行之后，丹尼尔·卡兹（Daniel Katz，1903—1998）和他的同事们开始着手研究这个问题，并提出了研究态度改变的功能取向。

卡茨研究态度形成或改变的原因，从为什么来回答是什么。人类行为模式有两种。非理性的模式认为，人类是不爱思考的动物，其信念很容易受周围人的影响，并且人类对现实的理解受到他们欲望的摆布。而理性的模式则认为，人类是聪明的、具有批判力的思考者，只要给予充足的信息，便可以对之做出明智的决定。卡茨等人认为，要回答人类既是理性的又是非理性的这一矛盾的问题，要以环境和当时行为的动机等因素来说明，他们主张，对于理解态度改变而言，人类以不同的思考方式采取行动的倾向具有重要意义。

卡茨主张，对态度的形成与改变，必须以态度服务于人格需要的功能来理解。卡茨指出，大众传播早期许多研究处理的变量，都不是真正心理学的因素，例如，给人看电影。由于看电影对于不同的个人而言有不同的功能，行为主义的研究者以给受试者看影片的做法进行研究，并不能真正了解或预测态度改变的原因。卡茨按照人本主义心理学注重个人的主观能动性和动机的逻辑，提出同样的态度可能基于不同人心中不同的动机。卡茨认为态度能服务于人格需要的下列四种功能：

工具性的、功利主义的功能：人们之所以会持有某种态度，是因为人们极力争取从外部环境中得到最高的荣誉，并将对己不利的惩罚降到最低程度。例如，认为赋税太高的选举人可能拥护承诺减税的政治候选人。

自我防卫的心理功能：人们之所以持某种态度，是因为人们要保护自己免受伤害，这种伤害可能来自他们自己不认可的冲动，也可能来自对外部威胁力量的认知。某些人对少数群体投注蔑视感情，常常是以此作为支撑自我的方式。这可作为人们为了自我保护而持偏见态度的一个例子。

表达价值观的功能：人们之所以持某种态度，是因为这些态度能使一个人向中心价值观靠拢和该人认为能与同属一类的人作正面的表示。例如，以为喜爱某一摇滚乐团的青少年会通过这种态度来表现他或她的个性。

知识的功能：人们之所以持有某些态度，是因为它能满足人们对知识的欲望，或对世界提供结构或意义，否则这个世界将是无序的。很多宗教信仰具有这种功能。

卡茨说，如果不了解态度所服务的功能，而试图改变态度，便会导致相反的结果。卡茨的研究将前人对态度的研究进行了总结，他的"功能取向"研究为"使用与满足"学说的最后成形奠定了基础。

2."使用与满足"研究

在过去的传播效果研究中，研究的重心都是媒体对它们的受众做了什么。但是，受众并非总是被动的，名为"顽固的受众"(The Obstinate Audience)的经典研究指出，受众常常是相当主动的(Bauer，1964)。

在美国传播学历史中，"使用与满足"(Uses & Gratification)得到确认的时间大约是在 20 世纪 70 年代，流行于 20 世纪 80 年代。该理论认为，受众是具有支配能力的，而不是被动的接受者。使用与满足研究的理论基础是马斯洛的人本主义心理学，它强调了个人的理性以及个人自我实现的潜力(Werner J. Severn，1988)。尽管该理论在 20 世纪 70 年代才正式成形，但从这一方法所涉及的思想来说，早在 20 世纪 40 年代就开始了。早期的大众传播研究者在探讨媒介效果这一中心问题时，曾经尝试着从受传者使用媒介的角度来进行。

"使用与满足"首次出现在卡茨(1959)的文章《大众传播调查和通俗文化研究》中，它是对贝雷尔森(1959)"传播研究看来将要死亡"的说法做出的回应。卡茨主张，正在死亡的领域是将大众传播视为说服的研究。当时，大部分的传播研究皆致力于调查这样的问题"媒体对人们做了什么？"(What do media do to people?)卡茨建议，如果这个领域将研究的问题改成"人们用媒体做了什么？"(What do people do with the media?)就可以解救自己，免于死亡。他列举了在这方面已经完成的一些研究。

有趣的是，其中的一个研究正是贝雷尔森本人做的，即 1949 年所做的"失去报纸意味着什么"。这一研究是在报纸罢工期间，访问人们对失去报纸的看法(Berelson，1965)。在报纸投递工人罢工的两周里，多数读者被迫寻找其他新闻来源。绝大多数人说，新闻是他们最怀念的内容。很多人读报是因为这是被社会接受的行为，有些人则认为，报纸是知天下事不可或缺的东西。然而，还有许多人看报纸是追求逃避现实、放松自己、休闲娱乐和提高社会声望。这些人承认，对公共事物有所了解可以增加与人交谈的内容。另有些人看报是想要从报上得到关于时尚、食谱、天气预报及其他有用的信息，指导他们日常生活。

卡茨所举的另外一个例子是赖利夫妇的研究（Mr. Riley & Mrs. Riley，1951）。它显示，那些将媒体中的探险故事"用于"集体游戏的儿童与同龄伙伴相处融洽，而将相同的媒介内容"用于"幻想或做白日梦的儿童则不能与其他儿童打成一片。这个例子说明了使用与满足研究的基本内容：不同的人可以将同样的大众传播消息用于完全不同的目的。另外一个研究是检验广播剧对定期收听收音机者的功用。有些听众发现从自己面临的问题中得到了感情的宣泄；另外一些听众则认为，收听广播剧能逃避现实；第三种人是为了解决他们自身的问题而寻求办法（Herzog，1944）。

布卢姆勒和麦奎尔（Jay G. Blumler & Denis McQuail，1969）以使用与满足理论作为总体研究策略，对1964年英国大选进行了研究。研究者根据观看者收看电视的动机将他们分类，对大众媒体主要是加强原有态度的结论提出了怀疑。

批评者认为，许多研究指出了人类动机的复杂性和隐蔽性，然而使用与满足的研究方式注重自我报告来确定人们的动机，失之于简单和天真。另一种批评认为它依赖心理学的概念，例如需求，而忽视社会结构和在该结构中所处的环境。

对此，鲁宾和温德尔（Rubin & Windahl，1986）提出了一种使用与满足和依赖理论相结合的综合方法。他们提出的使用与依赖模式（uses and dependency model）将个人置于社会系统之中，这些系统帮助人们形成自己的需求。德弗勒和罗基奇（DeFleur & Ball-Rokeach，1989）概括了个体与传媒发展"依赖关系"的三种关键途径。首先，传媒提供的信息使我们了解世界，它在"自我理解"的层次上给我们提供关于自身的信息，以获得跟他人解释的同一性。其次，我们在行动（决定继续减肥，或在选举中投票）或交往（如何应对社会情境）上需要传媒帮助定向。最后，传媒给我们提供游玩的机会（单独放松，或像看电影这样的社会活动）。

传统的使用与满足研究是将受众分为主动的或者被动的两种，将其概念化，并将其行为或活动作为处理变量的方法（Rubin，1994）。在某些时候，媒介使用者在处理媒介信息时是有选择的、理性的；但在另外一些时候，他们使用媒介是为了放松和逃避。受众行为在形式和程度上的差异可能也对媒介效果产生影响。坎那瑞和斯皮茨伯格（Canary & Spitzberg，1993）研究发现，在孤独情境中（即人们处在孤单的情况下）媒介接触的程度最高，而在持续孤单中（即多年来一向孤单的受众那里）受众较少将媒介用于解除孤独。对此的解释似乎是，持续孤独者将他们的孤独归于内在因素，因而不相信媒介传播可能提供对孤独的解脱。

使用与满足说也被用于解释人们对新媒体的使用动机。帕帕查里斯和鲁宾（Papacharissi & Rubin，2000）考察了最有可能影响人们使用互联网的因素。他们鉴别出五种动机：人际效用（在线社会交往）、消磨时间、寻求信息、便利和娱乐。一些互联网使用者将其用作社会交往的替代,特别是那些对交友和面对面交流感到困难的人。

"使用与满足"在理论和现实两方面都有独特的意义:它在美国经验主义传播学的受众研究中占有重要的地位,如果将从前的受众研究称为"效果型"研究的话,那么,使用与满足说则代表着一种"满足型"的受众研究,它采纳了两个新角度——人们如何使用大众媒体、大众媒体内容能够满足人们什么样的需要;同时它也是后来崛起的批判学派的关注对象。

3.知沟假说的改进

人本主义心理学注重个人动机的能动性,这对"知沟"理论的发展也具有深远的影响。

研究的起源:在20世纪60年代的美国,要求实现教育机会平等的社会呼声不断高涨,学校中贫富儿童在学习能力和学习成绩上的差异引起了社会的广泛关注。为适应社会发展和科技革命的新要求,美国政府通过一系列法案,旨在"改变一个技术高度发达的社会中的贫困和不平等状况"。在"知沟"研究中被当作典型案例的著名儿童节目《芝麻街》,便是60年代末为实现教育机会平等而特别开设的。它试图通过普及率很高的电视来缓解贫富儿童受教育机会的不平等,帮助贫困家庭的学龄前儿童。然而,相关的传播效果调查却一再表明,原本有着良好意愿的宣传活动,在社会地位低下的群体中收效甚微,而社会地位较高的群体获益甚多,因此反而加剧了原有的社会不平等。

受众的社会经济地位与知识获取之间的关系,引发了美国明尼苏达大学三位学者的研究兴趣。1970年,蒂奇诺、多诺霍和奥里恩(Tichenor,Donohue & Olien)在一篇名为《大众传播流动和知识差别的增长》(Mass Media Flow and Differential Growth in Knowledge)的论文中提出了"知沟"假说:当大众媒介信息在一个社会系统中的流通不断增加时,社会经济地位高的人将比社会经济地位低的人以更快的速度获取信息,因此,这两类人之间的"知沟"将呈扩大而非缩小之势。

个人动机和兴趣的引入:长期以来,社会经济地位及其变量被认为是造成知沟的唯一要素,直到1981年盖那瓦和格林伯格(Genova & Greenberg,1981)以受众兴趣为变量重新审视了知沟假说,他们重新研究了受众的两种兴趣——个人兴趣和社会利益对于知识获得之间的关联。

1984年夏普(Sharp,1984)的研究再次指出,个人动机是寻求信息的一个重要因素,当寻求信息的动机非常强烈的时候,知沟就会缩小而非扩大。我们2005年对浙江省城乡青少年的知沟研究也验证了这一点,虽然城乡青少年媒介拥有量悬殊,但是农村青少年从媒介中"获取信息和知识"的诉求要远远高于城镇青少年,弥补了双方之间的信息获取的鸿沟。

信息寻求行为等级图:知沟研究试图厘清这样一对关系,即经常被引述的导致知沟的原因(尤其是教育,社会经济情况及兴趣或动机)与知识获取之间的关系。

韦尔(Weir,1995)曾设法增进人们理解动机在导向知沟过程中的作用。包括盖那瓦和格林伯纳研究在内的多项研究发现,人们之所以取得某类信息,兴趣(一个近似于动机的概念)比教育的作用更大。但其他的研究并未发现,怀有动机的人们获得的知识增加了,倒是一些其他的研究显示:动机、教育及其他因素相辅相成,才共同影响着人们的知识水平。

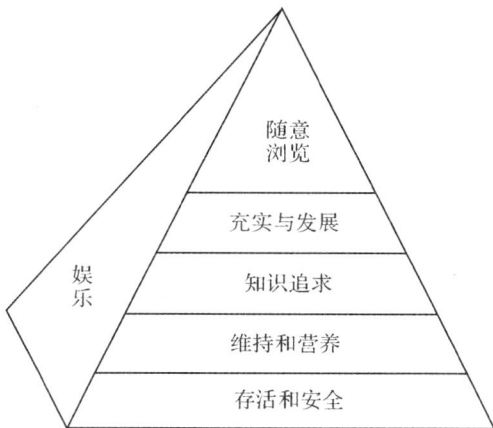

图 2-4-1 信息寻求行为等级

资料来源:Tom Weir. "The Continuing Question of Motivation in the Knowledge Gap Hypothesis", Paper Presented to the Association for Education in Journalism and Mass Communication, August, 1995, Washington, D. C. Reprinted by permission.

韦尔提出了一个议题,为什么被认为有兴趣和动机的人往往未能更多地介入寻求知识的活动?他借鉴马斯洛的需要等级阶梯来分析人们的信息需求,提出了他的信息寻求行为等级图(hierarchy of information-seeking behavior)。韦尔认为,一个人在等级中的位置决定着他的信息寻求行为,而且只有在一个层次的信息需求得到满足之后,人们才会致力于获取更高层次的信息。当指向人们的某类信息在某些个体自己的信息需求等级中看来无关紧要时,知沟就出现了。

延续阅读

1. 王玲宁.媒体暴力对青少年影响的实证研究.复旦大学博士学位论文,2004.

2. 王渭玲.媒体暴力信息对不同现实暴力接触大学生生理心理的不良影响.第四军

医大学博士学位论文,2008.

思考题

1.从媒介环境的变化,思考媒介传播中从受众"靶子论"到受众"中心论"的演变。

2.如何把握不同年龄层次、不同时代背景下的受众心理特征。

3.如何理解暴力对受众的影响。

知识点

1.魔弹论与行为主义　　　　　　2.斯金纳箱

3.暴力、媒体暴力、真实暴力、幻想暴力　　4.社会学习理论

5.前意识、潜意识　　　　　　　6.潜意识广告

7.人格发展理论　　　　　　　　8.场论

9.态度　　　　　　　　　　　　10.马斯洛的自我实现论

11.态度改变的精细加工可能性模式　　12.罗杰斯的以当事人为中心

13.态度研究理论取向　　　　　　14.期望—价值模型

15.纽科姆的 ABX 模式与韦斯特利—麦克莱恩模式

16.态度形成、激发和改变的决定因素

参考文献

1.方建移,章洁.大众传媒心理学.浙江大学出版社,2007.

2.王渭玲.媒体暴力信息对不同现实暴力接触大学生生理心理的不良影响.第四军医大学博士学位论文,2008.

3. WHO Global Consultation on Violence and Health. Violence：a publically thpriority. Geneva,World Health Organization,1996.

4.陈宪奎.美国市民社会研究.中国社会科学院出版社,2004.

5. Bandura A,Ross D & Ross SA(1963). Imitation of film-mediated aggressive models. Journal of Abnormal and Social Psychology,66,3-11.

6. Zillman D(1979). Hostility and Aggression. Hillsdale,NJ：Lawrence Erlbaum.

7. Cantor J(2000). Media violence. journal of Adolescent Health,27s,30-4.

8. Anderson C A & Bushman B J (2001). Effects of violent video games on aggressive behaviour,aggressive cognition,aggressive affect,physiological arousal，and prosocial behaviour：a meta analytic review of the scientific literature. American Psychological Society,12(5)：353-9.

9. Pennell A E & Browne K D（1999）. Film violence and young offenders. Aggression and violent Behaviour,4(1):13-28.

10. Coyne S M, Archer J & Easle M（2004）. Cruel intentions on television and in real life：can viewing indirect aggression increase viewers'subsequent indirect aggression? Journal of Experimental Child Psychology,88,234-53.

11. 葛进平等. 浙江农村青少年"知沟"实证研究. 新闻与传播研究,2006(4).

第三章

经济学基础

从大众传播的发展轨迹来看,越来越多国家的大众媒体依赖商业模式生存。因此,研究受众就离不开商品、市场等经济学的基本概念。本章试图将主要的经济学原理应用于受众研究,分析受众市场在媒体产业发展中的作用。

第一节　商品理论中的受众

当大众媒体成为一种经济实体,那就必须把自己的商品(包括产品和服务)在市场上销售出去,并获得利润,才能生存和发展。

一、两种经济理论

从经济学的观点看,受众首先是大众媒体内容的消费者,然后才是大众媒体的商品。伯明翰学派的著名学者约翰·费斯克(John Fiske,1939—　　),在1989年的著作《理解大众文化》(*Understanding Popular Culture*)中,提出了两种经济的理论(金融经济和文化经济),认为大众媒体的媒体产品,流通于两种平行且共时的经济系统之中。两种经济的理论根据是马克思政治经济学中的"商品二重性",即商品既有交换价值,又有使用价值。

从商业机构的角度看大众媒体,受众既是消费者又是商品。在金融经济中,受众是商品,实现了媒体产品的交换价值。金融经济为文化商品的流通提供了两种模式:在第一种模式中,节目纯粹是物质商品,被节目制作者卖给发行人。在第二种模式中,作为商品的节目改变了角色,成为生产者;它生产新的商品是受众,受众则被卖给广告商或赞助人。表面上看广告商买的是电视广告的播放时间,而实际上买的是受众。

在文化经济中,受众是消费者,实现了媒体产品的使用价值。大众媒体传播的内容只有经过有能力"生产"意义和快感的受众的"解读",才有可能实现真正的"商品"的使用价值。费斯克认为,文化经济中作为意义生产者的受众拥有相当的权力。在费斯克看来,消费者(受众)拥有创造文化的力量,而不是被动可怜的"被欺骗"者和"被出售"者;受众的力量表现在对媒体内容的多元解读。

二、受众是消费者

受众是消费者,对于受众消费行为的研究,在理论和方法上与一般的消费者行为研究一致。首先研究受众对大众媒体的消费行为,主要内容是谁在看节目,何时开始看,看了多长时间,何时离开,是换台还是关机等等,这些也是受众研究和收视调查最基本的任务。

其次是确定消费者(受众)对大众媒体内容的偏好,从而确定节目、栏目、频道的目标受众。这就是市场定位。一旦市场定位明确,大众媒体就要关注如何维持、进而增加忠实受众群体,探究什么内容能吸引他们,他们还需要什么。开展受众的调查研究,才能对这些问题有明确的回答。

消费者行为学对受众调查研究的帮助不仅在流程方面提供参考,更重要的是对消费者的"全面关怀",如对消费者文化背景的了解、对消费者地域特征的分析等。传统的受众研究集中于受众行为的记录,而对受众的消费动机,受众对内容的理解,受众的经济属性等方面关注较少。

将受众看成市场,即消费者的集合体。在市场竞争环境中,大众媒体的市场战略发生了变化,受众市场由过去笼统的"大众"概念发展到"市场细分"。20世纪80年代以前,西方受众市场被看成一个未分化的"大众"市场,大众媒体的经营理念为提供满足普遍需求的信息产品或服务;而在新媒体不断涌现,各种媒体不断融合的今天,出现了"小众化"、"窄播"的趋势。在这种演变中,受众整体作为市场的观点反而得到了加强。

三、受众是商品

在1951年瓦萨学院①消费者联盟研究所的一次会议上,斯麦兹②正式提出他的"受众

---

①　瓦萨学院(Vassar Collage):美国一所著名的男女合校的文科私立大学,位于美国纽约州波基普希市;成立于1861年,为女子学院,1969年成为男女合校的学院。

②　达拉斯·斯麦兹(Dallas W. Smythe,1907—1992):传播政治经济学的理论泰斗,将学术分析、政策研究和行为参与结合为一体,始终关注传播领域的公共利益和公共控制。1943年被任命为美国联邦通讯委员会(FCC)的首席经济学家,1981完成主要学术著作《依附之路:传播、资本主义、意识和加拿大》,辩证分析加拿大传播依附性的垄断资本。

商品理论"思想。他的"商营大众传播媒介的主要产品是受众的人力(注意力)"奠定了其后提出的受众商品理论。1977 年他发表《传播：西方马克思主义的盲点》(Communications：Blind Spot of Western Marxism)一文,标志着受众商品理论的形成。

媒体生产的商品是受众。大众媒体基本上都涉足商业领域,成为创造利润的经济组织,而广告收入是媒体最主要的经济来源。斯麦兹认为,以广告收入为主要经济来源的媒体所生产的商品不是广播电视节目,而是受众这一特殊商品。以广告费支持的电视提供的"免费午餐"是喜剧、音乐、新闻、游戏和戏剧,目的是引诱受众来到生产现场——电视机前。此时,测量受众的公司便进行统计,然后将这些数据出售给广告者。媒体则根据"产品"(受众)的多寡和质量(年龄、性别、文化程度、收入等人口指标)的高低(购买力的强弱)向广告客户收取费用。

受众通过劳动来创造价值。斯麦兹认为,在发达的资本主义社会,所有的时间都是劳动时间。从受众的角度看,消费媒体的时间就是劳动时间,只不过劳动的对象不同。受众不仅仅是消磨时光,他们还在工作——他们在创造价值。这种价值,最终是通过购买商品时付出的广告附加费来实现的。受众的劳动不仅消费了媒体产品的使用价值,更重要的是创造了商品的"象征价值"。该观点揭示了这样一个事实:媒体的广告费是将受众作为商品卖给广告商所得的营业收入,受众不仅要花费时间和金钱来实现媒体产品的使用价值,还要间接替广告商向媒体支付商品的广告价值,而他们自己却"没有及时地获得这种劳动的报酬"。

由此可见,在"受众商品论"所揭示的这样一个隐型的"受众、媒介和广告商"三角关系中,广告商为媒体运作提供资金,媒体则为广告商提供受众作为交换,而受众"通过把他们的时间('工作'或劳动)用来消费广告信息和购买其他商品来为广告商创造剩余价值"。

四、受众市场

当受众成为一种商品时,就不可避免地存在受众市场,而受众市场又不同于一般的商品市场,受众市场由四方面构成,如图 3-1-1 所示。

图中实线箭头代表了受众产品的生产与销售过程,受众产品是消费者样本(生产过程的出发点)与受众测量公司和广告商互动的产物。除了实线箭头所代表的直接生产和分配关系外,虚线箭头代表受众市场的众多参与者之间的相互影响,如广告商不愿意在他们认为讨厌的、有风险的、低级趣味的、不符合他们政治与经济利益的内容中刊登广告。

1.媒体组织

媒体组织也就是媒介内容供应商,他们提供内容吸引受众,然后通过销售受众获取

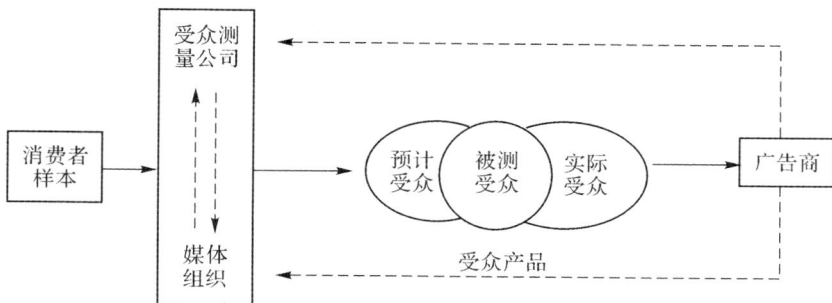

图 3-1-1 受众市场

资金;包括电视台、广播站、有线网络系统、网站及互联网服务的供应商、报纸杂志的出版商以及各种新媒体的内容供应商。媒体组织的多样性使广告商可以有选择地使用接触受众的大量分支机构,从而使得如报纸发行量、电视台收视率、广播收听率、网络点击率等指标被用来描述受众对各媒体组织提供内容的消费情况。

2. 受众测量公司

受众测量公司是受众分析评估的组织机构,是受众市场的参与者,他们提供受众注意力和满意度的相关定量分析数据。广告商和媒体组织都要购买这些数据,这些数据的功能就如同受众市场中的交换货币。

3. 广告商

广告商是受众产品的消费者,是指为推销商品或者提供服务,自行或者委托他人设计、制作、发布广告的法人、其他经济组织或者个人;包括那些为他们的受众产品和服务寻找消费者的供应商,广告代理商、传媒策划师,以及信息或观念推广的组织和个人。

4. 广告所宣传的产品和服务的消费者

受众市场的最重要的构成元素,就是广告所宣传的产品和服务的消费者,他们的注意力是受众市场的立足之本。也就是广告商提供的产品和服务所要到达的潜在购买者,他们推动受众市场的发展,是广告商最为关心的对象。

第二节 效用理论与受众研究

在受众市场中,媒体组织希望通过受众对媒介产品的消费来获得自身的利益,而受众则希望通过对媒介消费品的使用(视听行为)获得欲望和需求的满足,进而达到效用的最大化。所以,媒体组织不仅经营媒介消费品,而且经营受众、研究受众。

一、效用及边际效用的概念

"理性人"假设是经济学理论建立的基本假设,是对现代经济学之父亚当·斯密(1723—1790)"经济人"假设的延续,在一切经济活动中的行为都是合乎理性的,即都是以利己为动机,力图以最小的代价去获得最大的经济利益。假定受众的行为符合"理性人"假设,我们就可以用经济学的规律来分析受众行为。在研究受众如何决定以有限的预算购买或消费何种媒体商品之前,我们必须理解效用及边际效用递减规律。

消费者对商品满足自己欲望的能力有一种主观评价,这种评价就是效用,即消费者在消费商品时所感受到的满足程度。一种商品是否有"效用"取决于消费者是否有消费它的欲望,消费欲望越强,从商品中获得的满足感就越大,商品效用体现就越充分。

效用是经济学的真正起点。效用是主观的,是个人的生理和心理感受,效用大不一定价格高。经济学家用基数法和序数法来度量效用。基数是指1、2、3、…可以相加;序数是指第一、第二、第三、…不能相加,序数只表示顺序或等级,而不考虑具体数量是多少。

序数效用认为,效用无法具体衡量,只能按照顺序进行排列,并能进行传递,具体到受众研究,序数效用指受众更喜欢哪一个节目,如果某受众收看 A、B、C 三个节目,运用序数效用进行判断,A>B,B>C,则可以得到 A>B>C。

二、边际效用递减规律

基数效用论认为,效用如同长度、重量等概念一样,可以具体衡量。表示效用大小的计量单位被称作效用单位。假如,对某一位受众来说,收看电视台提供的 A 节目得到 9个效用单位,收看 B 节目得到 6 个效用单位,收看 C 节目得到 3 个效用单位,则收看这三个节目的效用之和为 18 个效用单位,且收看 A 节目效用是收看 C 节目效用的 3 倍。

在此基础上,基数效用论将效用区分为总效用和边际效用。总效用是指消费者在一定时间内消费一定数量的商品所得到效用量的总和。边际效用是指消费者在一定时间内每增加一单位商品的消费所得到效用量的增量。"边际"是经济学中的重要术语,指"新增"一个单位。经济学家在对边际效用的研究中发现了一条规律,即边际效用递减规律,它是指随着个人消费越来越多的某种商品,从中得到的边际效用是下降的。比如一个人在他非常口渴的时候,喝第一杯水的时候感觉最解渴,带给他的效用最大,假设效用值为10。当他喝第二杯水的时候,没有第一杯解渴了,假设得到的效用值为6,喝第三杯、第四杯所得到的效用分别为3、−2。喝第三杯水已经差不多了,喝第四杯多余,得到的效用是−2,效用变为负值,已经喝不下去了。一般而言,在一定时间内,在其他商品的消费数量保持不变的条件下,随着消费者对某种商品消费量的增加,消费者从该商品连续增加的每一消费单位中所得到的效用增量即边际效用是递减的。

在受众消费研究中,当一段时间内大量同类或相似的媒体信息或节目类型重复出现,受众接触这些媒介信息或收看这类节目所获得的边际效用就会逐渐下降。以电视台为例,当新节目类型刚开始出现的时候,能吸引大量的受众,随着受众对这种节目类型的熟悉和了解,该节目类型对受众的效用就逐渐降低,受众慢慢就会对之失去兴趣,并开始寻求新的节目类型。

三、总效用与边际效用

消费者消费某种商品满足程度的高低主要是通过总效用与边际效用两个指标进行衡量。总效用是指消费者在消费一定量商品中所得到满足程度的总和。

边际效用是指消费者每增加一单位消费量所增加的满足程度。边际的含义是增量,指自变量增加一个单位所引起因变量的增加量。自变量是某物品一个单位的消费量,而因变量则是满足程度,消费量变动一个单位所引起的效用变动即为边际效用。庞巴维克(1851—1914)论证边际效用决定价格(《资本与利息》第 2 卷《资本实证论》,1889 年)。

当边际效用为正数时,总效用是增加的;当边际效用为零时,总效用达到最大;当边际效用为负数时,总效用减少。

用公式表示为:$MU = \triangle TU / \triangle Q$

其中,MU 表示边际效用,Q 为一种商品的消费数量,TU 为总效用。

四、边际效用递减与受众研究

在一定范围内,随着消费某种商品数量的不断增加,消费者从中得到的总效用是在增加的,但是以递减的速度增加的,即边际效用是递减的;当商品消费量达到一定程度后,总效用达到最大值,边际效用为零,如果继续增加消费量,总效用不但不会增加,反而会逐渐减少,此时边际效用变为负数。

需求量和价格成反方向变化。因为消费者购买商品是为了取得效用,对边际效用大的商品,消费者就愿意支付较高价格,即消费者购买商品支付价格以边际效用为标准。按边际效用递减规律,当消费者购买某商品的数量增加时,该商品的边际效用对他而言必递减,因而该商品价格也要相应递减。就是说,他买得越多,价格越低;反之,买得越少,价格越高。因此,在影响需求的其他因素既定的条件下,商品的需求量与其价格之间存在着反向依存关系,这就是需求定理。

受众对于节目的选择与其对其他消费品的选择行为相类似,作为经济人,受众是"趋利避害"的,是"喜新厌旧"的,是追求个人效用最大化的。受众选择个人偏好的节目类型,但同类的节目带给受众的边际效用在逐渐递减。

1.边际效用递减对传播效果理论演变的阐释

按照经济学理性人的基本假设,受众总是寻求效用的最大化,也就是说受众总是选择自己最偏好的媒体和节目。在大众传播活动中,并不是所有的传播活动和内容都能对受众产生预期的效果,而且对每个受众产生的效用也是不一样的。同时我们还可以运用效用理论解释为什么早期的"枪弹论"会被抛弃。该理论认为在强大的媒体宣传攻势下,受众是毫无抵抗力的,只能全盘接受媒体所传播的内容,从而达到极大的传播效果。

但事实上,由于人们在消费媒体的传播内容上是以对自己是否有"效用"为前提的,这就直接影响了传播的效果。决定受众是否会在接受一个传播内容后再有兴趣第二遍、第三遍……地继续接受它,就在于这个传播内容对他的边际效用。而边际效用又是逐渐减小的,这就决定了无论再有力再强大的传播,它对受众的效果都是有限的,这就解释了大众媒体的"有限效果论"。著名传播学者拉扎斯菲尔德在对1940年美国总统选举的研究之后,惊讶地发现大众媒体对选民的影响非常有限,他得出的结论是人际传播的效果更为显著。经济学的效用理论能解释这一现象。宣传者认为,越多的宣传对受众的效果会越大,但实际上如果只是一味地重复宣传,效果恰恰适得其反。因为传播效果在边际效用递减规律的作用下,它的效果会在某一点达到最大值,然后边际效用为负,它的效果便会呈现减少的趋势。

其实,边际效用理论已在大众传播中有所应用。我们非常熟悉的广告就已经应用了该理论。留意可口可乐的广告,我们不难发现无论是它的电视广告、路牌广告或是平面广告,每隔一段时间它的广告模特、策划、形式等各个方面都会变化,它不会长时间用同一个广告。为什么它不坚持用同一个广告呢?这样消费者不是对它更熟悉吗?效果不会更好吗?用边际效用理论来解释,一个广告对受众的边际效用是递减的,如果受众长时间接受同一个广告,它的效果非但不会继续增长,而且会降低。所以,广告商必须适时更换自己的广告,在每一个广告达到它的最大效果时,这个广告的寿命也宣告结束。

2.边际效用递减对节目创新的阐释

边际效用递减同样能解释杂志、报纸、电视、网站必须适时更换它的版面、栏目、节目、频道等。从理论上讲,任何栏目、节目都有生命周期。

有些电视栏目似乎生命力很强,而且开办的时间越久,它在受众心中的地位越牢固,影响也越大。比如央视的"焦点访谈",美国CBS的著名新闻节目"60分钟"更是历经几十年而不衰。这并不意味着它的边际效用没有减小,只是因为它的边际效用还没有减少到为零,所以其总效用在增加。但迟早有一天它的总效用依然会逐渐减小直到其死亡。所以在这过程中它们也会随时调整节目的安排,这就是弥补边际效用递减所带来的总效用的减少。而且越是经典的节目、专栏,如果不小心出现重大失误,受众的边际效用将会出现急剧下降,很可能失去一大部分受众,导致节目的死亡。所以,在一个节目随时间的推移而边际效用减小的过程中,必须采取适当的手段弥补边际效用递减所带来的影响,这是其长久生存的必要条件。但由于边际效用这个必然规律,再出色、影响力再大的大众传播到最后也无法避免死亡的命运。

在边际效用递减的规律下,节目创新极为重要。根据央视索福瑞资料,从 2001 年 1 月 1 日至 2010 年 11 月 30 日全国上星频道共有 83 档开播十年以上的高寿命栏目,其中 7% 的栏目在 2010 年创下了收视率历史新高,如中央电视台的《正大综艺》和《东方时空》,但这两个栏目除了栏目名称不变,其节目模式和内容不断变化(徐立军,2011)。浙江卫视的《中国梦想秀》从 2011 年 4 月到 2013 年 12 月播出了 6 季,改版 3 次(1~2 季,3~5 季,6 季),播出时间、主持人、梦想大使、圆梦方式等发生了重大变化,节目模式由引进变为外销。

第三节　成本效益分析理论与受众选择

举凡传播市场上的佼佼者,无论它们吸引和凝聚受众的具体形式、手段有多少不同,但有一点是共同的,即它们都为人们提供了一种更能贴近受众实际需要、质量更好、风格更佳的产品或服务(高收益),并且人们还可以用一种较之一般水平更低廉的代价和更便捷的方式获得这种产品或服务(低成本)。

一、使用媒介的成本效益分析

1940 年经济学家尼古拉斯·卡尔德和约翰·希克斯(Hicks John Richard,1904—1989)对前人的理论加以提炼,形成了成本效益分析的理论基础即卡尔德—希克斯准则[1]。随着经济的发展,政府投资项目的增多,使得人们日益重视投资,重视项目支出的经济和社会效益。这就需要找到一种能够比较成本与效益关系的分析方法。以此为契

---

[1]　卡尔德—希克斯准则:是指第三者的总成本不超过交易的总收益,或者说从结果中获得的收益完全可以对所受到的损失进行补偿,这种非自愿的财富转移的具体结果就是卡尔德—希克斯效率。如果 A 认定自己的某种商品 W 值 5 美元,而 B 认定 W 值 12 美元;此时,两人以 10 美元的价格(事实上可以是 5 美元到 12 美元之间任何价格)进行交易,就会创造 7 美元的社会总收益(福利)。因为,在 10 美元的价位上,A 认为他获得了 5 美元利润,B 则认为他获得了 2 美元消费者剩余。

机,成本效益在实践方面得到了迅速发展,被世界各国广泛采用。

信息的海量增加,为达到传播效果,必须尽量增加信息的含金量,同时尽力减轻得到信息的费力程度。著名传播学者施拉姆所提出的"传播获选的或然率公式"表明,小至一条消息,大到一家传媒,它被人们注意和选择的可能性与它能够提供给人们的报偿(价值)程度成正比,与人们获得它的代价(所谓"费力")程度成反比。施拉姆认为,受众在选择获取信息方法上遵循经济学的"最省力原理",总希望以最小的付出获得最大的回报,即受众总是在有意无意地追求最大化的受众价值。

受众使用媒介首先要付出的成本是购买媒介内容使用权的费用,阅读报纸首先要付出的成本是购买报纸的费用,看电视要付出购买电视设备、获得电视节目收看权力的费用和收看费用(电费等),这些可以看作显性成本①。另一种成本常常被忽视,就是为阅读报纸或收看电视节目而付出的时间成本,可称为隐性成本②。

现在的情况是报纸越来越厚,电视频道越来越多,但报纸和电视提供给受众,总效用并没有增加。因为不管报纸版面、电视频道的多少,观众愿意接触的媒体内容并没有增加,反而是在众多的报纸版面、电视节目选择中花费更多的时间。

现代社会人们的工作和生活节奏日益紧张,因此时间成本得到越来越多的重视,而不只是关注销售价格。假设受众每天只能拿出半个小时阅读报纸,一个小时收看电视节目,那么哪份报纸给他带来的效用最大、哪个电视节目能提供给它最大的满足,他就会选择哪一个媒体,其次才是考虑销售价格。这也促进了网络媒体的快速发展,网络媒体解决了受众错过精彩节目的问题和广告的干扰,提供给受众个性化的服务,提供海量的节目,供受众自己安排时间观看,同时通过收费服务,受众可以自己订制和点播自己喜爱的电视频道或栏目。

二、受众的机会成本

对每个人来说,时间都是有限的。有限的时间要被安排到工作、学习、交往、娱乐、休闲、家务、睡眠等各种活动中去,从而使有限的时间变得相对稀缺。和其他稀缺性资源一样,时间的相对稀缺性使时间有了价格。因为时间的稀缺性和时间价格的存在,又使得研究家庭和个人经济背景变量对闲暇时间模式的影响变得格外重要。

如何对资源进行合理配置,可以用经济学中的机会成本的理论。机会成本

---

① 显性成本:是指计入账内的、看得见的实际支出,是企业从事一项经济活动时所需要花费的货币。支出,包括工资、原材料、燃料、添置或租用设备的费用、利息、保险费、广告费以及税金等。

② 隐性成本:公司使用自身资源(不包括现金)机会的成本,包括计入成本的厂房、机器设备等固定设备的折旧费。

（Opportunity Cost）是指为了得到某种东西而所要放弃另一些东西的最大价值，机会成本小的具有比较优势。受众接触媒介内容所付出的成本也存在如何配置的问题。如果把受众要付出的成本当作一种经济资源，当受众在特定的时间用一定的经济资源去接触某一种媒体时，这些资源就不能同时被其他媒体使用。这就是说，受众接触或使用某一媒体所获得的效用，是以放弃同样的经济资源来接触和使用其他媒体所获得的效用为代价的。

受众在进行传播媒介选择时也存在机会成本概念。受众所要付出的机会成本可以理解为受众所放弃的使用相同的经济资源在接触其他传播媒介中所能得到的最高效用。所以传播媒介的经营者在理解受众所付出的成本时，不能简单地理解为受众付出的金钱和时间成本，也要从机会成本的角度来考虑。要提高受众的忠实度，就要提高媒介自身对受众的效用，从而相对降低受众的机会成本。

收视人群的经济状况可以用作分析时间稀缺程度。按照家庭经济学的观点，时间稀缺程度体现于时间价格，而时间价格又是以单位时间收入水平来反映的。收入水平高则时间价格高，时间相对稀缺；收入水平低则时间价格低，时间相对富余。按照经济理性假设，一个高收入的人如果放弃赢得高收入的机会而将时间用于休闲（如看电视），则他的机会成本一定会比一个低收入的人将工作时间用于休闲要高。可以将收视人群按时间稀缺程度分为两类，一类是闲暇时间相对稀缺，他们的时间价格高于社会平均时间价格，闲暇时间的机会成本较高；一类是闲暇时间相对富余，他们的时间价格低于社会平均时间价格，闲暇时间的机会成本较低。

所以，闲暇时间稀缺程度影响电视开机行为的选择。在 20 点以前开机收看电视的人群以闲暇时间富余型为主，而在 20 点之后开机收看电视的人群则以闲暇时间稀缺型为主。换言之，20 点以前开机收看电视者主要为低收入人群，而 20 点后开机收看电视者主要为高收入人群。收视人群的经济状况在影响电视收视行为方面起到重要作用，可针对不同经济状况的收视人群编制电视节目。《第一访谈》是广东电视台新闻频道制作的高端人物访谈节目，播放时间为晚间 21：30，其收视群体定位"影响有影响力的人"：在 30～50 岁的高层次、高学历、高收入的"三高"人群。

三、媒体企业的利润最大化

利润最大化原则是经济学中的一个重要原则，它是指理性生产者决定最佳产量的原则，这就是边际收益等于边际成本（MR＝MC）。无论是边际收益大于边际成本还是小于边际成本，厂商都要调整其产量，说明这两种情况下都没有实现利润最大化。只有在边际收益等于边际成本时，厂商才不会调整产量，表明已把该赚的利润都赚到了，即实现了利润最大化。

电视剧是观众最喜欢的节目内容,基本进入最佳区域。如以电视剧播出比重为投入,收视比重为产出,基于全国测量仪数据,全国上星频道电视剧收视比重对播出比重的弹性系数 2008 年 3 月、2009 年 2 月、2009 年 3 月分别为 1.066、1.016、0.987。可见上星频道作为播出平台的电视剧资源,已进入边际投入等于边际产出的临近区域;特别是《我的团长我的团》为代表的省级卫视电视剧大战,使 2009 年初电视剧播出的边际收视效益已突破盈亏平衡点。对电视台而言,电视剧播出的整体收益可观,全国上星频道电视剧收视比重平均高出播出比重,2008 年 3 月、2009 年 2 月、2009 年 3 月分别为 9.998、10.271、11.395 个百分点。差数越大表明电视剧播出带动的收视回报越高(郑维东,2009)。

显而易见,利润最大化绝不是为了利润而不顾一切,更不是为了短期、一时的利润而不顾公共利益、社会效用。利润最大化是大众媒体产业化理性和必然决策,是企业的必然选择。企业追求最大利润,受众也追求最大的收益。企业和受众的最大利益收益是一致的、统一的。

经济学早就论证了社会效用和经济效用的统一。亚当·斯密认为利己和利他统一于利己。亚当·斯密的名著《道德情操论》(1759 年)和《国富论》(1776 年),在论述市场作用"看不见的手"时,均断定利己和利他的统一。"在这场合,像在其他许多场合一样,他受着一只看不见的手的指导,去尽力达到一个并非他本意想要达到的目的。也并不因为事非出于本意,就对社会有害。他追求自己的利益,往往使他能比在真正出于本意的情况下更有效地促进社会的利益。我从来没有听说过,那些假装为公众幸福而经营贸易的人做了多少好事"(亚当·斯密,1776)。"富人只是从这大量的产品中选用了最贵重和最中意的东西。他们的消费量比穷人少;尽管他们的天性是自私的和贪婪的,虽然他们只图自己方便,虽然他们雇用千百人来为自己劳动的唯一目的是满足自己无聊而又贪得无厌的欲望,但是他们还是同穷人一样分享他们所作一切改良的成果。一只看不见的手引导他们对生活必需品作出几乎同土地在平均分配给全体居民的情况下所能做出的一样的分配,从而不知不觉地增进了社会利益,并为不断增多的人口提供生活资料。"(亚当·斯密,1759)

四、受众收视惯性中的路径依赖理论

道格拉斯·诺思[①]认为,"路径依赖"类似于物理学中的惯性,事物一旦进入某一路

[①] 道格拉斯·诺斯(Douglass C. North,1920—   ):建立了包括产权理论、国家理论和意识形态理论在内的"制度变迁理论",用路径依赖理论成功地阐释了经济制度的演进,获得 1993 年诺贝尔经济学奖。

径,就可能对这种路径产生依赖。这是因为,经济生活与物理世界一样,存在着报酬递增和自我强化的机制。这种机制使人们一旦选择走上某一路径,就会在以后的发展中得到不断的自我强化。"路径依赖"理论被总结出来之后,人们把它广泛应用在选择和习惯的各个方面。在一定程度上,人们的一切选择都会受到路径依赖的影响,人们过去做出的选择决定了他们现在可能的选择,人们关于习惯的一切理论都可以用"路径依赖"来解释。

就观众的收视习惯而言,观众喜欢一个节目,就会产生在同一时间收看同一节目的需要。例如,观众收看湖南卫视,是为了寻找《快乐大本营》这样的综艺娱乐节目;收看中央台新闻频道,是为了及时了解发生的时政新闻。

延续阅读

1. Napolo,P. M. 受众经济学:传媒机构与受众市场. 清华大学出版社,2007:32－42(识别"不确定性变量":电视黄金时段的案例研究).

2. 葛进平整理. 路径依赖:两匹马屁股与火箭助推器.

3. 王福重:经济学五十讲.

http://v. qq. com/cover/m/m4svf1acyu3ndf8. html? vid＝8g9qdXewhcz

思考题

1. 如何理解费斯克的两种经济理论?

2. 分析受众市场的构成要素。

3. 请用机会成本解释受众的媒体选择。

知识点

1. 理解大众文化

2. 金融经济

3. 文化经济

4. 受众商品理论

5. 达拉斯·斯麦兹

6. 受众市场

7. 理性人假设

8. 效用

9. 边际效用递减

10. 卡尔德—希克斯准则

11. 传播获选的或然率公式

12. 显性成本

13. 隐性成本

14. 稀缺性资源

15. 机会成本

16. 边际收益等于边际成本

17. 路径依赖

参考文献

12.臧海群,张晨阳.受众学说:多维学术视野的观照与启迪.复旦大学出版社,2007.

13.郭镇之.传播政治经济学理论泰斗达拉斯·斯迈兹.国际新闻界,2001(3).

14.奥利弗.博伊德—巴雷特,克里斯.纽博尔德编,汪凯、刘晓红译.媒介研究的进路:经典文献读本.新华出版社,2004.

15.徐采果.西方经济学(上)——现代微观经济分析.纺织工业出版社,1994.

16.Napolo,P. M. 著;陈积银译.受众经济学:传媒机构与受众市场.清华大学出版社,2007.

17.郑维东.重估电视剧市场价值.收视中国,2009(4).

18.徐立军.一个栏目要活多久.

http://roll. sohu. com/20110303/n303881946. shtml

19.亚当·斯密,郭大力、王亚南译.国富论(下).上海三联出版社,2009,P27.

20.亚当·斯密,蒋自强译.道德情操论.商务出版社,1997,P230.

21.山口秀夫.从美国电子媒体势力演变过程看新老媒体竞争.

http://academic. mediachina. net/article. php? id=2621.

第四章

统计学基础——数据收集

在不断受到非议的过程中,受众调查逐渐成为一个朝气蓬勃的行业。收听率和收视率指标体系成为广播、电视行业节目评价的"通用货币",其重要原因是受众调查方法的科学性。

第一节 受众调查方法概述

科学研究中,为了获得真实可靠的研究结果,科学的研究方法是一个必要条件。科学的研究方法可以保证研究者对研究对象所作的分析具有前后逻辑的连贯性及推理的合理性,并使由此得出的结论具有科学性。因此要保证受众调查结果的科学性,必须依据统计调查的科学方法。但方法本身不是目的,在受众调查中,无论引入何种方法,其始终是一种手段,研究者需要对所引入的方法是否适合研究目的及研究对象进行严格的考察。

科学方法是受众调查成功的一个必要但非充分条件。统计学是受众调查的科学基础。

一、统计的基本概念

统计是对某一现象有关的数据的搜集、整理、计算和分析等活动。统计工作是利用科学的方法搜集、整理和分析和提供数量资料的工作的总称。

统计调查是根据预定的目的,运用统计调查方法,有计划、有组织地收集资料的过程。统计调查是指对原始资料的搜集,不包括第二手资料的搜集。

统计资料是指通过统计工作取得的、用来反映社会现象的数据资料的总称,包括数字资料及有关文字资料,表现为统计表、统计图、统计手册、统计年鉴、统计资料汇编和统计分析报告等。

二、统计调查的分类

统计调查有各种不同的分类。根据调查范围可分为全面调查和非全面调查,根据调查时间可分为经常性调查和一次性调查,根据调查对象的法定义务可分为义务性调查和自愿性调查;根据调查组织实施主体可分为政府调查和民间调查等,根据调查目标可分为定性调查与定量调查,根据调查收集资料的方式可分为观察法、采访法、报告法、问卷调查法、实验法。

1.定性调查与定量调查

定性调查又称质化调查,以收集研究对象的文本资料为主,运用归纳和演绎、分析与综合以及抽象与概括等方法,揭示内在规律。定量调查以收集社会现象的数量资料为主,由样本的数据特征推断总体。

定性调查与定量调查并不相互排斥,而是互补的,定性调查为定量调查提供框架,定量调查又为进一步的定性调查提供条件。定量调查使用抽样逻辑,能准确地、描述性地说明某个特征在我们所关注的研究总体中的体现。定性调查使用个案逻辑,也能有效地回答核心研究问题(即"怎么样"和"为什么"的问题)。

定量调查的信息都是用数字来表示的,本章第3~5节介绍具体方法。这里简要介绍定性调查的方法。定性调查主要使用访谈法,常用的方法有如下:

头脑风暴法。这是一种小型会议,成员自由联想,互相启发,说出尽量多新方法。会议原则有自由联想原则,主持人鼓励与会者自由联想和发散思维,想法越新奇越好;严禁评判原则,不能对其他人的想法进行赞美或批评,包括倾向性的面部表情、手势、身体姿态;借题发挥原则,鼓励边听边想边说,每个人在别人讲述点子时受到了启发,可以补充,或在前一个人基础上提出更新奇的思路。

戈登法。这是一种会议讨论,但不让与会者直接讨论问题本身,而只讨论问题的某一局部或某一侧面;主持人得到启发,把似乎可以成功的解决措施记到笔记本上;主持人把真实的意图向与会者说明,讨论最佳方案。

默写式头脑风暴法。又称为"635"法,德国人鲁尔巴赫根据针对头脑风暴法的改进,具体做法:6位参与者围坐一圈,针对要解决的问题,每人用5分钟在各自的卡片上写出3个设想;然后按照一定的顺序将手中卡片传递给相邻的人;每个人在邻座的卡片基础上,用5分钟再写3个设想,这个过程可以借鉴前面的思路,然后再传递出去;这样半小时内可传递 6 次,便可产生 108 个(3×6×6)想法。

德尔菲法是专家调查法,将所需解决的问题单独发送到各个专家手中,回收全部专家的意见,并整理出综合意见。随后将该综合意见和预测问题再分别反馈给专家,再次征询意见,再汇总。多次反复,取得比较一致的预测结果。采用匿名发表意见的方式,即专家之间不得互相讨论。

2. 全面调查和非全面调查

全面调查包含所有总体单位,又称普查。全面调查一般由国家统计系统和各个业务部门,按一定的要求和表式自上而下统一布置,自下而上采用报表的形式完成。非全面调查是指调查范围只包括调查对象中一部分单位的调查,即对总体的部分单位进行登记或观察,重点调查、典型调查、抽样调查等都属非全面调查。其特点是调查的单位少,可以集中力量作深入、细致的调查,能调查更多的指标,从而能提高统计资料的准确性。

重点调查是在全部单位中选择一部分重点单位进行调查,以了解总体基本情况的调查方法。选取重点对象,应遵循的原则是,重点单位应尽可能少,而其标志值在总体中所占的比重应尽可能大,以保证有足够的代表性。

典型调查是根据调查目的和要求,在对调查对象进行初步分析的基础上,有意识地选取少数具有特别意义(先进、后进、新情况、新问题)的单位进行深入细致的调查研究,借以认识同类事物的发展变化规律及本质的调查方法。典型调查主要是定性调查,调查者根据主观判断,选择少数具有代表性的单位进行面对面的直接调查。进行典型调查时,不仅要通过定性分析,找出事物的本质和发展规律,而且要借助定量分析,从量上对调查对象的各个方面进行分析,以提高分析的科学性和准确性。要慎重对待调查结论,对于其适用范围要作出说明,特别是对于要推广的典型经验,必须考察、分析是否具备条件,条件是否成熟。

重点调查与典型调查的区别。重点调查是选取一部分重要样本进行调查,这些重要样本在量的方面占优势;而典型调查是有目的地选取有意义的样本进行调查,侧重样本质的方面。

抽样调查是从全部调查研究对象中,根据随机原则抽取样本进行调查,并据以对全部调查研究对象做出估计和推断的一种调查方法。本章的其他节将重点介绍这种方法。

能否推断总体是抽样调查与重点调查、典型调查的本质区别。

3. 观察法、问卷调查法和实验法

观察法是研究者根据一定的研究目的、研究提纲或观察表,用自己的感官和辅助工具去直接观察被研究对象,从而获得资料的一种方法。可重复是科学观察的重要属性。

依观察者是否参与被观察对象的活动,可分为参与观察与非参与观察;依对观察对象控制性强弱或观察提纲的详细程度,可分为结构性观察与非结构性观察;依观察地点和组织条件,可分为自然观察和实验观察等。

问卷调查法也称问卷法,是调查者运用统一设计的问卷以邮寄、当面作答等方式向被选取的调查对象了解情况或征询意见的调查方法。问卷法的运用,关键在于编制问卷,选择被试和结果分析。问卷调查法又分问卷法(调查者填表)和自我报告(被调查者填表),现场和非现场(包括邮寄、电话、网络等)等具体执行方式。

实验法是指通过特定环境,控制某些变量,探索因果关系的一种调查方法,可重复和可干预是实验法最显著的两个特点。实验法源于自然科学,一般分为控制实验法和自然实验法两种。控制实验法是指研究在室内进行,而且在研究进行时对某些实验因素加以人为控制的实验方法。自然实验法指的是将实验放置在社会环境中自然进行的实验方法。自变量与因变量、前测与后测、实验组与控制组是实验法的三对基本元素。

从本质上看,实验法是观察法的一种,而问卷调查法中的问卷,在其他调查法中大量应用,成为一种调查的工具。表 4-1-1 是三种方法的比较。

表 4-1-1　三种方法比较

调查特性	实验法	问卷调查法		观察法	
		标准化	非标准化	参　与	非参与
调查广度	不广泛	较广泛	较广泛	不广泛	不广泛
调查深度	好	较好	好	较好	较差
回答为什么的能力	强	较能	强	不能	不能
成本	多	较节省	多	多	多
对环境控制能力	好	较好	较好	差	差
量化研究	强	可以	困难	可以	可以
匿名性	弱	不强	不强	不强	不强

三、调查方案设计

调查方案的设计是统计调查中十分关键的一环,一般由高级人员承担,完成了方案设计就完成了调查的一半。在自然科学研究中,很多实验方案必须经过统计专业人士的批准才能实验,否则无意义。调查方案的设计必须明确以下内容:

1. 确定调查对象总体、总体单位(调查单位)。

2. 确定调查项目:少而精;含义明确,简单;项目之间有联系。

3. 调查表格和问卷的设计。　　　　　　　4. 确定调查时间和调查期限。

5. 选择调查的具体方法。　　　　　　　　6. 制定调查的组织实施计划。

调查方案设计的关键是概念的操作化。概念的操作化是数理统计学派的创始人、比利时人阿道夫·凯特勒(1796—1874)在犯罪研究中提出的,是将理论中的概念转变为可观察和计量的变量。学术性调查研究的开端杜尔克姆(1858—1917)的《自杀论》(1897),对自杀的操作性定义是:凡由受害者本人积极或消极行为直接或间接引起的,受害者本人也知道必然会产生这种后果的死亡。

四、调查成功率

调查成功率(survey response rate)或调查完成率或调查受访率是检验随机抽样调查质量的最重要(也往往是唯一有案可查的)标准。美国 1950 年至 1970 年,入户面访的成功率为 80%,电话调查为 70%,邮寄调查为 50%。现在各种调查的成功率均在下降。

如果随机选择调查对象,在没有任何事先和事后的接触,又没有谢礼的情况下,邮寄问卷的回收率在美国一般不会超过 15%,在我国可能更低。北京奥运传播效果研究中,2008 年 8 月 25 日到 9 月 9 日,计算机辅助电话调查,拨打数据 22079 条,成功数据 1101条,成功率为 4.6%,占 4266 条成功拨打的数据的 23.7%。

1999 年 5 月美国民意研究协会(AAPOR:American Association for Public Opinion Research)公布了一套计算调查成功率的《随机拨号电话调查与入户调查结果分类及计算的标准定义》(Standard definitions:Final dispositions of case codes and outcome rates for RDD telephone surveys and in-person household surveys)成为实用标准。

电话调查与入户调查大类相同,主要分类如下:

1. 访问成功,包括 1.1 完全成功(回答 80% 以上的问题);　1.2 部分成功(回答 50%~80% 以上的问题)。

2. 合格但无访问,包括 2.11 拒访,2.12 中断(回答少于 50%);2.2 未接触;2.3 无访问(语言不通、死亡等)。

3. 不知是否合格而未访问,包括 3.1 不知是否为合格的住户单位;3.2 是合格的住户单位但不知是否有合格的调查对象。

4. 不合格,包括抽样框外,非住户单位,没有合格调查对象等。

《标准定义》给出了 6 个公式,研究者可任选其一,但必须注明所用的公式编号。最好是计算 6 个成功率,以便读者对调查的质量有一个全面的了解。

（1）RR1＝完全成功/（1＋2＋3）　　　（2）RR2＝（完全成功＋部分成功）/（1＋2＋3）

（3）RR3＝完全成功/（1＋2＋3×E）（4）RR4＝（完全成功＋部分成功）/（1＋2＋3×E）

（5）RR5＝完全成功/（1＋2）　　　　（6）RR6＝（完全成功＋部分成功）/（1＋2）

其中 E 表示身份不明中估计合格的百分数。《标准定义》建议如有现存可靠资料（如人口普查、相同调查等提供的住户比例）可参照；如无资料，可按本调查的实际情况进行估计。从公式可知，RR1 最严格，数值最低；RR6 最宽松，数值最高。

【例1】　某次共面访 1250 人，具体如下：

1.1　完全成功 560　　　1.2　部分成功 90

2.11　拒绝访问 320　　2.12　中断访问 30　　　2.2　未能接触 70

3.1　不知是否为合格的住户单位 80

3.2　住户单位内不知是否有合格对象 25

4.1　非住户单位 50　　4.2　空置单位 15　　　4.3　没有合格的调查对象 10

利用前述成功率计算方法，可获得如下 6 类不同的成功率指标：

RR1＝560/（560＋90＋320＋30＋70＋80＋25）＝560/1175＝47.66%

RR2＝（560＋90）/1175＝55.32%

RR3＝560/（1＋2＋3×E）＝560/（1070＋98）＝47.95%

E 的估计：合格调查对象（1＋2）＝1070；不合格调查对象（4）＝50＋15＋10＝75；

E＝1070/（1070＋75）＝93.45%

不知是否为合格调查对象中合格调查对象的估计：（80＋25）×93.4498＝98.12≈98

RR4＝（560＋90）/（1070＋98）＝55.65%

RR5＝560/（560＋90＋320＋30＋70）＝52.34%

RR6＝（560＋90）/1070＝60.75%

从 1998 年起 CNNIC 于每年 1 月和 7 月发布"中国互联网络发展状况统计报告"。CNNCI 采用的调查方法一般是网上和网下电话调查相结合，有些报告公布了调查成功率。第 13（2003 年 12 月 31 日）、14（2004 年 6 月 30 日）、15（2004 年 12 月 31 日）、20（2007 年 6 月 30 日）、21（2007 年 12 月 31 日）次内地网下抽样电话调查的成功率（RR3）分别为 37%、38%、39%、38.7%、36.5%。第 23 次（2008 年 12 月 31 日）统计报告只公布了有香港地区网下电话调查的成功率（RR3）为 29.4%，与 2000—2007 年度调查的成功率（分别为 38%、35%、36%、33%、41%、33%、30%、23%）接近。第 24 次（2009 年 6 月 30 日）统计报告没有公布任何调查的成功率。第 25 次（2009 年 12 月 31 日）澳门的调查公布了公式三（RR3）计算的回应率为 38.1%，合作率（CR3）为 65.6%。

第二节　问卷设计

问卷是一份精心设计的问题表格,用于测量事物的特征,人们的态度和行为,是调查主题操作化的具体形式。问卷不是一种调查方法,而是一种工具,各种调查方法中均可使用,是自然科学、社会科学和人文科学研究中用来搜集资料的一种工具。

问卷设计在调查过程中有着重要的地位。问卷设计将直接影响到调查资料的真实性和实用性,影响到问卷的回收率,进而影响到整个调查的结果。

问卷设计的原则主要是提高问卷的信度和效度。从三个方面考虑,一是围绕研究的问题、测量的变量,尽可能做到所搜集的正是所需要的资料。二是尽可能适合于被调查者,从被调查者的社会背景、文化程度、心理反应、主观意愿、客观能力等多种因素考虑。三是适应调查的方式和资料的分析方法,不同的使用和分析方式对问卷有着不同的要求。

问卷设计一般分四步。首先确定指标,根据所研究的问题和理论假设确定需要测量的变量,并将这些变量经过操作化变成若干具体的指标。其次是确定题项,围绕这些指标编制合适的题项;根据研究所用的调查和分析方法,决定问卷的形式和结构,将题项组合成一份问卷;第三步是试调查,在同正式调查的样本相似的小样本中,进行试调查(可能不止一次),以发现问卷设计中存在的问题。最后是根据试调查的结果,修订问卷,形成正式调查的问卷。

一、问卷的一般结构

问卷通常包括名称、封面信、指导语、题项等几部分。问卷的名称或标题是概括说明调查研究主题,使被调查者对所要回答什么方面的问题有一个大致的了解。确定标题应简明扼要,易于引起回答者的兴趣,一般不用深奥的学术名词。

封面信,即一封致被调查者的短信,其质量的高低将直接影响到被调查者是否乐于、是否认真地接受调查,是问卷的一个重要的部分。在信中一般需要说明该项调查的目的,进行该项调查的人或组织的身份,被调查者的选取方式和他填答问卷的作用,对回答保密处理的保证,是否有礼品等等。封面信的语言要简明、中肯,结尾要落款,还可附上地址、电话号码和联系人姓名,以便被调查者建立起对调查者的信任感和良好的合作关系。封面信常印在问卷的封面或封二。

指导语是填表说明,即对回答者填写问卷的方式、方法及注意事项等所作的解释和说明。一般的指导语位于问卷的开头,较复杂指导语位于题项的后面,还可举例示范。

题项是问卷的主体。

其他资料包括问卷编号,问卷发放和回收日期,调查员、审核员姓名,被调查者住址,题项的预编码等。

二、问题的种类和题项类型

根据所测量的问题是否有明确的答案,有确定性问题和非确定性问题。确定性问题又包括一般性确定问题和敏感问题。非确定性问题一般是社会科学研究中的态度、意义等问题。

一般性确定问题采用填空题或选择题调查。这里介绍敏感问题和非确定性问题的测量方法。

1.敏感问题的测量——西蒙斯随机化回答模型

敏感问题是人们不愿意回答的确定性问题,不能直接测量,一般使用西蒙斯随机化回答模型进行测量。西蒙斯(W. R. Simmous,1967)随机化回答模型是设计两个问题,被调查者抽取一个问题回答,调查者不知道被调查者回答的是哪一个问题。调查执行中,关键是调查者让被调查者确信,调查者不知道被调查者回答的是什么问题(敏感或随机)。

如调查大学生考试作弊情况,可这样设计:敏感问题是"你在大学考试中有作弊行为吗?",随机问题是"你的学号是奇数吗?"。然后让被调查者抛一元的硬币确定回答什么问题,如"菊花"向上者回答敏感问题,"1"向上者回答随机问题。若调查 800 名大学生,有 420 人问题"是"。

则:敏感问题回答"是"的概率

$$=(420/800-0.5\times0.5)/0.5=0.55$$

结论为 55% 的同学在大学中有作弊行为。

2.非确定问题的测量——量表

量表是一种测量工具,是对主观的、抽象的概念定量化测量的工具,对事物的特性变量可以用不同的规则分配数字,因此形成了不同量表。常用的量表有四种。

第一种是李克特量表。李克特量表(Likert Scales)也叫累加量表,是最常用的定距量表,用于测量观念、态度或意见。围绕研究主题或研究假设,构造大量的陈述,由被访问者表达对这些陈述或说法同意或不同意的程度;一般用 5 级记分来测量,对类似"非常同意"、"同意"、"说不准"、"不同意"、"很不同意"分别赋予 1、2、3、4、5。计算被调查者的态度、观念等的得分,注意逆向问题的反向处理。

李克特量表的编制:(1)收集围绕研究主题的陈述(50 以上)。陈述应比较分散,以覆盖所研究问题的一个足够宽的范围;有一定把握使大部分被访问者不至于只选中间点"说不准";陈述包含正向、逆向两类。(2)试调查,计算每个陈述的辨别力和量表的信度、效度。计算出每个被试测量总得分,按总得分排序;分别计算最高组(前 25%)和最低组(后 25%)被试每个陈述的平均分;最高组和最低组相减为该陈述辨别力得分。信度、效度的计算在本节第四部分介绍。(3)去除影响辨别力和信度、效度的陈述,得到正式调查的量表。

第二种是哥特曼量表。哥特曼量表(Guttman Scale)是累积量表,单维的,即量表按照态度由强变弱或由弱变强的逻辑排列陈述,不会像李克特量表那样形成分数相同而态度结构形态不同的现象。如果被访问者同意某种说法,也会同意该说法之前(或之后)的说法,被访问者的答案呈金字塔型。同意的数目就规定为被访问者在哥特曼量表上的得分。

哥特曼量表的编制:(1)围绕测量的某一事物或概念编制一组陈述,这些陈述应该是单维的,即具有某种趋强结构。(2)试调查,被试对每一陈述表明是否同意的态度。(3)除去 80% 以上的人都同意或不同意的陈述。(4)计算复制系数。复制系数(又称再现系数)是用量表分值再现受访者对每一项目的原始回答的再现率,大于或等于 0.9,量表是单维度的。

复制系数的计算[①]。复制系数=1-误答数/总反应数。如有以下 4 个陈述(电视剧中的暴力情节对社会有害无益;不应该让儿童观看有暴力情节的电视剧;电视台不应该播放有暴力情节的电视剧;政府应该禁止电视台播放有暴力情节的电视剧)的哥特曼量表,调查 1533 人,可如下计算复制系数。(1)录入原始数据到 SPSS,如"1"表示同意,"0"表示不同意。(2)SPSS 中文版"数据"下的"分类汇总",如图 4-2-1,图中"复制系数计算"产生表 4-2-1 的前 5 列数据,斜体的"1"和"0"表示误答。(3)通过表 4-2-1 计算误答数和总误答数。第一行表示 383 人 4 个陈述均不同意,没有误答;第三行表示 37 人同意陈述 3,不同意陈述 1、2、4,有 1 个误答,若将陈述 3 的同意改为不同意,或将陈述 4 的不同意改为同意,符合量表的设计原则。总误答数是记录数与误答数的乘积。(4)计算复制系数。复制系数=1-(297/1533×4)=0.9516。

① 复制系数的计算得到 Earl Babbie(艾尔·芭比)的帮助,十分感谢。

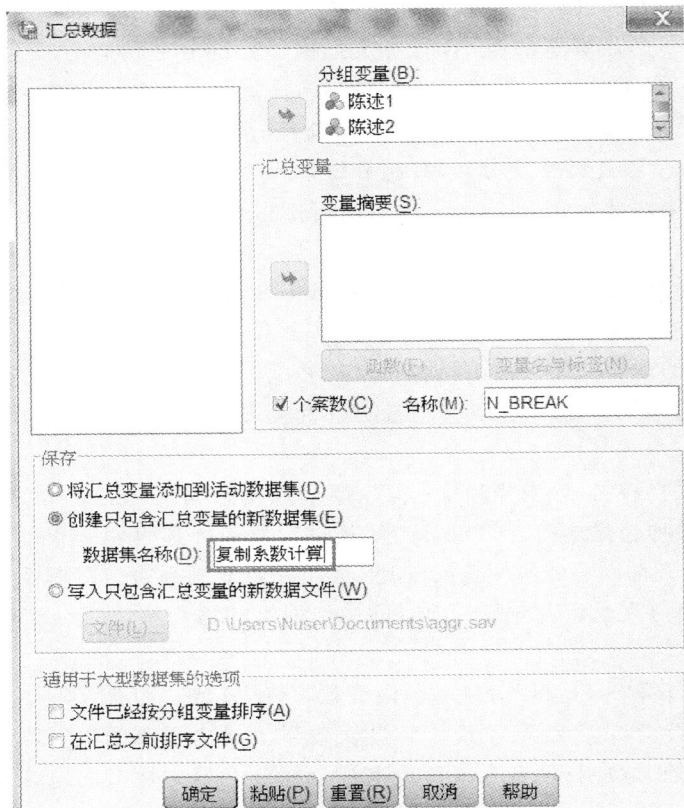

图 4-2-1　分类汇总

表 4-2-1　复制系数的计算

陈述1	陈述2	陈述3	陈述4	记录数	误答数	总误答数
0	0	0	0	383	0	0
0	0	0	1	18	0	0
0	0	*1*	0	37	1	37
0	0	1	1	10	0	0
0	*1*	0	0	79	1	79
0	*1*	0	1	14	1	14
0	1	1	*0*	24	1	24

续表

陈述 1	陈述 2	陈述 3	陈述 4	记录数	误答数	总误答数
0	1	1	1	7	0	0
1	0	0	0	334	0	0
1	0	0	1	26	1	26
1	0	1	0	77	1	77
1	0	1	1	13	1	13
1	1	0	0	256	0	0
1	1	0	1	27	1	27
1	1	1	0	178	0	0
1	1	1	1	50	0	0
合计				1533		297

第三种是舍史东量表。舍史东量表(Thurstone Scale)是定距量表,主要用于测量被访问者对特定概念的态度。被访问者只需选出其同意的说法,则所有说法得分的平均值就是被访问者对所测概念的态度得分。如:

你同意下列说法吗?(请在相应的说法后面的同意格内划勾"√")　　　　　　同意得分

(1)赠品券是伟大的　　　　　　　　　　　　　　　　　　　(　　)　　9

(2)我希望每个商店都附赠品券　　　　　　　　　　　　　　(　　)　　8

(3)赠品券是购买者的福利　　　　　　　　　　　　　　　　(　　)　　7

(4)赠品券还不错　　　　　　　　　　　　　　　　　　　　(　　)　　6

(5)赠品券有好处,也有坏处　　　　　　　　　　　　　　　(　　)　　5

(6)赠品券是羊毛出在羊身上,能省则省之　　　　　　　　　(　　)　　4

(7)赠品券抬高了价格　　　　　　　　　　　　　　　　　　(　　)　　3

(8)赠品券是令人讨厌的　　　　　　　　　　　　　　　　　(　　)　　2

(9)我痛恨赠品券　　　　　　　　　　　　　　　　　　　　(　　)　　1

如被访者 1 选 1、2,得分为(9+8)/2=8.5;被访问者 2 选 7、8、9,得分为(3+2+1)/3=2,…,被访者 100 的得分为 6。100 个被访者总得分为 530,则这 100 个被访者对赠品券的态度得分是 5.3(不太赞成)。

舍史东量表的编制:(1)收集围绕研究主题的陈述(100 以上),其表述应有正向、中向和负向。(2)选定 25～50 位评分者,按 11 级的定距量表对每一陈述给分,1 表示"最赞成",11表示"最不赞成"。(3)计算每一陈述的平均分和标准差。(4)按平均分的大小将陈述分为10~30组。从每组选出一个陈述,原则是标准差小,且平均分的间隔相近。

第四种语义差别量表。语义差别量表(Semantic Differential Scale)用于测量某种事物、概念或实体在人们心目中的形象。如下量表(在每行您所选择的分值上打"√")测量某个电视台、频道、栏目、广告的形象。

	非常	比较	稍微	没印象	稍微	比较	非常	
现代的	5	3	1	0	−1	−3	−5	传统的
社会影响大	5	3	1	0	−1	−3	−5	社会影响小
都市气息浓	5	3	1	0	−1	−3	−5	都市气息淡
品位高	5	3	1	0	−1	−3	−5	品位低
信息量大	5	3	1	0	−1	−3	−5	信息量小
可看性强	5	3	1	0	−1	−3	−5	可看性弱
画面清晰	5	3	1	0	−1	−3	−5	画面模糊
节目质量高	5	3	1	0	−1	−3	−5	节目质量差
个性鲜明	5	3	1	0	−1	−3	−5	个性模糊

语义差别量表的编制:(1)确定评价对象的重要属性,不要遗漏重要的属性,又不要包括与所测概念无关的属性。(2)确定若干对准确表达这些属性的反义形容词。如客观的与主观的、诚实的与欺骗的、左倾与右倾。若难于找到意义相反的形容词,可以用否定词表述,如公正与不公正。

3.非确定问题的测量——情景题

情景题是让被试根据一个场景做出选择(单选或多选),测量被试的观念或态度。如徐敏等人现代女性"才""貌"的社会优势研究中,主要使用情景题。问卷首先界定"美女"和"才女"为:"美女——相貌出众、才智不突出 才女——才智过人、相貌不突出"。情景题为"大学某系毕业班的同学正在筹备毕业晚会,晚会中有一个助兴项目是要由女生评出一位'最佳男同学',由男生评出一位'最佳女同学'。'最佳女同学'的两位候选人平时都非常有同学缘,其中一位是该系中最漂亮的女生,另一位是该系中最有才华的女生。请你预测一下谁最后被男生评为'最佳女同学'?最漂亮的女生(   )最有才华的女生(   );如果请你投票,你会把选票投给谁?最漂亮的女生(   )最有才华的女生(   )"。

二、问卷设计中的注意事项

调查问卷的质量对调查的成败影响极大。根据调查目的、调查对象、调查方法来设计科学、有效的调查问卷,是一项技术性较强的工作。通常,在问卷设计之前,要初步熟悉和掌握调查对象的特点及调查内容的基本情况,然后结合实际需要与可能,全面、慎重地思考,多方征询意见,把调查问卷设计得科学、实用,以保证取得较好的调查效果。

问卷设计的关键是要从"受访者角度"出发,同时提高问卷的信度和效度,是科学和艺术的结合,一般应注意以下事项。

1.问卷不要太长。问卷一般 30 分钟内完成为适宜。

2.题项的顺序

先问"现状":是否接触过、是否拥有、什么时候接触等。

再问"意识":满意或不满意之处、满意或不满意的理由、价值观等。

最后问"属性":性别、年龄、收入、学历、家庭结构等。

3.题项的注意事项,核心是题项与调查目的是否吻合。

(1)对过于隐私的问题不能问得太具体(如收入、年龄等)。

(2)表达不明确,包括含混,学术名词,多重否定等。

(3)同一问题不能包含两层以上的意思。

(4)不要使用诱导回答的问题。

(5)程度等级不要太多,一般最多 7 项。

(6)谨慎使用评分问题。如请您对湖南卫视"天天向上"的喜好程度评分,从 0 到 10 分您会给_____分。

分数间的间隔没有定义;"0"分如何解释,是"难看"或是"既不好看也不难看",应给出评判的参照标准。

(7)谨慎使用排序问题。如对于以下 4 个节目,请您按照喜好程度进行排序。

新闻联播(　　　)位　　　　　焦点访谈(　　　)位
朝闻天下(　　　)位　　　　　科技博览(　　　)位

两者同样喜欢的被调查者不知如何回答;没有看过"科技博览",也难于回答。问这个题目的目的并不是要知道单个受访者对某一节目的喜欢,而是要知道受众对节目的喜欢。如不是做联合分析(conjoint analysis),可改为多选题,选择最多的产品最受欢迎。

请在下列节目中,选出您所喜爱的节目(可多选)

A.新闻联播　　　B.焦点访谈　　　　C.朝闻天下　　　　D.科技博览

(8)谨慎使用征集自由答案的问题。如请您写出 1 位您最喜爱的艺人。受访者难于立刻回答出来。一般先通过预备调查自由征集答案,然后用选择题。

(9)评价性调查,一般应包含"中值"。便于受访者回答,也接近正态分布。

四、量表的信度和效度

1.信度

信度(reliability)是测量值与"真值"的接近程度,就是测量得准不准。

(1)再测信度是两次测量结果间的相关系数,越接近1,再测信度越高,稳定性越好。注意两次测验的时间相隔不能过长,相隔时间中没有发生对测量结果有影响的变化;第一次测量对第二次有影响。因人力、财力、时间等限制,应用不多。

(2)内在一致性信度主要检验量表中各个项目的一致性。有三种具体方法。首先是折半法,将量表中的项目分成两半,计算这两部分总得分的相关系数。其次是平均相关系数法,计算量表中两两项目得分之间的相关系数,然后计算所有相关系数的平均。

第三是克龙巴赫(Cronbach)α信度系数,最为常用。公式如下,其中K为量表中题的总数,σ_i^2为第i个题得分的题内方差,σ_T^2为所有题总得分的方差。

$$\alpha = \frac{K}{K-1}(1 - \sum_i \sigma_i^2 / \sigma_T^2)$$

α系数的值直接受项目多少的影响,增加题目的数量会使α值增加。内在一致性信度可以使用SPSS等软件计算。SPSS19中文版的命令是"分析"、"度量"、"可靠性分析",如图4-2-2。

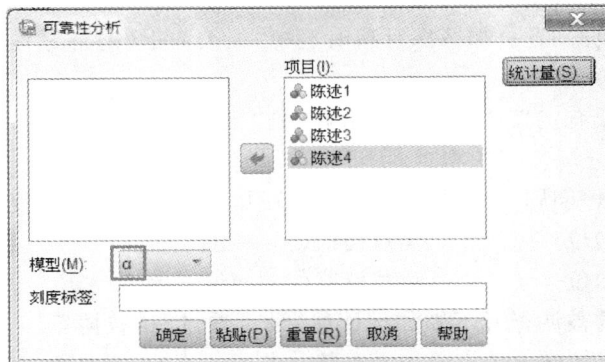

图 4-2-2　α信度计算

(3)等价性信度主要用于两个方面。其一是使用两种不同的量表去测量时,评价两种量表是否等价。同一组被访者接受两种量表的测试,计算两组得分之间的相关。比较少应用,构建两个对等形式的量表非常困难。

其二编码员间信度,是当两个(或多个)评分者或编码员去判断同一现象时,评价结果是否一致或相关。在内容分析法中编码员间信度的计算和评价十分必要。

霍斯提和史考特信度。假设两个编码员分别同时独立地将青少年崇拜的 100 个人物分为大众媒介人物、杰出人物、非大众媒介人物。编码不一致的人物有 8 个,则这两个编码员的霍斯提信度＝2 ×92/(100＋100)＝0.92。

根据我们 2005 年浙江省调查数据,这三类人物的百分比是 40％、25％、35％(用根据编码后一致的数据估算),则这两个编码员的史考特信度＝(0.92－0.345)/(1－ 0.345)＝0.8778。其中 0.92 是霍斯提信度,0.345($0.4^2＋0.25^2＋0.35^2$)是偶然性而造成的一致性,两人编码等于每个类别频数的平方和,三人编码等于每个类别频数的三次方和。

2.效度

效度(validity)是所测量的在多大程度上满足了调查者的目的,就是测量得对不对。

(1)内容效度是研究者和课题组外的专家对量表的效度进行主观评价,是最简单也是最基本的方法,常用指标是内容效度比,用 CVR 表示,计算公式为:CVR＝(Ne －$N/2$)/($N/2$),其中 N 表示专家总人数,Ne 表示专家中认为测量或题目很好地代表了测量目的的人数。

(2)效标效度。效标是衡量测验有效性的外在标准,效标效度是量表得分与效标之间的关联程度。高考成绩作为预测大学生大学期间学习成绩的效标。

卜卫在《大众传播对儿童的社会化和现代化观念的影响》的研究中(2002 年),用知识量表和态度量表来测定儿童的现代化观念程度,用"儿童接触媒介的种类、儿童接触媒介的频次、媒介非娱乐内容的倾向、媒介内容数量"四个效标检验量表的效度,方法是按效标值数量的多少将受访儿童分成两组,检验这两组在知识量表和态度量表的平均总得分之间是否有显著差异;t 检验的概率值几乎都等于零,说明每两组的均值都有显著的差异。因此可以认为两个量表都有较高的效度。

(3)结构效度是测验对理论构想或特质所能体现的程度,用于评价测量的结果与理论假设的相关程度。常用因子分析法,基本思路是将量表中的题项集合成不同的群,使每一个群共享一个公共因子,这些公共因子就代表量表的基本结构。比较公共因子和量表所要测量的现象的理论框架之间的异同。如两者吻合,且公共因子对原始变量具有足够的代表性(方差贡献率高),则说明量表的结构效度好。

结构效度可以使用 SPSS 等软件计算。SPSS19 中文版的命令是"分析"、"降维"、"因子分析"。我们自编的准社会交往 5 级李克特量表,21 个陈述,于 2011 年 12 月到 2012 年 3 月在全国调查,有效数据 1344 份,图 4-2-3 到图 4-2-9 是因子分析的主要设置过程和主要结果。

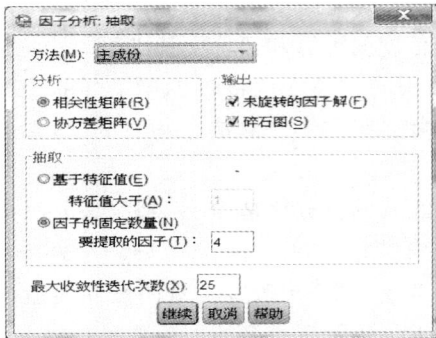

图 4-2-3　因子分析抽取设置

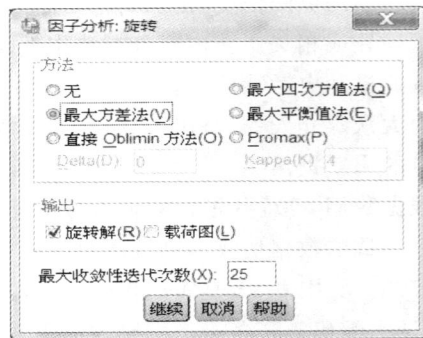

图 4-2-4　因子分析旋转的设置

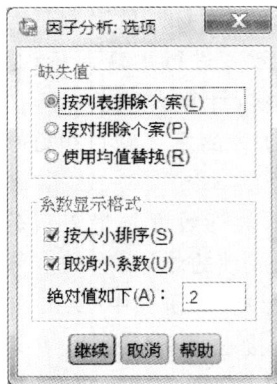

图 4-2-5　因子分析选项设置

KMO 和 Bartlett 的检验

取样足够度的 Kaiser-Meyer-Olkin 度量。		.932
Bartlett 的球形度检验	近似卡方	9055.839
	df	210
	Sig.	.000

图 4-2-6　因子分析检验结果

解释的总方差

成份	初始特征值			提取平方和载入			旋转平方和载入		
	合计	方差的 %	累积 %	合计	方差的 %	累积 %	合计	方差的 %	累积 %
1	6.969	33.184	33.184	6.969	33.184	33.184	3.489	16.616	16.616
2	1.720	8.192	41.375	1.720	8.192	41.375	3.189	15.187	31.803
3	1.148	5.469	46.844	1.148	5.469	46.844	3.080	14.669	46.472
4	1.001	4.766	51.610	1.001	4.766	51.610	1.079	5.138	51.610
5	.978	4.656	56.265						
6	.924	4.398	60.663						
7	.772	3.677	64.341						
8	.738	3.516	67.856						

图 4-2-7　因子解释的方差

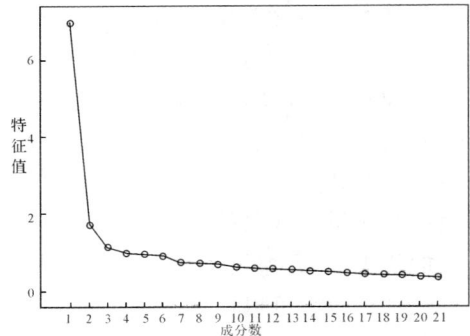

图 4-2-8　碎石图

旋转成份矩阵ª

	成份			
	1	2	3	4
VAR00019	.770	.209		
VAR00021	.696		.263	
VAR00015	.628		.262	.284
VAR00016	.598			.283
VAR00018	.585		.404	-.226
VAR00020	.569			-.252
VAR00017	.451	.446	.225	
VAR00005		.767		
VAR00003		.715		
VAR00008	.322	.615		
VAR00004		.610	.303	
VAR00002		.496		.245
VAR00001		.443	.363	
VAR00012	.200		.711	
VAR00007		.254	.689	
VAR00013	.408		.631	
VAR00006		.507	.559	
VAR00014	.392		.548	.281
VAR00010	.239	.312	.460	
VAR00011	.402	.298	.431	
VAR00009				-.732

提取方法：主成份。

旋转法：具有 Kaiser 标准化的正交旋转法。

a. 旋转在 6 次迭代后收敛。

图 4-2-9 变量因子分布

3.信度与效度的关系

信度是效度的必要条件,但不是充分条件。无信度一定无效度,有效度一定有信度,有信度不一有效度。调查的信度与效度有三种组合:信度高,但效度低;信度和效度都高;信度和效度都低。

第三节 抽样调查理论基础

受众调查中使用最广泛的一种方法是抽样调查。由于抽样调查是建立在一系列数学理论之上,这使收视率等受众研究步入了科学的行列。抽样调查可以分为随机抽样和非随机抽样两类,只有按照随机原则从总体中所产生的样本,才可将基于样本的调查结果向总体进行推广,也就是说只有随机抽样产生的调查结果才适合于对总体进行推断。

一、抽样调查及相关概念

总体是具有同一性质的所有个体的集合。确定总体的关键是对"性质"做出明确的操作定义。总体单位是构成总体的每一个体(元素)。总体单位数有限的叫有限总体,总体单位数无限的叫无限总体。

抽样框是能收集到的所有总体单位。实际调查中,抽样框不一定等于总体单位,从而产生误差。有的抽样框同时有以下三种误差。

1.丢失目标总体单位:抽样框单位小于目标总体单位。这种误差隐蔽性强,威胁大。

2.包含非目标总体单位:抽样框单位大于目标总体单位。这种误差易被发现。

3.复合连接:抽样框单位与目标总体单位不完全是一对一,而是存在一对多或多对一的现象。如在入户调查中目标总体的单位是独立的家庭户,而抽样框采用的是按街道的门牌号。一个家庭可能有多个住所,他们被抽中的概率就是其他家庭的两倍,而一般有两处住所的家庭是高收入,用这样的样本推算总体,就会产生偏差(高估);相反一个门牌号住两户,一般是低收入者,造成偏差(低估)。一对多,可规定住多少天以上的住房才可列入抽样范围;多对一,可增加样本含量或整群抽样。

样本是研究过程中按某种方法从总体中抽取出来的个体,是被调查的对象。

二、抽样调查的两个理论基础

1.大数定律

迄今为止,人们已发现很多大数定律(laws of large numbers)。大数定律是古典概率论中具有基本意义的问题。1685 年瑞士数学家雅格布·伯努利(Bernoulli, Jacob I, 1654—1705),1838 年法国数学家泊松(Poisson, Simeon-Denis, 1781—1840)作出了重要贡献。大数定律揭示了样本和总体的内在联系,随着样本数量的增加,样本的统计指标有接近总体统计指标的趋势。这就是抽样调查的理论依据。

切贝雪夫大数定理(独立同分布大数定律)是抽样调查中,用样本平均数推断总体平均数的理论依据。切贝雪夫大数定理证明了随着样本容量 n 的增加,样本平均数无限接近于总体平均数。如我们要测量某段距离,在相同条件下重复进行 n 次,得 n 个测量值 x_1、x_2、$\cdots$、x_n,它们可以看成是 n 个相互独立的随机变量,服从同一分布、且存在有限的数学期望 α 和方差 δ^2,对任意小的正数 ε,有:

$$\lim_{n \to \infty} P\left[\mid \frac{\sum x_i}{n} - \alpha < \varepsilon \mid \right] = 1$$

贝努里大数定律是抽样调查中,用样本成数去估计总体成数的理论依据。贝努里大数定律证明了当 n 足够大时,事件 A 出现的频率无限接近于其发生的概率,即频率的稳定性。用数学语言表达为,设 μ_n 是 n 次独立试验中事件 A 发生的次数,且事件 A 在每次试验中发生的概率为 P,则对任意正数 ε,有:

$$\lim_{n\to\infty} P\left(\mid \frac{\mu_n}{n} - p < \varepsilon \mid\right) = 1$$

大数定律完成了抽样调查理论的第一步,用样本指标来推测总体指标,第二步是要控制误差,服从正态分布,才能估计和控制误差。是否服从正态分布,由中心极限定理证明。

2. 中心极限定理

中心极限定理(central limit theorem)阐述大量随机变量之和的极限分布是正态分布,其核心是不论总体是什么分布,随着抽样次数的增加,样本的平均数服从正态分布。数学语言表达为从均值为 α、方差为 δ^2 的任意一个总体中抽取样本量为 n 的样本,当 n 充分大时,多次抽样的样本均值(或比例)的抽样分布近似服从均值(或比例)为 α、方差为 $\delta^{2/n}$ 的正态分布。抽样分布是指每次抽 n 个样本,抽 m 次,得到 m 个均值或成数,这 m 个均值或成数的分布。

一个随机变量服从正态分布的不多,但多个随机变量和的分布趋近于正态分布是普遍存在的。抽样平均数是一种随机变量和的分布,在抽样单位数 n 充分大的条件下,抽样平均数趋近于正态分布。这为抽样误差的概率估计提供了一个极为有效而方便的条件。

3. 正态分布

正态分布,又名高斯分布,是一个在数学、物理及工程等领域都非常重要的概率分布,在统计学的许多方面有着重大的影响力。正态分布的概率密度函数曲线呈钟形,因此人们又经常称之为钟形曲线,函数和图形如下:

$$f(x) = \frac{1}{\sqrt{2\pi}\sigma} e^{\frac{(x-\mu)^2}{2\sigma^2}}$$

正态分布有两个参数,即均数 μ 和标准差 σ。均数 μ 决定正态曲线的中心位置;标准差 σ 决定正态曲线的陡峭或扁平程度;σ 越小,曲线越陡峭;σ 越大,曲线越扁平。均数为 $0(\mu = 0)$ 和标准差等于 $1(\sigma = 1)$ 是一种特殊的正态分布曲线,即标准正态分布。

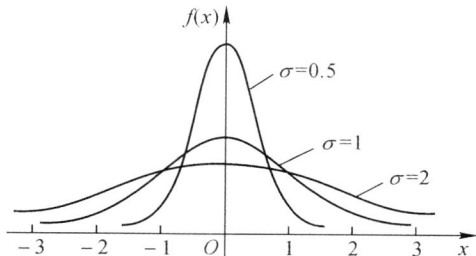

正态分布具有很多良好的性质,许多概率分布可以用它来近似;还有一些常用的概

率分布是由它直接导出的,例如对数正态分布、t 分布、F 分布等。不同范围内正态曲线下的面积可用公式计算。

横轴与正态曲线之间的面积恒等于1。正态曲线下,横轴区间$(\mu-\sigma,\mu+\sigma)$内的面积为 68.268949%,横轴区间$(\mu-1.96\sigma,\mu+1.96\sigma)$内的面积为 95.449974%,横轴区间$(\mu-2.58\sigma,\mu+2.58)$内的面积为 99.730020%,如表 4-3-1。

表 4-3-1　标准正态分布(单尾)

σ	面　积	σ	面　积	σ	面　积
0.0	0.0000	1.1	0.3643	2.1	0.4821
0.1	0.0398	1.2	0.3749	2.2	0.4861
0.2	0.0793	1.3	0.4032	2.3	0.4893
0.3	0.1179	1.4	0.4192	2.4	0.4918
0.4	0.1554	1.5	0.4332	2.5	0.5938
0.5	0.1915	1.6	0.4452	**2.58**	**0.4951**
0.6	0.2258	1.7	0.4554	2.6	0.4953
0.7	0.2580	1.8	0.4641	2.7	0.4953
0.8	0.2881	1.9	0.4713	2.8	0.4974
0.9	0.3159	**1.96**	**0.4750**	3.0	0.4987
1.0	0.3413	2.0	0.4773	∞	0.5

4. 抽样调查的基本原则

保证随机性原则的实现:每个单位有同等的中选机会,或中选的概率已知;不能人为破坏。

保证实现最大抽样效果的原则:用最小的费用取得足够准确的数据。

三、抽样误差

抽样调查的目的是通过样本的调查数据,推断总体的数据。样本数据和总体数据的差异就是误差,也称为统计误差。实际研究中,统计误差可分为空间误差、时间误差、方法误差和人为误差四种。

空间误差是指统计调查范围所产生的误差,即抽样框不等于总体单位,包括重漏统计调查单位,跨区域统计等。

时间误差是指调查对象因时期或时点界定不准确所产生的误差。如日记法视听率调查中 8 分钟的估计不准产生的误差。

人为误差是指在统计设计、调查、整理汇总和推算等过程中因人为过错产生的误差。人为误差是统计误差中产生因素最多的一类，它又分为度量性误差、知识性误差、态度性误差和干扰性误差。度量性误差是指统计指标因计量或者换算所产生的误差；知识性误差是指研究人员因统计知识不够，对统计指标的涵义不理解或错误理解所产生的误差；态度性误差是指研究人员因对统计工作不负责而随意填报统计数据而产生的误差，包括乱报、漏填或不按规定的计量单位填报等；干扰性误差是指研究人员受某种利益驱动而虚报、漏报、捏造数据或破坏随机原则所形成的误差。

方法误差是因使用特定的调查方法所产生的误差，即抽样误差、代表性误差、随机误差。对抽样误差可以根据组织方法和样本容量来控制，一般可以计算其平均误差，而且可以通过扩大样本量或优化调查的组织方法来缩小误差。

1. 抽样误差的概念

抽样误差有两种，实际误差和抽样平均误差。实际误差是样本指标与总体指标之间的差别，无法知道也无法控制。抽样平均误差是所有可能出现的样本指标的标准差，可以计算。一般而言，抽样误差指的就是抽样平均误差。

在总体中可以抽取一个抽样进行观察，也可以抽取一系列的抽样进行观测。抽样平均误差就是多次抽样而测量的指标平均数同总体指标平均数的标准差。

影响抽样误差的因素有：(1)总体标志的变动程度，总体标志的变动程度与抽样误差成正比。(2)抽样单位数的多少(样本容量)，抽样单位数与抽样误差成反比。(3)抽样的组织方式，在一定的误差和可靠性的要求下选择费用最少的样本设计。

某电视台有意了解新栏目的满意度，若小于 50%，则重新定位。如从所有看过该节目的人中抽取 1000 人的简单随机样本(SRS)，有 570 人满意。不能肯定该栏目的满意度大于 50%。

抽样误差的作用为：衡量抽样指标对总体指标的代表程度的一个尺度；计算抽样指标与总体指标之间变异范围的一个根据；确定抽样单位数多少的一个依据。

2. 抽样误差的计算

理论计算 公式 1：$\mu_{\bar{x}} = \sqrt{\dfrac{\sum(\overline{X} - \overline{x})^2}{K}}$

$\overline{X}$：总体平均数；$\overline{x}$：样本平均数；K：样本平均数的个数或测量的次数(不是样本的个数)。因一般情况下，$\overline{X}$ 未知，实际中很少用该公式计算。

(1)重复抽样样本平均数的抽样误差：总体平均数的标准差除以样本容量的平方

根。即

$$公式 2：\mu_{\overline{x}} = \sqrt{\frac{\sigma^2}{n}} = \frac{\sigma}{\sqrt{n}}$$

从公式 2 可知：抽样误差(样本平均数的标准差)比总体的标准差小；抽样误差和总体标准差成正比，和样本单位数的平方根成反比。如抽样误差要减少 1/2，样本量要增大 4 倍。

【例 1】 假设有一总体单位是 4 人的总体，某天看电视的时间分别是 40、50、70、80 分钟，若用 2 人看电视的时间来推断总体(4 人)，则抽样误差的计算如下。

第一步：计算总体的统计指标

$$总体平均数：\overline{X} = \frac{40+50+70+80}{4} = \frac{240}{4} = 60（小时）$$

$$总体标准差：\sqrt{\frac{(40-60)^2+(50-60)^2+(70-60)^2+(80-60)^2}{4}} = \sqrt{\frac{1000}{4}} =$$

$$\sqrt{250} = 15.81$$

第二步：抽样组合及离差的计算。

表 4-3-2 重复抽样组合及离差计算

抽样序号	样本变量 x		样本平均数($\overline{x}$)	离差	离差平方
	(1)	(2)			
1	40	40	40	−20	400
2	40	50	45	−15	225
3	40	70	55	−5	25
4	40	80	60	0	0
5	50	40	45	−15	225
6	50	50	50	−10	100
7	50	70	60	0	0
8	50	80	65	5	25
9	70	40	55	−5	25
10	70	50	60	0	0
11	70	70	70	10	100
12	70	80	75	15	225

续表

抽样序号	样本变量 x		样本平均数($\bar{x}$)	离差	离差平方
	(1)	(2)			
`13	80	40	60	0	0
14	80	50	65	5	25
15	80	70	75	15	225
16	80	80	80	20	400
合计			960	0	2000

$$样本平均数的平均数\ E(\overline{X}) = \frac{\sum \bar{x}}{抽样可能的个数} = \frac{960}{16} = 60(小时)$$

第三步:计算抽样误差

$$抽样误差\ \mu_{\bar{x}} = \sqrt{\frac{2000}{16}} = 11.180338 \qquad (公式1)$$

$$= \frac{15.814}{\sqrt{2}} = 11.1822 \qquad (公式2)$$

(2)不重复抽样样本平均数的抽样平均误差:非独立事件

$$公式3:\mu_{\bar{x}} = \sqrt{\frac{\sigma^2}{n} \times \left(\frac{N-n}{N-1}\right)} \quad 当\ N\ 很大时,N-1 \approx N,$$

$$\approx \sqrt{\frac{\sigma^2}{n} \times \frac{1-n}{N}} \quad (1-n/N)叫修正系数$$

推论:不重复抽样的抽样误差小于重复抽样的抽样误差。如总体 N 很大,样本数 n 小时,$(1-n/N)$ 约为1。实际中,在不知道总体单位数或总体单位数很大时,一般用重复抽样平均误差公式计算不重复抽样的平均误差。使用例1的数据,计算如下。

表 4-3-3 不重复抽样组合及离差计算

抽样序号	样本变量 x		样本平均数($\bar{x}$)	离 差	离差平方
	(1)	(2)			
1	40	50	45	−15	225
2	40	70	55	−5	25
3	40	80	60	0	0

续表

抽样序号	样本变量 x		样本平均数($\overline{x}$)	离 差	离差平方
	(1)	(2)			
4	50	40	45	—15	225
5	50	70	60	0	0
6	50	80	65	5	25
7	70	40	55	—5	25
8	70	50	60	0	0
9	70	80	75	15	225
10	80	40	60	0	0
11	80	50	65	5	25
12	80	70	75	15	225
合计			720	0	1000

$$样本平均数的平均数\ E(\overline{X}) = \frac{\sum \overline{x}}{抽样可能的个数} = \frac{720}{12} = 60(小时)$$

$$抽样误差\ \mu_{\overline{x}} = \sqrt{\frac{1000}{12}} = 9.13 \qquad (公式1)$$

$$= \sqrt{\frac{\sigma^2}{n} \times \left(\frac{N-n}{N-1}\right)} = \sqrt{\frac{250}{2} \times \frac{4-2}{4-1}} = 9.13 \qquad (公式3)$$

(3)抽样平均误差的实际计算

实际中,无论是总体平均数或是总体方差一般未知(不可能知道)。可用以下方法解决:用过去调查得到的资料,用样本方差代替总体方差,用小规模试调查资料,用估计的资料。

第四节 抽样调查的一般方法

抽样调查有许多不同的方法,各有特色。抽样调查方法的选择是抽样方案设计中的重要部分,一般依据调查的目的、人力和财力,根据各种抽样方法的特点来选择。大量调查采用多种方法的组合。

一、等概率随机抽样

1.简单随机抽样(SRS:simple random sampling),又叫纯随机抽样,对抽样框的总体单位不作任何处理,是最简单最基本的方法。它要求每个单位都有同等被抽中的机会。有放回简单随机抽样的叫非常简单随机抽样(VSRS)。

直接抽选法:如果总体规模不大,可以将每个单位的编号都写在纸上,放在箱子里,伸手随便摸取。现在电视台的有奖知识竞赛就采取这种方法。

使用 Excel 的函数产生随机数:rand(),产生 0~1 之间的平均分布随机数;不重复随机数。Randbetween(bottom,top),产生重复随机整数。若 Excel 软件安装不完整,没有 randbetween(bottom,top)函数,则可用 int(rand()×100+1)产生 1 到 100 的随机整数,进行变通,也可执行菜单命令"工具/加载宏",在"加载宏"对话框中,选中"分析工具库"后单击"确定"按钮,加载函数 randbetween。

简单随机抽样法的应用场合:对调查对象的情况了解很少;总体单位的排序没有秩序;调查单位比较分散不影响调查工作。

2.系统抽样

系统抽样(systematic sampling)又称为机械抽样、等距抽样。对研究的总体单位按一定标志排列,每隔一定的间隔抽取一个样本。这种方法适合于大规模调查,简单快捷,在实施中不需要严格的抽样框(准确的地址、名单等),只要有一个抽样单元的顺序即可。步骤是将全部总体单位排队,每隔一定间隔抽取一个或若干个样本。《人民日报》1986 年全国读者调查就采用这种方法,将全国的城市和县分成两类,依《人民日报》发行量的多少排队,每隔 12.5 万份抽取一个调查点;然后再采用多段抽样抽到读者。

系统抽样的抽样误差大小同总体单位的排序有关。如果总体单位排列具有某种周期性,可能造成严重问题,如电视、日报等按日排列,间隔 7 天抽样。

系统抽样中起点的选择有不同的方法。假设有一总体,有 20 个总体单位,如表 4-4-1。总体平均数=24.5,抽取 4 个单位。

表 4-4-1　总体单位数按标志值大小排队

序　号	标志值	序　号	标志值	序　号	标志值	序　号	标志值
1	2	6	12	11	25	16	39
2	5	7	16	12	29	17	40
3	7	8	20	13	32	18	45

续表

序　号	标志值	序　号	标志值	序　号	标志值	序　号	标志值
4	8	9	21	14	34	19	46
5	10	10	24	15	35	20	49

抽样方法 1:随机起点等距抽样,当按有关标志排队时,会产生系统误差。抽 4 个样本,则间隔 $k=20/4=5$。

如随机起点为 1 号,则样本为 1、6、11、16 号,样本平均数为 19.5;

如随机起点为 2 号,则样本为 2、7、12、17 号,样本平均数为 22.5;

……

如随机起点为 5 号,则样本为 5、10、15、20 号,样本平均数为 29.5;

抽样方法 2:半距起点等距抽样,各样本单位选在每组的中点。简单,大规模社会调查中常用;但局限性是随机性不明显,不能进行样本轮换。

如表 4-4-1,间距为 20/4=5,半距为 2.5,则可能有两个样本:

样本 1:2、7、12、17,平均数=(5+16+29+40)/4=22.5

样本 2:3、8、13、18,平均数=(7+20+32+45)/4=26.0

抽样方法 3:对称等距抽样,第 1 组和第 2 组的样本位置对称,第 3 组和第 4 组的样本位置对称……当按有关标志排队时,会产生系统误差。

间距为 k,第 1 组随机抽到 i 号($i<k$),则偶数组(2、4、6、…)的抽取 $nk-i$ 号;奇数组(3、5、7、…)的抽取 $nk+i$ 号。

$k=5$,若第 1 组随机抽到 1 号,则样本为 1、9($2\times5-1$)、11($2\times5+1$)、19($4\times5-1$)

若第 1 组随机抽到 4 号,则样本为 4、6($2\times5-4$)、14($2\times5+4$)、16($4\times5-4$)

3. 分层抽样

分层抽样(stratified sampling)又称为类型抽样、分类抽样,先对总体各单位按一定标志分类(层),然后再从各类(层)中按随机原则抽取样本。分层抽样的主要目的是减少抽样误差,提高抽样调查的精度,通过分类使组间变化大,组内变化小。

分层抽样的关键是分层指标的选取。分层指标应同调查的主要目标密切相关,指标个数尽量少。分层应满足同一层的元素具有较好的同质性,不同层的元素具有明显的异质性;对总体的分层和层内抽样都易于操作和管理。

有四种方法将总样本量分到各层中。一是平均分配,效果差。二是与各层的方差成正比,但各层方差数据难以获得,实际操作困难。三是与各层的大小成正比,实用,效果较好;两个随机数在同一个顺序代码起止范围内,则一次抽取双倍的数量,不能分两次抽取。四是与各层的大小和标准差之积成正比，可以达到最优效果，但同方法二一样难于实际操作。

4. 整群抽样

整群抽样（cluster sampling）又称为集体抽样，将总体中分为若干群，抽取几个群作为样本，对选中群的所有单位进行全面调查的抽样方法。

整群抽样法特点是组织方便，节约经费，但精度低（尽可能多地增加群的抽取个数）；其应用条件是群间差异小，群内差异大。影响整群抽样误差的因素是抽出群的多少，群间方差、抽样方法（整群抽样都使用不重复抽样）。

二、不等概率抽样

等概率抽样适用于各总体单位相差不大、各单位的"大小"基本相同，或各单位在总体中的地位和重要性比较相似。如总体单位的差异很大时，应使用不等概率的系统抽样。

1. πPS 系统抽样

πPS 系统抽样是最常用、最简单的不等概率系统抽样，使总体中第 i 个单元的入样概率 P_i 与该单元的大小 M_i 成比例。$\pi_i = n(M_i/M_0)$，$M_0 = \sum M_i$。$k = M_0/n$ 为抽样间距，随机地取一个小于等于 k 的实数 r 为抽样的起点。

如从 12 份晚报中抽取 4 种进行内容分析，发行量分别是 20、67、45、120、39、85、58、98、76、210、25、150 万份；$n = 4$，$M_0 = 993$，$k = 993/4 = 248.25 \approx 248$；如 r 随机取 146。

根据排列的不同，选择不同的样本。表 4-4-2 列出了随机、从小到大、从大到小三种排列方法，发行量最大的报纸（12 号）都被抽中。排列 1 累计发行量达到 146，394（146＋248），642（146＋2×248），890（146＋3×248）的报纸被抽中。

表 4-4-2　πPS 系统抽样

编　号	1	2	3	4	5	6	7	8	9	10	11	12
发行量排列 1	20	67	45	**120**	39	85	**58**	98	76	**210**	25	**150**
累计发行量	20	87	132	252	291	376	434	532	608	818	843	993
抽中报纸				146			394			642		890
发行量排列 2	20	25	39	45	**58**	67	76	**85**	98	120	**150**	**210**
累计发行量	20	45	84	129	187	254	330	415	513	633	783	993
抽中报纸					146			394			642	890

续表

编　号	1	2	3	4	5	6	7	8	9	10	11	12
发行量排列3	**210**	150	**120**	98	**85**	76	67	58	**45**	39	25	20
累计发行量	210	360	480	578	663	739	806	864	909	948	973	993
抽中报纸	146		394		642				890			

2. 概率比例抽样

概率比例抽样即 PPS 抽样法（Probability Proportionate to Size Sampling），按规模大小比例的概率抽样或按容量比例概率抽样。它是在多阶段抽样中，尤其是二阶段抽样中，初级抽样单位被抽中的机率取决于其初级抽样单位的规模大小，初级抽样单位规模越大，被抽中的机会就越大，初级抽样单位规模越小，被抽中的机率就越小。其抽选样本的方法如表 4-4-3。

表 4-4-3　PPS 抽样方法

编　号	1	2	3	4	5	6	7	8	9	10	11	12
发行量	20	67	45	**120**	39	85	58	98	**76**	**210**	25	**150**
抽中概率 $P_i = \dfrac{M_i}{M_0}(\%)$	2.0	6.8	4.5	12.1	3.9	8.6	5.8	9.9	7.6	21.2	2.5	15.1
累积概率（%）	2.0	8.8	13.3	15.4	29.3	37.9	43.7	53.6	61.2	82.4	84.9	100
累积概率×1000	20	88	133	254	293	379	437	536	612	824	849	1000
顺序代码起	000	020	088	133	254	293	379	437	536	612	824	849
顺序代码止	019	087	132	253	292	378	436	535	611	823	848	999
随机数字				202					599	726		854

注意：表中随机数 202、599、726、854 由 Excel 的函数产生。

3. 二重抽样

二重抽样（double sampling）也叫二相抽样（two-phase sampling），是先从总体中抽出一个比较大的样本，获取样本中全部元素的信息；然后从第一次的样本中再抽取一个子样本，调查更为详细的信息。一般情况下，第二重样本是调查的主样本，是研究的重点内容。

4. 多段抽样

多段抽样（multi-stage sampling）一般分两三个阶段，最多分四个阶段，每阶段采用相同或不同的抽样方法。因经过多个阶段才能最后抽出样本,抽样误差会大一些。整群抽样和分层抽样可以看成多段抽样的特例。

大型抽样调查一般采用多段抽样法,也是受众调查中最常用的方法。

三、非随机抽样

非随机抽样不能对总体进行估计和推断,一般作为正规研究的前期研究。

(1)方便抽样是从便利的角度抽取样本,如在报刊、杂志、网络上刊登调查问卷;访问售报亭买报的读者;利用受众来信、电话、邮件获取样本等。

(2)判断抽样(立意抽样)是根据研究者个人经验和判断抽取样本。在多段抽样的第一级抽样中使用较多。如在研究新媒体(网络、手机等)的传播效果时,研究者可根据自己的经验选择几所高校、研究单位、合资公司和政府部门,从中抽取调查对象。

(3)滚雪球抽样适用于调查对象十分稀少或难于接触的情况。先寻找少量调查对象调查,再请被调查者提供一些类似的研究对象。如调查接受高档美容的女性、同性恋等。

(4)配额抽样。配额抽样和分层抽样有相似的地方,都是事先对总体中所有单位按其属性、特征分类,然后分配样本数额。但分层抽样是按随机原则在层内抽选样本,而配额抽样则是由调查人员在配额内主观判断选定样本。

第五节　样本量的确定

抽样调查的实际操作包括明确总体和确定抽样框、确定样本量、抽样和调查、计算抽样误差、推断总体等五个步骤。样本量的确定涉及很多因素,原则是准确与费用的平衡。整体而言,样本量的多少与总体中各单位之间标志值的变异程度、允许误差的大小成正相关,不同的抽样方法也会影响抽样数目的多少。

抽样调查根据推断指标的不同,分为平均数抽样调查和成数(比率)抽样调查,其样本容量的计算公式是不相同的。收视率调查是成数(比率)抽样调查,样本量的计算公式为:

$$M = t \sqrt{\frac{P(1-P)}{n}\left(1 - \frac{n}{N}\right)}$$

式中 n 为样本量,P 为收视率,M 为允许误差,t 为概率度,N 为总体数量。当 N 很大时,$(1-n/N)$ 接近1,因此样本量的计算公式可以简化为:$n = t^2 P(1-P)/M^2$

一、样本容量的统计学最低标准

样本容量的统计学最低标准是不存在的,但是,在问卷调查中通常会有一个"约400"的最低标准。

若想了解全国中学生对取消高考的看法,做问卷调查:您支持取消高考吗?(只能选择"支持"或"不支持")。

设作为总体的"全国中学生"对取消高考的支持率为 P,虽然无法通过抽样调查得出具体的结果,但这一结果一定会出现在下面的范围内:

$$p - 1.96 \times \sqrt{\frac{p \times (1-p)}{n}} < P < p + 1.96 \times \sqrt{\frac{p \times (1-p)}{n}}$$

P 是总体的支持率,p 是样本的支持率,n 是样本容量;1.96 是置信度为 95% 的置信系数或置信水平。

$1.96 \times \sqrt{\frac{p \times (1-p)}{n}}$ 的值越小,P 的范围越窄,说服力也就越强。因此,

条件一:对于有说服力的结果,$1.96 \times \sqrt{\frac{p \times (1-p)}{n}}$ 的值应为 p 的 $\frac{1}{10}$ 以下;

条件二:当必须再做一次问卷调查才能得出结论时,p 的值恰好在 0 和 1 的中间,即 $p = 0.5$。如无条件地接受上述两个说法,则:

$$1.96 \times \sqrt{\frac{p \times (1-p)}{n}} \leqslant 0.5 \times \frac{1}{10} \quad \text{计算得:} n \geqslant \frac{0.25}{0.000651} \geqslant 384.16$$

对于"约400",需注意以下 4 点:

第一,不是只要收集约 400 份数据,就可以得到一个准确的结果,是否抽样、如何抽样十分关键。

第二,"约400"是在"仅有 1 个 2 选项问题"的情况下,得出的结论。

第三,0.5 和 $\frac{1}{10}$ 的取值不是绝对的,分析者可以根据情况进行定义。

二、简单随机抽样的样本量的计算

简单随机抽样的样本量确定公式请参阅相关的统计书籍,这里仅用例子做简单说明。某校学生 10000 人,要调查某月看电视的时间,设某月看电视时间的标准差为 30 小时。求可靠度达到 95%,抽样极限误差不超过 3 小时,应抽取多少人。

解 $N = 10000, \Delta_{\bar{x}} = 3, \sigma^2 = 30, t = 1.96(95\%$ 的可靠度)

简单随机重复抽样:$n = \frac{t^2 \sigma^2}{\Delta_{\bar{x}}^2} = \frac{1.96^2 \times 30^2}{3^2} = 384.16$(人)

简单随机不重复抽样：$n = \dfrac{t^2\sigma^2 N}{N\Delta_x^2 + t^2\sigma^2} = \dfrac{1.96^2 \times 30^2 \times 10000}{10000 \times 3^2 + 1.96^2 \times 30^2} = 369.95（人）$

整群不重复抽取的群数：设有 $220(R)$ 个班，群间的方差也为 30 小时，抽取班数为：

$$r = \frac{t^2\delta R}{R\Delta_x^2 + t^2\delta} = \frac{1.96^2 \times 30 \times 220}{220 \times 3^2 + 1.96^2 \times 30} = 12.1 \approx 12（个）$$

说明：一般情况下不知道总体方差，可根据历史统计资料确定，也可用实验性抽样调查的方差来代替。

三、抽样调查的误区

抽样调查的认知误区同样本量密切相关。主要误区有样本量越大，代表性越好；样本量越大，对总体推断的精度越高；总体越大，所需的样本量也要越大。

理论上，总体大小 N 对样本量 n 的影响由 (n/N) 决定。当 (n/N) 大于 10% 时，总体的大小对样本量的影响才有意义。随着总体单位 N 的增加，N 对样本量影响减少，全国、省、城市的样本量几乎没有差异。样本数据对总体数据代表性和准确性的高低，关键的因素是抽样方案的设计和调查中是否按照随机的原则选择样本。表 4-5-1 是样本量与总体单位关系的经验数据。

表 4-5-1　样本量的经验数据

总体规模	100 以下	100～1000	1000～5000	5000～1 万	1～10 万	10 万以上
抽样比例	50% 以上	50%～20%	30%～10%	15%～9%	9%～1%	2% 以下
样本量	50 以上	50－200	300－500	750－900	900－1000	2000 以下

延续阅读

1. 时涛，许炯锋. 电视收视率调查中非抽样误差来源及控制. 统计与决策，2009(3).

2. 谢尔登·高威塞，伊文思·威特. 涉及民意调查时新闻记者必问的 20 个问题 [艾尔·芭比著，邱泽奇译. 社会研究方法（第 10 版）中的附录 G]

3. 卜卫. 控制实验——一种常用的传播学研究方法. 国际新闻界，1997(2).

4. 中国信息协会市场研究业分会(CMRA)网站. http://www.emarketing.net.cn/.

思考题

1. 简述调查方案设计的主要内容。

2. 如何设计一份优秀的调查问卷。

3. 简单说明简单随机、机械、类型、整群和 PPS 抽样调查法。

知识点

1.统计调查的分类
3.调查成功率
5.李克特量表
7.样本
9.统计误差
11.简单随机抽样
13.类型抽样
15.PPS抽样法

2.问卷设计应注意的问题
4.抽样调查
6.哥特曼量表
8.样本框
10.抽样误差
12.机械抽样
14.整群抽样
16.样本容量的统计学最低标准

参考文献

1.艾尔·芭比著,邱泽奇译.社会研究方法(第10版).华夏出版社,2007.

2.李洁明.统计学原理(第3版).复旦大学出版社,2005.

3.高桥信,陈刚译.漫画统计学.科学出版社,2009.

4.张敏强.教育与心理统计学.人民教育出版社,1993.

5.马庆国.管理统计.科学出版社,2002.

6.柯惠新,沈洁.调查研究中的统计分析法.中国传媒大学出版社,2005.

7.Frederick J. Gravetter,Larry B. Wallnau 著,王爱民,李悦等译.行为科学统计(第7版).中国轻工业出版社,2008.

8.尼尔·J.萨尔金德著,史玲玲译.爱上统计学.重庆大学出版社,2008.

9.柯惠新,丁立宏.市场调查.高等教育出版社,2009.P79.

10.柯惠新,王兰柱.媒介与奥运:一个传播效果的实证研究(北京奥运篇).中国传媒大学出版社,2010.P327.

11.柯惠新,祝建华,孙江华编著.传播统计学.北京广播学院出版社,2003.

12.徐敏,方瑾.现代女性"才""貌"之社会优势比较研究.社会,2003(5).

13.关守义.克龙巴赫 a 系数研究述评.心理科学,2009(3).

第五章

统计学基础——数据分析

学习统计分析方法,不要害怕计算公式。因为不要求记公式,只需要理解适用的条件及原理,计算过程交给相关的统计软件去处理。本章主要介绍统计分析的方法及其在 SPSS 中的实现过程。除了本书中介绍的 SPSS 软件外,还有 Stata、SAS、Minilab、Matlab 等软件。

值得注意的是,数据分析并不是调查后期才考虑的内容。在调查的设计阶段,就应该对调查中所涉及的数据类型及可能应用的数据分析方法有初步的判断。

第一节 数据分析起步

在受众调查的数据处理环节,要引入正确有效的统计分析方法,除了调查目的外,需要明确一些基本因素,如数据的类型、数据的分布特征等,以及 SPSS 软件使用的基本技能。

一、分析数据的类型

受众调查中的数据,有四种类型,即名义数据、顺序数据、等距数据和等比数据。

1. 名义数据

名义数据又称定类变量,只表示类别的不同,无顺序和大小区别。如用 1 表示"国际新闻",2 表示"国内新闻"……8 表示"广告"。一般来说,对名义数据不能进行算术运算(加、减、乘、除),但可计算次数和比率,可采用列联相关、百分数检验和 χ^2 检验等分析方法。

2.顺序数据

顺序数据又称定序变量,表示类别,有顺序的先后。如用 1 表示"高收入",2 表示"中收入",3 表示"低收入"。顺序数据的数字间的距离是不相等的,也没有绝对的零点,只表示对象在某一属性上的排序,不能指出其间差别的大小。顺序数据不能运算(加、减、乘、除),可计算次数、比率、中位数,常用等级相关、秩次检验等分析方法。

3.等距数据

等距数据又称定距变量,具有相等的单位,但没有绝对的零值,如受众调查中要求回答者回答其对某档电视节目的满意度,5 表示非常满意,1 代表非常不满意。这类数据在调查中常被视为等距数据,尽管其本质是顺序数据,也就是说,调查者主观认为满意等级间的满意程度差异是相等的。对于等距数据可用平均数、标准差、积差相关、t 检验、Z 检验、F 检验、方差分析、回归分析等统计分析方法。

4.等比数据

等比数据又称定比变量,既具有相等的单位,也具有绝对零值。如受众调查中要求回答者填写一天内看电视的时间。等比数据适用的统计分析方法有很多,除了以上所介绍的统计方法之外,还可用几何平均数及差异量数等进行分析。

此外,数据按其是否具有连续性可分为连续数据及离散数据。连续数据的单位可以进行无限细微的划分,如时间、身高、体重等;离散数据的数字一般是取整数,两个单位之间不能再划分细小的单位,一般名义数据和顺序数据大都是离散数据。连续数据与离散数据的分布规律不同,所使用的统计方法也有区别。因此,了解调查数据的类型,对于选用恰当的统计方法是至关重要的。

二、数据的分布特征

在选择统计分析方法时,数据分布的形态也是一个重要的考虑因素之一。如对数据集中趋势特征进行分析可以用算术平均数、中数和众数三种统计指标。当数据分布呈正态分布时,那么选择算术平均数是最好的;当数据分布呈偏态分布(正偏态与负偏态)时,那么选择众数则是最理想的。图 5-1-1 呈现了正态分布,正偏态分布及负偏态分布三种图形各自的形态特征。

数据分布的形态很多,在受众调查数据的分析中应用得最多的是正态分布。正态分布的曲线是一条"正态曲线"(钟形曲线),其算术平均数、中位数和众数都相同,而且其分布的形式是左右对称。

数据分布形态对于统计分析中的参数估计及参数检验具有重要的意义。对于名义

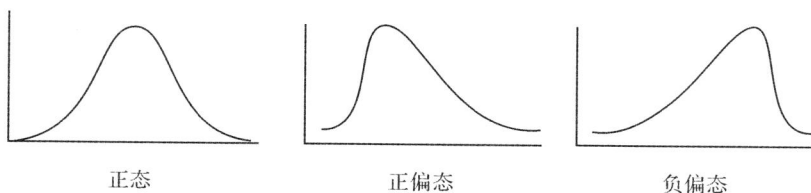

图 5-1-1 正态分布及偏态分布

数据和顺序数据来说,由于其数据分布不具有正态分布的形态特征,因此无法对此类数据进行参数估计及检验,而只能适合于非参数检验[①];只有等距数据和等比数据,其分布才有可能具备正态分布的形态,但这也只是必要而非充分条件,也就是说,即使调查所获取的数据类型是等距数据或等比数据,其分布形态也可能是非正态的。对于大部分的参数统计方法来说,如 t 检验和方差分析,都必须满足两个前提条件,一是总体分布呈正态分布,二是组间变异相等。

在受众调查中常常会遇到总体分布不明确,无法判断总体分布特征,以至于不能采取参数检验方法的情况。此时,一般宜使用非参数的统计方法,如对于离散数据,可用 χ^2 检验,但不能用 t 检验。非参数统计方法具有诸多优点,如不依赖于总体分布条件,无需对总体参数规定条件,使用方便,这使非参数统计分析方法在受众调查的数据处理中占据着重要的地位,其应用也是十分广泛。

三、变量水平数量和变量的数目

在受众调查的设计过程中,对调查中所涉及的变量的数目及各变量的水平数量也在很大程度上决定着统计分析方法的选择。

1. 变量水平数量

根据变量间的影响关系,一般可分为自变量和因变量。自变量的水平多少与统计方法的选择具有密切的关系。如受众调查中,针对媒体接触行为在不同性别间的差异比较时,对于性别这一变量来说,其只有两个水平,即男性和女性,因此在假设检验时用 t 检验即可;但调查者若想比较不同文化程度(假设五个文化程度水平)人群媒体接触行为的差异,此时文化程度变量的水平达到了五个,那么使用 t 检验就不是最优的统计分析方法,

---

① 非参数检验与参数检验共同构成统计推断的基本内容。参数检验是在总体分布形式已知的情况下,对总体分布的参数如均值、方差等进行推断的方法。非参数检验正是利用样本数据对总体分布形态等进行推断的方法。由于非参数检验方法在推断过程中不涉及有关总体分布的参数,因而得名为"非参数"检验。

最理想的统计分析方法是方差分析。

2.变量数目

在受众调查中,随着变量数目的增多,变量间关系的复杂程度急剧增加。当自变量之间有可能存在某种交互作用时,方差分析是最佳选择。方差分析由于引入变异的思想,能很好地将组间、组内及误差变异进行有效的分解,因此在分析自变量的主效应、自变量间的交互效应时具有其他分析方法不可相比的优势。变量数目的增多,也促进多元统计分析方法的发展,如多元回归分析、聚类分析、因子分析等。

四、SPSS 软件使用常识

社会科学统计软件包(SPSS:Statistical Package for the Social Science)是世界著名的统计分析软件之一。SPSS 公司已于 2000 年正式将英文全称更改为"统计产品与服务解决方案"(Statistical Product and Service Solutions)。本书使用 SPSS for Windows19 中文版。

1.数据处理

1)变量定义。变量的定义十分重要,直接影响数据的录入和分析。

启动 SPSS 后,出现的数据编辑窗口,此时显示的是一个空白文件。单击此窗口左下方的"变量视图"标签,即可进入变量定义窗口对变量进行定义,如图 5-1-2 所示。

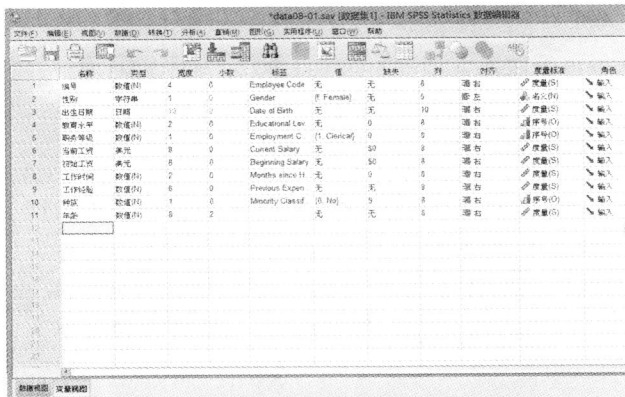

图 5-1-2　变量定义窗口　　　　图 5-1-3　定义变量类型窗口

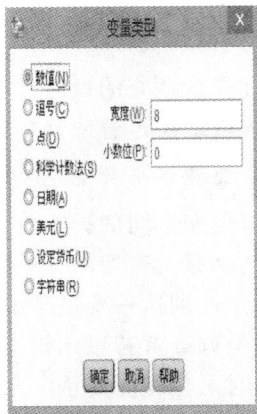

窗口中每一行表示一个变量的定义信息,包括变量名称、类型、宽度等 11 个内容。

(1)名称:默认的变量名称为 Var00001、Var00002 等,根据自己的需要来命名变量名。

（2）类型：点击"类型"相应单元中的"..."，显示图 5-1-3 所示的对话框。在对话框中进行变量类型设置。

八种类型归为数值、字符、日期、货币四类。这里仅介绍数值的四种类型。"数值（N）"型最普通，同时定义数值的宽度，即整数部分＋小数点＋小数部分的位数。"逗号（C）"型，即整数部分每 3 位数加一逗号。"点（D）"型，无论数值大小，均以整数形式显示，每 3 位加一小点（但不是小数点），可定义小数位置，但都显示 0，且小数点用逗号表示，如 1.2345 显示为 12.345,00（实际是 12345E－4）。科学记数法（S）型，在数据视图中以指数形式显示。如定义数值宽度为 9，小数位数为 2，则 345.678 显示为 3.46E＋002。

（3）宽度：系统默认值为 8 个字符，当变量为日期型时无效。

（4）小数：系统默认为 2 位小数，当变量为日期型时无效。

（5）标签：对变量作进一步的描述。

（6）值：对变量的每个可能取值进行描述。图 5-1-4 是图 5-1-2 中"性别"变量的编码值对话框，对编码进行添加、更改、删除操作。

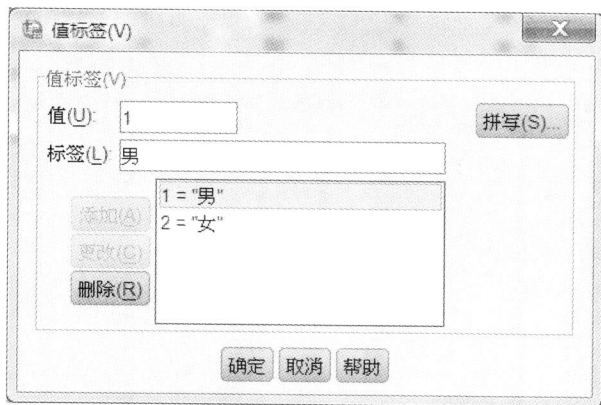

图 5-1-4　变量标签定义窗口

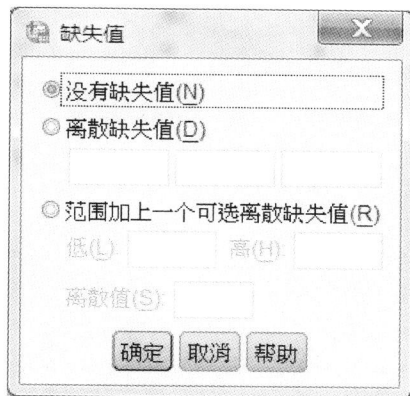

图 5-1-5　缺失值定义窗口

（7）缺失：SPSS 提供了三种定义缺失值的方式，图 5-1-5 所示。没有缺失值（N）。

离散缺失值（D）：可定义 1～3 个。如测量身高（厘米）的资料，可定义 999 为缺失值；性别的资料（男为 1、女为 2），可定义 M 为缺失值。

范围加上一个可选离散缺失值（R）：可定义缺失值的范围，同时定义另外 1 个不是这一范围的缺失值。

（8）列：数据编辑窗口中变量的显示宽度，系统默认为 8 个字符。

（9）对齐：数据的对齐方式，有左对齐、右对齐、居中对齐三种。

(10)度量标准:三种标准度,"名义(N)"对应名义数据,"序号(O)"对应顺序数据;"度量(S)"对应等距和等比数据,能进行数学运算。

(11)角色:设定分析建模时的变量关系。

2)数据输入和保存

数据输入:定义好变量之后,单击"数据视图"即可键入原始数据。实际操作中,可以从 Excel、Acess 等其他软件数据文件读入或采用复制的方法输入数据。

数据保存:数据录入过程中,应及时保存数据。保存数据同其他常用软件类似,选择"文件"菜单的"保存"可直接保存为 SPSS 默认的数据文件格式(∗.sav),"另存为"可以改变文件的保存路径、文件名和文件的类型。

3)数据编辑

SPSS 软件为数据编辑提供了非常丰富的功能,这些功能包括数据的增删、数据的整理、数据的转换等。

(1)增加变量和记录:用"编辑"菜单的"插入变量"、"插入个案"实现。

(2)删除变量和记录:选中要删除的变量或记录,然后在"右键"菜单中选择"清除"。

(3)排序变量和记录:选"数据"菜单中的"变量排序"和"个案排序",能对变量和记录的排序。图 5-1-6 是按三个变量进行记录排序的对话框。

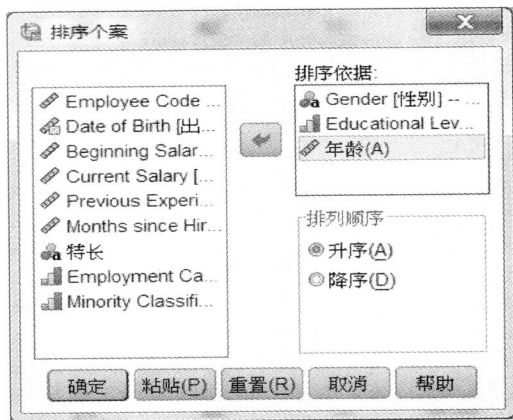

图 5-1-6　记录排序的设置

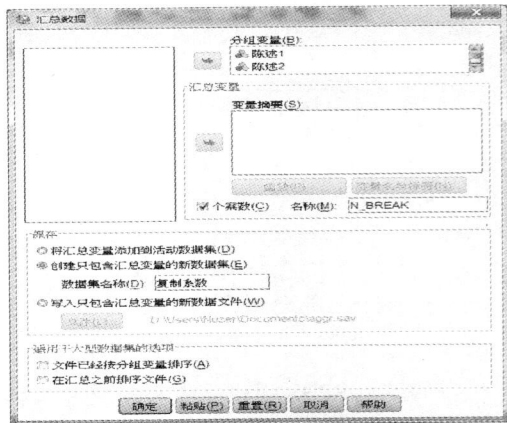

图 5-1-7　分类汇总窗口

(4)分组汇总:即按指定变量的数据进行归类汇总,"数据"菜单中的"分类汇总"汇总的形式多样。图 5-1-7 是实现第四章中表 4-2-1 前 5 列数据(哥特曼量表复制系数)的对话框。先选入分组变量(陈述 1、陈述 2、陈述 3、陈述 4),汇总变量选择"个案数",并要求创建名称为"复制系数"的数据集。

（5）数据的选择：即从数据中选择一些数据进行统计分析。"数据"菜单"个案选择"命令（图 5-1-8），提供如下几种选择方法：

"全部个案"用于解除先前的选择。

"如果条件满足"是按指定条件选择记录。

"随机个案样本"是对记录进行随机抽样。有两种选择分式，一是"大约"，按指定比例后由系统随机抽取；二是"精确"，图 5-1-9 表示从前 100 个记录中随机选择 10 个记录。

"基于时间或个案全距"让用户定义从第几个记录抽到第几个记录。

"使用筛选器变量"表示用指定的变量作过滤，用户选择 1 个变量，系统将该变量值为 0 的观察单位标上删除标记，系统对有删除标记的观察单位不作分析。

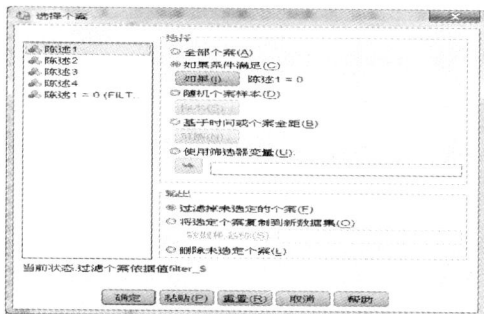

图 5-1-8　个案选择

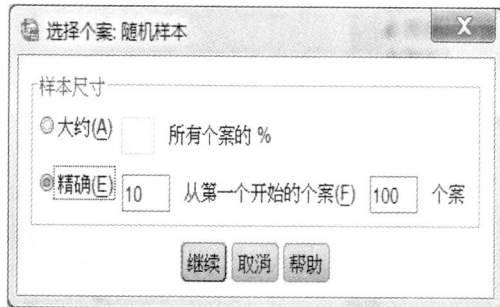

图 5-1-9　随机个案选择

4）数据转换

SPSS 软件提供"转换"菜单，方便使用者根据自己的需要对原始数据进行转换。常用数据转换功能包括：

（1）计算变量：即通过运算操作让系统生成新的变量。

（2）重新编码为相同变量：对变量重新赋值。

（3）重新编码为不同变量：根据已有变量产生新变量，并赋值。图 5-1-10 是根据"陈述 1"生成新变量"陈述 6"，填好"旧值和新值"后，单击"更改"的结果。与"计算变量"不同，不能进行运算，只能根据指定变量值作数值转换。

当然 SPSS 软件提供的数据处理功能远不止这些，其他数据编辑功能请读者查阅参考文献中的相关著作。

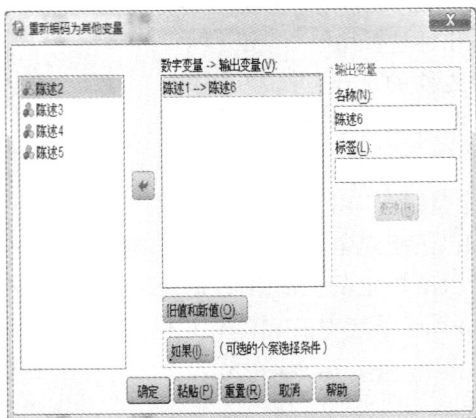

图 5-1-10　产生新变量并赋值

第二节　描述统计分析

在数据分析的时候,一般首先要对数据进行描述性统计分析,再选择进一步分析的方法。

一、数据整理

1. 统计分组

统计分组,即根据被调查对象的特征和统计分析的目的,将所得数据进行适当的分组或分类。统计分组最常用的方式就是编制数据频次分布,通常用图表的形式呈现出来,即频次分布表和频次分布图,直观地了解数据的特征。

频次和频率是两个不同的概念。频次是指一组数据中相同取值的个案出现的次数,是绝对取值;而频率是指一组数据中,某一取值的个案数与总个案数的比值,是相对取值。

(1)离散数据分组

将数据中的个案按不同取值进行归类,分别计数每一取值的个案数,制作成表格。

(2)连续数据分组

分组区间的大小设置非常关键,一般需要先对总体数据进行粗略分析并形成判

断,然后设计适当的区间大小,使区间的归类具有良好的统计分类意义,其编制步骤如下:

第一步求全距。全距是指样本数组中最大数与最小数之间的差距。

第二步决定组数。分组数目的确定要看数据的多少和研究目的。若数据是正态分布,可利用下面的经验公式计算组数(K)。

$$K = 1.87 \times (N-1)^{\frac{2}{5}} \quad (\text{其中 } N \text{ 为数据个数},K \text{ 取近似整数})$$

第三步决定组距并列出分组区间。组距是指每一分组的间距。组距的选择要注意两点:一是为了便于比较组间,一般采用等距分组,如使用柱形统计图,一定要等距分组;二是组距经常用 2、3、5、10、20 等,便于计算分组区间和组中值。

第四步登记次数。依次将数据登记到各个相应的组别内。上限不在内,如 2~5,5~8,8~11,…的 5、8、11 应计入第二、三、四组。

第五步计算次数(f)。各组的次数计算好后,还要计算总和即总次数。根据所计算得到的次数(f)以及总次数($\sum f$),便可轻易地获取每个分组区组的频率了。

表 5-1 是根据上述方法编制而成的次数分布表的一个示例。

表 5-2-1 次数分析

分组区间	组中值(X_c)	频次(f)	频率(p)	百分比(%)
24 以上	25.5	2	0.04	4
21~24	22.5	4	0.07	7
18~21	19.5	8	0.14	14
15~18	16.5	17	0.30	30
12~15	13.5	14	0.25	25
9~12	10.5	7	0.13	13
6~9	7.5	3	0.05	5
3~6	4.5	1	0.02	2
合计		56	1	100

注:表中"24 以上"是开口组。开口组一般是第一或最后一个组,组中值按最邻近一个组的组距计算。

2.绘制频次分布图

对于离散数据,频次分布图一般可以表示为饼形图、条形图等;对于连续数据,饼形图或条形图是不合适用来呈现其频次分布结果的,而必须引入直方图以及次数多边形图等。这些统计图形借助统计软件,能非常轻易地绘制出来。

3.编制统计图表的三大纪律八项注意

统计图的三大纪律:(1)统计图是用点的位置、线段升降,直线的长短或面积大小,事物的具体形象等来表示事物的数量关系,起到美化版面,形象、直观和吸引人的作用,而不是相反。(2)条图、直方图底要同宽。(3)饼图不要分太多组,一般10以下。

统计表的八项注意:(1)标题简明且完整。(2)主词和宾词(即行和列)简明,一般行多列少;全部列出时先局部后整体,部分列出时先整体后局部。(3)标明计量单位。全表只有一种计量单位时,写在表的右上方;有多种计量单位时,横行的计量单位可专设"计量单位"一栏,纵栏的计量单位与纵标目写在一起,用小号字。(4)数值按小数点对齐,相同数据应照写,不能用"同上"、"同左"、"··"表示;"——"表示无数据,"……"表示缺数据。(5)统计表一般用开口式,及表的左右两端不画纵线,上下用粗线封口。(6)栏目较多时,应加编号。主词栏用 A、B、C、D 等文字标明,宾词栏用 1、2、3 等数字标明。(7)说明主要栏目之间的对应关系。特别是多张表时,要说明表内、表间的关系。如 1=2+3+5 统计表统计分组。(8)必须标明资料来源。

二、集中趋势分析

描述统计是用最简单的概括形式,反映原始数据所容纳的基本信息,它的基本方法有集中趋势分析、离中趋势分析及相关关系分析等。

集中趋势的度量一般是获取该组数据的一个代表值,包括算术平均数、中数、众数、几何平均数、调和平均数、加权平均数等。

1.算术平均数

若没有原始数据,只有经过整理分组数据,我们假设散布于各区间内的数据围绕该区间的组中值均匀分布,即组中值可以代表落入该区间的各原始数值;则平均数计算公式如下:

$$\overline{X} = \frac{1}{n} \sum f_i X_c$$

公式中,X_c 为各区间的组中值,$X_c = \dfrac{下限 + 上限}{2}$,f_i 为各区间内的数据频次;n 为数据的总频次。

算术平均数是应用最普遍的一种集中量数,但在使用算术平均数时应该注意以下问题:

（1）平均数是一个反应灵敏的统计指标,但易受极端数据的影响。

（2）不同质的数据不能计算平均数。

（3）平均数一般仅适用于连续数据。一般地,只有当数据类型为连续数据,即等距数据或等比数据时,计算平均数才是有意义的。有时候,一些顺序数据为了处理的方便,主观认为数值具有相等的单位,那么此时平均数也可在一定的条件下适用。

2.中位数

中位数（Median）,符号为 Md,是把一组数据按数值的大小顺序排列起来,处于中间位置的那个数值就叫中位数。中位数可能是该组数据中的某个数值,也可能根本不是原有的数值。中位数仅依据数据的相对位置来代表数据组的集中量度,在反映个别数据的变化上,反应不灵敏。当调查中出现极端值,而调查者无法确定极端数据产生的原因,无法舍弃时,可用中位数作为集中量数;当次数分布两端数据区间是开区间时,也可使用中位数。计算中位数非常简单,仅需要将数据依其取值大小排列成序,然后找出位于中间的那个数值。

（1）有重复数目的中位数

如数列"1、2、3、4、4、4、6"的中位数计算。居中的数是 4,但 4 是重复数据;n/2＝3.5,序列中上下各 3.5 的那个点恰好是第一个 4,但中位数不是 4。我们将 4 视为连续数,即将 4 理解为:3.5～4.5 之间有三个数据分布其中,而这三个 4 是均匀分布在这区间之内的,图示如下:

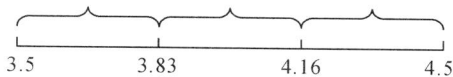

3.5～4.5 之间均匀分布三个数据,每一个数据占 1/3 的距离,那么可理解为第一个 4 落于 3.5～3.83 区间内,第二个 4 落于 3.83～4.16 区间内,而第三个 4 则落在 4.16～4.5（实则是 4.499……）区间内。因此该数据的中位数是（3.5＋3.83）/2＝3.67。

（2）分组数据的中位数

先确定中位数所在的组;再根据重复数列求中位数的原理,假设组内的数据均匀地落在距离为 i（组距）的区间内,从而确定中位数的具体值。以表 5-2-1 次数分布表中的数据为例,计算中位数如表 5-2-2:

表 5-2-2　按次数分布表计算中位数

分组区间	频次(f)	累加频次(cf)
24—	2	56
21—	4	54
18—	8	50
15—	17	42
12—	14	25
9—	7	11
6—	3	4
3—	1	1
合计	56	

(1)$n/2 = 56/2 = 28$

(2)中位数所在的区间组是 15—18

(3)中位数所在组以下的次数和为 25

中位数所在组以上的次数和为 14

(4)$f_{Md} = 17$　$i = 3$

根据下限公式：

$$Md = 15 + \frac{28-25}{17} \times 3 = 15.53$$

根据上限公式：

$$Md = 18 - \frac{28-14}{17} \times 3 = 15.53$$

3.众数

众数(Mode),符号为 Mo,一组数据中出现次数最多(频次最高)的那个数值。

求众数方法非常简单,不论是分组的和未分组的,一般用直接观察法即可获得,即只凭观察找出出现次数最多的数值就是众数。对于整理成次数分布表后,观察次数最多那一组区间的组中值即为众数。

众数适用于所有的数据类型,不受极端值的影响,最为稳定;需要快速而粗略地估计数据的代表值时可用众数。和中位数一样,众数也不是一个优良的集中量数,反应不灵敏;此外,众数不能参与进一步的代数运算,这是它的最大弊端。因此,众数应用不如平均数和中位数广泛。

4.平均数、中位数和众数三者间的关系

平均数、中位数及众数具有如下的关系,参阅图 5-1-1。

(1)当数据分布正态时,$M = Me = Mo$;

(2)当数据分布为正偏态时,$M > Md > Mo$;

(3)当数据分布为负偏态时,$M < Md < Mo$。

三、离散趋势分析

以平均数为代表的集中趋势,不能说明数据的整体情况。对数据离散趋势进行度量的统计量,称为差异量数,包括标准差、方差、全距、平均差、四分差等。

1.方差与标准差

方差(Variance),也称变异数、均方,符号表示为 S^2。方差是度量数据离散特征的一个最常用的统计值。方差的数学意义表示一组数据中每个数据与该组数据平均数之差乘方后的均值,即离差平方的平均数。标准差(standard deviation),即方差的平方根,符号表示为 S 或 SD。用 $\overline{X}$ 表示平均数,X_i 表示各个数据,n 表示数据的总数目,计算公式如下:

$$方差:S^2 = \frac{\sum(X_i - \overline{X})^2}{n} \qquad 标准差:S = \sqrt{\frac{\sum(X_i - \overline{X})^2}{n}}$$

方差与标准差是表示一组数据离散程度的最好指标。其值越大,说明离散程度越大,其值越小,数据集中程度较高,方差与标准差配合其他集中量数使用,能对数据的分布特征进行准确的描述。

方差及标准差反应灵敏,能反应每个数据的变化;适合代数运算,是高级统计分析的基础统计指标;受抽样变动的影响小,和其他差异量数相比,来自同一总体的不同样本的方差与标准差是比较稳定的。

2.标准差的应用

由于标准差与方差的计算原理相同,且在使用中标准差更方便,所以标准差在应用中更常见。在获得标准差的基础上,我们可以计算得到其他的相关统计指标,以便做更深入的数据分析。

(1)标准分数。又称 Z 分数,表示一个数据在团体中的相对位置,便于团体成员间的比较。其计算的理论公式为:$Z = \dfrac{X - \overline{X}}{S}$

(2)差异系数(coefficient of variation)。在比较不同样本离散程度时,使用绝对差异量(标准差)是不可行的,需要使用相对差异量(能对这些影响因素进行有效的平衡)。最常用的相对差异量指标为差异系数。

差异系数也称变差系数、离散系数、变异系数,符号表示为 CV。其计算的理论公式如下:$CV = \dfrac{S}{\overline{X}} \times 100\%$;公式中,S 为样本的标准差,$\overline{X}$ 为样本的平均数。

3.全距

全距(Range)又称极差,符号表示为 R,表示一组数据中最大值与最小值之差。全距的计算只利用了一组数据中的最大值和最小值,因而不稳定、不可靠,且反应不够灵敏,受极端值的影响。全距一般应用于调查的预备阶段,用于检查数据的大致分散范围,以便确定如何进行统计分组。

4.平均差

平均差(Average Deviation),符号表示为 AD,表示每个原数据与该组数据平均数距离的平均。其计算的理论公式为:$AD = \dfrac{\sum |X - \overline{X}|}{n}$

相比于全距来说,平均差在度量数据的离散程度上与标准差更类似。但由于要计算绝对值,因而不利于其应用于代数运算,还无法达到标准差在数学上的优越性。

5.四分位差

四分位差(Interquartile Range),符号表示为 Q,先将一组数据按大小进行排序,然后将其 4 等分,去掉序列中最高和最低的两端(各四分之一的数据),中间的一半数值之间的全距。其计算的理论公式为:$Q = Q_3 - Q_1$;公式中,Q_1 是指第一个四分点位所对应的数值,Q_3 是指第三个四分点位所对应的数值。

由于四分位差的计算只利用了中间 50% 的数据信息,而无法反映两端 50% 数据的变化信息,因此灵敏度不高,仍然只是一个低效的差异量数。四分位差一般和中数结合起来共同应用,但它仍然不适用于代数方法的运算。

如两端数据不清楚时,可以计算四分位差,此时其他差异量数难以计算。

四、SPSS 的描述性分析

1.频次分析

SPSS 软件中的频次分析模块提供了对数据的集中趋势和离散趋势各种统计指标的分析。"分析"菜单中的"描述统计"项中的"频率"命令。图 5-2-1 是统计量对话框。

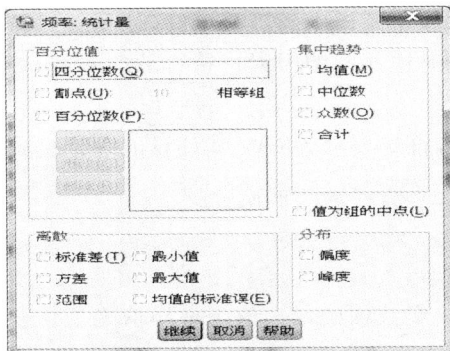

图 5-2-1　频次分析统计项目窗口

图 5-2-2　图形菜单

图中"均值的标准误"(S. E. mean)是样本均值标准差,用于描述样本均值与总体均值之间平均差异程度。"偏度"(Skewness)用于描述数据分布的对称性,偏度为 0,表示数据对称性同正态分布;偏度大于 0,表示数据呈正偏态分布,即一条长尾巴拖在右边;偏度小于 0,表示数据呈负偏态分布,即一条长尾巴拖在左边。"峰度"(Kurtosis)用于描述数据分布形态陡峭程度,峰度为 0,表示数据陡峭程度同正态分布;峰度大于 0,表示数据分布比正态分布陡峭;峰度小于 0,表示数据分布比正态分布平坦。

2.统计图的制作与输出

一般而言,统计图属于描述分析,帮助研究者观察数据的分布和基本特征。SPSS 软件带有非常强大的制图功能,除了"图形"菜单下有强大的图形功能(图 5-2-2),其他功能中也有图形功能。连续性单变量一般用直方图、箱图、P-P 图,各类图形的绘制方法,请参考专门的 SPSS 应用教程。

五、相关关系分析

变量间的关系一般可分为三类,即因果关系、共变关系和相关关系。对于描述性的统计分析来说,最重要的是考察变量之间的相关关系。所谓相关关系,是指两类现象在发展变化的方向与大小方面存在一定的关系,但我们无法确定哪个现象是因,哪个是果。

相关关系存在三种情况,即正相关、负相关和零相关。在正、负相关中,又可分为线性相关和非线性相关。本节仅讲述线性相关分析的内容,非线性相关请参考其他书籍。特别需要说明的是,本节讲的零相关,仅表明没有线性关系,但可能存在非线性关系。

相关关系既存在方向上的差异,也存在大小或强弱上的差异。相关关系的强度可利用统计的方法进行测量和比较,最常用的统计指标为相关系数,常用 r 表示。

相关系数的取值介于 -1 至 $+1$ 之间。相关系数的正负号表示相关的方向,相关系数的数值大小表示相关关系的强弱。相关系数的正值表示正相关,负值表示负相关。相关系数为 0 时,则表示零相关;为 $+1$ 时,表示完全正相关;为 -1 时,表示完全负相关。

相关系数不是等距数据,因此在比较相关程度时,只能说绝对值大的比绝对值小的相关更紧密;而且即使相关系数取值较大,也不一定说明两者间存在因果关系。相关系数的计算需要依据不同的数据类型而定,最常用的计算方法有积差相关、等级相关、质量相关。

1.积差相关

积差相关是英国统计学家皮尔逊[①]于 20 世纪初提出的一种计算相关的方法，因此又称皮尔逊相关，是求直线相关的最基本的方法。

应用积差相关必须具备如下的条件：

(1)两列数据均为等距或等比数据；

(2)两列数据各自总体分布都是正态的，即正态双变量；

(3)两列数据间的关系应该是线性的。

变量 X、Y 的计算积差相关公式为：

$$r = \frac{\sum xy}{nS_xS_y} = \frac{\sum(X-\overline{X})(Y-\overline{Y})}{\sqrt{\sum(X-\overline{X})^2}\sqrt{\sum(Y-\overline{Y})^2}}$$

公式中，$x = X - \overline{X}$，$y = Y - \overline{Y}$，n 为成对数据的数目，S_x 为变量 X 的标准差，S_y 为变量 Y 的标准差。

根据公式可以看出，相关系数 r 主要的贡献来自于变量 X 和变量 Y 的离均差的乘积 xy，当 x 大 y 也大时，xy 乘积的绝对值就大，当 x 小 y 也小时，xy 乘积的绝对值也就小，因此 $\dfrac{\sum xy}{n}$ 绝对值的大小将随着两个变量变化方向一致性程度而变，在统计上称之为协方差，用以描述两变量间的一致性程度，它是协方差分析中一个非常重要的统计指标。

然而，相关系数 r 并不是仅通过计算 $\dfrac{\sum xy}{n}$ 便可以获得的，而是将 $\dfrac{\sum xy}{n}$ 再除以变量 X 和变量 Y 各自的标准差后获得的。如此处理的原因在于，$\sum xy$ 的计算是带着变量 X 和变量 Y 的单位进行的，也就是说运算中没有消除变量单位对相关系数 r 的影响，若要将相关系数应用于不同变量间关系强度的比较，则必须消除单位的影响，即让相关系数成为一种没有实际测量单位的标准分数，因此需要将各变量的离均差分别用各自的标准差来消除单位的影响。

---

① 卡尔·皮尔逊(Karl Pearson,1857—1936)，现代统计科学的创立者，是百科全书式的学者，他就各种社会问题发表了一系列独到的见解。他的贡献是在统计学方面，首创次数分布表与次数分布图，提出一系列次数曲线；推导出卡方分布，提出卡方检验；发展了回归和相关理论；为大样本理论奠定了基础。

2.等级相关

所获的数据是顺序数据,或者虽然获取的数据是等距数据或等比数据,但其所的总体分布并不是正态的,则无法适用积差相关。在这两种情况下,计算相关系数可选用等级相关。

等级相关系数中最常用的是斯皮尔曼(Spearman)[1]等级相关系数,适用于只有两列变量,且两列变量的数据类型均为顺序数据。有些数据虽然属于等距数据或等比数据,但因其所属总体不满足正态分布,因此可将这些数据按其取值大小,赋以顺序等级,便可计算等级相关。斯皮尔曼等级相关的常用符号 r_R 表示。

【例1】 调查者在两个不同的群体间调查对 10 名主持者的偏好度,评价结果如表 5-2-3 所示,试计算两个群体评价间的一致性程度。数据类型为顺序数据,且只有两列变量,因此适用斯皮尔曼等级相关。

表 5-2-3 等级相关计算

被评估者	评价等级		$D=R_x-R_y$	D^2	R_xR_y
	A 评等级(R_x)	B 评等级(R_y)			
主持人 1	6	4	2	4	24
主持人 2	2	3	−1	1	6
主持人 3	5	6	−1	1	30
主持人 4	7	8	−1	1	56
主持人 5	1	5	−4	16	5
主持人 6	10	9	1	1	90
主持人 6	9	10	−1	1	90
主持人 8	8	7	1	1	56
主持人 9	4	1	3	9	4
主持人 10	3	2	1	1	6
合 计	55	55		36	367

[1] 查尔斯·爱德华·斯皮尔曼(Charles Edward Spearman,1863—1945),英国理论和实验心理学家,对相关系数概念进行了延伸,导出了等级相关的计算方法。他创立因素分析的方法,是他学术上最伟大的成就,1904 年提出智力结构的"二因素说",即"G"因素(一般因素)和"S"因素(特殊因素)。

SPSS 中单击"分析"菜单中的"相关"项中的"双变量"命令,进入设置窗口,选择 Pearson(皮尔逊相关)、Kendall 的 tau-b(肯德尔相关)和 Spearman(斯皮尔曼相关),以及双侧检验(Two-tailed),如图 5-2-3 所示。

图 5-2-3　相关分析

皮尔逊和斯皮尔曼相关系数均为 0.782。原因是各等级之和及平方和相等($\sum R_x = \sum R_y, \sum R_x^2 = \sum R_y^2$),若对表中 10 位主持人的评价等级改为 5 级,则结果必然出现相同等级,看看积差相关和等级相关是否相等。

3. 质量相关

所谓质量相关是指当一列变量为等比或等距数据,而另一列变量是名义数据,欲求两列变量的直线相关,则称之为质量相关。质量相关包括点二列相关,二列相关。在 SPSS 中通过计算二列变量的 Pearson 相关系数。

(1)点二列相关

点二列相关适用于两列变量中,一列变量为等距或等比数据且其总体分布为正态,另一列变量为二分变量,前者如一天中收看电视的时间长度,后者如收视者的性别。如要求收视时间长度与性别的相关,则可引入点二列相关的方法,通常符号表示为 r_{pq}。

(2)二列相关

当二列变量的数据均为连续数据且其所属的总体均为正态分布,此时若将其中一列变量的数据人为划分为两类,使其成为名义数据,欲求两者相关,则需要引入二列相关,通常以符号 r_b 表示。

第三节　统计推断

统计推断是在一定置信程度下，根据样本资料的特征，对总体的特征做出估计和预测。统计推断是现代统计学的基本方法，在统计研究中得到了极为广泛的应用，它既可以用于对总体参数的估计，也可以用作对总体某些分布特征的假设检验。

一、总体参数估计

一般而言，总体的特征是稳定的，而样本的特征是变化的，抽取样本是不同的，样本的观察值也不同。用来描述总体特征的统计指标一般称为参数，而用来描述样本特征的统计指标则称为统计量。参数具有唯一、稳定但未知的特点，而统计量却具有多个、变化但可计算的特点。

点估计就是由样本均数来估计总体均数，用样本方差来估计总体方差。一个较好的点估计值应满足无偏性、有效性及充分性等特性。但是点估计只是一个估计量，是有误差的，而且无法确切地估计误差的程度。因此，点估计并不是总体参数估计的最佳选择。

1. 区间估计

区间估计弥补了点估计的不足。区间估计能给出一个估计区间，并能提供总体参数落入该区间的概率（正确的把握程度）。区间估计一般和点估计结合在一起，区间估计中有两个关键概念，即置信区间和置信度。

置信区间（confidence interval），又称抽样极限误差，总体参数所在的区域长度，表示抽样指标与总体指标之间差别的可能范围，考察的是参数估计的精确程度。

置信度（confidence level）又称显著性水平，信任系数，是指估计总体参数落在某一区间时，可能犯错误的概率，常用符号 α 表示，考察的是参数估计的可靠程度。

置信区间增长，精确性下降，但可靠程度会提高，犯错误概率减小；置信区间缩小，精确性提高，但可靠程度降低，犯错误概率增加。

区间估计的内容很多，最常用的有总体均值的区间估计、总体方差的区间估计、总体标准差的区间估计以及相关系数的区间估计。我们仅介绍总体均值的区间估计和总体方差的区间估计。

【例 1】　某受众调查机构想了解某地区 20～30 岁的人群晚上浏览新闻的时长（分钟），收集到 20 个样本（为计算方便而设定），数据如图 5-3-1。请估计该年龄段人群晚上上网浏览新闻的真实时长,要求结果具有 99％的可信度。

第一步:录入数据,选择命令,如图 5-3-1。

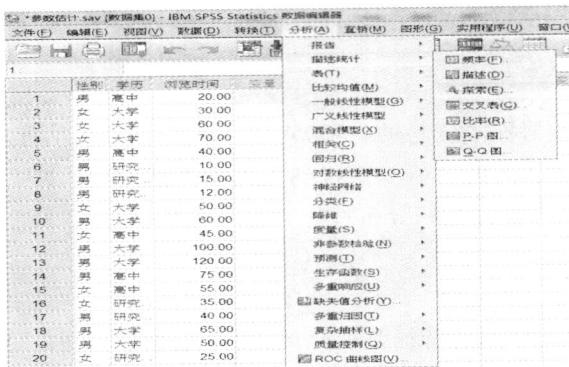

图 5-3-1　数据和命令

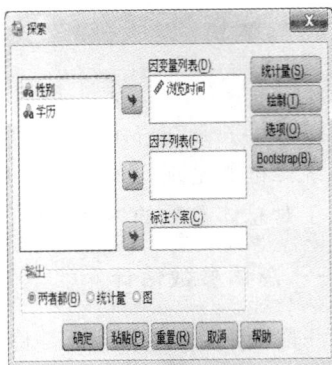

图 5-3-2　探索设置

第二步:选用"分析"中的"描述统计",然后点击"探索",即会出现图 5-3-2 对话框;将需要分析的变量"浏览时间"放入"因变量列表"中。

第三步:点击图 5-3-2 中的"统计量"按钮,将"均值的置信区间"设为"99",如图 5-3-3。设置完成后,点击"继续"返回。

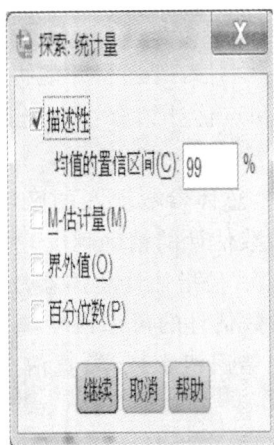

图 5-3-3　选项设置

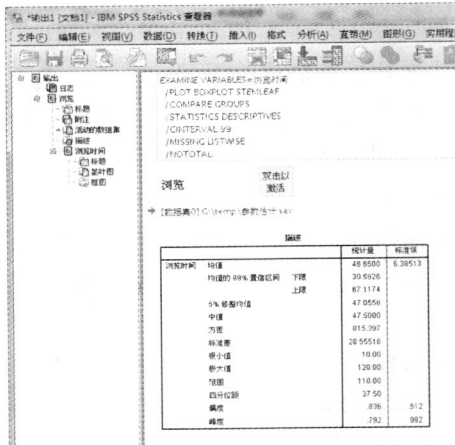

图 5-3-4　参数估计结果

第四步:设置完成后,点击图 5-3-2 中的"确定",SPSS 马上会输出结果,如图 5-3-4。结果表明,样本均值为 48.85,标准误为 6.3851,上限为 67.11,下限为 30.58(48.85±2.861×6.38513)。2.861 是 t 值,可以在 excel 中"＝TINV(0.01,19)"计算或查表。

2. 区间估计计算

此题由样本均值估计总体均值,且总体方差未知。因此可通过如下步骤求解:

第一步:计算样本均值 $\overline{X}$ 与样本标准差 S。本题已知,$\overline{X}=48.85$,$S=28.56$,$n=20$,

第二步:计算标准误 $\sigma_{\bar{x}}$。当总体方差 σ^2 已知时,$\sigma_{\bar{x}}=\dfrac{\sigma}{\sqrt{n}}$。当总体方差未知时,用样本无偏估计方差($S_{n-1}^2$)估计总体方差,$\dfrac{S_{n-1}}{\sqrt{n}}=\dfrac{S}{\sqrt{n-1}}$。

本题总体方差未知,标准误 $\sigma_{\bar{x}}=\dfrac{S}{\sqrt{n-1}}=\dfrac{28.56}{\sqrt{20-1}}=6.551$。这同 SPSS 的计算结果(6.38513)不等,原因是 SPSS 使用 $\dfrac{28.56}{\sqrt{20}}$ 计算。

第三步:根据样本均值的抽样分布,确定 Z 值或 t 值:

总体方差已知,抽样分布为正态分布,则查正态表,求 $Z_{\alpha/2}$ 值;

当总体方差未知,抽样分布为自由度为 $(n-1)$ 的 t 分布[1],则查 t 分布表,求 $t_{\alpha/2}$ 值;当样本量 $n>30$ 时,也可查正态表作近似计算。$\alpha/2$ 是指以分布曲线两侧计算置信度的概率,因是两侧,故写作 $\alpha/2$,若为一侧,则写作 α。

第四步:确定置信水平或显著性水平。统计学上一般规定显著性水平 $\alpha=0.05$,即置信水平为 0.95,或显著性水平 $\alpha=0.01$,即置信水平为 0.99。

本题要求 99% 的置信度,$\alpha=.01$,自由度为 19(20−1),查 t 分布表得,或在 excel 中计算"=TINV(0.01,19)"为 2.861。

第五步:确定并计算置信区间,分两种情况:

总体方差已知,置信区间为:$\overline{X}-Z_{\alpha/2}\times\sigma_{\bar{x}}<\mu<\overline{X}+Z_{\alpha/2}\times\sigma_{\bar{x}}$

总体方差未知,置信区间为:$\overline{X}-t_{\alpha/2(n-1)}\times\sigma_{\bar{x}}<\mu<\overline{X}+t_{\alpha/2(n-1)}\times\sigma_{\bar{x}}$

本题总体方差未知,可得该校学生每周收看新闻节目平均时长在 67.59～30.11(48.85±2.861×6.551)之间。

3. 比率的区间估计

比率区间估计与均值参数的区间估计是一样的,首先必确定样本比率 p 的抽样分布

---

[1] t 分布:正态分布两个参数 μ 和 σ,决定了正态分布的位置和形态。为了应用方便,转换为 $\mu=0$,$\sigma=1$ 的标准正态分布,称 u 分布。在实际使用中,往往 σ 是未知的,常用 s 作为 σ 的估计值,为了与 u 变换区别,称为 t 变换,统计量 t 值的分布称为 t 分布。t 分布是以 0 为中心,左右对称的单峰分布;t 分布是一簇曲线,其形态变化与自由度 ν 大小有关,自由度 ν 越小,t 分布曲线越低平;自由度 ν 越大,t 分布曲线越接近标准正态分布(u 分布)曲线。

特征,并计算其抽样分布的标准误,在确定显著性水平 α 后,才可以给出一个具有一定置信度的置信区间。

一般地说,样本比率 p 的分布为二项分布[①],但当样本比率 p 满足条件 $np \geqslant 5$,且 $p < q$ 或 $nq \geqslant 5$,且 $q < p$ 时,则样本比率 p 的抽样分布符合近似正态分布。此时可依据如下公式进行比率的区间估计:$p - Z_{a/2} \times \sigma_p < P < p + Z_{a/2} \times \sigma_p$。

其中 $\sigma_p = \sqrt{\dfrac{pq}{n}}$,$Z_{a/2}$ 指当显著性水平 α 时,Z 值的双侧检验临界值。

【**例2**】 某省级电视台下属有六个频道,2009 年一季度,其平均收视率为 9%,其中一个频道该季度的平均收视率为 11.6%,若该项调查的样本量为 1000,试对该频道一季度真实的收视率进行区间估计,要求可靠性达到 99%。

第一步:检验样本比率的抽样分布特征:根据已知条件:$p = 11.6\%$,$n = 1000$,则 $np = 1000 \times 11.6\% = 116 \geqslant 5$,因此样本比率抽样分布近似正态分布。

第二步:估计抽样分布的标准误:$\sigma_p = \sqrt{\dfrac{pq}{n}} = \sqrt{\dfrac{11.6\% \times 88.4\%}{1000}} = 0.0104$

第三步:确定 α 水平:$\alpha = 0.01$,则 $Z_{.01/2} = 2.58$

第四步:计算置信区间:$11.6\% - 2.58 \times 0.0104 < p < 11.6\% + 2.58 \times 0.0104$

$8.92\% < p < 14.28\%$,即据此样本调查,该频道一季度平均收视率真实范围值为 8.92% 至 14.28%,作此推论的可靠度达到 99%。

二、假设检验

假设检验主要有两大类型:一是样本统计量与总体参数的差异检验,二是样本统计量间的差异检验。检验结果分两种情况,差异显著及差异不显著;差异显著则说明差异超过了统计学规定的某一误差限度(给定的 α 水平),差异不显著则表明未达到规定的限度,说明该差异主要来源于抽样误差。

1. 假设检验的思想

假设检验是建立在概率理论的基础之上,基于"小概率事件在一次试验中不可能发生"这一原理,如果在一次观察中小概率事件居然发生了,那么我们就有理由怀疑某事件是小概率事件的假设是不成立的,应当拒绝该假设。一般地,我们通常认定概率小于 0.05 或 0.01 的事件属于"小概率事件",这个概率也称显著水平。

---

① 二项分布(binomial distribution):是对只具有两种互斥结果的离散型随机变量,即二项分类变量的规律性进行描述的一种概率分布。用 ξ 表示随机试验的结果,如果事件发生的概率是 P,N 次独立重复试验中发生 K 次的概率是 $P(\xi = K) = C_n^k P^k (1-P)^{n-k}$。

根据已有的理论和经验或对总体的初步了解而对调查结果作出的假设叫做研究假设 H_1（也称备择假设），而与之相对立的假设称为虚无假设 H_0（也称零假设）。在假设检验中，无论是拒绝虚无假设，还是接受虚无假设都存在犯错误的可能性。

通常地，当原假设为真时拒绝原假设 H_0，所犯的错误称为第Ⅰ类错误，又称弃真错误。犯第Ⅰ类错误的概率通常记为 α，也称为 α 错误。当原假设 H_0 为假时接受原假设，所犯的错误称为第Ⅱ类错误，又称取伪错误。犯第Ⅱ类错误的概率通常记为 β，也称为 β 错误。

在其他条件均保持不变的前提下，α 与 β 的关系是反向的，即增大 α 会引起 β 的减少，反之亦然。但值得注意的一点是 $\alpha + \beta \neq 1$。

2. 双侧检验与单侧检验

在假设检验中，当检验的目的只在乎是否存在差异，而不在乎差异大小的方向时，需要进行双侧检验，因为此时我们需要考虑两种情况，即 $\mu < \mu_0$ 和 $\mu > \mu_0$。

若假设检验中，当检验的目的不但强调差异是否存在，还强调差异大小的方向时，需要进行单侧检验，因为此时我们仅需要考虑 $\mu < \mu_0$ 或 $\mu > \mu_0$ 中的一种情况。

3. 假设检验的类型及方法

假设检验的方法包括两大类，即参数检验方法和非参数检验方法。最常用到的参数检验方法包括 Z 检验、T 检验和 F 检验。

Z 检验常应用于平均数显著性检验及平均数差异的显著性检验，使用的条件是：样本所属的总体分布正态且总体方差已知。当总体分布非正态，但样本量大于 30，也可用 Z 检验。若总体分布非正态，且样本量小于 30，只能用非参数检验。

T 检验也常应用于平均数显著性检验及平均数差异的显著性检验；当样本所属的总体分布正态，但总体方差未知或样本量小于 30 时，可使用 T 检验。实际应用中，只要总体正态，不管样本容量是否大于 30，就直接使用 T 检。

F 检验常用于独立样本的方差的差异显著性检验。

在受众调查中，最经常碰到的检验类型一般包括如下几种：平均数显著性检验、平均数差异的显著性检验、方差的差异检验及方差分析。

4. 两组均值差异比较

两组均值差异比较分两类：一类是某样本均值与一个已知总体均值间的比较；另一类是两个样本均值差异的比较。在 SPSS 软件中，第一类对应的统计分析模块称单样本

T 检验,第二类对应的统计分析模块称独立样本[①] T 检验。

（1）单样本 T 检验

平均数的显著性检验是指对样本均值与总体均值的差异进行的显著性检验。检验结果差异显著,表明样本均值与总体均值有差异,说明差异已不能认为完全是抽样误差了,该样本有可能来自另一个总体。

【例 3】 在例 1 中图 5-3-1 的数据的基础上,假设全国青年人晚上上网浏览新闻的时长日均值为 60 分钟,则该地区样本的调查结果与全国调查结果间有无差异？可靠度为 95%。

常用的抽样分布包括标准正态分布、t 分布和 F 分布[②],其对应的检验方法为 Z 检验、T 检验和 F 检验。本题总体均值已知,但总体方差未知,故样本均值为自由度是 $n-1$ 的 T 分布。主要步骤如下：

第一步：选用"分析"中的"比较均值",然后单击"单样本 T 检验"出现 T 检验设置窗口。将"检验变量"设为"浏览时间","检验值"设为"60"（图 5-3-5）。

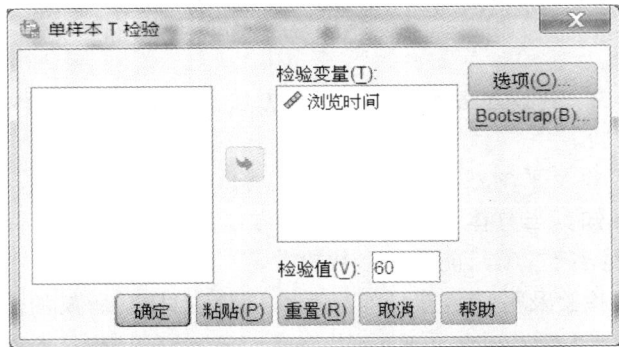

图 5-3-5　单样本 T 检验设置

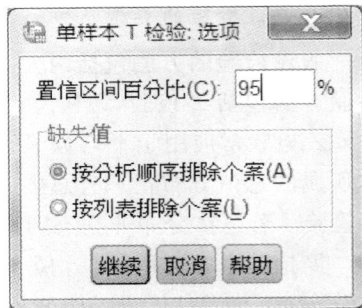

图 5-3-6　置信度设置

第二步：点击"选项"进入设置对话框,设"置信区间百分比"为"95"（图 5-3-6）。

第三步：点击图 9-3-5 中的"确定"后输出检验结果,包括两张分析结果表格（如图 5-

---

①　独立样本是指两个样本的数据不存在配对关系,两个样本量可以不相等;对于相关样本,其样本数据必须是配对的,而且两个样本量是相等的。

②　F 分布：是以统计学家 R. A. Fisher 姓氏的第一个字母命名的三大抽样分布之一,基于正态分布建立起来的。用于方差分析、协方差分析和回归分析等。F 分布定义为：设 X,Y 为两个独立的随机变量,X 服从自由度为 m 的卡方分布,Y 服从自由度为 n 的卡方分布,这 2 个独立的卡方分布被各自的自由度除以后的比率 $[(x/m)/(y/n)]$ 服从自由度为 (m,n) 的 F 分布,即服从第一自由度为 m,第二自由度为 n 的 F 分布。

3-7)。一张是"单个样本统计量"，列出变量的样本量，样本均值，样本标准差及标准误等描述统计指标。

另一张是"单个样本检验"，表明 t 值为 -1.746，自由度为 19，sig.（双侧）值[①]为 0.097。用于和事先设定的显著性水平 α 进行比较，当 sig.（双侧）值小于 α，差异显著，大于差异不显著。本例中 t 值为 -1.746，sig.（双侧）值为 0.097，大于 0.05，不显著。表示可靠程度仅为 90.3%，而要求的可信度是 95%，因此可判定某地区青年晚上浏览新闻时长同全国没有显著差异。

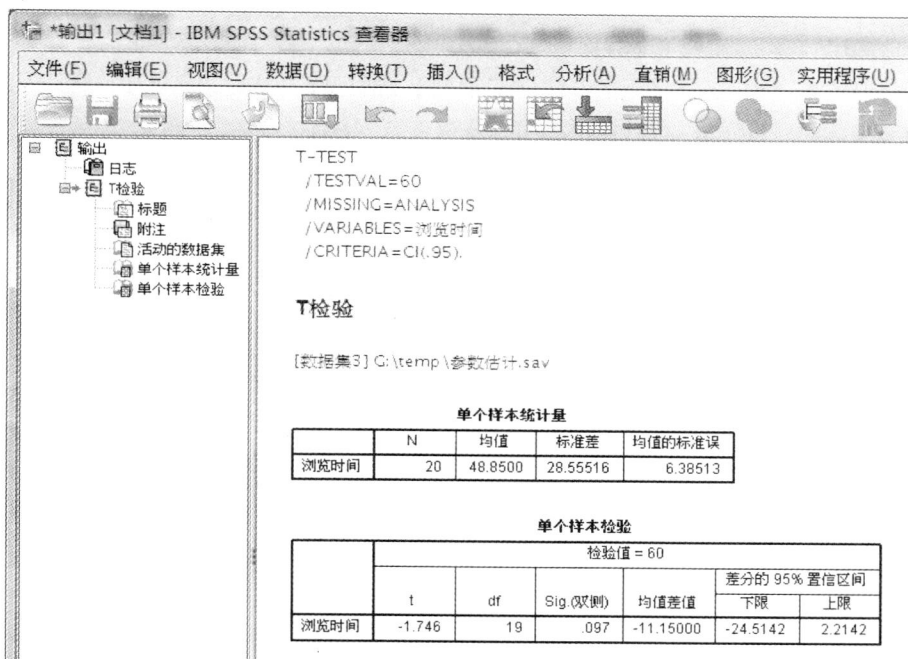

图 5-3-7　单样本统计结果分析

（2）两个样本均值的差异比较

平均数差异的显著性检验是指对两个样本均值差异进行的显著性检验，目的在于检验两个样本代表的总体之间是否相同；若检验结果是差异显著，则表明两个样本分别来自于不同的总体，若检验结果差异不显著，则表明两个样本来自同一个总体。具体包括

---

① 　sig.（双侧）值是 t 统计值的显著性概率 p 值，是 t 统计值外侧的概率。在双侧检验中 $p=2\times t$ 统计值的外侧概率，单侧检验中 $p=t$ 统计值的外侧概率。

如下几种：

1)两个总体都是正态分布,且两个总体方差已知,则适用 Z 检验;

2)两个总体都是正态分布,但两总体方差未知,此时需要考虑两种情况:一是若两总体方差齐性,则适用 t 检验;若两总体方差不齐性,不适用 t 检验,而用 t' 检验;

3)两总体都是非正态分布,若样本量大于 30,则适用 Z 检验,若样本量小于 30,则宜引入非参数检验。

【例4】 对于例1中的调查数据,若调查者想要检验该样本中,男女上网浏览新闻日均时长有无差异,且要求检验结果可靠度达到99%。

此时适用独立样本 t 检验,主要步骤如下:

第一步:数据准备。将图5-3-1性别变量的数据类型改为"数值"型,用"1"表示"男","2"表示"女"。具体方法参见本章第1节的"数据转换"。

指定分析变量。选用"数据"中"定义变量属性"命令,进入图5-3-8。选中变量中的"gender"拖入"要扫描的变量"框中,点击"继续"进入图5-3-9。

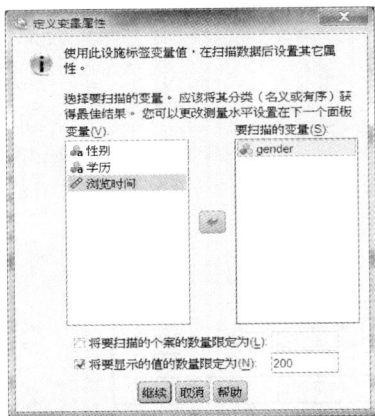

图5-3-8 选择被描述变量

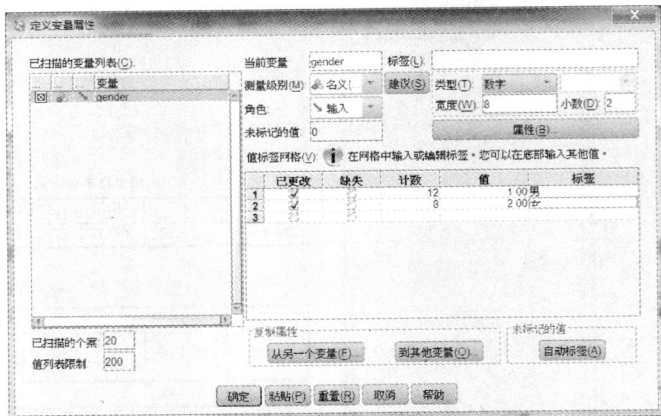

图5-3-9 定义被描述的变量

在图5-3-9中,选择"已扫描的变量列表"下的"gender";在"标签"对应填入"男"、"女";点击"确定"。

第二步:选用"分析"下"比较均值"中的"独立样本 T 检验",出现 t 检验设置窗口(图5-3-10)。将"浏览时间"、"gender"分别选入"检验变量"、"分组变量"[①](图5-3-10);然后对分类变量进行设置,选中"分组变量"下的"gender",点击"定义组",根据编码情况输入

---

① 分类变量是指根据这一变量(本例中为性别),我们可以将数据区分为男女两个独立的样本,由此可对这两个样本进行均值差异检验。

"gender"的两个编码数值,"1"和"2"(图 5-3-11)。点击图 5-3-10 中的"选项",设置信度为 99%(图 5-3-12)。

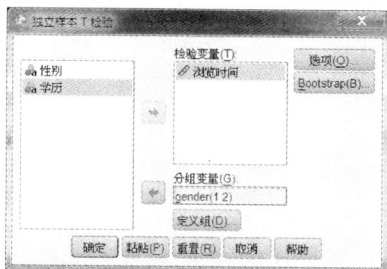

图 5-3-10 检验设置　　　　　图 5-3-11 定义组　　　　　图 5-3-12 置信度设置

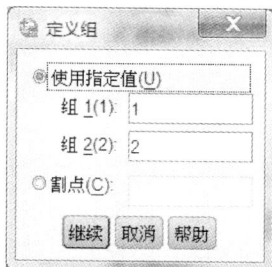

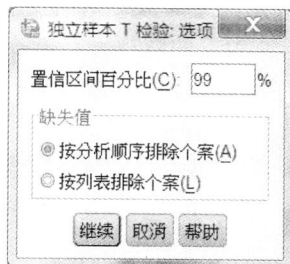

第三步:点击图 5-3-10 中的"确定",输出检验结果(图 5-3-13),输入结果包括两个分析结果表。

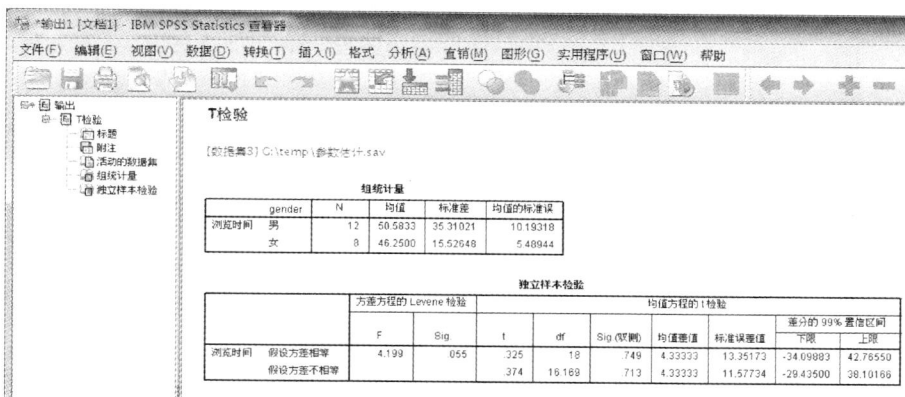

图 5-3-13 两独立样本 T 检验结果

图 5-3-13 中"独立样本检验表"的"方差方程的 Levene 检验"为方差齐性检验,即 F 检验。F 统计值的显著性概率为 0.055,大于 0.01 的要求,两样本方差差异不显著,故方差齐性。表中同时给出方差齐性条件下的 t 检验结果和方差不齐性条件下的 t 检验结果,且两种条件 t 检验的自由度不同。本例中,方差齐性,故参考该条件下的 t 检验结果。由此可知,t 值为 0.325,自由度为 18,t 统计值显著性概率为 0.749,大于规定的显著性水平.01,即在.01 水平上男女晚上浏览新闻日均时长未见显著差异。

4. 比例的显著性检验

比例的显著性检验是指样本比例与已知总体比例的差异分析,判断样本的比例与已知总体比例是否一致。检验步骤与平均数的显著性检验大致相同。

【例5】 某省级电视台下属有六个频道,2009 年一季度,其平均收视率为 9%,其中一个频道该季度的平均收视率为 11.6%,若该项调查的样本量为 1000,试分析在一季度,该频道的收视率与电视台一季度的平均收视率间有无差异?($\alpha=0.01$)

本例中,要求检验某一样本比率所代表的总体比率与已知总体比率有无差异,因此适用比率的显著性检验,且为双侧检验。

第一步:建立统计假设:$H_0:p=p_0,H_1:p\neq p_0$;

第二步:判断比率的抽样分布并计算统计量值;

比率的抽样分布为二项分布,设有某种属性的事件出现的比率为 p,除此属性以外事件出现的比率为 $q=1-p$。从该二项分布的总体每次抽取大小为 n 的样本,计算得到样本比率 p,当且仅当 $np\geq 5(p<q)$ 或 $nq\geq 5(q<p)$ 时,样本比率 p 的分布服从近似正态分布。一般情况下,在受众调查中 $np\geq 5$ 的条件是容易满足的。此时,二项分布的均值 $\mu_p=p$,标准误 $\sigma_p=\sqrt{\dfrac{pq}{n}}$;适用 Z 检验,计算 Z 值的理论公式为:$z=\dfrac{p-p_0}{\sqrt{\dfrac{p_0 q_0}{n}}}$。

本例中,$p_0=9\%,q_0=1-9\%=91\%,n=1000$ 可知:

$np_0=1000\times 9\%=90\geq 5$,因此样本比率分布为近似正态分布,适用 Z 检验;

根据公式计算可得标准误为:$\sigma_p=\sqrt{\dfrac{p_0 q_0}{n}}=\sqrt{\dfrac{0.09\times 0.91}{1000}}=0.00905$

根据公式计算 Z 值:$Z=\dfrac{11.6\%-9\%}{0.00905}=3.15$

第三步:确定显著性水平 α,并查统计量分布表,确定统计量的临界值;

若统计量为 Z,则可查标准正态分布表,本例中 $\alpha=0.01$,则查标准正态分布表可得:$Z_{0.01/2}=2.58$,或在 Excel 中用"$=Normsinv(1-0.01/2)$"计算。

第四步:比较 Z 值与 $Z_{\alpha/2}$(双侧)。

$Z=3.15>Z_{0.01/2}$,差异显著,说明该频道一季度的收视率与电视台一季度平均收视存在明显差异(高于平均水平),作此结论犯错误的概率小于 1%。

5. 方差分析

Z 检验和 t 检验的方法仅适用于两组平均数之间的比较。解决三组及以上平均数之间的比较问题,需要新的统计分析方法——方差分析。

方差分析(ANOVA:Analysis of Variance)又称变异数分析,基本原理是变异的可加性。将由于类别的水平区分引起的变异(组间:SSB)从总变异(SST)中析出,并将其与每个水平内个体间差异引起的变异(组内:SSA)进行比较,最后对比较结果进行 F 检验,若检验结果有差异,表示类别引起的变异超过了个体间差异引起的变异,这一结果说明类别的不同水平对我们所调查的变量具有显著的影响。

方差分析往往与一定的实验设计结合在一起使用,在受众调查中,虽然没有专门实验设计过程,而且对于受众也很难施加有目的的影响(类似实验处理过程),然而在数据分析中,对某个变量不同水平的区分(往往多于2个水平),并在这些不同的水平间进行差异比较,也体现出了一种近似实验处理的思想,因而也可适用方差分析。

这里仅介绍单因素方差分析。单因素方差分析是指以一个变量为标准,将其分为若干水平(两个或两个以上),由这若干水平将某个总体样本分为几个样本,然后进行样本间的均值差异比较。当变量水平为2个时,即为两均值差异检验,既可以用上述两均值差异检验方法,也适用单因素方差分析;若分类水平多于2个,那么单因素方差分析为最佳选择。

【例6】 使用例1的调查数据,分析不同受教育程度的样本在晚上浏览新闻日均时长有无差异,且要求检验结果可靠度达到99%。

受教育程度有三个水平,即高中、大学和研究生,适用单因素方差分析,步骤如下:

第一步:数据准备。修改变量"受教育程度"的类型为"数值",高中、大学、研究生分别用1、2、3表示;并对变量"受教育程度"进行描述。

第二步:选用"分析"中的"比较均值",点击"单因素ANOVA",出现单因素方差分析设置窗口,将"浏览时间"和"学历"分别选入"因变量列表"和"因子"中(图5-3-14)。

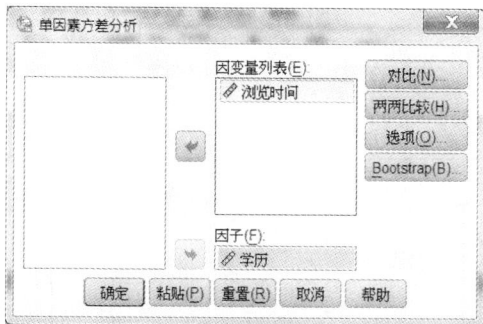

图 5-3-14　单因素 ANOVA 设置　　　　　图 5-3-15　两两比较设置

第三步:点击图5-3-14中的"两两对比",进入均值多重比较设置窗口(图5-3-15)。由于方差分析的结果只报告若干样本均值间是否存在差异,并不具体报告差异存在于哪些样本之间,而"两两对比"检验提供均值间的两两比较结果,从而能够明确差异来源。一般来说,只有方差分析结果显著,才有必要进行"两两对比"检验。该窗口提供两种设置条件,每种条件下还提供多种检验方法的选择。此外,该窗口中还可以设置检验的置

信水平。设置完成后点击 Continue 返回主窗口。

假设方差齐性,即样本中最大方差和最小方差齐性。此时可供检验的方法选择有很多,本例中选择 LSD(Least-Significant Difference),称为最小显著法,其 α 可指定 0—1 之间任何水平,默认值为 0.05,本题改为 0.01。

假设方差不齐性,即样本中最大方差与最小方差不齐性。此时可供检验的方法也有若干种。一般地说,若方差齐性无法满足,严格意义上说,方差分析是不适用的,但可以引入此方法进行均值间的两两比较。

第四步:点击"选项",进行其他统计及检验结果项目设置(图 5-3-16)。该窗口中一个非常重要的检验项目是对总体方差齐性检验,即"方差同质性检验"。该检验方法与独立样本 t 检验中的方差齐性检验方法相同,其结果决定数据是否适用方差分析。"描述性"提供对样本特征的统计描述分析。

第五步:所有项目设置完成之后,点击图 5-3-14 中的"确定",即输出方差分析结果(图 5-3-17)。

图 5-3-16　ANOVA 选项设置

方差齐性检验

浏览时间

Levene 统计量	df1	df2	显著性
.819	2	17	.457

ANOVA

浏览时间

	平方和	df	均方	F	显著性
组间	7116.161	2	3558.081	7.221	.005
组内	8376.389	17	492.729		
总数	15492.550	19			

在此之后检验

多重比较

浏览时间
LSD

(I) 学历	(J) 学历	均值差 (I-J)	标准误	显著性	99% 置信区间 下限	99% 置信区间 上限
高中	大学	-20.22222	12.38117	.121	-56.1057	15.6613
	研究生	24.16667	13.44125	.090	-14.7892	63.1225
大学	高中	20.22222	12.38117	.121	-15.6613	56.1057
	研究生	44.38889*	11.69911	.001	10.4822	78.2956
研究生	高中	-24.16667	13.44125	.090	-63.1225	14.7892
	大学	-44.38889*	11.69911	.001	-78.2956	-10.4822

*. 均值差的显著性水平为 0.01。

图 5-3-17　ANOVA 分析结果

图 5-3-17 中的"方差齐性检验"表明,F 统计值的显著性概率为 0.457,大于规定的 α 水平 0.01,方差齐性,故该数据适用进行方差分析。"ANOVA"表明,组间均方为 3558.081,组内均方为 492.729,F 统计值 7.221,F 统计值的显著性概率为 0.005,小于设定的 α 水平 0.01,故在 0.01 水平上不同受教育程度样本差异显著,下此结论犯错误的

概率小于 1%。"多重比较"表明,受教育程度为大学水平的人群与受教育程度为研究生水平的人群在晚上上网浏览新闻的时长上存在显著差异,前者浏览新闻的时间要多于后者,该结论的可信度达到 99%;在 0.01 显著性水平下,未见其他组间存在显著差异,可见方差分析显著差异的来源主要是由大学和研究生两样本间的差异贡献的。

表 5-3-1 是方差分析结果输出的三个样本的描述统计分析结果。

表 5-3-1 浏览时间的描述分析

| 学历 | N | 均值 | 标准差 | 标准误 | 均值的 95% 置信区间 | | 极小值 | 极大值 |
					下　限	上　限		
高中	5	47.00	20.19	9.03	21.94	72.07	20	75
大学	9	67.22	27.28	9.09	46.25	88.20	30	120
研究生	6	22.83	12.58	5.13	9.64	36.03	10	40
总数	20	48.85	28.56	6.39	35.49	62.21	10	120

6. 方差分析计算

【例 7】　某调查者关注小学生不同年级对某档学生节目收视时间的影响,从一年级、三年级及五年级各抽取 5 名学生进行调查,数据如表 5-3-2。

表 5-3-2 不同年级收视时间调查结果

样　本	一年级	三年级	五年级	
1	70	75	70	
2	74	80	72	
3	72	77	66	
4	68	68	72	
5	71	75	70	
$\overline{X}_j$	71	75	70	$\overline{X}_t = 72$

本例中,调查者需要对不同年级间学生的收视时间差异进行比较,若年级间的收视时间存在差异,说明年级变量对收视时间是有影响的。然而本例有三个年级水平,若此时仍进行 t 检验,则需要进行 3 次。使用方差分析的统计方法,能很快解决问题。

在表 5-3-2 中,$j = 1,2,\cdots,k,k$ 表示某个类别存在 K 个不同水平,本例中 $k = 3$,即年级这个类别中分为三个水平(一年级、三年级和五年级);$i = 1,2,\cdots,n,n$ 表示每个类别水平组内抽取样本的数目，本例中 $n = 5$，即每个组内恰好均有 5 名被调查者。

第一步：建立假设

虚无假设：$H_0: \mu_1 = \mu_2 = \mu_3$；各年级间学生收视时间无差异

研究假设：$H_1: \mu_1 \neq \mu_2$ 或 $\mu_1 \neq \mu_3$ 或 $\mu_2 \neq \mu_3$；各年级间学生收视时间有差异

第二步：对总变异源进行分解，计算离差平方和

$$(x_{ij} - \overline{X}_t) = (x_{ij} - \overline{X}_j) + (\overline{X}_j - \overline{X}_t)$$

$(x_{ij} - \overline{X}_t)$ 表示个体数据对总体均值的离差，$(x_{ij} - \overline{X}_j)$ 表示个体数据对所在组别数据均值的离差，$(\overline{X}_j - \overline{X}_t)$ 表示组别数据均值对总体均值的离差。对每个数据的离差平方再求和后，得到如下公式：

$$\sum_{j=1}^{k} \sum_{i=1}^{n} (x_{ij} - \overline{X}_t)^2 = \sum_{j=1}^{k} \sum_{i=1}^{n} (x_{ij} - \overline{X}_j)^2 + n \times \sum_{j=1}^{k} (\overline{X}_j - \overline{X}_t)^2$$

公式中 $\sum_{j=1}^{k} \sum_{i=1}^{n} (x_{ij} - \overline{X}_t)^2$ 表示数据总离异平方和，用 SS_t 表示，t 表示全部；$\sum_{j=1}^{k} \sum_{i=1}^{n} (x_{ij} - \overline{X}_j)^2$ 表示各组内离差平方和，用 SS_w 表示，w 表示组内；$n \times \sum_{j=1}^{k} (\overline{X}_j - \overline{X}_t)^2$ 表示组间离差平方和，用 SS_b 表示，b 表示组间。即 $SS_t = SS_w + SS_b$。

通过以上步骤，我们将数据中的总变异进行了分解，得到了两个变异源，即 SS_b 组间变异（由类别的不同水平差异引起的变异）和 SS_w 组内变异（由个体差异引起的，可视为误差）。组间变异越大，说明类别的不同水平引起的变异在总变异中所占的比重越大，也就表明对调查变量的影响程度越大。本例中：

总变异：$SS_t = \sum_{j=1}^{k} \sum_{i=1}^{n} (x_{ij} - \overline{X}_t)^2 = 77952 - \dfrac{1080^2}{15} = 192$

组间变异：$SS_b = n \times \sum_{j=1}^{k} (\overline{X}_j - \overline{X}_t)^2 = 70$；组内变异：$SS_w = SS_t - SS_b = 122$

具体计算可在 excel 中完成，如表 5-3-3 所下，表中"D"为收视时间对总体均值的离差，"F"为收视时间对所在组别数据均值的离差，"H"为组别数据均值对总体均值的离差。

表 5-3-3　方差分析的计算

年　级	样本号	收视时间	D	D^2	F	F^2	H	H^2
1	11	70	-2	4	-1	1		
1	12	74	2	4	3	9		
1	13	72	0	0	1	1		

续表

年 级	样本号	收视时间	D	D²	F	F²	H	H²
1	14	68	−4	16	−3	9		
1	15	71	−1	1	0	0	−1	1
3	31	75	3	9	0	0		
3	32	80	8	64	5	25		
3	33	77	5	25	2	4		
3	34	68	−4	16	−7	49		
3	35	75	3	9	0	0	3	9
5	51	70	−2	4	0	0		
5	52	72	0	0	2	4		
5	53	66	−6	36	−4	16		
5	54	72	0	0	2	4		
5	55	70	−2	4	0	0	−2	4
合计		1080		192	0	122		14

$SS_b = 5 \times 14 = 70$

第三步:确定自由度,并求均方

在方差分析中,我们不能直接引入组间离差平方和与组内离差平方和进行比较,因为这两个值均与其项数(k 或 n)的大小有关,因此在比较之前,必须先消除项目对组间变异值与组内变异值的影响,故应先求均方,即将离差平方和除以各自的自由度,均方一般用 MS 表示。由此可得各种离差平方和的均方为:

$MS_t = \dfrac{SS_t}{df_t}, df_t = N-1; MS_t$ 表示总均方,df_t 表示总自由度;

$MS_b = \dfrac{SS_b}{df_b}, df_b = K-1; MS_b$ 表示组间均方,df_b 表示组间自由度;

$MS_w = \dfrac{SS_w}{df_w}, df_w = N-K; MS_w$ 表示组内均方,df_w 表示组内自由度。

本例中,已知 $K=3, N=15$,则有 $df_b = 3-1 = 2, df_w = 15-3 = 12, df_t = 15-1 = 14$

$$MS_b = \frac{SS_b}{df_b} = 70/2 = 35; MS_w = \frac{SS_w}{df_w} = 122/12 = 10.17$$

第四步：进行 F 检验

首先，计算 F 值；F 值即为组间均方值和组内均方值的比值，即：

$$F = \frac{MS_b}{MS_w} = \frac{35}{10.17} = 3.44 (df_b = 2, df_w = 12)$$

其次，根据显著性水平 α，查表求 F 的临界值，$F_{.05(2,12)} = 3.89$。Excel 中"= FINV(0.05, 2, 12)"为 3.885。

最后，比较 F 临界值与 F 值，对差异的结果进行判断。临界值（3.89）>统计量（3.44），接受虚无假设，拒绝研究假设；结论为各年级间学生的收视时间无差异，年级变量对收视时间的影响不显著。列出方差分析表（表 5-3-4）。

表 5-3-4　方差分析结果

变异源	自由度	离差平方和	均　　方	F
年级	2	70	35	
误差	12	122	10.17	3.44
总变异	14	192		

第四节　计数数据的统计分析

计数数据的统计分析方法，最常用的是比率或百分比、比率差异的显著性检验以及 χ^2 检验。

一、比率和百分数

计数数据的整理，最通常的做法是将计数数据整理成比率或百分数的形式，一般将其称为相对数分析。比率和百分数并不是两个相同的概念。

比率即两个数之比。如果两个数其中一个代表部分，而另一个代表全体，这个比率则称为比例；如某样本中男生 20 名，女生 25 名，则男生的比例为 4/9，女生的比例为 5/9。如果两个数其中一个数表示某随机现象发生的数目，而另一个数表示随机现象发生的可能数目，则这个比率称为概率。如某班有 40 名学生，要从该班学生中随机抽取 10 名学生进行调查，则该班每个学生被抽中的概率为 10：40，即 1/4。

百分数是比率的一种表现形式，若将部分对总数的比率乘以 100，这个比率则称为百分数。在应用百分数时,应当注意以下两点:若总数小于 20,最好不用百分数,因为此时部分增减一个,百分数变化很大;在总数小于 100 时,百分数出现小数没有意义,因为计数数据是整数。

比率或百分数仅是实际观测数的一种表现形式,同原始计数一样,仍具有随机性,无法根据比率或百分数做出更进一步的推论,因此还需要借助其他统计分析技术作进一步的分析,如比率差异的显著性检验、χ^2 检验等。

二、比率的显著性检验

虽然计数数据无法进行平均数及平均数差异的显著性检验,然而在将计数数据转化为比率或百比数形式后,就可进行比率或比率差异的显著性检验。但比率差异的显著性检验仅限于两个比率之间的差异比较,无法同时进行三个或三个以上比率间的差异比较。

比率的显著性检验是指样本比率与已知总体比率间的差异比较分析,比较的结果可以判断该样本比率所代表的总体比率与已知总体比率是否一致。比率的显著性检验步骤与平均数的显著性检验步骤大致相同。

1.二项分布假设检验

若变量的分类仅有两个水平,对该变量的样本数据中两水平之比与一个已知总体的两水平之比进行差异检验,则适用 SPSS 中的二项分布检验。

【例 1】　某高校对 100 名大学生进行综艺节目收视调查,数据见本章附表。要求检验样本结构中男女比例是否符合 1:1(即检验概率为 0.5),要求置信度达到 99%。分析过程如下:

第一步:选中"分析"、"非参数检验"、"旧对话框"、"二项式"命令,进入二项分布非参数检验设置窗口(图 5-4-1)。将"性别"选入"检验变量列表",在"检验比例"中输入要求检验的概率"0.5"。

第二步:点击"确定",即输出检验结果(图 5-4-2)。结果表明,样本中男性占 23%,女性占 77%,检验比例为 0.5,双侧概率(0.000)小于要求 $\alpha = .01$ 水平,因此样本比率所代表的总体比率与 0.5 的检验概率有显著差异,即男女比例不相等,该结论可信度达到 99%。

也可以用卡方检验。当 χ^2 检验用于检验一个变量的两项或多项分类的实际观察次数与理论次数分布是否相一致时,此种 χ^2 检验一般称为配合度检验。配合度检验是假设多项分类之间在次数分布上是均等的。

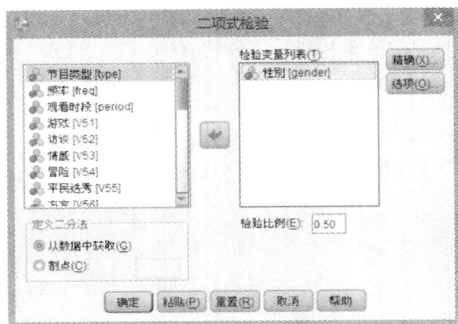

图 5-4-1　二项分布检验设置

图 5-4-2　二项分布检验结果

第一步:建立统计假设

$H_0: f_o = f_e$:样本中男女生比例结构与该校男女生比例结构无差异。

$H_1: f_o \neq f_e$:样本中男女生比例结构与该校男女生比例结构存在差异。

第二步:计算理论次数及值

计算理论次数是计算 χ^2 的一个关键性步骤。在实际计算过程中,理论次数的计算一般是根据理论分布特征,按一定的概率通过样本即实际观察次数计算得到。

男生的实际观测值为 23,女生的实际观测值为 77;理论上,男女生的比例应为 1∶1,根据这一理论分布,那么 100 的总人数中,理论上男生数应为 $100 \times 0.5 = 50$,女生数应为 $100 \times 0.5 = 50$。

由此,即可根据公式计算可得 χ^2 值,即

$$\chi^2 = \sum_{i=1}^{k} \frac{(f_{o_i} - f_{e_i})^2}{f_{e_i}} = \frac{(23-50)^2}{50} + \frac{(77-50)^2}{50}$$
$$= 14.58 + 14.58 = 29.16$$

第三步:确定自由度及显著性水平,计算临界值

χ^2 检验的自由度为 $df = k-1$,其中 k 即为分类项数。在上面的例子中,仅存在男女两个分类,因此 $k = 2$,则 $df = 2-1 = 1$。

确定 $\alpha = 0.01$,在 excel 中"=CHIINV(0.01,1)"等于 6.63。

第四步:比较值和临界值,判断检验结果

6.63<29.16,说明样本中的男女生比例结构与该校男女生比例结构有显著差异,作此结论犯错误的概率小于 1%。

本例也可适用于比率差异的显著性检验,因为本例只涉及一个因素的两项分类,即男女两类。因此可见,χ^2 检验的应用范围要远远大于比率差异的显著性检验。感兴趣者,可以结合下面介绍的方法,用 SPSS 的卡方检验来验证上面的计算。

2.单样本的检验

二项分布检验对三个水平间的比例分布差异检验无法适用,可引入单样本的 χ^2 检验。单样本的 χ^2 检验也需要设定一个期望的分布比例,这个分布比例对应于变量的分类数目。其实这里所说的 χ^2 检验就是匹配度检验。该方法也适用比率差异的显著性检验。

【例2】 使用例1中的数据,分析受众娱乐节目类型是否存在明显偏好,要求达到99%的可信度。

由于本例中娱乐节目类型偏好这一变量具有四个分类水平,故适用单样本的 χ^2 检验。很明显,本例中期望的分布比例为 $1:1:1:1$,即所有分类的期望频次都相等。若检验结果与该期望分布比例有差异,说明受众对娱乐节目类型存在明显偏好。

第一步:选中"分析"、"非参数检验"、"旧对话框"、"卡方"命令,打开 χ^2 检验设置窗口(图 5-4-3);将"节目类型"选入"检验变量列表"中。

第二步:设置期望值。本题选中"所有分别相等"。"值"由分析者指定各分类的期望比例,可以输入大于 0 的数值,输入的顺序与检验变量分类值的递增顺序相对应。

Chi-Square Test

Frequencies

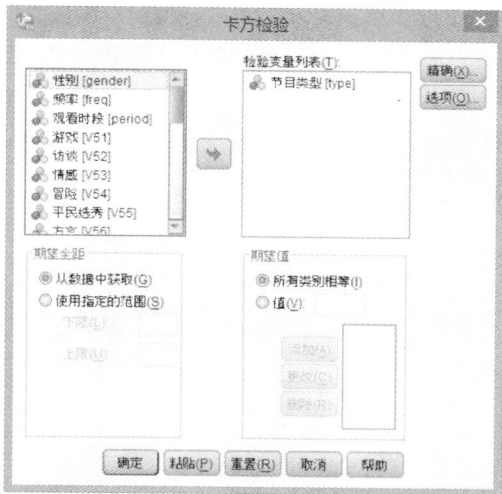

图 5-4-3　χ^2 检验设置

节目类型

	Observed N	Expected N	Residual
韩国综艺节目	25	23.5	1.5
欧美脱口秀、真人秀	21	23.5	-2.5
台湾综艺节目	26	23.5	2.5
大陆综艺节目	22	23.5	-1.5
Total	94		

Test Statistics

	节目类型
Chi-Square	.723a
df	3
Asymp. Sig.	.868

a. 0 cells (.0%) have expected frequencies less than 5. The minimum expected cell frequency is 23.5.

图 5-4-4　χ^2 检验结果

第三步:点击"确定",即可输出检验结果(图 5-4-4)。

结果分析包括两个部分:一是观察次数与期望次数分布统计表,另一个是检验结果分析表。结果分析表明,观察次数与期望次数分布非常接近,检验得到的 χ^2 值为 0.723,

自由度为 3，χ^2 值的显著性概率为 0.868，大于设定的显著性水平 0.01，因此受众对娱乐节目类型的偏好在 0.01 水平上未见显著差异。通过 excel 软件可以验证，"＝CHIINV(0.01,3)"的值为 11.45，大于 0.723。

3.列联表分析

χ^2 检验还可用于检验具有多项分类的两个或两个以上变量之间，是否有关联或是否具有独立性的问题，此种 χ^2 检验一般称为独立性检验。在独立性检验中，一般采用表格的形式记录观察结果，这种表格一般称为列联表，因此独立性检验也常被称为列联表分析。

因分类的数目不同，列联表有多种形式。有两个变量，且每个变量各有两项分类的列联表称为四格表或 2×2 表；有两个变量，一个变量有两项分类，另一个变量有 K 项分类，则称 $2\times K$ 表；有两个因素，一个因素有 R 项分类，另一个因素有 C 项分类，则称为 $R\times C$ 表；另外，当变量数目多于两个以上的则称为多维列联表。

【例3】 使用例 1 中的数据，分析受众性别与节目类型的偏好两者是否存在关联，要求可信度达到 95%。

第一步：选中"分析"、"描述统计"、"交叉表"命令，进入列联分析设置窗口（图 5-4-5）。将"性别"、"节目类型"分别选入"行"、"列"中。若还有其他变量参与分析，则在下方的 Layer 对话框中指定为层控制变量。需要提醒注意的是，层控变量过多，将使分析结果变得没有意义，因为此时很难确定差异的来源。本例中只有两个变量，故无需要设置层控制变量。

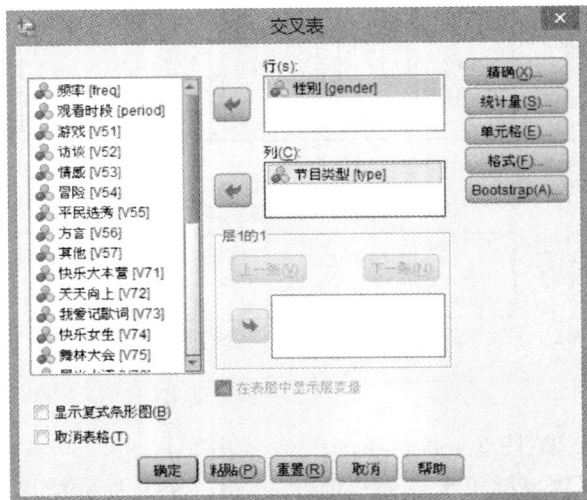

图 5-4-5　列联分析设置

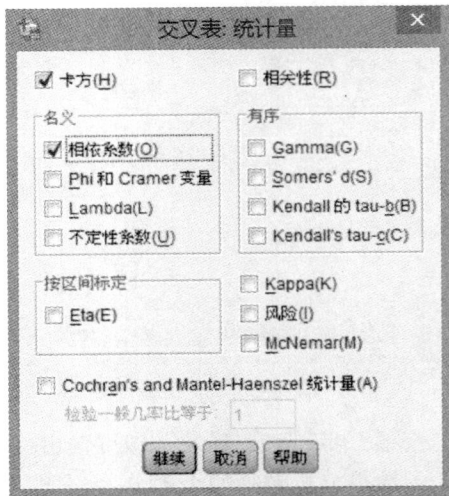

图 5-4-6　统计对话框

第二步：点击"统计量"，进入统计量对话框（图5-4-6）。在此对话框中，可以对检验方法与列联相关系数进行选择。SPSS提供多种列联检验方法以及列联相关系数。一般选择"卡方"检验，列联相关一般选择"相依系数"，即C系数（Contingency Coefficient）。

第三步：点击"单元格"，进入"单元显示"对话框（图5-4-7）。用于定义列联表单元格中需要输出的指标。

"残差"（Residuals）框中的"未标准化"是非标准化残差，即实际数和理论数之差；"标准化"是标准化残差，即实际数与理论数之差值除理论数；"调节的标准化"是调整标准化残差，即为标准误确立的单元格残差。

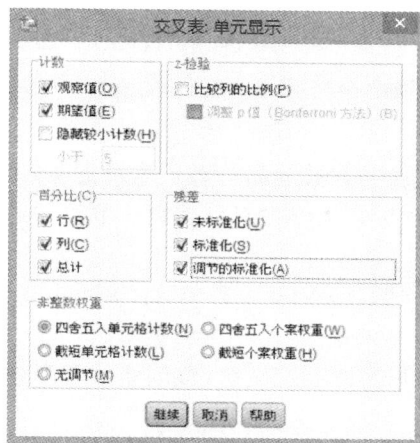

图5-4-7 单元显示对话框

性别·节目类型 Crosstabulation

			节目类型				
			韩国综艺节目	欧美脱口秀、真人秀	台湾综艺节目	大陆综艺节目	Total
性别	男	Count	6	4	5	6	21
		Expected Count	5.6	4.7	5.8	4.9	21.0
		% within 性别	28.6%	19.0%	23.8%	28.6%	100.0%
		% within 节目类型	24.0%	19.0%	19.2%	27.3%	22.3%
		% of Total	6.4%	4.3%	5.3%	6.4%	22.3%
		Residual	.4	-.7	-.8	1.1	
		Std. Residual	.2	-.3	-.3	.5	
		Adjusted Residual	.2	-.4	-.4	.6	
	女	Count	19	17	21	16	73
		Expected Count	19.4	16.3	20.2	17.1	73.0
		% within 性别	26.0%	23.3%	28.8%	21.9%	100.0%
		% within 节目类型	76.0%	81.0%	80.8%	72.7%	77.7%
		% of Total	20.2%	18.1%	22.3%	17.0%	77.7%
		Residual	-.4	.7	.8	-1.1	
		Std. Residual	-.1	.2	.2	-.3	
		Adjusted Residual	-.2	.4	.4	-.6	
Total		Count	25	21	26	22	94
		Expected Count	25.0	21.0	26.0	22.0	94.0
		% within 性别	26.6%	22.3%	27.7%	23.4%	100.0%
		% within 节目类型	100.0%	100.0%	100.0%	100.0%	100.0%
		% of Total	26.6%	22.3%	27.7%	23.4%	100.0%

图5-4-8 列联表分析中单元格

第四步：点击"确定"，即输出列联分析结果。图5-4-8显示列联表单元格，其中包括观察数、期望数、行列百分数、合计百分数以及非标准化、标准化和调整标准化残差。

图5-4-9是χ^2检验结果。Pearsonχ^2值为0.624，其显著性概率为0.891，大于事先设定的0.05的显著性水平，说明性别与节目类型偏好无显著性关联。注意有2类（男性看欧美脱口秀、真人秀和中国台湾综艺节目）理论期望数小于5，占所有8个分类的25%。

Chi-Square Tests

	Value	df	Asymp. Sig. (2-sided)
Pearson Chi-Square	.624a	3	.891
Likelihood Ratio	.619	3	.892
Linear-by-Linear Association	.044	1	.835
N of Valid Cases	94		

a. 2 cells (25.0%) have expected count less than 5. The minimum expected count is 4.69.

图5-4-9 χ^2检验结果

Symmetric Measures

		Value	Approx. Sig.
Nominal by Nominal	Contingency Coefficient	.081	.891
N of Valid Cases		94	

a. Not assuming the null hypothesis.

b. Using the asymptotic standard error assuming the null hypothesis.

图5-4-10 对称性测试结果

图 5-4-10 显示的列联系数,由于 χ^2 检验结果显示两变量无关联,一般地列联系数也不会大,应为弱相关,且相关也不显著。结果表明,C 系数为 0.081,弱相关,且显著性概率为 0.891,相关不显著。

三、多选项分析

多选项分析是对多选题的分析方法。多选题一般是顺序变量或分类变量,且允许选择的答案有多个。

首先是多选题的录入。因为一个变量不能对应多个值。只能将多选题设计成多个变量。最常用的方法是多选项二分法,即将每个问题的答案设置为一个变量,该变量的取值有两个,分别表示选中(用"1"表示)和未选中(用"0"表示)。SPSS 软件中的多选项分析包括两个主要内容,一是多选项频次分析,二是多选项列联分析。

1. 多选项频次分析

【例 4】 以例 1 中的数据为例,调查大学生实际上经常收看的那些娱乐节目类型,设计了一个多选题(V5),有 7 个可能的答案。采用多选项分析大学生对各类娱乐节目的选择情况,在 SPSS 中的实现过程如下:

第一步:应用多选项二分法,将 V5 设计成 7 个子问题,即 V51、V52、V53、V54、V55、V56、V57,每个子问题设 2 个取值,即 1 表示选中,0 表示未选中。

第二步:选中"分析"、"多重响应"、"定义变量集",开多选项定义窗口,创建一个多选项变量集"喜欢的节目类型",具体定义操作过程如下:

将 V51、V52、V53、V54、V55、V56、V57 选入"集合中的变量"框中;选中"二分法",并在"计数值"中填入"1";在"名称"框中输入多选项变量集名称"喜欢的节目类型","标签"框对该多选项变量集进行说明"7 个选项的多选题";创建变量集,单击右边的"添加",系统将生成一个多选项变量集"$ 喜欢的节目类型"(图 5-4-11)。点击"关闭",结束定义操作。

第三步:重新选中"分析"、"多重响应",此时"频率"和"交叉表"两个功能被激活。选中"频率",进入频次分析设置窗口。将变量集"$ 喜欢的节目类型"选入"表格"框中(图 5-4-12),单击"确定",即可输出分析结果。

图 5-4-13 包括两个表格。"个案摘要"是分析个案汇总,调查个案数为 100 人,有效个案数为 97 人,缺失为 3 人。"$ 喜欢的节目类型 频率"是频次分析结果。选择游戏类节目的人数为 69,占总人数的 71.1%,访谈类节目人数为 70,占总人数的 72.2%;选择人较少的是方言类节目和其他节目,两者均占总人数的 4.1%。

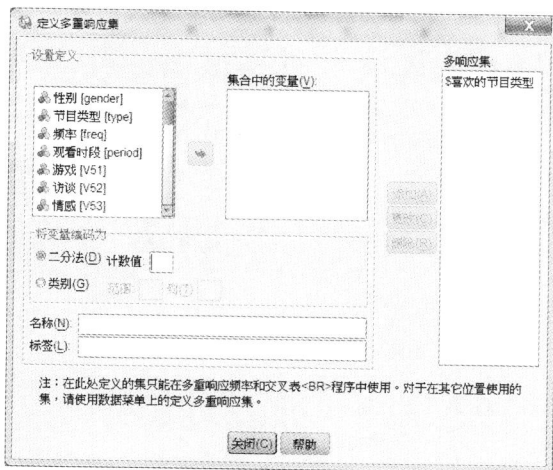

图 5-4-11　多选项定义

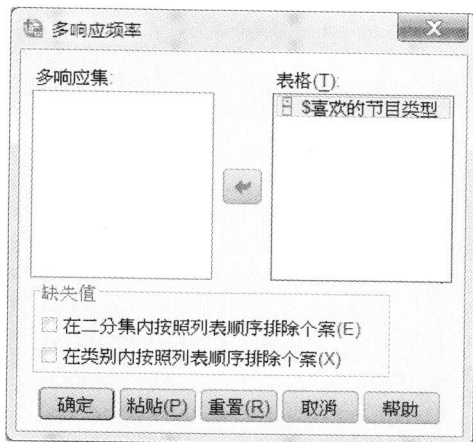

图 5-4-12　多选题的频次分析设置

个案摘要

	个案					
	有效的		缺失		总计	
	N	百分比	N	百分比	N	百分比
$喜欢的节目类型ª	97	97.0%	3	3.0%	100	100.0%

a.值为 1 时制表的二分组。

$喜欢的节目类型 频率

		响应		个案百分比
		N	百分比	
7项多选ª	游戏	69	28.2%	71.1%
	访谈	70	28.6%	72.2%
	情感	22	9.0%	22.7%
	冒险	37	15.1%	38.1%
	平民选秀	27	11.0%	27.8%
	方言	10	4.1%	10.3%
	其他	10	4.1%	10.3%
总计		245	100.0%	252.6%

a.值为 1 时制表的二分组。

图 5-4-13　多选项频次分析结果

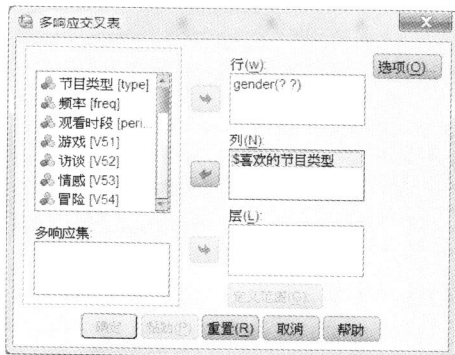

图 5-4-14　多选项交叉表

2.多选项列联分析

多选项列联分析过程与一般列联分析过程相同,只不过对于前者来说,参与列联分析的变量是多选项的问题。经过对多选项问题的定义,并通过创建多选项变量集,那么该变量就可以参与和其他变量间的列联分析。仍以变量"$喜欢的节目类型"为例,若调查者想了解性别与喜欢的节目类型是否存在关联,即可适用多选项列联分析,其在 SPSS 软件中的实现过程如下:

第一步:由于"$喜欢的节目类型"已经创建完成,故本过程无需进行多选项问题的变量定义过程。直接选中"分析"菜单中"多重响应"、"交叉表",进入多选项列联分析设置窗口;将"性别"、"＄喜欢的节目类型"分别选入"行"、"列"中(图 5-4-14)。

第二步:在图 5-4-14 中,选中"gender[??]"后,点击"定义范围"按钮,确定行变量的取值,行变量为"性别",性别有两个取值,即"男性"和"女性",这两个取值在 SPSS 数据时,分别以数值 1 和 2 表示(图 5-4-15)。设置完成后,点击"继续"返回主界面。

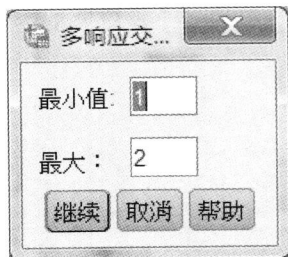

图 5-4-15　行变量定义

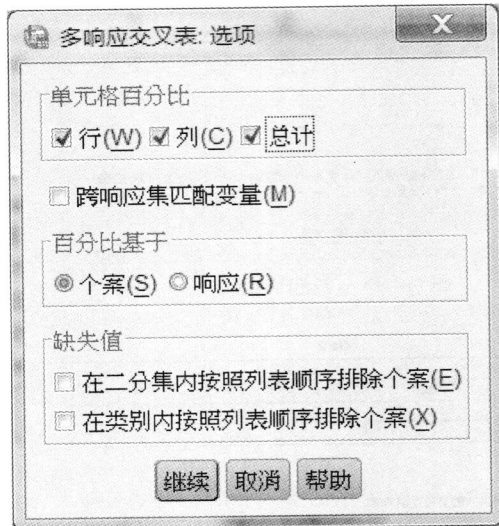

图 5-4-16　选项定义

第三步:点击图 5-4-14 中"选项",进行其他选项的设置。在该对话框中,可以设置单元格中行、列百分数和合计百分数(图 5-4-16 所示)。

第四步:点击图 5-4-14 中"确定",即可输出多选项列联分析结果表(图 5-4-17)。

第五步:多选项列联分析的独立性检验。本例中,需要对性别和喜欢节目类型两变量进行独立性检验,然而多选项列联表分析并没有提供相关的检验功能。因此,需要对图 5-4-17 的结果进行某种处理,才能进行独立性检验。处理方法如下:

第一,新建一个 SPSS 数据文件,在新建的 SPSS 数据编辑窗口中定义变量,即"性别"、"喜欢节目类型"、"人数"。"性别"变量的取值有 2 个,即 1 表示男性、2 表示女性;"喜欢的节目类型"变量取值有 7 个,即 1 表示游戏类、2 表示访谈类、3 表示情感类、4 表示冒险类、5 表示平民选秀类、6 表示方言类、7 表示其他;"人数"变量的取值图 5-4-17 中的数据录入新建文件中(图 5-4-18)。

gender*$喜欢的节目类型 交叉制表

			7项多选[a]							总计
			游戏	访谈	情感	冒险	平民选秀	方言	其他	
性别	男	计数	14	17	6	4	7	7	3	21
		gender内的 %	66.7%	81.0%	28.6%	19.0%	33.3%	33.3%	14.3%	
		$喜欢的节目类型内的 %	20.3%	24.3%	27.3%	10.8%	25.9%	70.0%	30.0%	
		总计的 %	14.4%	17.5%	6.2%	4.1%	7.2%	7.2%	3.1%	21.6%
	女	计数	55	53	16	33	20	3	7	76
		gender内的 %	72.4%	69.7%	21.1%	43.4%	26.3%	3.9%	9.2%	
		$喜欢的节目类型内的 %	79.7%	75.7%	72.7%	89.2%	74.1%	30.0%	70.0%	
		总计的 %	56.7%	54.6%	16.5%	34.0%	20.6%	3.1%	7.2%	78.4%
总计		计数	69	70	22	37	27	10	10	97
		总计的 %	71.1%	72.2%	22.7%	38.1%	27.8%	10.3%	10.3%	100.0%

百分比和总计以响应者为基础。

a. 值为 1 时制表的二分组。

图 5-4-17　多选项列联分析结果

图 5-4-18　数据编辑窗口

图 5-4-19　数据编辑窗口

　　第二,选中"数据"、"加权个案",选中"加权个案",将"人数"选入"频率变量"框中(图 5-4-19)。点击"确定",完成操作,使人数变量作为独立性检验中的权重变量。

　　第三,选中"分析"、"描述统计"、"交叉表",打开列联分析设置窗口,将"性别"、"喜欢节目类型"选入中"行"、"列"框中(图 5-4-20)

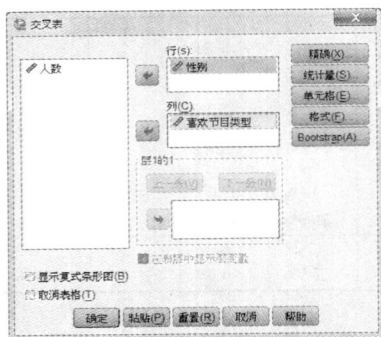

图 5-4-20　列联分析设置

性别·喜欢节目类型 交叉制表									
			喜欢节目类型						合计
			1	2	3	4	5	6	7	
性别	1	计数	14	17	6	4	7	7	3	58
		期望的计数	16.3	16.6	5.2	8.8	6.4	2.4	2.4	58.0
		性别中的 %	24.1%	29.3%	10.3%	6.9%	12.1%	12.1%	5.2%	100.0%
		喜欢节目类型中的 %	20.3%	24.3%	27.3%	10.8%	25.9%	70.0%	30.0%	23.7%
		总数的 %	5.7%	6.9%	2.4%	1.6%	2.9%	2.9%	1.2%	23.7%
		残差	-2.3	.4	.8	-4.8	.6	4.6	.6	
		标准残差	-.6	.1	.3	-1.6	.2	3.0	.4	
		调整残差	-.8	.1	.4	-2.0	.3	3.5	.5	
	2	计数	55	53	16	33	20	3	7	187
		期望的计数	52.7	53.4	16.8	28.2	20.6	7.6	7.6	187.0
		性别中的 %	29.4%	28.3%	8.6%	17.6%	10.7%	1.6%	3.7%	100.0%
		喜欢节目类型中的 %	79.7%	75.7%	72.7%	89.2%	74.1%	30.0%	70.0%	76.3%
		总数的 %	22.4%	21.6%	6.5%	13.5%	8.2%	1.2%	2.9%	76.3%
		残差	2.3	-.4	-.8	4.8	-.6	-4.6	-.6	
		标准残差	.3	-.1	-.2	.9	-.1	-1.7	-.2	
		调整残差	.8	-.1	-.4	2.0	-.3	-3.5	-.5	
合计		计数	69	70	22	37	27	10	10	245
		期望的计数	69.0	70.0	22.0	37.0	27.0	10.0	10.0	245.0
		性别中的 %	28.2%	28.6%	9.0%	15.1%	11.0%	4.1%	4.1%	100.0%
		喜欢节目类型中的 %	100.0%	100.0%	100.0%	100.0%	100.0%	100.0%	100.0%	100.0%
		总数的 %	28.2%	28.6%	9.0%	15.1%	11.0%	4.1%	4.1%	100.0%

图 5-4-21　列联表分析中单元格

第四,点击"统计量"和"单元格"。

第五,点击"确定",即可输出列联分析结果。

图 5-4-21 显示列联表单元格,其中包括观察数、期望数、行列百分数、合计百分数以及非标准化、标准化和调整标准化残差。

图 5-4-22 是 χ^2 检验结果。结果表明,pearsonχ^2 值为 16.172,其显著性概率为 0.013,小于事先设定的 0.05 的显著性水平,说明性别与喜欢节目类型具有显著性关联;

卡方检验

	值	df	渐进 Sig. (双侧)
Pearson 卡方	16.172[a]	6	.013
似然比	14.487	6	.025
线性和线性组合	2.209	1	.137
有效案例中的 N	245		

a. 2 单元格(14.3%)的期望计数少于 5。最小期望计数为 2.37。

图 5-4-22　χ^2 检验结果

对称度量

		值	近似值 Sig.
按标量标定	相依系数	.249	.013
有效案例中的 N		245	

图 5-4-23　对称性测试结果

图 5-4-23 是列联系数。结果表明,C 系数为 0.249,中等相关,且相关系数的显著性概率为 0.013,在 0.05 的水平上相关显著。

必须说明的是,本章对统计分析的介绍很不全面,系统学习可查阅统计分析方法的专门教材或著作。最后,一定要特别注意各类推论统计方法适用的条件。在使用数据分析时,一定先对数据的基本特征,如数据是否连续,样本所属的总体是否正态,方差是否齐性等进行考察。

延续阅读

1.王国钧.统计部门与新闻媒体.中国统计,2008(6).

2.杜卫群.论数据传播和统计发展.中国统计,2003(6).

3.郑全全,赵立,谢天编著.社会心理学研究方法.北京师范大学出版社,2010.[P328—360:"参数检验前提条件的检验及异常值的诊断"和"多元回归框架下的数据分析"]

4.金敏.问卷调查中的嵌套多选题数据如何录入 SPSS.统计与决策,2005(6 下)

思考题

1.影响数据分析方法选择有哪些因素?

2.算术平均值、中位数及众数分析适用于描述哪类数据的集中趋势特征?

3.相关的类型有哪几种? 等级相关和积差相关各自适用的条件是什么?

4.简述方差分析的原理及主要步骤。

5.试找一组多选项问题相关的数据,并在 SPSS 软件中进行频次分析和列联分析。

知识点

1.名义数据

2.顺序数据

3.等距数据

4.等比数据

5.连续数据

6.离散数据

7.正态分布

8.集中趋势

9.标准差

10.差异系数

11.积差相关

12.等级相关

13.区间估计

14.置信区间

15.置信度

16.α 错误

17.β 错误

18.双侧检验

19.单侧检验

20.虚无假设

21.备择假设

22.组间均方

23.组内均方

24.自由度

25.比率

26.百分数

27.二项分布

28.卡方分布

29.配合度检验

30.独立性检验

31.列联相关

32.多选项分析

参考文献

1. 张厚粲,徐建平. 现代心理与教育统计学(第 3 版). 北京师范大学出版社,2009.

2. 张文彤,钟云飞. IBM SPSS 数据分析与挖掘实战案例精粹. 清华大学出版社,2013.

3. 张敏强. 教育与心理统计学. 人民教育出版社,1993.

4. 马庆国. 管理统计. 科学出版社,2002.

5. 柯惠新,沈洁. 调查研究中的统计分析法. 中国传媒大学出版社,2005.

6. Frederick J. Gravetter,Larry B. Wallnau 著,王爱民,李悦等译. 行为科学统计 (第 7 版). 中国轻工业出版社,2008.

7. 尼尔·J. 萨尔金德著,史玲玲译. 爱上统计学. 重庆大学出版社,2008.

8. 余建英,何旭宏. 数据统计分析与 SPSS 应用. 人民邮电出版社,2003.

9. Norman H. Anderson. Emprical Direction in Design and Analysis. New Jersey, USA:Lawrence Erlbaum Associates, Inc. , 2001.

附:第 4 节例 1 中 100 名大学生综艺节目收视调查数据

code	gender	type	freq	V51	V52	V53	V54	V55	V56	V57
1	2	4	4	1	0	1	1	0	0	
2	1	4	2	1	1	1	1	1	1	0
3	2	4	5	1	1	0	0	0	0	0
4	2	4	1	0	0	0	0	0	0	1
5	2	4	6	1	1	1	1	1	0	0
6	2	4	5	1	0	0	0	0	0	0
7	2	4	3	1	1	0	1	1	0	0
8	2	4	1	1	1	0	0	1	0	0
9	2	4	3	1	0	0	0	0	0	0
10	2	4	1	0	0	0	1	0	0	0
11	2	4	3	1	1	0	0	0	0	0
12	2	4	2	0	1	1	0	0	0	0
13	2	4		1	1	0	1	0	0	0

续表

code	gender	type	freq	V51	V52	V53	V54	V55	V56	V57
14	1	4	1	1	1	1	0	0	0	0
15	1	4	3	0	0	0	0	0	1	0
16	1	4	3	0	1	0	0	0	0	0
17	1	4	2	1	1	0	0	0	1	1
18	1	4	1	1	1	1	1	1	1	1
19	2	4	1	0	1	0	1	0	0	0
20	2	4	1	1	1	0	0	1	0	0
21	2	4	3	1	0	0	1	0	0	0
22	2	4	1	0	0	0	1	0	0	0
23	2	3	6	1	1	1	0	1	0	0
24	2	3	5	1	0	0	0	0	0	0
25	2	3	6	1	0	0	0	0	0	0
26	2	3	5	1	1	1	0	0	0	0
27	2	3	6	1	1	1	0	0	0	0
28	2	3	6	1	1	0	0	0	0	0
29	2	3	6	0	1	0	0	0	0	0
30	2	3	3	1	1	0	0	0	0	0
31	2	3	1	1	1	0	0	0	1	0
32	1	3	1	1	1	0	0	0	0	0
33	2	3	5	1	1	0	0	1	0	0
34	2	3	2	1	1	1	1	1	0	0
35	2	3	1	0	0	0	0	0	0	1
36	2	3	3	0	1	0	0	0	0	0
37	2	3	2	1	1	1	1	0	0	0
38	2	3	4	1	0	0	1	0	0	0
39	2	3	6	0	1	0	1	0	0	0

续表

code	gender	type	freq	V51	V52	V53	V54	V55	V56	V57
40	1	3	3	1	1	1	1	1	1	1
41	1	3	0	0	0	0	0	0	0	0
42	2	3	2	1	1	0	1	0	0	0
43	1	3	1	0	1	0	0	0	0	0
44	2	3	3	1	1	0	1	0	0	0
45	1	3	3	1	1	0	0	1	0	0
46	2	3	2	1	1	0	1	0	0	0
47	2	3	5	0	1	0	0	0	0	0
48	2	3	2	1	1	0	0	0	0	0
49	1	2	1	0	0	0	0	1	0	0
50	2	2	1	1	1	0	1	0	0	0
51	2	2	1	1	0	0	0	1	0	0
52	2	2	1	0	1	0	0	1	0	0
53	2	2	2	1	1	0	0	0	0	0
54	2	2	3	1	1	1	1	1	0	1
55	1	2	2	1	1	0	0	0	0	0
56	2	2	1	0	1	0	1	0	0	0
57	2	2	1	0	1	0	0	0	0	0
58	2	2		0	1	0	0	0	0	0
59	2	2	1	1	1	1	1	1	1	0
60	2	2	1	0	1	0	0	0	0	0
61	2	2	3	1	1	0	0	0	0	0
62	2	2	3	1	1	0	1	0	0	0
63	2	2	2	0	0	0	0	0	0	1
64	2	2	3	1	1	1	1	1	0	0
65	1	2	1	1	1	0	0	1	0	0

code	gender	type	freq	V51	V52	V53	V54	V55	V56	V57
66	2	2	2	1	0	0	0	1	0	0
67	2	2	2	1	1	0	0	1	0	0
68	2	2	3	1	1	1	1	1	0	1
69	1	2	2	1	1	0	0	0	0	0
70	2	1	6	1	0	0	1	0	0	0
71	2	1	3	1	1	0	1	1	0	0
72	2	1	1	1	0	0	0	0	0	0
73	2	1	4	1	1	0	0	0	0	0
74	2	1	3	1	1	0	0	0	0	0
75	2	1	1	1	0	0	0	0	0	0
76	1	1	5	1	0	0	0	0	0	0
77	1	1	5	1	0	1	0	0	0	0
78	2	1	2	1	1	0	0	1	0	0
79	2	1	3	1	1	0	1	0	0	0
80	2	1	2	0	1	0	1	0	0	0
81	2	1	1	0	0	0	0	0	0	1
82	2	1	5	1	0	0	0	1	0	0
83	2	1	1	1	1	0	0	0	0	0
84	2	1	2	1	0	0	0	0	0	0
85	2	1	3	1	1	1	0	0	0	0
86	1	1	3	0	1	0	0	0	0	0
87	1	1	2	1	1	0	0	0	0	0
88	1	1	3	1	1	0	0	0	1	0
89	1	1	2	0	1	1	1	1	1	0
90	2	1	3	1	1	1	1	1	0	0
91	2	1	3	1	1	0	1	0	0	0

续表

code	gender	type	freq	V51	V52	V53	V54	V55	V56	V57
92	2	1	2	0	1	0	1	0	0	0
93	2	1	1	0	0	0	0	0	0	1
94	2	1	5	1	0	0	0	1	0	0
95	2		1							
96	1		1	0	1	0	0	0	0	0
97	2		3	1	0	1	1	0	0	0
98	2		1	0	1	1	1	0	1	0
99	1		1							
100	2		3	1	1	0	1	0	0	0

第二部分 >>
受众调查与收视分析的方法

　　本部分共 4 章,是本书的重点,分别讲述受众调查的历史(第 6 章)、方法(第 7～8 章)和软件使用(第 9 章)。受众调查是以读者、听众、观众、网民等大众媒体的使用者为对象,了解他们大众媒体接触和使用等基本情况,收集他们对媒体的观点、态度。受众调查的核心问题是了解受众的行为和态度,为媒体的内容制作、编排、营销(广告)和管理部门提供决策依据。

第六章

受众调查的历史与现状

由于各大众媒体的特性不同,受众调查方法和指标差别很大。报纸和杂志的发行量、电影的票房是最基本的受众调查数据,这些数据比较容易得到。而广播的收听率、电视的收视率、网站的点击率等数据,因为其地点分散、时间长、私人空间等原因,调查的难度大。根据视听调查技术的发展,视听率调查历程可以划分为四个阶段:20 世纪 50 年代中期的面访和电话访问,20 世纪 60 年代的日记卡填写,20 世纪 70 年代以后的人员测量仪自动记录,21 世纪的多屏(电视、电脑、手机等)综合调查。

第一节 受众调查的兴起——听众调查

1906 年,圣诞之夜,美国匹兹堡大学教授雷吉纳德·费森登(Reginald Fessenden)第一次进行了人声广播。1920 年 11 月 2 日,美国西屋电器公司(Westinghouse)在匹兹堡建立 KDKA 电台,是世界第一家正式办理了执照的广播电台,是世界无线广播事业的开端。

一、广播与广告

西屋电器公司创办广播电台、开始广播业务最直接的目的就是为了使自家产品有个好销路。随着 KDKA 电台定时广播播出,广播的人气大为上升。1930 年全美广播电台的数量已由 1921 年的 5 家发展到了 618 家,广播业务进入黄金时代。

1922 年 2 月,美国电话电信公司(AT&T)计划创办一家新型的收费广播电台,名为广播电话公司。这家广播电台提供的服务是,只要交费无论谁都可以在广播电台播放自己的信息。AT&T 认为，既然电话能提供传送个人信息的有偿服务，广播电台把个人信息传播给公众，收费理所当然。AT&T 公司的这项计划被视为史无前例的无稽之谈，不但非难之声四起，而且联邦政府也不支持该计划。虽然饱受非议，但由于美国特殊的产业政策，广播电台的收费计划最终成为现实。

1922 年 8 月 16 日，第一家收费广播电台 WEAF（即今天的 WNBC）在纽约开业了。在当时的公众看来，利用广播传播自己信息的做法太过离谱，因此最初的一段时间里没有一位客户光顾这家广播电台。开业的两周后，第一家广告客户终于出现了。这家被载入美国广播电视史册的克因斯博罗公司是一家房地产公司，广告的内容是该公司的房产，播放时间 10 分钟，收费 50 美元。

第一则广告的效果鼓舞人心。据 WEAF 提供的资料表明，广告播出的 3 周内，克因斯博罗公司的房产销售一空，销售额为 127000 美元。初尝甜头后，该公司又追加了 5 次广告。WEAF 开业后的 2 个月内，广告收入仅为 550 美元，到年底 WEAF 有了 13 家广告客户。

AT&T 在 1923 年开办了一个由约 18 家电台组成的广播网，这些电台大多数设在美国东北部。到了 1926 年广告已成为广播工业生存的必然手段，但迫于政府的压力，AT&T 放弃了自己的广播活动，将其广播网和 WEAF 电台卖给了一家新的公司——全国广播公司（NBC）。

在 1928 年的选举活动中，共有 6000 名共和党党员通过 161 家广播电台进行了竞选演讲，这些人被称为一分钟发言者（minuteman）。共和党事先将广播稿分发给这些党员，让他们在同一时间到电台进行同样内容的演讲，这种演讲实质上是最初的竞选广告。

在 1932 年的总统选举中，全美的收音机台数已达 1800 万台，广播的波段使用费也水涨船高。共和党的时任总统赫伯特·胡佛与民主党的富兰克林·罗斯福的所有竞选演讲都通过广播播出，因此在该年度两党的支出中，投向广播电台的经费均居榜首，两党合计花费了 500 万美元。

二、听众来信

广播、电视的发展历史表明，广告与广播、电视的商业运行一起产生和发展。无论是政治广告或是商业广告，广告主、广告代理商都十分关注听众的行为和反映，需要进行受众调查，了解广告的效果。

在广播的开创阶段，无线广播电台用潜在听众代替实际听众。潜在听众是广播电台将能接受到信号的地区人口作为听众人数。有的无线广播电台通过统计某一地区收音机的销售量来确定这一地区的听众人数。显然，这两种方法都十分不准确，潜在听众高估实际听众，收音机的销售量低估实际听众。

受报纸和杂志的读者来信的启发,在 20 世纪初,听众来信成了听众调查最早的方式。1906 年圣诞夜的第一次人声广播中,费森登许诺将在除夕夜再次广播并希望收听到节目的听众给他写信。某一节目的听众来信越多,无论表扬或批评,都说明这个节目的收听率高。电台进一步统计写信者的身份、地方、表扬或批评,分析听众的结构,评估节目的受欢迎或批评的程度。

广告主的积极介入,是广播、电视受众调查的主要特征之一。虽然听众来信是一种被动的信息收集方法,但仍然有许多广播电台、广告主参与。不少广播电台开办的时候,常常会鼓动听众写信,告诉他们收听的情况,为了收到更多的听众来信,电台和广告主为来信的听众提供酬金、礼品或奖券,甚至悬赏大奖,刺激听众写信的激情。20 世纪 30 年代初,美国 NBC 公司有三分之二的广告主为鼓励听众写信而提供奖品。

同现代收听率调查相比,听众来信的主要问题是非随机调查。写信的听众不是在所有的听众中随机产生,因此写信的听众不能代表所有的听众,其意见也就不能代表所有的听众或一般听众的意见。写信的听众无论是自发或是为了得到物质利益,属于自愿者样本,他们是表达愿望比较强,且必须有文字表达能力,时间比较充足的听众。根据听众来信来判断节目的听众和听众意见,偏差较大,且无法评估误差。

毫无疑问,写信的读者、听众、观众都不能代表和推断报纸的读者总体、广播的听众总体、电视的观众总体的一般情况。但是鼓励受众来信和加强分析仍然是受众调查和研究的重要形式。一是写信的受众较为接近目标受众,而目标受众是广告主关注的核心受众。二是受众来信的内容是任何现代收听率和收视率无法得到的,对来信进行内容分析,能得到许多有价值的、意想不到的信息。随着历史的发展,科技的进步,受众来信出现了新的形式,如手机短信投票、网络在线调查、跟帖等。

中国国际广播电台 2011 年共收到来自世界 161 个国家和地区的听众来信、电子邮件等 323 万件,拥有遍布世界各地的听众俱乐部 4112 个。

三、电话调查

听众来信显然不能达到受众调查的目的,特别是不能满足广告主的需要。人们在不断地寻求新方法的路途中,电话调查法是第一种主动调查的方法。

1. 克罗斯利的电话回忆调查

1929 年克罗斯利商业调查公司(Crossley Business Research Company)为柯达公司调查其广告的效果,进行美国最早的大规模收听率调查,将电话号码簿作为样本框,从中随机抽样,然后打电话到样本户进行调查。

克罗斯利公司的总裁阿奇博儿德·克罗斯利(Archibald Crossley)向全国广告主协

会(ANA:Association of National Advertisers)建议使用电话测量广播收听行为。他的《广告主关注广播业》的报告在广告界广泛传阅,全国广告主协会同意每月支付一笔经费用来进行持续的常规广播收听调查,同时美国广告公司协会(4A:American Association of Advertising Agencies)也表示支持常规的广播收听调查。

1930 年 3 月,美国第一个专门从事受众调查的组织——广播分析合作社(CAB:Cooperative Analysis of Broadcasting)成立,并发布被业界称为"克罗斯利收听率"的调查报告。广告主、广告公司开始购买"克罗斯利收听率"。广播网也利用 CBA 的调查报告,但不能公开使用这些报告,直到 1937 年 NBC 和 CBS 才被允许购买 CBA 的报告和服务。

克罗斯利的调查方法又叫电话回忆(telephone recall)。在调查初期,克罗斯利多次修改调查方法并扩大调查的内容,从每天一次请人回忆前一天晚上的收听情况,到一天分四个不同的时段请被调查者回忆过去 3～6 个小时内所收听的节目。公司每个月,后改为每两个星期,提供所有全国广播网节目的听众测量报告,并且每年提供三次包括按照地理和经济状况分类的每个小时听众数据的详细报告。

除了方法的创新外,克罗斯利对受众调查的最大贡献是产生了一个重要概念,黄金时间(prime time)。克罗斯利发现人们一天中收听广播最集中的时段是晚上 7 点到 11 点,其中晚上 9 点到 11 点形成高峰。不同国家、不同地区、不同时代的黄金时间不同;同一地区和时代,不同媒介、频道、各套节目的黄金时间也不同。目前中国电视的黄金时间是每天 19:30～22:00,广播的黄金时间在 6:00～7:00。

电话回忆听众调查有三个不足。第一是成本高。20 世纪 30 年代,每个电话访问的成本大约 40 美分,相当于一顿晚餐的价格。克罗斯利使用明信片代替电话,成本可降到 5 美分,但因明信片的回收率太低(不到 6%)而失败。第二是样本框没有包括全部总体单位,就是排除了没有电话的听众。到了 30 年代末,收音机的普及率超过了电话,问题越来越严重,CAB 不得不调整其抽样程序,以便在样本中包括更多低收入的家庭。第三是回忆的不准确。这也是电话回忆调查的最大局限,从而使它的统治地位受到实时电话调查的挑战。

2.电话实时调查

1929 年乔治·盖洛普(George Gallup,1901—1984)发明了实时电话调查(telephone coincidental)法,在扬卢比凯(Young & Rubicam)的广告公司,对全国广播听众进行实时电话调查。盖洛普是美国民意调查创始人。盖洛普的博士论文是《确定读者对报纸内容兴趣的客观方法》。1930 年盖洛普发表了一篇重要的文章,题为《用科学方法而不是猜测来确定读者的兴趣》。

1933 年宝林·阿诺德(Pauline Arnold)对电话回忆法和实时调查进行了比较,郎姆利(Lumley,1934)对此做了总结,电话回忆和实时调查的区别是:一些有很多听众的节目,在第二天的调查结果中却得不到反应。通常情节变化比较大的节目比音乐节目更容易让人们记住。

1934 年克劳迪·胡珀(Claude Hooper)和蒙特马利·克拉克(Montgomery Clark)退出丹尼尔·斯塔奇市场调查公司,成立克拉克—胡珀公司,在乔治·盖洛普的帮助下进行收听率同步电话调查。1934 年秋天,克拉克—胡珀公司在 16 个城市推出了他们的收听率调查服务。

1935 年弗兰克·斯汤顿(Frank Stanton,后成为 CBS 总裁),在他的博士论文中提出了以下 7 个问题。如今对这些问题的探索仍然是受众调查的重点。

- 听众什么时候会收听广播?
- 收听的时间有多长?
- 选择收听哪些电台的节目?
- 什么样的人在收听节目(性别、年龄、经济和教育水平)?
- 在收听广播时,听众还会做什么?
- 听完节目之后,听众会有什么反应?
- 听众喜欢什么类型的节目?

1938 年克拉克—胡珀公司分家,克拉克接管印刷媒体调查业务,胡珀接管广播调查业务,成立胡珀有限公司。实时电话调查具有方法上的优势,也因此成为 CAB 的第一个竞争对手。胡珀的实时调查有 5 个问题:

- 您现在正在听广播吗?
- 您正在收听什么节目?
- 这个节目来自哪家电台?
- 节目中插播了哪一家广告主的广告?
- 电话铃响起时,家里正在收听节目的男人、女人和小孩的人数?

胡珀的调查结果后来被人们称为"胡珀收听率"(Hooperatings)。对于不同的广播节目,胡珀收听率同 CAB 的结果相比有时高有时低。胡珀认为,人们更容易记住较长的节目、受欢迎的节目以及长期播出的节目;听众们更容易记住娱乐节目,而忘记新闻类节目(Chappell,Hooper,1944)。

胡珀创建了许多收听率调查的惯例和方法。他首先使用"开机率"、"可得受众"、"听众百分比"(听众份额)等概念,发明的"袖珍报告"的格式,成为尼尔森媒介研究(NMR)全国收视率报告的标准格式。在不断创新的同时,胡珀努力向社会推广胡珀收听率。每

月胡珀都会向行业媒体和大众专栏发布收听率最高的晚间节目。通过这种方法,胡珀成为该行业最受人关注的听众信息供应商。

胡珀的不懈努力终于得到了回报,广播业和大众逐渐接受胡珀的实时调查法比CAB的回忆法更为准确的事实。胡珀于1945年买下了当时濒临倒闭的CAB,成为收听率调查行业的领导者。就在胡珀达到其事业顶峰的时候,电视这一新的媒体也开始改变人们的休闲娱乐方式。1947年,胡珀接受美国广播公司(NBC)的资助,在纽约进行电视收视率调查,成为电视收视率调查的先驱。

电话回忆调查听众的三个问题在实时调查中都存在。实时电话调查对成本高、样本框没有包括全部总体单位没有改进,对数据的不准确有改进,但不能保证准确。

3.现代电话实时调查

随着电话普及率上升,特别是移动电话的迅速发展,电话调查不仅在公共政策的民意调查、商业营销中扮演重要的角色,在受众调查中也越来越重要。

由于技术和经济的发展,电话调查的成本大幅下降。范围广,费用低;误差小;在电话中回答问题一般较坦率,适用于不习惯面谈的人。但电话调查时间短,最好不超过5~10分钟,答案简单,难以深入。

目前,电话实时调查很少用于连续性的日常调查,而用于重点调查、典型调查。1997年6月30日到7月2日,中央电视台72小时直播香港回归活动。三天直播期间,央视调查咨询中心在北京分6次对全国33个城市和郊区,共5313户居民进行电话调查。7月2日晚20:00至22:00调查了1125户,有82%的家庭基本收看了直播节目,16%的家庭看了一些,2%的家庭没有或很少看;对直播节目总体评价为"好"或"很好"的为91%,"一般"的为8%。

1996年开始,央视市场研究公司(CTR)每年都对春节联欢晚会的收视情况进行同步电话调查。在中央电视台春节联欢晚会播出的同时(20:30~24:00),CTR随机调查全国2000多个家庭,经数据加权后推算出"全国收看家庭",在收看过晚会节目的家庭中,认为春节联欢晚会办得"很好"、"比较好"的百分比,"好"的百分比等于"很好"与"比较好"之和,表6-1-1是近几年的数据。

表 6-1-1　CTR 春晚调查数据

时　间	调查区县数(个)	调查家庭数(个)	收看家庭数(个)	全国收看家庭(%)	好(%)	很好(%)	比较好(%)
2011	406	2098	1969	93.88	81.9	49.9	32.0
2010	406	2190	2122	96.1	81.6	53.8	27.8

续表

时 间	调查区县数（个）	调查家庭数（个）	收看家庭数（个）	全国收看家庭（％）	好（％）	很好（％）	比较好（％）
2009	406	2034	1987	95.6	81.1	55.2	25.9
2008	406	2063	1899	96.5	84.3		
2007	406	2002	1844	93.6	83.6		
2006	373	2140	2018	84.3	85.5	53.5	32

同类的调查网络也在进行，但数据差别很大。新浪网站公布的2006年春节晚会在线调查结果，共有158072人参加了调查；在回答"您认为今年春节晚会怎么样"的问题时，认为不好的最多，占44.68％，认为一般的占41.51％，认为好的人只占13.81％。2007年2月17日春节联欢晚会结束后新浪网的在线调查"您认为今年的春晚如何？"显示，138406人参与投票，说"不好"的占54.81％，认为"一般"的占32.7％；说"很好"的占12.5％。

这是对同一节目两种不同调查方法的比较。就这两种方法而言，CTR的数据可靠性高。原因是CTR是抽样调查，能推断总体，而网络调查是自愿样本，不能推断总体。2009年国庆阅兵的电话调查也能得出同样的结论。

2009年10月1日早10点到12点，在中央电视台直播国庆六十周年阅兵式的同时，CTR采用计算机随机产生电话号码，对182个省会及地级市下辖的406个市辖区、县和县级市电视观众进行了收看阅兵式直播情况的电话调查。共成功访问2087个家庭，其中1938个家庭收看了中央电视台国庆六十周年阅兵式直播，经数据加权后推算出，10月1日上午，在全国收看电视的城市家庭中，有93.1％的家庭收看了中央电视台直播的国庆阅兵式。在收看过阅兵式直播的受访者中，98.42％的受访者对中央电视台阅兵式现场报道感到"满意"（其中表示"非常满意"的为87.47％，表示"比较满意"的为10.95％）。对这场直播报道，受访者最为满意的是报道内容；有97.18％的受访者对报道内容感到"满意"，95.12％的受访者对拍摄画面感到"满意"，94.22％的受访者对现场解说感到"满意"。

以上数据公布后，遭到了许多质疑，特别是网民对"满意"数据的谴责。但复旦大学和暨南大学电话调查的数据同CTR的基本相同。

2009年10月1日，复旦大学传媒与舆情调查中心于中午12点至下午3点进行了一项关于"上海市民对新中国六十周年阅兵式和群众游行的认知、态度与评价"的大型舆情调查。调查采用随机抽样方法，运用CATI（计算机辅助电话访问）调查设备，对覆盖上海18个区县的519位市民进行了随机抽样电话调查。在95％的置信水平下，抽样误差仅为正负 3％。调查发现，82.1％的被访者收看或收听了在天安门广场举行的盛大阅兵式和群众游行，其中 92.3％的被访者收看（收听）时间达一个小时以上，75.1％的被访者收看（收听）了阅兵式和群众游行的全过程，可见上海市民高度关注国庆阅兵式和群众游行。当被问及"您对本次阅兵式和群众游行整体评价如何"时，99.8％的被访者表示此次阅兵式和群众游行很精彩，其中回答"非常精彩"的被访者比例为 78.9％、"比较精彩"的比例为 20.9％，这充分体现了上海市民对此次庆祝活动的高度肯定和评价。

国庆阅兵结束后，暨南大学新闻与传播学院舆情研究中心在第一时间对广州市民进行了电话访问调查。调查采用层级随机抽样方法，运用 CATI 调查设备，在广州市成功访问了 307 位市民，在 95％的置信水平下，最大抽样误差为正负 5.7％的情况下，61.6％的市民观看了昨天上午的阅兵式，其中近一半的人给这次阅兵式打了满分，总评分为 91.6（百分制）。

四、人员访问

在市场调查中，人员访问是一种常用方法。人员面访及小组座谈会等方法同样被用来收集受众信息，如对收视率的基本调查，地方新闻节目的评估，广播模式及新节目测试等。

1. 历史

1928 年春，受美国广播公司的委托，哈佛大学教授丹尼尔·斯塔奇（Daniel Starch）成为最早使用面访法调查听众情况的人。1929 年乔治·盖洛普在爱荷华得拉克大学采用面访调查的方法进行广播听众的调查。

1939 年心理学家悉尼·罗斯洛（Sydney Roslow）在纽约世界博览会中用面访法调查参观者。后在保罗·拉扎斯菲尔德（Paul F. Lazarsfeld）的鼓励下，推出节目单回忆法（Roster Recall）的面访方法。

1941 年秋天，罗斯洛开始用他发明的节目单回忆法，来提供名为"纽约脉搏"（The Pulse of New York）的听众收听报告。由于当时胡珀及尼尔森都专注于广播网收听率的调查，罗斯洛在地区性市场得以发展。到 20 世纪 60 年代初，"纽约脉搏"已经为全国 250 个广播市场提供服务，并且成为地方性广播数据的主要提供商。

罗斯洛的地区性调查侧重于都市，造就了"40 首摇滚乐排行榜"及其他一些流行音乐模式的兴起。这些地方摇滚音乐电台的覆盖区域虽然不大，但在本地区的听众中却占有很大优势。

2. 方法

人员访问有三种具体的操作方法。

节目单回忆法是调查人员向被访者提供节目清单,以帮助他们回忆在过去几个小时内收听的内容。这种方法同电话回忆相似,但调查者同被访者见面,能了解被访者的个人资料,得到户外的收听情况。同电话回忆一样,这种方法的最大问题是人的记忆会出现差错,数据准确性不高。

参与观察法是定时派出访问员深入样本户,以观察访问的方式直接调查当时的收听情况。这种方法最大的优点是数据准确性高,最大的弱点是入户难,深夜的收听情况几乎无法调查。

住户问卷法是调查人员到受访者家中进行访问,并留下问卷,请他们填写答案后寄回。调查的内容可以比较深入和全面。

人员访问在早期的广播听众调查中应用较多,目前在测量较小规模的视听市场或深入研究某一问题时,也有应用。但是,人员访问的成本最高,而且现代社会,人们的生活节奏越来越快,拒访率也越来越高,加大了人员访问的难度。

五、准实验

1937 年哥伦比亚大学的保罗·拉扎斯菲尔德博士与哥伦比亚广播公司的弗兰克·斯坦顿博士推出小安妮(Little Annie)的节目分析系统,用于广播、电视节目的效果预测。"小安妮"系统使用仪器,记录下受众即时的情绪反应,据此分析节目。由此预测节目的收视率,其准确率达到 85%。

新的电影、电视剧播出前,召集观众进行"试映",并提出修改意见。影视业中出现了一些专门"外包"这种研究工作的公司,最有名的是"审片室"(Preview House)公司。"审片室"公司通常招募几百位观众来到剧院观看影视节目。每个观众座位有一个键盘板,上有五个按键,分别是"非常单调"、"单调"、"普通"、"精彩"和"非常精彩"。

NBC 与"审片室"公司的合作利用有线电视网中一些剩余的频道进行"试播"。选中样本观众后,通知他们在某个时间、在某个频道将播出没有广告的节目。在节目播出后,对样本观众进行电话访问。这样研究者对样本有更好的控制,比从街上招募来的样本更具有代表性,且调查的内容比座位上的五个按键的结果更丰富。

"小安妮"和"审片室"的主要优点是数据及时,准确性高;缺陷主要是样本量的大小和代表性,即所得到的统计结果如何泛化。"试播"能控制样本,调查手段又回到了电话调查,没有了准实验调查的优势。

第二节 受众调查的发展——观众调查

1928 年英国 Baird 公司生产了首台商用电视机。1936 年 11 月 2 日,英国广播公司创建电视台,每周播出 13 个小时的节目,是世界电视事业的开始。1941 年 7 月 1 日 NBC 播出世界上第一条电视广告[①]。电视是迄今为止对人类影响最广、最深刻的大众媒体,对电视观众的研究成为受众研究中最重要的部分,其主要的方法是日记法和仪器法。

一、日记法

在电视出现之前,日记法没有成为商业受众调查的主要形式。1937 年密西根大学教授加尼特·加里森(Garnet Garrison)开始"试验开发一种低成本但可靠的广播调查技术来测量听众的收听习惯"。加里森了解各种受众调查方法,实时或回忆电话调查法,人员访问法,面世不久的自动测量仪,并将这些方法结合起来创建了自己的调查方法。这种方法通过认真细致地抽样,通过邮寄的方式发送节目单和收听表,收回收听表。加里森的收听表格将早上 6 点到午夜分成每 15 分钟一段的时段,并要求被访问者列出所收听的电台、节目和听众的数量。

1947 年电问(Tele-Que)公司在洛杉矶使用日记法进行收视率调查。

1949 年作为 NBC 华盛顿地区调查总监的詹姆斯·席勒(James Seiler)创立美国调查局(ARB:American Research Bureau)公司,使用日记法进行广播和电视受众的测量。ARB 在 1949 年第一次发布了自己的地方市场调查报告,5 月 11 日到 5 月 18 日为期一周的日记显示,爱德·沙利文(ED Sullivan)的周日节目"本市欢宴"(Toast of the Town)的收听率是 66.4%,另一时间的 ABC 附属台节目"摔跤"(Wrestling)的收听率为 37.5%,而 NBC 节目"新闻发布"(Meet the Press)的收听率为 2.5%。

整个 50 年代,ARB 是 Nielsen 在地方电视观众测量领域的强大竞争对手。ARB 用随机电话法确定电视家庭样本,并发放日记卡,严格记录日记卡的发放量及回收率。1949 年秋季,ARB 公司在巴尔的摩、费城和纽约从事地方电视台的调查测量;1950 年他们将业务拓展到了芝加哥和克利夫兰。1951 年 ARB 合并了电问公司,业务发展到洛杉

---

① 晚间 2 点 29 分播出的世界第一条电视广告。宝路华钟表公司(Bulova Watch Company)以 9 美元购得 NBC 旗下的 WNBC 电视台棒球赛播出前的 10 秒钟时段。电视广告内容十分简单,一支宝路华的手表显示在一幅美国地图前面,搭配旁白:"美国以宝路华的时间运行!"。

矶、圣地亚哥和旧金山等地。尤其是 1955 年，当 ARB 收购了胡珀的地方电视收视业务之后，进一步扩张；到了 1961 年，ARB 每年两次对电视市场进行测量，对较大市场的测量则更加频繁。

1967 年，ARB 被控制数据（Control Data Coporation）计算机公司收购，开发新的测量仪技术，这种新的技术并不侵犯 Nielsen 的专利权，继续同 Nielsen 竞争地方电视观众测量。1973 年，ARB 改名为阿比创（Arbitron Company），但电视观众测量仍然主要采用日记法。1978 年由于日记法的流行，阿比创占领了听众调查的地区性市场，"脉搏"倒闭。阿比创从此成为地方广播收听率调查的独家提供者。

1993 年，阿比创放弃了电视观众测量，致力于 60 年来一直从事的地方广播调查业务。2005 年阿比创进行第一次中文广播市场调查。阿比创市场调研公司与 IW Group 广告公司联合完成为期 12 周的中文广播习惯调查，8 月 22 日在曼哈顿公布结果。调查结果显示，纽约和洛杉矶的中文广播听众都很多，每周分别有 17.5 万人及 19.5 万人收听中文广播；纽约市和洛杉矶市的中文听众每周平均分别花 18 个小时 30 分钟、14 小时 15 分收听中文广播；女性的收听时间比男性多一个小时。而纽约市的中文听众收听中文广播的时间占总收听时间的 50％以上，上午 10 时至下午 3 时是收听的高峰期，在这段时间内收听的听众 40％年纪在 25～54 岁间，他们的年收入在五万元以上。与洛杉矶相比，纽约听众收听中文广播的地方大都是在家里，只有 14％是在车上收听，洛杉矶则有 31％的听众在车上收听广播。

目前，日记卡是视听率调查和小城市收视率调查的常用方法之一。图 6-2-1 是央视索福瑞使用的日记卡和测量仪。

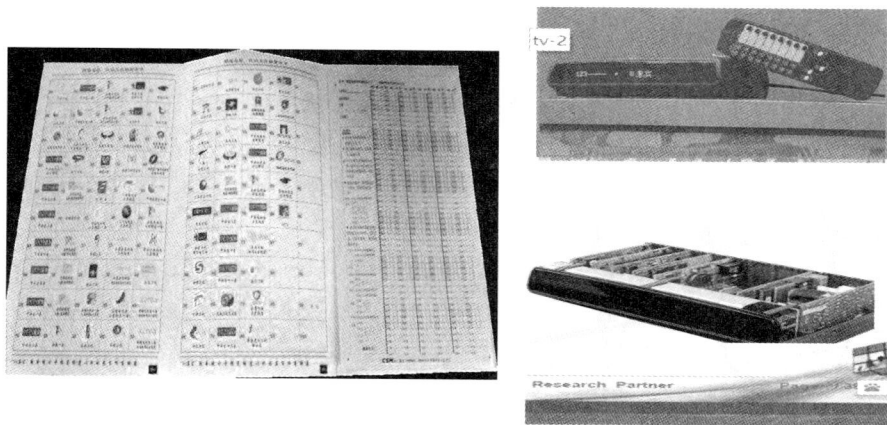

图 6-2-1 央视索福瑞使用的日记卡和测量仪

二、仪器法

无论是电话法、人员访问或是日记法，被调查主体都是人。而对人的测量受许多因素的影响，测量的难度很大。仪器法是受众调查的一次革命，通过对机器（收音机、电视机）的测量来掌握人的行为。

1. 受众测量仪

受众测量仪是一种连接到收音机或电视机上以测量受众视听行为，记录在纸带、胶片或磁卡上，通过邮寄或电话线等传送视听行为的仪器。

1929 年哥伦比亚大学的大学生克劳迪·罗宾逊（Claude Robinson）发明仪器，通过记录收音机在特定时段内接收的频道来测量广播听众的收听行为，并申请专利。他将专利卖给了 NBC 的母公司 RCA。斯坦顿改进了仪器，可以记录收音机被打开的准确时间，但不能记录转台情况。斯坦顿用这种仪器来检验用问卷方法收集的收听情况，发现被访者倾向于低估收听时间（这种偏差在今天仍然存在）。

在 1933 到 1934 年间，麻省理工学院的罗伯特·埃尔德和电器工程师路易斯·F.伍德拉夫（Louis F. Woodruff）设计了一种记录广播转台行为的仪器——声音测量仪（Audimeter）。当广播指针在刻度盘上移动时，这种仪器可以通过指针来回移动将转台情况记录在纸上。

Nielsen1936 年购买了埃尔德技术的使用权，1938 年重新设计的测量仪在芝家哥和北卡罗莱纳州进行了实地测试，比较城市及农村地区的收视情况。尽管受到战争时期供应短缺的影响，到 1942 年 Nielsen 还是在 800 个家庭测量仪样本的基础上推出了"广播指数"（NRI：Nielsen Radio Index）服务。Nielsen 的技术人员必须定期访问样本家庭，以更换仪器上记录数据的纸带，这在一定程度上延缓了数据的收集过程。除此之外，该公司根据样本家庭储物室的存货情况为依据，提供有关产品购买的信息。由于已经与广告主建立了良好的合作关系，Nielsen 开始取代胡珀在收听率数据方面的统治地位。

1950 年 Nielsen 收购了胡珀的全国收听率服务业务，同年推出了 Nielsen 电视指数（NTI），这标志着该公司测量电视这一新媒体的尝试。Nielsen 的工程技术人员进一步改进了测量仪，将收看行为记录在一个 16 毫米的胶卷上。通过邮寄胶卷在 Nielsen 总部与样本家庭之间传递，加快了数据搜集的进程。Nielsen 还使用日记卡的形式来搜集受众的人口统计资料，为了证明所提供的数据的准确性，Nielsen 引入了一种叫做"录入仪"的仪器，该仪器可以记录电视机的使用时间，并且装有闪烁的指示灯来提醒人们填写日记卡。

20 世纪 60 年代美国国会考虑到视（听）率对于广播电视业的巨大影响，以及对各种滥竽充数的调查服务的顾虑，众议院商务事务委员会主席奥兰·哈里斯（Oren Harris）牵头对该行业进行了细致的调查。1966 年哈里斯委员会签发了一份调查报告,报告对视听率调查行业提出立法要求,对调查业产生的深远影响一直持续到今天。如视听率调查报告中对调查方法及数据准确性的详细说明,以及电子媒体视听率委员会的成立(Electronic Media Rating Council)都得益于此。

作为一家颇有影响的视听率调查公司,Nielsen 公司在国会听证会上格外引人注目,特别是它的收听率指数。Nielsen 摆脱当时困境的对策是开发了一种新的广播指数产品,但由于这种新的数据搜集方式导致成本增加,所以潜在的客户非常抵制这种变化。出于对现状的强烈不满,Nielsen 在 1964 年完全退出了全国广播测量业务。

1969 年由纽约大学统计学教授盖罗德·格拉瑟和前 NMR 总监督盖尔·麦茨哲创建的统计研究公司(SRI),弥补了 Nielsen 退出留下的空间。

准确既是受众测量仪的优点,也是缺点。优点是受众测量仪准确地测量了收音机或电视机的开机和换台情况,缺点是受众测量仪无法提供谁在收听/收看,或者是否有人在收听/收看。

2.个人测量仪

为弥补受众测量仪的不足,20 世纪 80 年代初,为英国等一些欧洲国家提供收视率调查服务的大不列颠稽核局(AGB:Audits of Great Britain)开发出人员测量仪。

在 AGB 的挑战下,1987 年 9 月,Nielsen 公司引进个人收视仪(People Meter)。个人收视仪在原来受众测量仪的基础上,增加了一个遥控器,上面有数字键,家庭各个成员对应不同的数字键。看电视时,每个人按下自己的数字键,不看时按取消键。电视机打开时及每过 15 分钟,个人测量仪都会发出声或光信号,提醒观众按键。

在样本户中采集的原始数据,通过电话线传送到调查公司的计算机中心。计算机中心将收到的原始数据同节目、样本观众的个人资料汇集并处理,形成收视报告。

个人测量仪对受众测量仪的改进效果,关键在于观众是否准确、完整地按键。为消除对人的依赖,新的技术不断出现。在电视机上安装摄像机,自动记录观看者,但有伦理和家庭隐私的问题。

3.便携式人员测量仪

2001 年阿比创公司开发便携式人员测量仪(PPM:Portable People Meter),采用在声音中植入识别码的技术,可以准确识别模拟电视、数字电视和网络视频等;2010 年研发出了升级版的 PPM360,通过 USB 端口连接,可以通过显示屏与样本户交流,将测量延伸至无线平台,提供跨媒体的具有人口统计特征的同源受众数据。

2003 年比利时 VRT 电视和广播领域商业受众测量网率先使用 PPM,而后加拿大蒙特利尔市和魁北克省采用 PPM 系统。2006 年,挪威采用 PPM 测量广播收听率,哈萨克斯坦采用 PPM 测量电视收视率。2007 年冰岛采用 PPM 测量电视收视率和广播收听率。2007 年美国的费城、休斯顿、德克萨斯州、纽约等相继在广播收听市场采用 PPM 电子测量。2008 年 1 月,丹麦使用 PPM 通过全国网全天候收集当地 750 样户的广播收听数据。阿比创计划到 2010 年实现使美国排名前 50 的广播电台全部使用 PPM 收听率测量服务。但根据美国媒介视听率调查委员会(MRC)[①]2010 年 1 月的报告,仅休斯顿、里弗赛德—圣博娜迪诺、明尼阿波利斯—圣保罗等地区获得 MRC 的认证。

4. 测量技术新趋势

受众调查经历了四代。第一代测量采用的是电话调查的方式,缺点是难以实现固定样组测量,测量误差较大。第二代是日记卡,实现了固定样组测量,缺点是需要样本户配合的程度较高,而且样本户的记录是基于回忆的,准确度较低。第三代测量仪,与日记卡相比,在记录精度和准确性上都有很大的提升,但仍需要样本观众给予较大的配合;同时受测量仪和样本户维持的成本限制,无法大样本使用。

随着数字电视技术的发展,第四代测量技术不断发展。2011 年尼尔森网联公司开发了一套适应中国市场的、基于双向数字电视技术的海量样本收视测量方案。海量样本收视测量方案降低调查成本,而且能提升数据的准确(不需人的配合、准确到秒)与安全(样本户不知自己是样本户);缺陷是数据只能到户,不能到人,不利于广告的应用。为此,尼尔森网联开发了数字电视收视测量仪 watchbox(如图),用于海量样本收视率到人级别的收视监测。

第三节　网民调查

电脑(Computer)和交流(Communication),都有一个共同的词根:"com"(共、全、合等等)。从互联网迄今的发展过程看,网络就是传播(Communication)。互联网几乎从一

---

① MRC:Media Rating Council,是美国受众调查的第三方认证机构。1964 年,被美国司法部授予特别许可成立广播电视视听率委员会,1970 年该组织包括来自广播、电视、印刷、广告代理机构和互联网,更名为媒介视听率调查委员会,http://www.mediaratingcouncil.org/。

开始就是为人类的交流服务的。即使是在 ARPANET[①] 的创建初期,美国国防高级研究计划署指令与控制研究办公室(CCR)主任利克里德尔就强调电脑和电脑网络的根本作用是为人们的交流服务,而不单纯是用来计算。

一、网络调查的概念及优势

网络调查是互联网络使用情况的调查,主要包括网站和网民调查。网络调查的优越性,传统媒体望尘莫及,主要表现如下:

1. 先天可统计性

网络传播的所有信息均是以数字方式出现,这表明网络传播的信息和其载体本身,均可以被统计和计算。

2. 经济性

网络在线调查不受时空限制,费用大大低于传统方法。在线调查几乎可以不花费任何现场费用就可以获得大量受众信息。

3. 实时性

网络调查的周期短,在线调查可以即时进行并反馈结果。调查与网站日常工作融为一体,最能满足受众日常调查的需要,反映受众的最新变化,及时做出针对性调整。传统媒体的受众调查往往周期较长,难以跟上受众的最新变化。

4. 高质量

网络调查可以不为受众所知,从而解决了样本被污染的问题。在线调查可以检查资料的逻辑性和完整性。传统媒体的调查方法都可以用于网络,且手段更为丰富。

在优势明显的同时,隐患也明显,必须特别注意隐私权的保护,不能违法。

二、网络调查方法

网络调查方法常见的有如下 4 种:注册法、软件调查法、问卷调查法、网上网下结合法。其中注册法和软件调查法为在线调查(Online Survey),又称网上调查;问卷调查法和网上网下结合法中既有在线调查也有离线调查(Offline Survey)。

1. 注册法

注册法是最常见的网络调查法,可以获得网民的基本人口统计资料。具体做法是在网页

---

① ARPANET:是互联网(Internet)的始祖。1969 年 11 月,美国国防部高级研究计划管理局(ARPA:Advanced Research Projects Agency)建立一个命名为 ARPAnet 的网络,只有 4 个结点,主要指导思想是,战争中当网络的某一部分受攻击而失去工作能力时,网络的其他部分应能正常工作。

上提供一份注册表,要求网民填写个人信息,以进行网民调查。注册法有如下几种方式:

提供免费服务要求注册:网络媒体向网民提供的免费服务,如电子信箱、电子论坛、信息订阅、聊天室、QQ、微博、微信等,往往要求网民在使用之前先注册,提供个人信息,作为免费使用这些服务的条件。注册内容包括姓名、性别、年龄、住址、教育程度、工作行业、收入和个人爱好等较详细的个人信息。

开展活动要求注册:网络媒体组织有奖活动(如网上竞猜、游戏、写作、购物、设计等),要求参与者先注册再参与。注册目的在于确认参与者的身份和获得联系方法,便于比赛和颁奖,同时也作为收集参与者信息的一种手段。

获得某种资格要求注册:网民要获得网站会员资格(如求职、求医、交友、读书、旅游等会员资格),通讯、公积金等社会服务的信息查询等,均需要注册。

开展电子商务要求注册:在网上进行购物或二手货交易,网站为了保证交易正常进行,要求网民登记真实姓名和地址、电话等。

2.软件调查法

软件调查法指网络媒体利用软件,对网民的身份、活动进行调查。它可以调查网民的身份、电子信箱地址、上网习惯和爱好、使用媒介的情况等多种信息。

服务器软件调查法:网络媒体在服务器设有访问日志软件(LogFile),用来记录、统计、分析网民访问网站的情况,是网络媒体进行日常调查的重要工具。它统计的网站访问流量(网民规模)是网站吸引广告和改进经营管理、调整内容和服务的主要依据。因此,网络媒体和广告商都非常看重这种方法。这套软件除统计调查之外,还可以监视访问者,防范黑客攻击。

这套软件的统计原理在于,网络媒体传播的所有信息全部储存在网络服务器内,网民调用任何信息都必须经过服务器的许可,并被服务器记录。服务器上的访问日志软件自动统计网民的访问情况,除提供访问基本流量外,该软件还可调查不同内容的访问量区别,不同时间段的访问频率,网民的 IP 地址等等。

Cookie(甜饼)技术跟踪法:许多网站都采用 Cookie 技术。Cookie 是一种编码的身份识别标志,是网民访问网站时,网络服务器自动设置在网民计算机硬盘上的文本文件;如果该网民再次返回网站,该 Cookie 就会被一起发回到服务器中,便于统计和处理重复到访者的信息。它除了用来"识别网民的身份、方便网民以后的访问"外,还被大量用于调查网民的个人资料和使用媒介的情况。它的主要调查内容有获得网民的 IP 地址、网民名和 E-mail 地址,网民花在网上(甚至每个网站)的时间,网民访问的网站(以及访问频度),网民的购物,辨认网民正在使用的软件或操作平台。

使用跟踪文件(Cookie)方法存在的问题。并不是所有浏览器都支持跟踪文件;支持跟踪文件的浏览器中有些允许采用不接受任何跟踪文件的策略；跟踪文件可以被某些程序或被手工删除掉；如果网民同时使用多种浏览器，则每个浏览器会保存不同的跟踪文件；当网民重新安装操作系统或重新安装浏览器时，跟踪文件都有可能丢失，除非网民手工保存它们；存在着关于跟踪文件侵犯访问者隐私权的争论。

插件法：通过安装插件，随着浏览器的启动自动执行的程序，从而调查网民的上网行为。Alexa 是提供网站流量信息的公司，通过分析数以百万的匿名 Alexa 工具栏（自愿安装）网民数据，以及其他数据来计算网站流量排名。Alexa 公司创建于 1996 年 4 月，总部位于美国旧金山，1999 年被电子商务旗舰企业"亚马逊"收购，成为后者的全资子公司。2002 年 5 月 Alexa 放弃了自己的搜索引擎与 Google 合作，致力于开发网页抓取和网站流量计算。

3. 问卷调查法

网络网民的问卷调查法脱胎于传统的调查法。结合网络的传播特点，它在形式上比传统方法更为丰富。具体来说，它包括两种方法：网上调查（在线调查）和网下调查（离线调查）。

网上问卷调查法：最常用的网上问卷调查法是，将问卷放在网上，在一定时间段内等待任意的网民答卷。不少大型调查为了提高问卷的答卷率，常用抽奖进行刺激，并且在一些知名网站放置问卷的链接（联机调查），以扩大调查范围。它的技术简单，应用方便，调查结果可以随时查看。必须明确指出的是这种调查不追求调查的科学性和代表性。

其次是网民志愿者派诺。在高访问量的网站中召集志愿者组成调查派诺（panel），注册时收集志愿者的个人变量，组成不同的被调查者数据库——panel。目前已有几十种panel。对 panel 个体的选择以准抽样或概率抽样的方法进行。如 www.money4surveys.com 有 80 多个"网上市场研究公司"的连接。上海循环信息科技有限公司旗下问卷星网站（http://www.sojump.com/）有 260 万份的样本资源，样本库来源是网站合作伙伴，搜索引擎，博客/论坛招募，会员口碑推荐，及在问卷星上填写过问卷并且自愿为样本的网民。

三、网站的评价——以 Alexa 为例

Alexa 网站（http://www.alexa.com/）流量排名用于衡量网站的流行程度。Alexa网站流量排名每日更新。

1. 网站流量排名

网站流量全球排名（The global traffic rank）是最近三个月的网站页面访问量和网民量的综合衡量，是基于这两个量随着时间推移的平均值。网站流量全国排名（The country traffic rank)最近一个月的网站页面访问量和网民量的平均值。

网站和互联网虚拟主机:流量计算是以网站为单位,网站通常定义在域名级别。例如,互联网虚拟主机 www. msn. com,carpoint. msn. com 和 slate. msn. com 都被视为从属于同一网站,因为它们都驻留在同一个域,msn. com 唯一例外的是博客和个人主页。提供同样内容的网站(镜像网站)通常会被视为同一个网站。

用户量:用户量衡量网站用户的数量。用户量通常表示为互联网上所有用户中访问一个给定网站的用户的百分比。例如,网站 yahoo. com 拥有 28% 的用户量,表示根据 Alexa 的计算,全球所有互联网用户中,28% 的用户访问 yahoo. com。

页面访问量:页面访问量衡量网站用户访问的网页数量。同一天内,同一用户多次访问同一页面只会被记录一次。人均页面访问量是基于一个网站的所有用户计算的平均每个用户每天访问的非重复的网页的数量。

数据标准化:Alexa 的排名机制修正了许多潜在的偏差。根据网站用户的地理位置和用户统计信息来使数据标准化。同时修正从 Alexa 工具栏收集的数据的潜在偏差,从而更准确地代表那些不使用 Alexa 工具栏的网站用户。

虽然进行了多方面修正,Alexa 仍然声明基于使用 Alexa 工具栏的用户,他们可能不是全球互联网用户的代表性样本,流量估算可能高于或低于某一个网站的实际流量。Alexa 不能准确排名拥有较低流量的网站。Alexa 的数据来源于由数以百万的 Alexa 工具栏用户和其他流量数据源组成的巨大样本。然而由于互联网的巨大规模和用户主要集中在最流行的网站,那些每月用户访问少于 1000 的网站的流量排名难于准确计算。一般而言,100000 以下的网站流量排名可以认为不够可靠。相反,一个网站越靠近排名第一,它的网站流量排名越准确。

2. 历史数据

2003 年 10 月 5 日世界排名前 5 名是 www. yahoo. com,www. msn. com,韩语网站 www. daum. com 和 www. naver. com 位居第三和第四,第五名是 www. google. com。

2004 年 10 月 15 日世界排名前 5 名是 www. yahoo. com,www. msn. com,www. google. com,www. passport. net,www. microsoft. com。中文网站前 5 名是 www. sina. com. cn,www. sohu. com,www. baidu. com,www. 163. com,3721. com。

2005 年 4 月 13 日世界排名前 5 名是 www. yahoo. com,www. msn. com,www. google. com,www. passport. net,www. ebay. com。中文网站前 5 名是 www. sina. com. cn,www. baidu. com,www. sohu. com,www. 163. com,www. 3721. com。

2010 年 3 月 29 日世界排名前 5 名是 www. google. com,www. facebook. com,www. youtube. com,www. yahoo. com,www. live. com。中文网站前 5 名是 www.

baidu. com,www. qq. com,www. sina. com. cn,www. google. cn^①,www. taobao. com。

2014 年 2 月 1 日世界排名前 10 名是 www. google. com,www. facebook. com,www. youtube. com,www. yahoo. com,www. baidu. com,www. wikipedia. org,www. qq. com,www. taobao. com,www. live. com,www. linkedin. com。中文网站前 10 名是 www. baidu. com,www. qq. com,www. taobao. com,www. sina. com. cn,www. hao123. com,www. 163. com,www. weibo. com,www. tmall. com,www. 360. cn,www. sohu. com。

3. 网站分析

Alexa 的网站调查分析数据十分丰富,除排名外,还有流量统计、搜索分析、评论、相关链接、点击流、用户统计等重要信息。"评论"是用户对网站星级评价的统计和文字评论,分 1 星级到 5 星级 5 个等级。

图 6-3-1 是流量统计页面,百度网站的流量全球第 8 位,中国网站中位列第 1,在美国

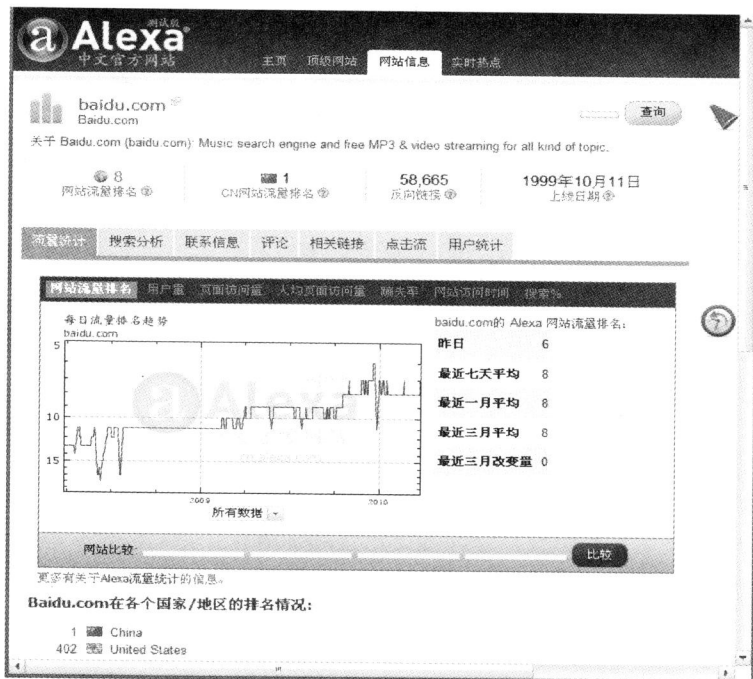

图 6-3-1　百度网站流量统计(2010 年 3 月 29 日)

---

①　2010 年 3 月 23 日,Google 退出中国内地市场,google. cn 网址跳转其搜索引擎香港站 google. com. hk。

排在 402 位;最近三个月的改变量 0(没有改变);反向链接(Sites Linking In)是其他网站到当前网站的链接数量(从一个网站到当前网站的多个链接只计算一次),反映网站的声誉,每季度更新。

流量统计包括网站流量排名、用户量、页面访问量、人均页面访问量、蹦失率、网站访问时间(分钟)、搜索％等。"用户量"是该网站的用户量占全球互联网用户量的百分比。"页面访问量"是该网站的页面访问量占全球互联网页面访问量的百分比。"蹦失率(Bounce)"是访问人次中,只访问一个页面的人次百分比;"搜索％"是百度的访问人次中,来源于搜索引擎的百分比。

图 6-3-2 是搜索分析的页面,显示 baidu.com 的访问量,来源于搜索引擎的百分比。包括搜索流量、顶级搜索关键词、baidu.com 的强影响力关键词等。

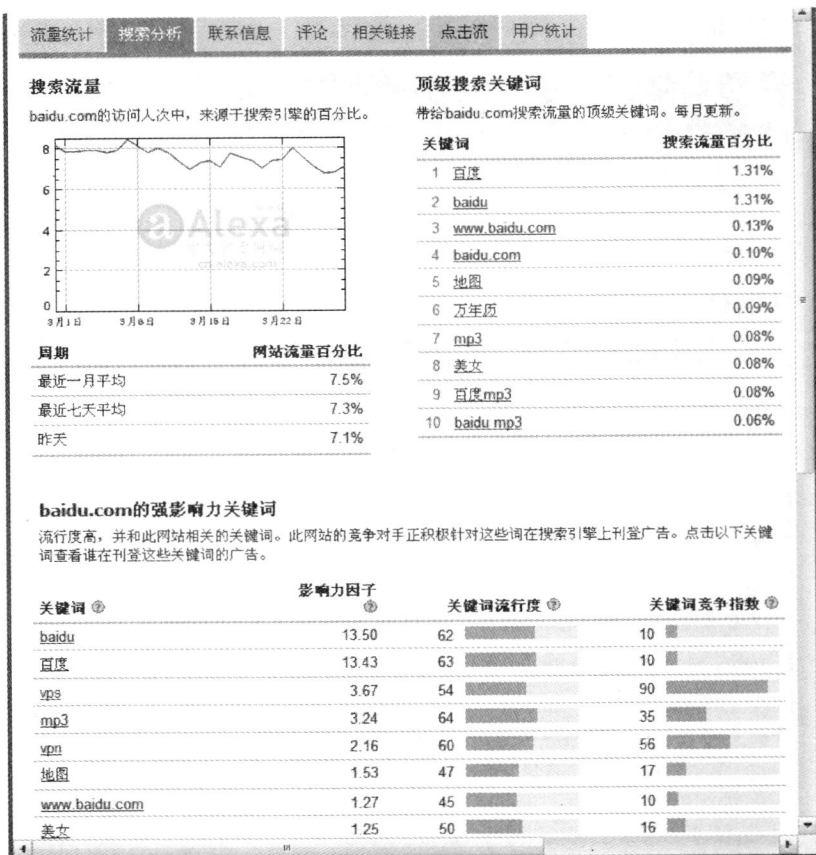

图 6-3-2 百度网站搜索分析(2010 年 3 月 29 日)

baidu.com 的强影响力关键词下的"关键词"是指带给"百度"搜索流量的短语,列表也可能包括这些短语的重复子短语,如"购买钻石指环"、"钻石项链"、"钻石手镯"都带给一个网站的搜索流量,则子短语"钻石"就可能出现在强影响力关键词列表中。

"影响力因子"表明关键词短语的广告竞争激烈,并且带给网站可观的自然搜索流量,是综合衡量一个特定短语对此网站搜索流量的重要性和竞争指数。该因子介于 0 到 100 之间,每月更新。

"关键词流行度"也是每月更新,是使用 0 到 100 的数值来度量用户搜索这些关键词的频率,数值越高表明频率越高。

"关键词竞争指数(QCI)"显示用户在搜索这些关键词时,搜索引擎显示广告数量的指数。该指数介于 0 到 100 之间,指数越高表明这个关键词的广告竞争越激烈。

图 6-3-3 是网站用户统计,同一般互联网人群相比,百度的用户在年龄、教育程度、性别、浏览地点和是否有子女分类中的受欢迎程度。如对于所有互联网用户,访问百度 18～24 岁的用户和平均值相近,而 25～34 岁的用户高于平均值,但 35～44、45～54、55～64 等三组用户低于平均值,这就显示出百度最受 25～34 岁的用户的欢迎。

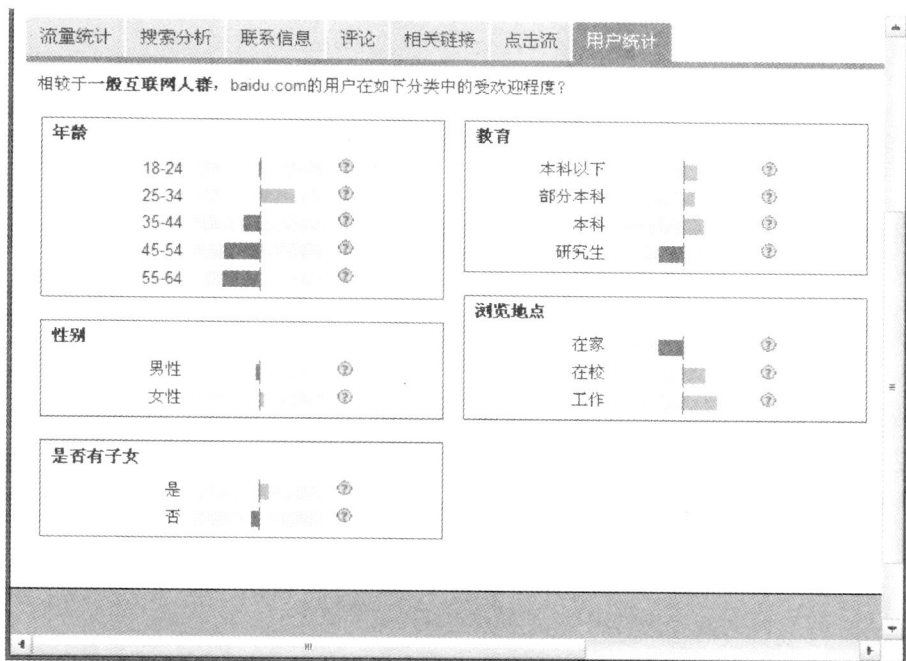

图 6-3-3　百度网站用户统计(2010 年 3 月 29 日)

2011 年 11 月,Alexa 中文网站关闭。图 6-3-4 和图 6-3-5 是百度网站的统计数据。

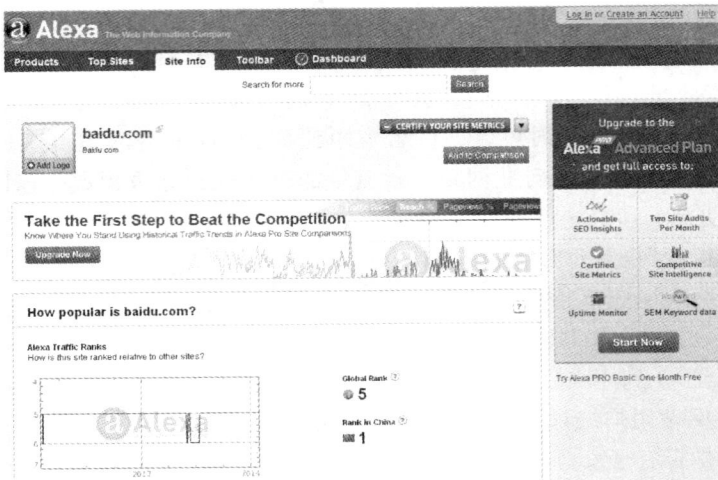

图 6-3-4　百度网站用户统计(2014 年 2 月 1 日)

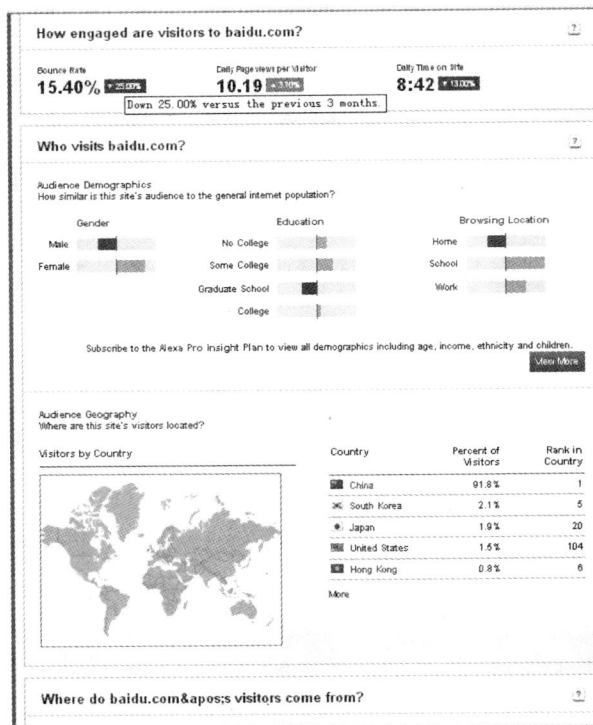

图 6-3-5　百度网站用户统计(2014 年 2 月 1 日)

四、网民调查——以 CNNIC 为例

中国互联网络信息中心（CNNIC）于 1997 年 6 月 3 日组建的管理和服务机构，行使国家互联网络管理和信息服务中心的职责。CNNIC 于 1997 年 11 月发布了第 1 次《中国互联网络发展状况统计报告》。从 1998 年起，该中心于每年 1 月和 7 月定期发布《中国互联网络发展状况统计报告》。2014 年 7 月发布了第 34 次《中国互联网络发展状况统计报告》。

1. 调查方法

第 1 次《中国互联网络发展状况统计报告》的统计数据截止时间是 1997 年 10 月 31 日，采用网上发布问卷（2 个月），在《计算机世界报》刊登问卷，收到有效问卷 1802 份，网民 62 万。第 6 次《中国互联网络发展状况统计报告》的统计数据截止时间是 2000 年 6 月 30 日，从 5 月 22 日到 6 月 30 日的网上调查，得到有效问卷 573902 份；抽样调查有效问卷 3679 份。第 7 次《中国互联网络发展状况统计报告》的统计数据截止时间是 2000 年 12 月 31 日，网上调查得到有效问卷 26667 份；网下全国抽样调查，其中电话有效问卷 62620 份，面访调查有效问卷 6000 份。第 8 次《中国互联网络发展状况统计报告》的统计数据截止时间是 2001 年 6 月 30 日，网上调查得到有效问卷 78342 份；网下抽样调查电话有效问卷 4828 份，在 95％ 的置信度下，最大绝度误差小于 2％。

第 9 次《中国互联网络发展状况统计报告》奠定了科学调查的基础。首次明确网民的定义，即平均每周至少 1 小时使用互联网的中国公民。报告第 6 部分是调查方法，将网下调查总体分为两个，一个是全国有住宅电话的 6 岁以上人群，采用电话调查，每省的样本量 1700，在 95％ 的置信度下，最大绝度误差小于 3％；另一个是全国高校的住校学生，采用面访调查。网上调查得到有效问卷 64627 份（详细内容请参阅延伸阅读 3）。第 12 次《中国互联网络发展状况统计报告》公布了网下调查成功率 3 为 33.5％。第 16 次《中国互联网络发展状况统计报告》公布，截至 2005 年 6 月 30 日，网民数超过 1 亿，达到 10300 万，95％ 的置信度下的置信区间为 9678 到 10922 万人。2009 年 7 月公布的第 24 次《中国互联网络发展状况统计报告》，首次使用互联网普及率，并追溯到 2005 年。

目前调查采用了网下电话抽样调查、网上联机、网上自动搜索和统计数据上报的调查方法。

电话抽样调查侧重于了解中国网民数量与结构特征、上网条件、网络应用、网民对互联网使用的态度和非网民状况。调查内容包括被访者是否上网，被访者背景信息，网民的上网行为、上网深度、上网体验等。

CNNIC 在 2005 年底曾经对电话无法覆盖的人群进行过研究,此群体中网民规模很小,随着我国电信业的发展,目前该群体的规模逐步缩减(2005 年底我国的电话用户数为7.4 亿户,2009 年 12 月底该数值达到 10.6 亿户)。因此调查研究有一个前提假设,电话无法覆盖人群中的网民在统计中可以忽略不计。

电话调查通过计算机辅助电话访问系统(CATI)进行。调查总体是中国有住宅固定电话(家庭电话、小灵通、宿舍电话)或者手机的 6 岁及以上常住居民。第 33 次调查的样本 60000 个,其中住宅固定电话用户、手机用户各 30000 个,样本覆盖中国大陆 31 个省、自治区、直辖市。

网上调查为非抽样调查,重在了解典型互联网应用的使用情况。第 33 次网上调查在 2013 年 12 月 10 日~12 月 31 日进行。将问卷放置在中国互联网络信息中心的网站上,同时在政府媒体网站、全国较大 ICP/ISP 网站与各省的信息港上设置问卷链接,由网民主动参与填写问卷。回收问卷后,通过技术手段进行答卷有效性检验,筛除无效答卷。

网上自动搜索主要是对域名、网站数量及其地域分布等指标进行技术统计,而统计上报数据主要包括 IP 地址数和网络国际出口带宽数。

2. 相关术语

网民:过去半年内使用过(平均每周至少 1 小时)互联网的 6 周岁及以上中国居民。

电脑网民:指过去半年通过电脑接入并使用互联网,但不限于仅通过电脑接入互联网的网民。

手机网民:指过去半年通过手机接入并使用互联网,但不限于仅通过手机接入互联网的网民。

农村网民:指过去半年主要居住在我国农村地区的网民。

城镇网民:指过去半年主要居住在我国城镇地区的网民。

调查范围:指中国大陆地区,均不包括香港、澳门和台湾地区。

3. 重要数据

图 6-3-6 和表 6-3-1 是第 33 次《中国互联网络发展状况统计报告》(数据截止日期为2013 年 12 月 31 日)公布的数据,表明网民的最基本情况。图中数据显示,2008 年互联网的普及率超过 20％,成为大众媒体。

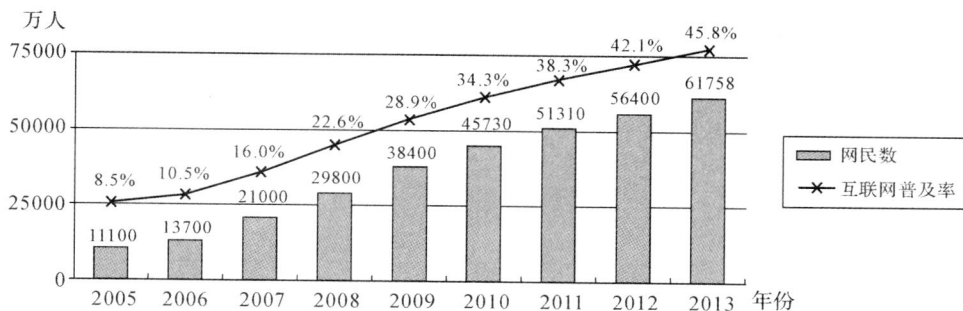

图 6-3-6　中网民规模和互联网普及率

表 6-3-1　2012—2013 中国网民对各类网络使用的使用率

应　用	2013 年		2012 年		年增长率（%）
	用户规模（万）	使用率（%）	用户规模（万）	使用率（%）	
即时通信	53215	86.2	46775	82.9	13.8
网络新闻 ①	49132	79.6	46092	78.0	6.6
搜索引擎	48966	79.3	45110	80.0	8.5
网络音乐	45312	73.4	43586	77.3	4.0
博客/个人空间	43658	70.7	37299	66.1	17.0
网络视频	42820	69.3	37183	65.9	15.2
网络游戏	33803	54.7	33569	59.5	0.7
网络购物	30189	48.9	24202	42.9	24.7
微博	28078	45.5	30861	54.7	—9.0
社交网站	27769	45.0	27505	48.8	1.0
网络文学	27441	44.4	23344	41.4	17.6
网上支付	26020	42.1	22065	39.1	17.9
电子邮件	25921	42.0	25080	44.5	3.4
网上银行	25006	40.5	22148	39.3	12.9

① 2012 年 12 月份未调查，此处定 2013 年 6 月份的数据。

续表

应　用	2013 年		2012 年		年增长率(%)
	用户规模(万)	使用率(%)	用户规模(万)	使用率(%)	
旅行预订 ①	18077	29.3	11167	19.8	61.9
团购	14067	22.8	8327	14.8	68.9
论坛/BBS	12046	19.5	14925	26.5	−19.3

　　表中数据显示,网络视频是第 6 大应用。但在即时通信、网络新闻、网络游戏等应用中均有视频,可以推断,随着网速的提升、移动平台的普及,网络视频的地位越来越重要。

第四节　媒体融合环境下的受众调查

　　媒体融合(Media Convergence)这一概念最早由美国马萨诸塞州理工大学的 L. 浦尔教授提出,其本意是指各种媒体呈现出多功能一体化的趋势。2003 年美国西北大学教授戈登归纳了美国当时存在的五种媒体融合类型:所有权融合(Ownership convergence),策略性融合(Tactical convergence),结构性融合(Structural convergence),信息采集融合(Information-gathering convergence),新闻表达融合(Storytelling or presentation convergence)。

　　媒体融合在我国的具体表现是"三网融合",即电信网、计算机网和有线电视网通过技术改造,能够提供包括语音、数据、图像等综合多媒体的通信业务,实现业务融合、市场融合,直至行业管制和政策方面的融合。

　　1994 年电子部联合铁道部、电力部以及广电部成立了中国联通,被赋予打破"中国电信"垄断地位的重任。1998 年 3 月,邮电部和电子工业部合并,成立信息产业部,同时改广电部为广电总局,要求将原广播电影电视部的广播电视传送网交给信息产业部。1998 年 3 月,王小强②等人在《中国电讯产业的发展战略》研究报告中,提出是"三网合一"还是"三网融合"的辩题。1999 年 9 月 17 日,国办发[1999]82 号文件明确规定:"广播电视及其传输网络,已成为国家信息化的重要组成部分","电信部门不得从事广播电视业务,广

---

　　①　定义为最近半年在网上预订过机票、酒店、火车票或旅行行程。
　　②　王小强:原体改委体改所副所长,当时任粤海企业集团经济顾问。

播电视部门不得从事通信业务"。

2001年3月国家十五计划纲要,第一次明确提出"三网融合",2006年3月国家十一五规划纲要要求推进"三网融合"。2008年1月1日,国务院办公厅转发发展改革委、科技部、财政部、信息产业部、税务总局、广电总局六部委《关于鼓励数字电视产业发展若干政策的通知》,提出"以有线电视数字化为切入点,加快推广和普及数字电视广播,加强宽带通信网、数字电视网和下一代互联网等信息基础设施建设,推进'三网融合'"。2009年5月19日,国务院批转发展改革委《关于2009年深化经济体制改革工作意见》的通知,指出"落实国家相关规定,实现广电和电信企业的双向进入,推动'三网融合'取得实质性进展"。2010年1月21日,国务院印发实施《推进三网融合的总体方案》,提出了电信网、广播电视网、互联网融合发展两步走的工作目标:2010至2012年为试点阶段,2013至2015年为推广阶段。2010年7月1日,国务院办公厅正式对外公布了第一批三网融合试点城市,包括北京、上海、大连、哈尔滨、南京、杭州、厦门、青岛、武汉、长株潭城市群、深圳、绵阳共12个城市。

2011年10月28日,广电总局公布《持有互联网电视牌照机构运营管理要求》,明确"互联网电视集成平台只能选择连接广电总局批准的互联网电视内容服务机构设立的合法内容服务平台,在提供接入服务前,互联网电视集成机构应对互联网电视内容服务平台的合法性进行审核检查"。国内的互联网电视牌照分为集成业务牌照和内容服务牌照,其中集成业务牌照即为俗称的集成播控牌照,仅发了7张,分别是中央电视台的中国网络电视台(CNTV)、中央人民广播电台的央广广播电视网络台(CNBN)、中国国际广播电台的中国国际广播电视网络台(CIBN)、上海的百视通、杭州的华数、南方传媒、湖南广电共7家互联网电视内容服务机构。获得内容服务牌照的运营商有13家,分别是中国网络电视台、上海广播电视台、浙江广播电视台、湖南广播电视台、南方广播传媒影视集团、中国国际广播电台、中央人民广播电台、江苏广播电视台、湖北广播电视台、国家新闻出版广电总局电影卫星频道节目制作中心(电影频道)、城市联合网络电视台(CUTV)、山东网络广播电视台、北京广播电视台。

2014年4月17日,作为中国三网融合试点工作主体之一的国家级有线电视网络公司——中国广播电视网络有限公司正式注册成立,公司类型为有限责任公司(国有独资),注册资本45亿元。

媒体融合对受众调查提出了更高的要求,跨媒体测量不仅对新媒体的发展意义重大,对传媒媒体的再定位和发展规划也起着重要作用。除了截面研究外,常用历时研究(longitudinal study)的趋势研究(trend study)和追踪研究(panel study)。趋势研究是对一般总体内部时间变化的研究,追踪研究是在抽样的基础上,对样本在不同时间进行多次调查。

一、趋势研究

年度、半年度、季度等周期的趋势研究在调查中有不可替代的作用。受众的追踪研究选择样本时要照顾被研究对象的全媒体的接触情况,很难实现平面媒体、电子媒体实时的研究,而趋势研究则可以对绝大多数媒体的受众消费行为进行问卷调查。

2009年CSM在全国120多个城市及全国测量仪网进行了关注度的跨媒体研究及媒体使用的满意度调查。以北京为例,调查不仅可以清晰地反映受众媒体消费的强弱布局,并且能进一步了解消费频次、媒介消费者的人口统计特征(Matthew Brosenne 等,2009)。

1. 受众的媒体使用专注度

尽管多媒体给受众提供了在某一较长时间内看电视、读报、上网的可能,但在短的时间内,受众的媒体使用是非常专注的。表6-4-1和表6-4-2是北京地区受众任意一天和半年内的专注度。

表 6-4-1 任意一天受众媒体专注度(%)

媒　体	被访者比例	接触媒体数量	被访者比例
电视	51.5	不接触媒体	4.6
网络	16.9	1	50.9
杂志	7.9	2	35.3
报纸	1.5	3	8.2
广播	1.3	4	0.8
		5	0.1

表 6-4-2 受众半年内接触媒体比例(%)

媒　体	被访者比例	接触媒体数量	被访者比例
电视	99.5	1	6.4
报纸	72.9	2	10.0
互联网	57.9	3	12.8
公交电视	53.8	4	16.1
户外广告	52.4	5	18.3
杂志	46.8	6	16.8

媒　体	被访者比例	接触媒体数量	被访者比例
广播	42.0	7	9.1
电影	25.6	8	6.5
楼宇电视	20.4	9	3.7
手机电视	2.1	10	0.3

无论任意一天或半年,北京受众的电视关注度都最高,互联网、报纸、公交电视、户外广告的比例也比较高。以任意一天进行调查,可以看出北京地区受众更多使用一两种媒体,而从半年的角度调查,选择两种到六种媒体的较为平均,都在10%～20%之间。可以推测,2009年受众高频率使用的媒体只有一两种,但随着技术的发展,媒体接触成本的降低、内容易得性的提高,受众多媒体接触的习惯会逐渐养成。

手机视频发展迅速。CNNIC第33次调查显示,2013年手机端视频、音乐等服务增长迅速,其中手机视频用户规模增长明显,截至2013年12月,我国在手机上在线收看或下载视频的用户数为2.47亿,与2012年底相比增长了1.12亿人,增长率高达83.8%。手机视频跃升至移动互联网第五大应用。

2.受众媒体接触的重叠度

2005年6月米迪马克调研公司(Mediamark Research & Intelligence)纳入捷孚凯市场研究集团(Gfk Group),提出了"同源样本、全方位媒介市场调研数据"的理念。2008年CSM"360跨媒体受众研究"以奥运会为契机,在国内首次进行具备同源性、连续性的跨媒体实时调研。调研提供了丰富的研究数据,表6-4-3是奥运期间受众不同媒体接触行为的重叠率(王兰柱,2009)。

从各列数据看,奥运会期间,受众在不同媒体形式上的接触行为具有显著的重叠性。受众同时使用电视、报纸杂志及网络的比例均超过60%。除手机电视用户外,对电视媒体的重叠度均接近100%。数据说明电视、报纸杂志及网络媒体在受众跨媒介组合使用中的主流地位,而电视媒体对受众的使用渗透性尤为强势。

从各行数据看,处于主流地位的电视、报纸杂志和网络受众,对其他媒体使用的重叠度较低。如电视观众仅对报纸杂志、网络的重叠度达到59.8%、56.3%,其他媒体都低于50%;网络受众只对电视、报纸杂志表现出较高的重叠度,分别为99.3%、64.1%,其他媒体均低于50%。

表 6-4-3　奥运期间受众对不同媒体接触行为的重叠率(%)

三城市	观看电视	收听广播	阅读报纸杂志	上网	看车载电视	看手机电视	看街面/楼宇电视	看户外电视	使用其他媒体
电视观众	100	25.6	59.8	56.3	32.5	2.1	7.2	13.1	6
广播听众	100	100	79.4	61	41.5	3.7	9.2	21.4	10.5
报纸杂志读者	99.8	33.9	100	60.8	43.6	3.2	10.6	17.6	9
互联网用户	99.3	27.5	64.1	100	38.8	3.3	7.4	15.9	8
车载电视观众	99.8	32.6	80.1	67.5	100	5	15.2	27.5	8.9
手机电视观众	94.8	43.1	87.3	83.5	73.8	100	31	40	40.2
街面/楼宇电视受众	99.2	32.7	87.9	57.9	68.3	9.6	100	54.9	15.5
户外电视观众	100	41.8	80.4	68.9	68.6	6.8	30.4	100	15.9
其他媒体受众	100	45	90.1	76.2	48.5	14.9	18.8	34.8	100

综合分析行、列数据能发现,广播、电视、报纸三大传统媒体的受众与网络的接触重叠度高,分别为 61%、56.3% 和 60.8%,对其他新媒体的重叠使用率均偏低。新媒体权衡需求(Weighted and Calculated Needs for New Media,祝建华,2004)理论认为,新媒体须具有对传统媒体互补的特质,才能增强其渗透和使用。此外,手机电视、户外电视及楼宇电视的受众在使用电视、报纸杂志、网络的同时,70% 左右(73.8、68.3、68.6)的用户也使用车载电视;电视、广播、报纸杂志、网络的受众中也有 30%～40% 的用户接触车载电视。

表 6-4-4 则进一步分析了"过去一个月听过广播"的听众与"过去一个月接触过互联网"的网民之间的复合关系。表中数据显示,广播听众中有 31.3% 为网民,而网民中则有 87.2% 为广播听众,这表明受众在变化中重组媒体消费成为不断发展的社会现实(郑维东,2009)。

表 6-4-4　广播与互联网受众之间的重叠关系

			广播		合　计
			听　众	非听众	
互联网	用户	internet 的%	87.2%	12.8%	100.0%
		radio 的%	31.3%	30.7%	31.2%
		总数的%	27.2%	4.0%	31.2%
	非用户	internet 的%	86.9%	13.1%	100.0%
		radio 的%	68.7%	69.3%	68.8%
		总数的%	59.8%	9.0%	68.8%

续表

		广播		合　计
		听　众	非听众	
合　计	internet 的%	87.0%	13.0%	100.0%
	radio 的%	100.0%	100.0%	100.0%
	总数的%	87.0%	13.0%	100.0%

数据来源:CSM 媒介研究 2009 年全国广播听众基础调查。

3.媒体选择

　　"360 跨媒体受众研究"的数据采用 InfoSys 软件建立消费目标的功能,可以将不同媒体受众划分为轻度、中度、重度、极重度四等(表 6-4-5)。从表中数据可以看出广播、电视的受众接触趋势具有一定的一致性,而广播、电视受众与互联网受众的接触趋势具有一定的互补性。当极重度的广播、电视受众的视听率较高时,其对互联网、网络视频的收视却相对降低。可见,在广播、电视与互联网、网络视频中投放广告,可以形成优势互补(Matthew Brosenne,于鹏;2009)。

表 6-4-5　广播、电视、互联网、网络视频的受众使用情况
(2008 年 7 月 27 日至 8 月 30 日)

目标受众	电视收视率%	网络视频收视率%	互联网收视率%	广播收听率%
电视轻度受众	8.21	1.47	6.67	0.56
电视中度受众	15.05	0.98	3.52	0.80
电视重度受众	22.53	0.38	3.48	0.99
电视极重度受众	**37.16**	**0.42**	**2.45**	**0.84**
网络视频轻度受众	20.64	0.22	4.23	0.50
网络视频中度受众	16.35	0.71	6.72	2.30
网络视频重度受众	17.90	1.89	6.36	0.58
网络视频极重度受众	**11.30**	**6.23**	**10.48**	**0.25**
互联网轻度受众	20.52	0.23	1.01	0.41
互联网中度受众	17.83	0.80	3.43	1.18
互联网重度受众	18.58	1.80	6.36	0.43

续表

目标受众	电视 收视率%	网络视频 收视率%	互联网 收视率%	广播 收听率%
互联网极重度受众	**15.27**	**2.66**	**14.22**	**0.76**
广播轻度受众	16.22	1.73	5.68	0.17
广播中度受众	18.91	1.49	5.09	0.65
广播重度受众	19.92	0.39	5.94	2.37
广播极重度受众	**22.27**	**0.61**	**3.51**	**7.31**

数据来源:CSM 360跨媒体受众研究。

二、追踪研究

追踪研究是难度较大的社会调查研究方法,设计要求十分严格,所需要的人力和财力投入很大,研究的周期长,一般由前期调查和一次或多次的追踪调查(也称后续调查)两个部分组成。

媒体融合测量的追踪研究很少。2008年CSM的"360跨媒体受众研究"即为追踪研究。研究涵盖电视、广播、报纸、杂志、互联网、移动车载电视、户外电视、楼宇/街面电视、手机电视等所有媒体类型,具有同源性、连续性。2008年7月27日到8月30日期间,在北京、上海、广州三个城市分别建立有代表性的固定样本组,样本量分别为320~330人,总计972名被试采用日记卡的方式进行实时数据调查,研究推及总体达1680.3万人的跨媒体受众(10岁以上、过去两周接触过互联网、移动车载电视、楼宇/街面电视的人)。调查还分别在奥运会前后进行了全面、深入的入户问卷调查。

1. 媒体的受众使用规模

2008年北京奥运期间,在全内容的媒体使用上,除电视受众规模基本稳定外,其他媒体均出现不同程度的下降。然而在奥运内容的媒体使用上,除杂志外,各媒体用户规模均有不同程度的提升。在全内容与奥运内容使用上,媒体受众规模变化的不同态势说明受众选择向"奥运内容"的集中。

表6-4-6 奥运传播各时期媒体全内容及奥运内容的受众到达率(%)

媒体类型	全内容			奥运内容		
	奥运前	奥运中	奥运后	奥运前	奥运中	奥运后
电视	98.5	99.6	96.6	83	99.2	64.2
互联网	60.7	56.5	52.4	34.2	44.5	19.1

续表

媒体类型	全内容			奥运内容		
	奥运前	奥运中	奥运后	奥运前	奥运中	奥运后
广播	26.1	25.5	21.2	15.7	20.7	8.5
报纸	62.3	58	49.9	44	50.7	26.3
杂志	24.2	16.6	13.2	6.4	6.1	2.5
户外电视	12.6	13	8.5	6.6	11.5	3.9
楼宇/街面的电视屏	10.1	7.2	3.9	4.3	4.5	0.6
车载电视	32.6	32.5	20.9	22.4	29.3	11.9
手机电视	2.2	2.2	0.9	1.1	1.9	0.4
其他媒体	6.7	6	2.4	2.3	3.2	0.9

　　网络媒体的稳定受众规模大于报纸媒体,但后者借助奥运内容吸引了更多的新增受众,并在受众的总体规模上超过了网络。受众获取奥运内容时形成的媒体选择顺序调整为:电视、报纸、互联网。

　　在全内容的媒体接触上,报纸的到达率的差距大于网络,即平均到每一天,报纸的用户规模少于网络,但在一段时间内的总接触人数却多于网络,这种情况说明报纸用户的流动性更强、新增用户多,网络用户规模则相对稳定。而在奥运内容使用上,报纸的日均及测量期间整体的受众规模均大于网络。

　　2.奥运传播强化了受众的媒体使用黏度

　　在全内容的使用上,电视人均每天收视时间达到 350 分钟,较奥运前增长近 100 分钟。虽然在奥运会期间,互联网用户使用时长受到电视媒体的冲击略有下降,但仍保持在 3 小时以上。奥运期间报纸杂志的使用时长则出现微小的下降,可能原因在于其出版周期固定、单次承载信息量有限的传播特点。在全内容的使用上,以网络、车载电视、户外电视为代表的新媒体,受众的使用分钟数仍超过奥运期间的平均数。这反映了这些媒体用户在非奥运内容使用时长上的增量,也说明受众使用黏度得到强化。

　　在奥运内容的获取上,如图 6-4-1 所示,奥运期间所有媒体的使用时长均出现不同程度的增量。电视增加量高达 180 分钟,其次是手机电视和互联网的使用都增加了 30 分钟以上。奥运后的媒体使用时长整体下降,电视下降了 160 分钟,网络、报纸、广播、手机电视等媒体也纷纷下降。

　　受众使用黏度较高的媒体依次是电视、互联网、广播。无论是在全内容或奥运内容

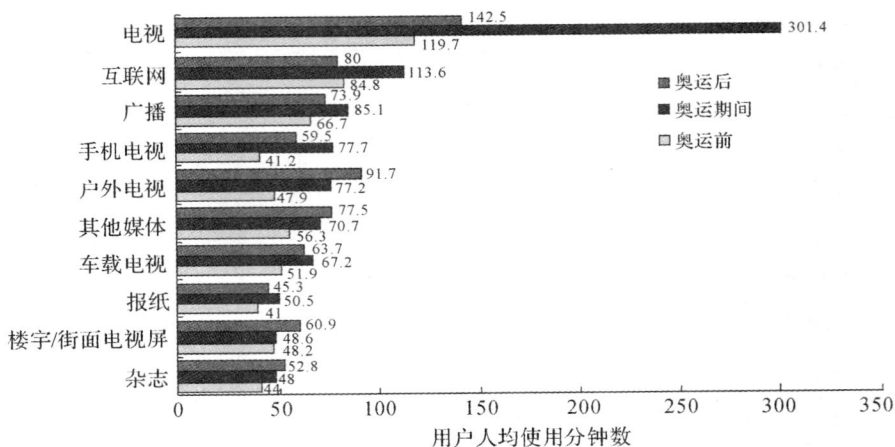

图 6-4-1　各媒体奥运内容的用户人均使用时长对比

使用,还是在奥运前、中、后三个时期的变化中,受众在媒介的使用时长上,均反映出这样的特点;受众对三个媒体的全内容的平均时长均超过 100 分钟。

3. 媒体综合满意度

受众对电视、广播、报纸、杂志等传统媒体的平均满意度高于互联网、车载电视、楼宇/街面电视和手机电视等新媒体。但新媒体与传统媒体平均满意度的差距已明显小于两者使用率之间的差距。

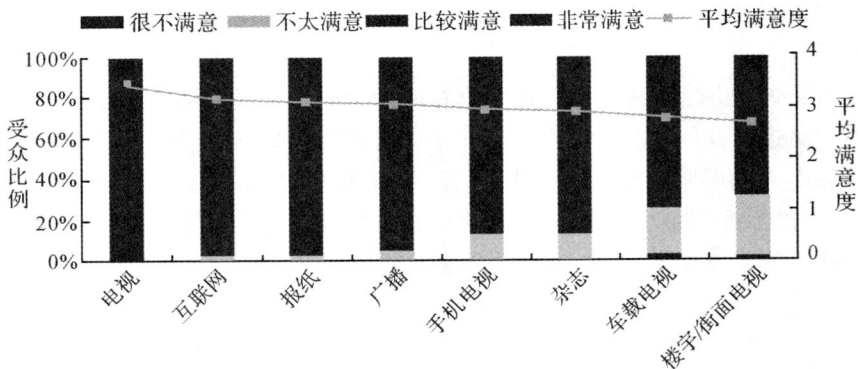

图 6-4-2　受众对各媒体在北京奥运会报道的综合满意度

在媒体内容的使用上,奥运传播强化了除广播外其他所有媒体的信息源地位,并使受众对所有媒体资讯的信任度提高。对于互联网、楼宇/街面电视、车载电视和报纸,"没有该媒体我会通过其他途径更好地了解信息"的态度表达被强化(图 6-4-3 中"8"均为正值),表明这些媒体在信息传播上的可替代性大,或必选性弱。

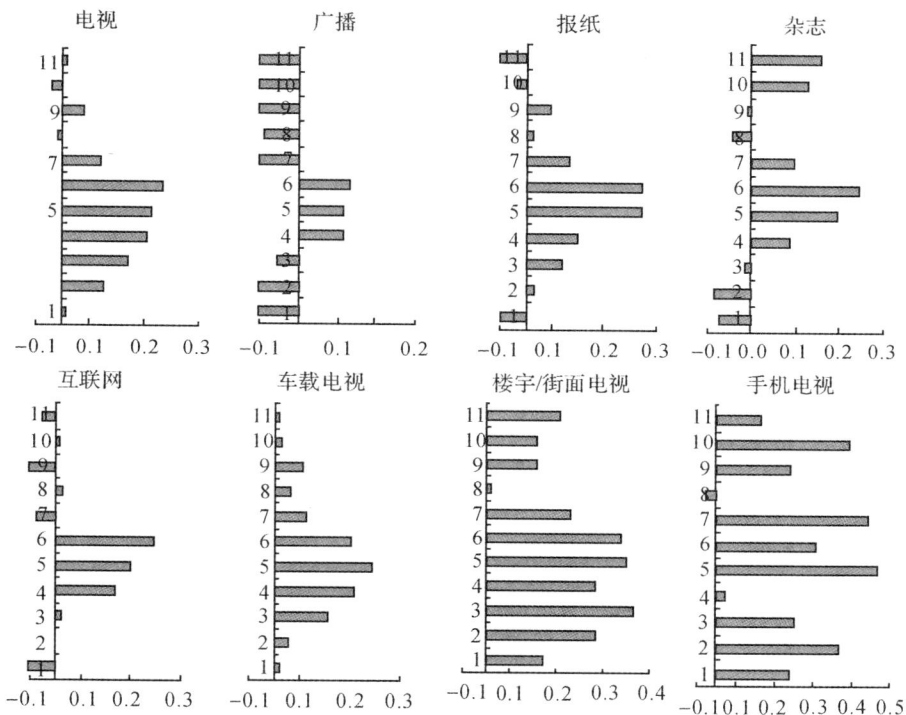

图 6-4-3 奥运会前后受众对各项媒体态度的均值差

图中的各项态度分别是:(1)该媒体是我生活中必不可缺少的一部分;(2)我总能在该媒体里找到喜欢的节目;(3)该媒体里的信息非常丰富;(4)该媒体里的资讯非常值得信任;(5)我较信任该媒体广告;(6)我愿意收看该媒体广告;(7)该媒体是我获取信息资料的最主要渠道;(8)没有该媒体我会通过其他途径更好地了解信息;(9)该媒体是我生活中重要的休闲娱乐工具;(10)对于重大事件,我总是从该媒体上了解最新动态消息;(11)该媒体是奥运报道的最佳媒体。

对于各种媒体,受众对资讯的信任度、广告信任度和收看意愿均有所提升(图 14-4-3 中"4、5、6"均为正值)。通过奥运传播,手机电视的各项指标都提高,奥运传播显示并巩固了手机电视良好的媒体形象。

后期满意度调查数据显示,在受众的媒体选择中,电视和网络是受众具有首选倾向的、满意度最高的第一层次媒体,其次是报纸和手机电视。电视和网络不仅是"生活中不可缺少的一部分",而且在信息的丰富性、资讯的信任度、娱乐功能上均是受众的首选。楼宇电视/车载电视的各项指标均处于最低水平。

三、电视与互联网

1.尼尔森公司关注社交媒体与电视收视率的关系

2013 年 3 月 20 日,尼尔森确认推特与电视收视率相关,首播节目(premiere episodes),推特量增加 8.5%,18～34 岁观众的电视收视率增加 1%,推特量增加 14%,35～49 岁观众的电视收视率增加 1%;而播出期间(midseason episodes)的关系更为明显,推特量增加 4.2%、8.4%,18～34 岁和 35～49 岁观众的电视收视率增加 1%。2013 年 8 月 6 日,尼尔森进一步量化电视收视率与推特推文量的关系。通过时间序列研究,电视收视率的激增能增加推文数量,推文数量的激增也能增加电视收视率,如图 6-4-4。

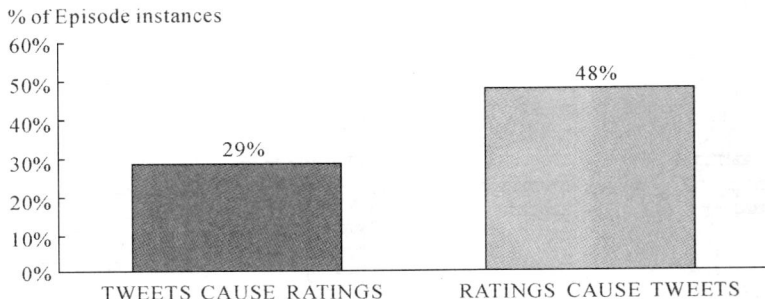

图 6-4-4 推特推文与电视收视率

图 6-4-5 尼尔森推特电视指数——每日

研究推文对不同电视节目类型的影响发现,推文对真人秀(competitive reality)影响最高,为44％,喜剧节目为37％,体育节目为28％,达到显著水平;戏剧节目为18％(数据来源:http://www. nielsen. com/us/en/newswire-the-follow-back-understanding-the-two-way-causal-influence-betw. html)。

2013年10月7日,尼尔森发布推特电视指数(Nielsen Twitter TV Ratings),提供每日(图6-4-5)、每周的数据(图6-4-6)(数量来源:http://www. socialguide. com/nielsen-twitter-tv-ratings/＃Daily)。

Nielsen Twitter TV Ratings
Weekly Top Ten 1/06 - 1/12

Subscribe

RANK	NETWORK	PROGRAM	DATE	UNIQUE AUDIENCE (000)	IMPRESSIONS (000)	UNIQUE AUTHORS (000)	TWEETS (000)
1	NBC	The 71st Annual Golden Globe Awards	1/12/14	10,437.0	378,174.5	713.3	2,359.2
2	CBS	The 40th Annual People's Choice Awards	1/08/14	8,124.4	84,151.3	481.6	1,995.5
3	ABC Family	Pretty Little Liars	1/07/14	6,901.2	66,628.2	472.7	1,335.4
4	ABC	The Bachelor	1/06/14	5,876.7	50,492.5	232.6	434.6
5	MTV	Teen Wolf	1/06/14	5,061.0	37,737.7	344.7	920.7
6	FX	American Horror Story: Coven	1/08/14	3,384.0	13,309.4	99.2	206.3
7	ABC Family	Ravenswood	1/07/14	2,734.6	12,110.7	88.2	181.2
8	USA	WWE Monday Night RAW	1/06/14	2,130.5	12,156.1	63.7	226.1
9	BET	Being Mary Jane	1/07/14	1,707.3	12,477.3	99.3	244.4
10	HBO	True Detective	1/12/14	1,659.6	3,715.4	22.2	27.8

图6-4-6　尼尔森推特电视指数——每周

同电视一样,广告商更关注推文的到达和影响。尼尔森推特电视指数测量4个指标。

"推文"是特定在线节目的推文数量(Tweets-Tweets ascribed to a linear TV episode)。

"作者"是对特定节目发过至少一个推文的推特账号数量(Unique Authors-Unique Twitter accounts that have sent at least one Tweet ascribed to a specific TV episode)。

"阅读"是特定节目的推文被阅读的总次数(Impressions-The number of times any Tweets ascribed to a TV episode were seen)。

"阅读者"是至少阅读特定节目一个推文的推特账号数(Unique Audience-The total

number of distinct Twitter accounts accruing at least one impression of one or more different Tweets ascribed to a TV episode)。

行为指标"推文"和"作者"的测量时段是,节目播出前 3 个小时到节目播出后 3 个小时。达到指标"阅读"和"阅读者"的测量时段是推文出现到节目播出后的上午 5 点。节目仅包括黄金时间、黄金时段之后的时段播出的节目但不包括体育节目。

2.国内的研究

电视节目收视率与微博讨论热度也呈现出正相关。新浪微博数据显示,2013 年夏季的 77 档综艺节目,新浪微博的总讨论量约 5 亿条,其中《中国好声音》的讨论量高居榜首,在收视率上也始终领先。央视—索福瑞与新浪微博联合发布的《2013 季播型电视综艺节目收视与微博讨论研究白皮书》显示,《快乐男声》的微博讨论量在"V 神计划"启动后的一周内飙升近一倍,收视率也迎来开播后的第一个高峰。分析显示,微博话题的倾向性与收视率同样有密切关系。2013 年 9 月 27 日《快乐男声》总决赛当晚,其收视率达到开播以来的最高峰,这一天的微博话题中,正向和中立话题数量的比例也最高。

2014 年 7 月 2 日,央视—索福瑞与新浪微博推出"微博电视指数"Beta 版,如图 6-4-7,网址是"http://huati.weibo.com/tv/zhishu"。该系统发布从节目开播前 6 小时起持续 24 小时的微博阅读人数、阅读次数、提及人数、提及次数的日榜和周榜。

图 6-4-7 微博电视指数——日榜

第五节 受众调查公司

受众调查是市场研究的一个特殊领域,经过 60 余年的发展,几家大型跨国公司掌握着全球收视率调查业的命脉。各国受众调查市场形成一家独霸或寡头垄断的局面。

一、外国公司

1. 美国

(1)尼尔森公司

1923 年阿瑟·查尔斯·尼尔森(Arthur C. Nielsen)在美国芝加哥创立 AC 尼尔森公司,测试工业设备的效率。1933 年建立医药零售店固定样本组,调查产品库存信息,后又增加食品指数调查。1939 年进入英国,第二次世界大战之后,迅速扩展到西欧、澳洲以及日本。1964 年出于对现状的强烈不满,退出全国广播测量业务。1981 年进入台湾市场。

1984 年 AC 尼尔森被美国著名的商业调查公司邓白氏公司(Dun&Bradstreet Company)收购。1996 年邓白氏将 AC 尼尔森拆分为尼尔森媒介研究(NMR)与 AC 尼尔森两部分,其中尼尔森媒介研究负责电视收视率调查,AC 尼尔森负责消费者调查和电影票房调查。1996 年在上海推出人员测量仪电视收视率调查服务。

1999 年荷兰联合出版集团(VNU)收购尼尔森媒介研究与 AC 尼尔森公司。2004 年 8 月 5 日,属于 Kantar 媒介研究(属于 WPP 集团)的 AGB 集团[①]和尼尔森媒介研究合并,成立 AGB 尼尔森媒介研究,整合 AGB 集团所有的公司与尼尔森媒介研究全部自有的电视收视率服务,VNU 和 Kantar 各占 50% 的股份,其收视率服务覆盖的主要市场包括澳大利亚、中国、中国香港、意大利、南非和英国。

2005 年 AGB 集团被 WPP 下属的 Kantar 集团收购。AGB 集团和尼尔森媒介研究宣布合并,整合 AGB 集团所有的公司与尼尔森媒介研究除北美外全部自有的电视收视

---

① 1964 年艾伯特·克鲁西(Alberto Colussi)在意大利创立 LCM Graman 市场研究公司,1976 年在意大利提供基于人员测量仪的收视调查服务。1986 年 LCM Graman 与 AGB Italia 合并,新公司依然名叫 AGB Italia。当 AGB 被拆分出售时,艾伯特·克鲁西于 1992 年获得 AGB Italia,成立了 AGB Media Service,为后来的 AGB 集团打下了基础。此后,AGB 集团的业务扩展到中东、东欧以及拉美的许多国家、澳大利亚等国。

率业务,在美国和加拿大以外的市场开展电视收视率调查业务。AGB集团的电视收视率调查服务在西欧和东欧已经占据了较强地位,而尼尔森公司则在亚太地区优势更加明显,二者在市场等方面有很多互补性。

2006年VNU被六家私有公司并购并进一步成为私有公司,不再是上市公司。2007年,VNU更名为尼尔森公司(The Nielsen Company)。新的名称是为了强调一直以来为外界熟悉的品牌名称。目前尼尔森占据北美的收视调查市场,尼尔森媒介研究陆续进入亚太市场,欧洲的爱尔兰、瑞典,非洲的南非等国。

对于全国电视网,1987年以前,NMR采用家庭收视日记卡收集全国收视数据,而后改用人员收视仪。NMR在全国有近5000个样本家庭户,按每户2.6人计算,有13000个样本人。NMR公司的全国电视网收视率称为Nielsen电视指数(NTI, Nielsen Television Index),全国电视收视率报告被称为"袖珍报告(pocketpiece)"。袖珍报告每周发行,提供各种常规的收视率数据。

（2）阿比创

阿比创公司(Arbitron Company)是一个从事媒介和市场研究的国际公司,为美国、墨西哥及欧洲的广播、广告代理机构以及户外广告公司提供服务。核心业务包括电台收听率调查;地区性电视和有线电视收视率调查;网络、直播卫星等新媒体的使用调查;零售、产品调查并提供相关咨询服务。

地方性广播收听调查市场由阿比创公司垄断。阿比创公司采用日记法每年对268个广播市场调查两次,持续12周。93个市场拥有连续数据,每年出版4份市场报告。收听率调查在大都市调查区域(Metro Survey Areas)内开展,这些区域同联邦政府的大都市区域的划分基本一致。此外,阿比创常年提供地理范围更大的全部调查区域(Total Survey Areas)的收听率报告。对排名前100的广播市场,阿比创在春秋两季按照电视DMA市场提供商业广播电台的收听率报告。

阿比创的服务主要针对地方性市场,但也可以提供县一级的报告,并整合各地方市场的数据,提供全国广播收听信息。阿比创还生产某些听众群体的专题报告,如1996年出版的黑人听众报告,1998年关于拉丁裔的专项报告。

2001年阿比创研发出便携式个人测量仪(PPM),2010年在PPM基础上研发出新一代受众测量设备PPM360,进行包括电视的全媒体测量,2012年12月被尼尔森公司收购。

（3）统计研究公司

统计研究公司(SRI:Statistical Research Inc.)的听众调查(RADAR)报告是通行的美国全国广播网收听报告。SRI通过随机数字拨号(RDD)程序来采样,然后从每个样本户随机选取一个12或12岁以上的家庭成员,在随后的一周内进行每天一次的跟踪访问,每年要进行 48 周。SRI 的回复率是 45%。

RADAR 以 12000 样本的电话访问为基础,分三卷。第一卷名为"全国广播收听",提供全体观众不同时段及每 15 分钟的听众构成及收听习惯,没有具体广播网的信息。第二、三卷分别名为"所有广告听众"、"节目中广告听众",包括 RADAR 测量广播网的全部听众。SRI 还为很多媒体客户提供专项服务,如电话实时访问,以对其他调查方法进行检验。

2. 英国

1962 年大不列颠稽核局(Audits of Great Britain,AGB)在英国成立。1966 年,AGB 赢得了英国广播公司(BBC)的合同,开始在英国进行电视观众测量。20 世纪 80 年代中期,AGB 公司开发了新型人员测量仪后,试图进军美国,但尝试失败了。1991 年,AGB 公司被拆分出售,其在英国的部分被 Addison Consultancy(Taylor Nelson 演变而来)获得,不久这家合并后的新公司改名为 Taylor Nelson AGB,成为当时英国最大的市场调查公司。

1997 年,该公司收购法国的 Sofres,并改名 Taylor Nelson Sofres,即 TNS 市场研究公司(特恩斯市场研究公司,也被称为索福瑞集团)。

2008 年 9 月,WPP 获得欧盟的同意,以 11 亿英镑收购索福瑞集团。

英国广播受众研究委员会(BARB:Broadcaster Audience Research Board)成立于 1980 年,分别委托两家公司进行收视率调查工作。一家是电视研究公司(Television Research Limited)负责样本户部分的工作,包括基础调查、样本户的更新维护与控制等。另一家 TNS 则负责资料搜集工作,包括测量仪(people-meter)的提供与安装、资料搜集与统计分析等。英国收视率调查采用人员测量仪作为搜集资料的工具,样本户总共有 4485 户,为了反映总体的结构,负责样本维护与控制的电视研究公司,每年要进行一次 4 万人规模的基础调查。根据调查结果对样本进行调整与控制,以便使样本能够充分地代表总体。

3. 法国

法国从 1954 年开始通过电话和信函进行收视率调查。1958 年成立了专门机构——广告载体研究中心(CESP),1964 年开始建立一个拥有 13000 个样本(通过谈话来进行)的收视率调查系统,一年公布四次调研结果。1967 年,从原来的广告载体研究中心中分出的舆论研究中心,专门调查收视率和电视观众的满意程度。1985 年改制为 Mediametrie 的股份制公司,把收视率的调研结果产品化,成为法国最主要的收视率数据供应商。

索福瑞从 1985 年开始,法国索福瑞(Sofres)公司也开始提供收视率调查服务。20 世纪 90 年代后期,Taylor Nelson 和 Sofres 公司合并使 TNS 成为法国最大的市场和媒体研究机构。

4.日本

日本最早的有组织收视率调查起源于 1954 年,NH 放送文化研究所实施的面访式调查。次年,日本电通广告公司以日记卡法在东京进行收视率调查。1961 年 6 月,AC 尼尔森进驻日本市场。

1962 年 12 月,日本本土收视率调查公司 Video Research 成立。它是由电通广告公司联合多个有实力的地方民营电视台所创立。VR 发展成为日本市场与媒介研究的旗舰。VR 主要采用人员测量仪系统提供收视数据,在一些特定地区,还使用日记卡进行收视率调查。另外 VR 还提供全日广播收听率数据,调查方法为日记卡法,记录时段为 15 分钟。通过日记卡收集听众在家中或户外的收听情况。这种收听率调查每年进行 6 次,共调查 12 到 59 岁的男性 2596 人。调查在每年 4 月、6 月和 8 月进行两周,在 2 月、10 月和 12 月各进行一周。

1994 年,AC 尼尔森在日本关东地区推行人员测量仪以替代原有的日记卡调查法。由于采用了人员测量仪,日本民间电视台的收视率数据大幅下滑,直接影响到广告收入。为此,日本私营广播电视业强烈反对尼尔森通过人员测量仪进行收视率调查,纷纷与尼尔森解约。1997 年 Video Research 开始逐步使用人员测量仪进行收视率调查。尼尔森因为缺乏与业内的良好沟通,虽然率先进行了技术革新,却反被 Video Research 占了上风。2000 年 3 月,AC 尼尔森退出日本,Video Research 独家垄断。

5.韩国

韩国现代意义上的收视率调查开始于 1991 年 12 月,由韩国媒体服务公司(Media Service Korea,简称 MSK)与盖洛普市场调查公司(韩国)共同实施,引入先进的仪器法测量,从 1992 年开始,MSK 独立进行调查,样本量不大,仅有 275 户,但却是韩国收视率调查走向成熟的开端。1996 年 6 月,MSK 在收视率调查方面已经累积了一定的经验,采用人员测量仪进行调查。1998 年 12 月,TNS 进入韩国市场,并于 1999 年由 TNS Media Korea 正式开始收视率调查服务,成为 MSK 的有力竞争者。1999 年,尼尔森接管 MSK,韩国尼尔森媒介研究(Nielsen Media Research Korea)开始在韩国进行电视观众测量业务,至此,韩国收视率调查市场两强竞争的格局初现。时至今日,依然是由 AGB 尼尔森和 TNS Media Korea 两家公司从事收视率调查,呈现"双寡头垄断"结构。

二、国内公司

1. 受众调查的起步

《人民日报》率先在 1976 年 11 月 19 日恢复"读者来信"专栏之后，电台和电视台的受众工作也逐步走上正轨。1977 年中央人民广播电台恢复了听众联系组，1982 年 12 月 24 日升格为听众工作部。

1982 年，打破了新闻研究中定性分析一统天下的局面。1982 年 4—8 月，中国社会科学院新闻研究所和北京市新闻学会发起，《人民日报》《工人日报》《中国青年报》和北京广播学院共同组成的北京新闻学会受众调查组，在北京展开了一次大规模的新闻受众调查，首次对报纸、广播、电视的传播效果进行了综合研究。调查组采用国际通行的抽样调查法，以北京地区 12 周岁以上人口为抽样总体，严格按照随机原则，首次用电子计算机抽选样本，直接面访，共调查 295 个单位计 2430 人。并对 10％的样本进行复查，不合格者重新调查，获有效问卷 2423 份，回收率达 99.7％。调查结果于 1983 年 1 月 30 日由《中国日报》发布，在国内外引起很大反响。国外传播学者认为北京调查"是中国共产党恢复了实事求是思想路线的产物"。我国新闻传播界公认北京调查是我国运用现代科学方法调查受众的起点，具有里程碑意义。

1983 年浙江、江苏两省相继开展全省受众抽样调查。1985 年复旦大学新闻系采用问卷和日记法相结合的方法，开展"上海市区新闻传播受众调查"。这些调查资料及研究成果，有相当一部分收集在陈崇山、弭秀玲主编的《中国传播效果透视》(1989)一书中。

1986 年中央电视台进行了一次全国 28 个城市观众抽样调查，是中国首次大范围、专门的观众调查。从 1986 年开始出版《中国广播电视年鉴》，每年编印一册，是反映我国广播电视事业基本情况和发展变化的资料工具书。1986 年的《中国广播电视年鉴》有 18 个部分，"听众观众调查与反应"部分收集了"中央人民广播电台听众调查综述(1983—1985年)"、"中央电视台电视观众收视情况调查(1985 年 5 月)"、"江苏电视台观众情况调查报告"、"广播电视对上海少年儿童的影响"等调查报告。

1986 年收视率走上前台。中央电视台开始运用计算机进行日常收视率统计，一些地方台也纷纷开展收视率调查尝试。

1987 年 6 月至 1988 年 7 月，中央电视台会同各省、直辖市、自治区电视台(宁夏和陕西没有参加)，进行了我国第一次城乡范围的电视观众问卷调查。调查采用二相分层抽样，抽取样本 24893 人，其中城市样本 19970 人，占 80.22％。调查结果显示，截至 1987年 7 月，中国内地的电视观众达到 6 亿人，约占全国人口的 56％，是世界上电视观众绝对数最多的国家；1987 年电视机的居民拥有量近 1.2 亿台，拥有电视机的家庭占全国总户数的 47.8%;经常看电视的观众占 78%,电视观众接触电视的频率高于广播和报纸。

调查数据还表明出一些现在仍然有意义的观点。第一,绝大多数观众不反对电视广告,对广告的数量和质量则有不同的意见。认为广告"必不可少"和"可以有"的观众合计占 75%。第二,香港和国外的影视剧基本得到观众肯定。应该"择优播放"和"多放"香港和国外的影视剧观众分别占 47%、25%。第三,电视观众选择节目类型的意向明显。46%的电视观众把"有情节、故事性强、能娱乐消遣"的电视节目排在第一位,42%的电视观众把"与我生活联系密切,能帮助我了解和认识世界"的节目排在第一位。

1989 年 3 月,上海广播电视局在上海市区居民中进行过一次"上海是否增设早晨电视新闻节目的调查",结果是:"近期尚无条件与必要增设早晨电视新闻节目","就现阶段而言,电视新闻应着重于进一步充实内容,提高质量,增强时效",而从长远来看,"将来增加电视播映时间,增加早晨电视新闻是必然的……这取决于市民生活质量的提高以及上海市经济发展的进程。"这次调查的结论也许并不新奇,但其决策思路无疑是一种进步,对电视界的影响也很积极。

1990 年 9 月,北京举行第 11 届亚运会。由广播电影电视部政策法规司牵头,北京 8 家新闻单位组成调查组,进行了两次受众调查(亚运会前后各一次),同时进行了 7 项专门调查。据此调查柯惠新博士研究出"亚运会广播电视宣传效果数学模型",填补了我国传播学研究中的一项空白,调查成果收入赵永福主编的《中国社会心理轨迹:亚运会宣传效果调查报告集》(1991)。

1991 年,中央电视台创建"全国电视观众调查网"。同年中国社会科学院新闻研究所成立《传播与人的现代化》课题组,研究新闻传播同受众现代化观念的关联性,4 月同浙江省广播电视厅受众研究组合作,开展浙江省第二次受众抽样调查。

中央人民广播电台分别于 1988 年、1992 年 10 月、1997 年 9 月组织了三次全国听众调查。广东人民广播电台从 1994 年起开展全省性的广播听众抽样调查。1996 年 9 月广东人民广播电台委托赛立信公司进行全省听众研究和收听率调查,采用随机抽样、入户访问、日记卡的方法收集数据,有效样本 2600 个,记录时段为 30 分钟。自此,国内有了严格意义上的广播收听率调查。

1996 年 6 月,广播电影电视部颁发了"关于在广播电视系统推荐使用全国电视观众调查网电视收视率数据的通知"。

2. 央视—索福瑞媒介研究(CSM)

央视市场研究股份有限公司(CVSC-TNS Research,简称 CTR)成立于 1995 年,是目前中国最大的市场调查和媒介研究公司,2001 年改制成为股份制企业,主要投资方为中国国际电视总公司和 TNS。

1997 年 12 月 4 日,由原央视调查咨询中心和法国索福瑞(Sofres)集团合作正式成立了央视—索福瑞媒介研究(CSM)。CSM 拥有世界上最大的广播电视受众调查网络。2009 年 CSM 覆盖 5.6 万余户样本家庭及超过 18.4 万样本人口;电视收视率调查网络所提供的数据可推及中国内地超过 12.3 亿和香港地区 630 万的电视人口;广播收听率调查的数据则可推及中国超过 7000 万的广播人口。截至 2009 年 10 月,CSM 已建立起 186 个提供独立数据的收视率调查网络(1 个全国网,25 个省级网,以及包括香港特别行政区在内的 160 个城市网),对 1268 个电视频道的收视情况进行全天不间断调查;在中国 34 个重点城市开展收听率调查业务,对 404 个广播频率进行收听率调查。(资料来源:2009 年 11 月 6 日,http://www.csm.com.cn/about/index.html)。2014 年 CSM 覆盖 6.24 万余户样本家庭及超过 20.2 万样本人口;其电视收视率调查网络所提供的数据可推及中国内地超过 12.7 亿和香港地区 640 万的电视人口;其广播收听率调查的数据则可推及中国超过 1.66 亿的广播人口。截至 2014 年 1 月,CSM 已建立起 177 个提供独立数据的收视率调查网络(1 个全国网,25 个省级网,以及包括香港特别行政区在内的 151 个城市网),对 1204 个电视频道的收视情况进行全天不间断调查;在中国 35 个重点城市及 4 个省开展收听率调查业务,对 449 个广播频率进行收听率调查。(资料来源:2014 年 1 月 26 日,http://www.csm.com.cn/about/index.html)。主办《收视中国》、《收听研究》等杂志。

3. 尼尔森网联

除 CSM 外,在中国受众率调查业中另一家重要的公司是尼尔森网联公司。1996 年 AC 尼尔森在上海成立办事处,开始提供广播、电视的受众调查服务。到 2007 年年底,在 16 个省及直辖市设置 18000 个样本户家庭,收集电视收视资料,16 个省及直辖市将占全国约 70% 人口,80% 以上 GDP 总量。但由于 WPP 于 2005 年和 2008 年收购 AGB 尼尔森和索福瑞,2009 年 AGB 尼尔森退出了中国收视率调查市场(请看延伸阅读 1)。

详情参见:尼尔森网联《爱看》2013 年第四期

2010年7月26日,华数数字电视传媒集团(简称华数集团)与尼尔森合作,组建尼尔森网联媒介数据服务有限公司(Nielsen-CCData),专注数字化环境下的媒介研究和受众研究。尼尔森网联以海量样本收视率与全媒体广告信息数据为核心,为网络运营商、电视台、广告主和广告运营机构提供媒介和广告数据监测及研究服务。截至2014年1月,尼尔森网联建立了40个城市的海量样本收视率调查,其中北京、广州、成都、杭州4个城市是到户加到人收视数据,德阳、邯郸2个城市是到人收视数据,安吉、长兴、扬州、寿光、无锡、荆州、郴州、长沙、金华、南京、西安、咸阳、宝鸡、宿迁、厦门、嘉兴、郑州、温州、昆明、安阳、大连、榆林、延安、渭南、南阳、信阳、洛阳、濮阳、汉中、铜川、商洛、张家港、安康、重庆等34个城市提供到户数据;上海、香港提供非海量收视数据。主办《爱看》杂志。

4.赛立信

1996年12月,黄学平、潘子仪等创办赛立信市场研究有限公司。"赛立信"为英文"SELECTION"的音译,有"精英"之义。赛立信研究集团(SMR)总部位于广州,主要从事市场研究服务、媒介研究服务、商业信用管理服务、竞争情报研究服务,包括赛立信市场研究有限公司、赛立信商业征信有限公司、赛立信媒介研究有限公司、上海赛立信信息咨询有限公司、北京赛立信市场调查有限公司、赛立信资讯(香港)有限公司,以及设于深圳、武汉、成都、西安、厦门等城市的现场执行机构。

2003年12月赛立信推出广播节目评估 & 广播价值分析系统(BPES),2008年4月升级为BPESTM,成为广播收听市场调查的主要公司。赛立信出版《数据广播》、《信用风》、《竞争商情月报》、《满意度研究月刊》等电子杂志。(资料来源:2014年1月30日 http://www.smr.com.cn/Index.asp)

5.北京美兰德媒体传播策略咨询有限公司

北京美兰德媒体传播策略咨询有限公司(CMMR:China Mianland Media Research Co.,Ltd)是北京美兰德集团的全资子公司。北京美兰德集团于1992年从国家统计局脱胎成立,是国内市场调研咨询业的先行者和开拓者。2002年在北京美兰德信息公司媒介部基础上,成立了北京美兰德媒体传播策略咨询有限公司,专门进行媒体调研领域方面的研究。

从 1999 年开始到 2013 年,美兰德连续 15 年进行中国电视频道覆盖及收视状况调研,为近百余家中央级、省级、著名境外电视媒体提供媒介传播通路及受众研究咨询服务,并通过 CMMR 的受众研究数据库向数百家国际/国内知名广告公司和广告主提供了专业的媒体传播通路受众调研数据,支持了广告市场的规范理性运作;主办《覆盖与传播》杂志。(资料来源:2014 年 1 月 28 日 http://www.cmmrmedia.com/)

延续阅读

1.马旗戟.今日垄断促生明日变革——如何看待 AGB Nielsen 退出中国电视收视率市场.广告大观综合版,2009(2).

2.葛进平整理.盖洛普与民意调查.

3.CNNIC.第 9 次《中国互联网络发展状况统计报告》.

思考题

1.简述电话调查在目前受众调查中的作用。

2.思考数字技术下受众调查的新方法。

3.分析目前我国受众调查产业的状况。

知识点

1.受众调查

2.第一家收费广播电台

3.听众来信优势

4.广告主的介入是电视受众调查的主要特征

5.广播分析合作社(CAB)

6.电话回忆法

7.电话实时调查

8.胡珀收听率

9.节目单回忆法与"纽约脉搏"

10.美国调查局(ARB)与日记法

11.ARB 与阿比创

12.受众测量仪的发明

13.个人测量仪

14.尼尔森

15.央视—索福瑞媒介研究

16.海量样本收视调查

17.Alexa 与网站评价

18.CNNIC 与网民调查

19. 尼尔森推特电视指数

参考文献

1. 方汉奇,李矗. 中国新闻学之最(第 1 版). 新华出版社,2005.

2. 中国广播电视年鉴编辑委员会. 中国广播电视年鉴 1986. 中国广播电视出版社,1987.

3. 陈崇山. 广电受众调研工作的加强. http://www.zjol.com.cn/node2/node26108/node30205/node30253/node30255/userobject7ai1373.html.

4. 刘燕南. 电视收视率解析:调查、分析与应用(第 2 版). 中国传媒大学出版社,2006.

5. 韦伯斯等著. 视听率分析:受众研究的理论与实践. 华夏出版社,2004.

6. 黄学平. 广播收听率调查方法与应用(第 1 版). 中国传媒大学出版社,2006.

7. 白祥保. 中央电台民族广播中心:民族语言广播展风采. http://www.cnr.cn/zggbb/jiemu/200911/t20091119_505641281.html.

8. 中国国际广播电台. http://baike.so.com/doc/5385019.html. 2014-1-16.

9. 徐文华. 中央电视台国庆六十周年阅兵式电视直播效果调查. http://news.cctv.com/china/20091001/103666.shtml.

10. 黄海华. 随机抽样调查:逾八成上海市民收看收听国庆阅兵直播. 解放日报,2009 年 10 月 2 日.

11. 羊城晚报. 舆情调查近半市民给阅兵式打满分. http://news.qq.com/a/20091002/001015.htm.

12. 钱践. 美国电视业中的受众调查部门为决策服务 http://www.cctv.com/tvguide/special/wyh/20050909/101359.shtml.

13. 谷征,徐展. 国外收视率调查业的发展历程及其特征解读. 中国广播电视学刊,2011(11).

14. 王兰柱,苑京燕. 视听率调查的发展历程. 收视中国,2006(4).

15. MRC. MRC Statement on Recent Arbitron PPM Accreditation Actions. January 12,2010. http://www.mediaratingcouncil.org/news.htm.

16. Alexa 网站:http://www.alexa.com

17. 中国互联网络信息中心. 第 N 次中国互联网络发展状况调查统计报告. http://www.cnnic.net.cn.

18. Matthew Brosenne,王建平,李中毅,于鹏. 多媒体测量:摸着石头过河. 收视中国,2009(12).

19. 王兰柱. 跨媒体传播中的受众选择——以奥运跨媒体传播为例. 现代传播, 2009 (5).

20. 郑维东. 新媒体趋势与广播发展: 关于消解与重塑的讨论. 收听研究, 2009(5).

21. Matthew Brosenne, 于鹏. 同源数据可以承受之重: 多媒体业态推升 CSM 全媒体测量新理念. 收听研究, 2009(5).

22. 央视—索福瑞 新浪微博强强联手 打造国内首个微博收视指数. http://www. csm. com. cn/index. php/Home/News/show/id/321. html.

第七章

受众调查指标体系

　　指标是衡量总体数量特征的单位或方法，由指标名称和指标数值两部分组成。指标按其所反映的总体内容不同可分为数量指标和质量指标，按其作用和形式不同可分为总量指标（绝对数）、相对指标（相对数）和平均指标（平均数）。指标体系是若干个相互联系的指标组成有机整体，反映总体的各个方面。认识社会经济现象（总体）就是研究它的指标体系。

　　收视指标体系是测量谁在看，看什么内容，看多长时间的一系列指标。为此以到达率（测量谁在看），人均接触分钟数（测量看了多少时间），收视率（测量看什么）三个指标为源头，构成收视指标体系，如图 7-1。

　　目前各国遵循的国际准则是 1999 年版的《全球电视受众测量指南》（GGTAM）。中国广播电视协会电视受众研究委员会组织业内专业人员、电视收视数据用户、中国传媒大学专家等参加的"中国电视收视率调查准则及实施"课题组，制定《中国电视收视率调查准则》，从 2009 年起在行业内实施。2013 年 12 月 31 日国家标准化管理委员会公布"电视收视率调查准则"（GB/T 30350—2013），2014 年 7 月 1 日起执行。准则的归口单位是全国市场、民意和社会调查标准化技术委员会，起草单位是中国广播电视协会、中国标准化研究院、中央电视台、中国传媒大学、央视—索福瑞媒介研究有限公司、上海广播电视台、湖南广播电视台、中国信息协会市场研究业分会、中国广告协会。

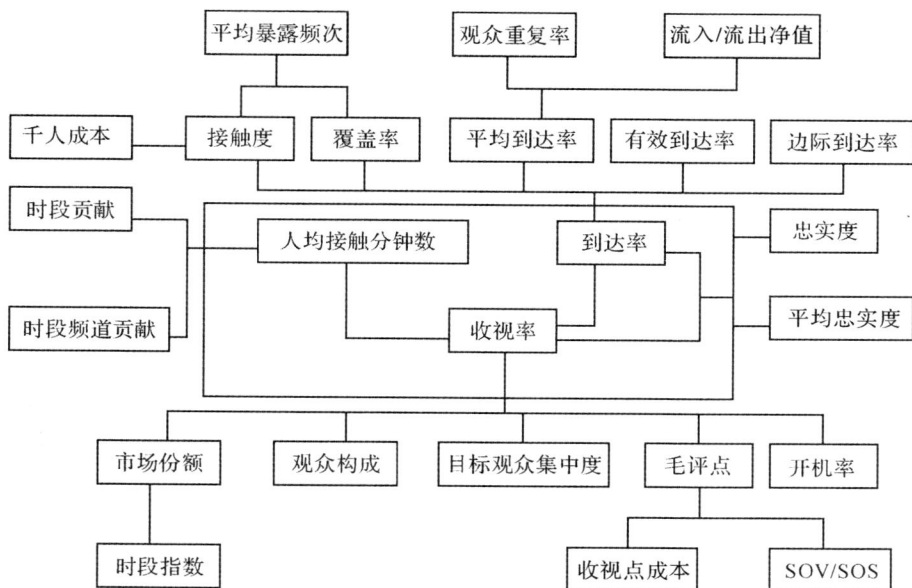

图 7-1　收视指标体系

第一节　收视时间及相关指标

观众收视时长是受众行为指标体系中最基础的指标。观众收视时长可以直观地判断观众的收视量,是收视率分析中常用的指标。收视时长通常指平均每天(日平均收视时长)或平均每周(周平均收视时长)实际收视观众的收视时长总和与总体电视推及人口的比值,单位一般是分钟或小时。

一、人均日收视时长与人均日收视时长(观众)

人均日收视时长,又称人均收视时长是观众日平均收视时长(分钟)与总体电视推及人口的比值,可针对特定频道或时段进行计算。

$$人均日收视时长(分钟) = \frac{\sum_{i=1}^{n} 收视分钟数_i \times 权重_i}{总天数 \times 总体推及人口}$$

当"总体推及人口"被换成"总体收视人口"时,该指标就是平均每天每个实际观众的人均收视时长了,可表示为人均日收视时长(观众)。

【例1】 某电视市场的所有电视人口有 A、B、C、D、E、F、G、H、I、J 等 10 人。某节目播出时间 18:00～22:00,该节目连续播出两天观众收看的情况如表 7-1-1,其中括号内为每个观众的收视时长(分钟)。

表 7-1-1 观众两天的收视情况

时　段	第一天	第二天
18:00～18:29	A(4)B(10)C(30)	
18:30～18:59		C(5)E(10)
19:00～19:29	A(30)E(5)	
19:30～19:59		C(5)H(20)
20:00～20:29		
20:30～20:59	A(15)B(10)E(30)	
21:00～21:29		H(20)
21:30～21:59	B(10)C(30)	A(20)B(10)C(30)

第一天:人均日收视时长
$$=(4+10+30+30+5+15+10+30+10+30)/10=174/10=17.4(分钟)$$
人均日收视时长(观众)
$$=(4+10+30+30+5+15+10+30+10+30)/4=174/4=43.5(分钟)$$
第二天:人均日收视时长
$$=(5+10+5+20+20+20+10+30)/10=120/10=12(分钟)$$
人均日收视时长(观众)
$$=(5+10+5+20+20+20+10+30)/5=120/5=24(分钟)$$
两　天:人均日收视时长$=(17.4+12)/2=14.7(分钟)$
人均日收视时长(观众)$\neq(43.5+24)/2\neq33.75(分钟)$
$$=(174+120)/9=32.7(分钟)$$
$$=(174+120)/\{2\times[(4+5)/2]\}=32.7(分钟)$$

注意:$(4+5)/2=4.5$ 是平均每天实际观众数

人均日收视时长表示节目(频道)吸引观众停留的时间,人均日收视时长越长,人均日收视时长(观众)就越大。但一些专业频道或针对小众的节目,由于目标观众数量小,如果仅分析人均日收视时长,并不能恰当反映其特点。对此除了分析目标观众收视率以外,还可以通过人均日收视时长(观众)指标,从实际收看节目的观众对节目的忠实度角度分析这类节目(频道)的收视特点及对观众的影响。

二、人均收视总分钟数与人均收视总分钟数(观众)

人均收视总分钟数是观众总的收视时间与总体电视推及人口的比值,可针对特定频道或时段进行计算。

$$人均收视总分钟数 = \frac{\sum_{i=1}^{n} 收视分钟数_i \times 权重_i}{总体推及人口}$$

当"总体推及人口"被换成"总体收视人口"时,该指标就是人均收视总分钟数(观众)。人均收视总分钟数(观众)是一段时期内特定频道、特定时段(节目)实际收看的观众平均每人累计收视的时间,是人均收视分钟数(观众)与天数的乘积。

例1的数据:

两天的人均收视总分钟数=17.4+12=29.4(分钟)

两天的人均收视总分钟数(观众)=32.7×2=65.4(分钟)

三、平均收视段数与平均每段收视时长(分钟)

平均收视段数是指针对某特定时段(或节目),平均每个观众每天的收视段数。其中收视人口是指满足到达条件的人口。

$$平均收视段数 = \frac{\sum_{i=1}^{n} 收视段数 \times 权重_i}{总天数 \times 总体收视人口}$$

平均每段收视时长(分钟)是指针对某特定时段(或节目),平均每个观众每段的收视分钟数。

$$平均每段收视时长(分钟) = \frac{\sum_{i=1}^{n} 分钟 \times 权重_i}{总段数 \times 总体收视人口}$$

例1的数据:

第1天观众A、B、C、E分别收看3、3、2、2个时段,则第1天的人均收视段数=(3+3+2+2)/4=2.5(时段),平均每段收视时长=174/(10×4)=4.35(分钟);第2天观众A、B、C、E、H分别1、1、3、1、2个时段,则第2天的平均收视段数=8/5=1.6(段),平均每段收视时长=120/(8×5)=3(分钟);两天的平均收视段数=(18)/(2×5)=1.8(段),平均每段收视时长(分钟)=(174+120)/(18×5)=3.27(分钟)。

比较播出时间相同的节目,观众收视段数越多,表明换台越频繁,每次停留在该节目的时间越短,在频繁的进出中,相对长时间忠实收看的时间也就越少。

在分析节目(频道)收视时,人均收视段数(观众)可以与人均收视分钟(观众)相结合。对于人均收视分钟数(观众)相同的节目,人均收视段数(观众)越小,表明观众离开返回的变化次数越少,每一次收视停留的时间越长,该节目(频道)对吸引观众连续收看的能力越强。反之,人均收视段数(观众)越多,表明观众在节目收视过程中换台的次数越多,观众更倾向于游离状态而非连续收看。

四、时段贡献

1. 时段贡献是特定频道特定时段的观众收视时间与该频道观众总收视时间的百分比值,表示特定时段收视时间对参照时段收视时间的贡献,数值越大,贡献越大。一般而言,大于 2% 的时段归为黄金时段,1%~2% 的的时段归为次黄金时段,小于 1% 的为非黄金时段。

$$时段贡献 = \frac{\left[\sum_{i=1}^{n} 收视时间_i \times 权重_i\right]_{频道}^{特定时段}}{\left[\sum_{i=1}^{n} 收视时间_i \times 权重_i\right]_{频道}^{参考时段}} \times 100$$

例 1 的数据:以 18:00~18:29 为特定时段,18:00~21:59 为参考时段,则第 1 天特定时段的人均日收视时长=44/10=4.4 分钟,参照时段的人均日收视时长=174/10=17.4 分钟,时段贡献=4.4/17.4=25.29%;第 2 天特定时段的人均日收视时长=0/10=0 分钟,参照时段的人均日收视时长=120/10=12 分钟,时段贡献=0/12=0%;两天特定时段的人均日收视时长=44/10=4.4 分钟,参照时段的人均日收视时长=294/10=29.4 分钟,时段贡献=4.4/29.4=14.97%。

2. 时段频道贡献是特定频道和时段的观众收视时间与该市场所有频道在参照时段观众总收视时间的百分比,表示特定频道和时段的观众收视时间对同期电视观众总体收视时间的贡献,数值越大,贡献越大。

$$时段频道贡献 = \frac{\left[\sum_{i=1}^{n} 收视时间_i \times 权重_i\right]_{特定频道}^{特定时段}}{\left[\sum_{i=1}^{n} 收视时间_i \times 权重_i\right]_{所有频道}^{参考时段}} \times 100$$

第二节　到达率及相关指标

到达率是收视分析又一个基础指标,是评价广告效果的最重要指标。在收视报告及相关软件中,一般单独列出高于或等于指定频道到达率的频道,低于的汇总列入其他频道组。但是,当其他频道组连续 4 周的到达率大于等于 5% 时,应该将其中最重要的频道单列,以满足其他频道组的到达率低于 5%。

在收视分析中,到达条件的设置需要视具体情况而定,在分析中应清楚地注明到达条件,以便理解。

一、到达率

1. 到达率

到达率是指在特定时段内符合到达条件的接触总人数占总体电视推及人口的百分比。到达条件的设定取决于测量的数据和研究要求,一般是"至少收看了 1 分钟",对于仪器测量,能够获得以分钟为单位,甚至是以秒为单位的数据,但日记卡的时段定义为 15 分钟,而到达条件为大于等于 8 分钟。

$$到达率 = \frac{\sum_{i=1}^{n} 接触人_i^{特定时段} \times 权重_i}{总体推及人口} \times 100\%$$

到达率的计算,有两个关键点,一是所定义的时间单位,是一周、一个月的到达率,还是黄金时间 1 秒钟的到达率;二是不重复观众,是人数而不是人次。

【例2】　假设某地区有 5 个频道,编号为 A、B、C、D、E;10 个电视观众,编号为 1、2……10,且单号是女性观众,双号是男性观众;收视的原始数据如表 7-2-1。

表 7-2-1　收视原始数据

时　段	A	B	C	D	E
20:00~20:09	1	7			
20:10~20:19	5	7	2	10	
20:20~20:29	6		2		
20:30~20:39		4 5 7		9	1

续表

时　段	A	B	C	D	E
20:40～20:49		5 7			
20:50～20:59		7	8		2

在 20:00～20:59 内 A 频道到达率＝3/10＝30%(1、5、6 号观众),在 20:00～20:59 内 B 频道到达率＝3/10＝30%(4、5、7 号观众),在 20:00～20:59 内 A 和 E 频道的到达率＝4/10＝40%(1、2、5、6 号观众)。

在例 2 数据基础上,进一步假设某广告在 B 频道 20:00～20:59 时段内均匀插播 6 次,则在 20:00～20:09 内广告的到达率＝1/10＝10%(7 号观众),在 20:00～20:19 内广告的到达率＝1/10＝10%(7 号观众),在 20:00～20:39 内广告的到达率＝3/10＝30%(4、5、7 号观众),在 20:00～20:59 内广告的到达率＝3/10＝30%(4、5、7 号观众)。

2.到达千人

到达千人(000)指在特定时段内符合到达条件的接触总人数,一般以千人来表示。

$$到达千人(000) = \sum_{i=1}^{n} 接触人_i^{特定时段} \times 权重_i$$

到达率和到达千人是累积指标,考察特定时间段内观众收看某一频道或栏目或广告计划所能覆盖的不重复的人数(或占观众总规模的百分比),反映接触媒介的受众规模和媒介计划传播的广泛性。

3.平均到达率

平均到达率是到达率的常用衍生指标。到达率是一定日期长度上(1 天、多天、月、年等等)的累积,而平均到达率则是平均到每一天,以方便比较,其中到达条件的设定应该是一致的。平均到达率的绝对指标是平均到达千人。

平均到达千人(000)指在特定时段内平均每天符合到达条件的接触总人数。

$$平均到达千人(000) = \frac{\sum_{i=1}^{n} 接触人_i^{特定时段} \times 权重_i}{总天数}$$

平均到达率是在特定时段内平均每天符合到达条件的接触总人数占总体推及人口的比例。到达条件一般是"至少收看了 1 分钟",用户可以自行定义到达条件。

$$平均到达率\% = \frac{\sum_{i=1}^{n} 接触人_i^{特定时段} \times 权重_i}{总天数 \times 总体推及人口} \times 100\%$$

平均到达率与到达率的区别在于,平均到达率将每天到达的人数之和平均分配给了所计算日期的每一天,不剔除天与天之间的重复;而到达率则是所计算日期长度内的完全累计,剔除了天与天之间的重叠部分。

周平均到达率(000)是指在特定时段内平均每周符合到达条件的接触总人数。

$$周平均到达率(000) = \frac{\sum_{i=1}^{n} 接触人_i^{特定时段} \times 权重_i}{总周数}$$

周平均到达率(%)是指在特定时段内平均每周符合到达条件的接触总人数占总体电视推及人口的比例。

$$周平均到达率(\%) = \frac{\sum_{i=1}^{n} 接触人_i^{特定时段} \times 权重_i}{总周数 \times 推及总人口} \times 100\%$$

4.有效到达率

有效到达率是指看过 n 次广告的目标观众的到达率。在到达率的计算中,看过 1 次就算达到。但在实际的广告效果评估中,看过 1 次并不能对广告形成有效的认识和印象,有效到达率被表示为"n＋到达率",指至少看过 n 次某广告的目标观众的百分比(或千人)。对于不同的广告,n 的设定是不同的,"3＋到达率"是经常用到的有效到达率。

纳普勒斯(Michael J. Naples)在《有效接触频次:接触频次与广告效果之间的关系》一书中对最佳程度的广告暴露频次作了大量研究,得到与广告的有效到达率有关的一些重要结论:广告暴露一次没有任何价值;第二次暴露才会有一些效果;在一个月或一个购买周期(通常为四周)中,需要三次暴露,才能产生预期效果;广告在达到一定的暴露频次后,效果递减,但没有退步的证据;使人厌倦与太多接触频次之间没有密切关系。

也有研究认为,暴露频次在 3 次以下的广告没有任何价值,最佳的暴露频次是 6 次。当暴露频次超过 8 次,媒体受众就可能对广告信息感到厌倦,其后的广告暴露将没有任何效果,甚至可能产生负效果。

5.边际到达率

边际到达率是指在媒介计划中,去掉某条广告插播或某个载体而损失的到达率(000)占推及总人口的百分比。

$$边际到达千人(000) = 到达千人(000)_{整体媒介计划} - 到达千人(000)_{不包含指定载体的同一套媒介计划}$$

$$边际到达率\% = \frac{到达千人(000)_{整体媒介计划} - 到达千人(000)_{不包含指定载体的同一套媒介计划}}{总体推及人口} \times 100\%$$

边际到达率类似于经济学上的边际效益,反映指定载体(广告插播)对整个广告效果的贡献。

二、覆盖率

覆盖率(000)是指特定的媒介计划(广告投放计划)实施时所能到达的不重复观众人数,以千人表示。

$$覆盖率(000) = \sum_{i=1}^{n} 接触人_i^{媒介计划} \times 权重_i$$

覆盖率(%)是指特定的媒介计划(广告投放计划)实施时所能到达的不重复观众人数占总体电视推及人口的百分比。与到达率一样,用户可以改变收看的最小分钟数或收看时间在整个时段中的最小百分比来自行定义到达条件。

$$覆盖率(\%) = \frac{\sum_{i=1}^{n} 接触人_i^{媒介计划} \times 权重_i}{总体推及人口} \times 100\%$$

从本质上看,覆盖率与到达率的含义是一样的,都是累积指标,考查特定时间内观众收看某一频道的不重复人数,反映节目传播的广泛性,即受众的规模;但到达率的主体是受众,表示受众接触某一频道的规模;覆盖率的主体是媒介计划,反映了广告计划的执行所覆盖受众的广泛性。

三、接触度

接触度(000)是指特定载体所到达的人次,单位是千人。接触的条件从属于到达的条件,一般设定为1分钟以上。载体可以是时段、节目,以及广告插播中的特定载体。

$$接触度(000) = \sum_{i=1}^{n} 接触人_i^{载体} \times 权重_i$$

累计接触度(000)是指多个载体所到达的总人次,单位是千人,即多个载体的接触度之和。

$$累计接触度(000) = \sum_{载体} 接触度(000)_{载体}$$

对于一系列广告插播而言,到达率与同等水平下的接触度的值相同,比如,当我们设定看过"2次以上"为到达条件时,达到率等于"2次以上的接触度"。但到达率是到达的不同的人数,而接触度则是不同水平上到达的人次。因此,同样是累计,一套广告插播计划总的到达率不等于总的接触度,因为总接触度是不同水平上接触度的累加,即"1+"、"2+"、"3+"……的和,而到达率却除掉了其中重复的部分。

四、平均暴露频次

平均暴露频次(OTS)是指在广告排期或载体计划中每条插播被观众平均收看的次数。平均暴露频次经常用于广告投放计划传播深度的评估。对于不同的广告投放,平均暴露频次的要求可能是不一样的。平均暴露频次经常与"N＋有效到达率"及毛评点相配合,用于评价广告投放的有效传播效果。

平均暴露频次＝累积接触度(000)/到达率(000)

五、观众重叠率

累计观众是在特定时间内,收看过某一频道(或节目)至少一次的不重复的观众人数,单位是千人。

例2的数据:在20:00～20:19内B频道累计观众＝1人(7号观众),在20:00～20:39内B频道累计观众＝3人(4、5、7号观众),在20:00～20:59内B频道累计观众＝3人(4、5、7号观众),在20:00～20:19内A和B频道累计观众＝3人(1、5、7号观众)。

重复观众也称为重叠观众数,是指两个载体(时段、节目)之间的重复观众人数,即两个时间内都收看某节目(频道)的观众数,单位是千人。

重复观众＝(第1载体的累积观众＋第2载体的累积观众)－两个载体的累积观众

例2的数据:在20:00～20:19内B频道的重复观众等于1人(7号)。第1载体(20:00～20:09时段)的累积观众为1人,第2载体(20:10～20:19时段)的累积观众也为1人,两个载体的累积观众同样为1人,算式为1＋1－1。

不同时段的组合,累积观众与重复观众完全不同。使用例2的数据计算在20:30～20:59内B频道的重复观众,必须依赖于载体的界定。如将20:30～20:49定义为第1载体,20:50～20:59定义为第2载体,则1、2载体的累积观众分别为3、1,载体1和载体2的累积观众为3,因此20:30～20:59内B频道的重复观众1人[(3＋1)－3],也是7号观众。如将20:30～20:39定义为第1载体,20:40～20:59定义为第2载体,则1、2载体的累积观众分别为3、2,载体1和载体2的累积观众为3,因此20:30～20:59内B频道的重复观众2人[(3＋2)－3],即5、7号观众。

观众重复率也称为观众重叠率,是指两个载体之间的重复观众人数占所考查载体观众总数的百分比。观众重复数和观众重复率反映了两个载体(时段、节目)之间观众的忠诚程度和相似程度,也是"顺流"测量指标。

观众重复率1＝重复观众/载体1累积观众

或　　观众重复率2＝重复观众/载体2累积观众

例2的数据中,若将频道B的20:30～20:39定义为第1载体,20:40～20:59定义为第 2 载体,则 1、2 载体的累积观众分别为 3、2,载体 1 和 2 的累积观众为 3,因此 20:30～20:59 内 B 频道的重复观众 2 人[(3+2)-3],即 5、7 号观众,则:

观众重复率 1=2/3=66.67%;观众重复率 2=2/2=100%

在观众分析中,观众重复率 1 与观众重复率 2 的选用,根据评价的目的而定。一般来说,观众重复率越高越好。

图 7-2-1 是 2006 年 8 月 1 日到 18 日,上海生活时尚频道 20:00～23:00 时段 3 档节目观众重复率。图中 A 柱体表示"对决 06",B 柱体表示"心灵花园",C 柱体表示"今日印象"。图中数据表明看"对决 06"的观众有 73.2% 继续看"心灵花园",80.4% 看"今日印象";看"心灵花园"的观众有 60.2% 看过"对决 06",75.6% 继续看"今日印象";看"今日印象"的观众有 66.8% 看过"对决 06",76.5% 看过"心灵花园"。

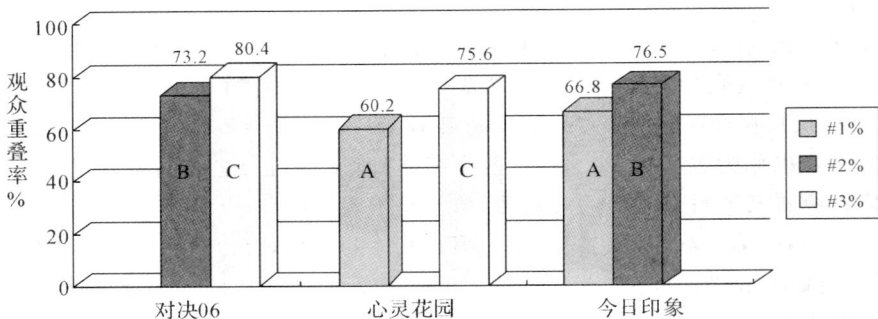

图 7-2-1 观众重复率

资料来源:李红玲.我国电视节目"无缝编排策略"应用分析.收视中国 2006(9)

六、观众流动净值

观众流动净值是指从其他频道流入参照频道的观众数与从参照频道流出到其他频道的观众数之差,反映频道竞争的动态情况。

观众流动净值=流入参照频道的观众数-流出参照频道的观众数

例 2 的数据:对前时段频道 B 在 20:10～20:19 时段,观众的流入、流出、流动净值都为 0;对前时段频道 B 在 20:20～20:29 时段,观众的流入、流出、流动净值分别为 0、1、-1;对前时段频道 B 在 20:30～20:39 时段,观众的流入、流出、流动净值分别为 3、0、3。

第三节　收视率及相关指标

电视机作为接收终端,收视率是收视指标体系中最基础指标。本节详细阐述收视率及其相关指标。在收视分析中,时段、节目和观众合成一个不可分割的整体,被称为"三位一体"。

一、收视率

收视率是在特定时段收看某一频道或某一节目的人数在总体推及人口中的百分比。收视率是收视指标体系的代表性指标,有千人收视率和百分比收视率两种,分别用收视千人(000)和收视率(Rtg%)表示。

1. 收视千人(000)

针对某特定时段(或节目),平均每分钟的收视人数(千人)。

$$收视千人(000) = \frac{\sum_{i=1}^{n} 收视时长_i(分钟) \times 权重_i}{该时段总时长(分钟)}$$

2. 收视率(%)

收视率(%)指针对某特定时段(或节目),平均每分钟的收视人数占推及人口总体的百分比,反映的是特定时段和范围内收看某一节目的人数(户数)占观众人数(户数)总体的百分数。

$$收视率(\%) = \frac{\sum_{i=1}^{n} 收视时长_i(分钟) \times 权重_i}{该时段总时长(分钟) \times 总体推及人口(或户数)} \times 100\%$$

同收视率直接相关的术语如下:

家户收视率和人员收视率,人员收视率低于家户收视率。节目收视率,节目所在时段的收视率;频道收视率,频道所有节目收视率的平均。目标观众收视率,当观众定义为总体推及人口的一部分目标观众时,如4~14岁的儿童和少年,收视率就是人们常用的目标观众收视率。

平均收视率,指定时间内收视率的总体平均数。平均收视率=总收视率/指定时间内的单位时段数。

(1)时段确定,各频道收视率计算

例 2 的数据:在 20:00～20:59 内,频道 A 收视率(000)＝(10＋10＋10)/60＝0.5(人)＝0.0005(千人);频道 A 收视率(％)＝(10＋10＋10)/(60×10)＝5％;三个观众(1、5、6 号)各看了 10 分钟,共 30 分钟;10 个人在该时段(60 分钟)的总时长为 600 分钟。频道 B 收视率(000)＝(10×1＋10×2＋10×5)/60＝1.333(人)＝0.0013(千人);频道 B 收视率(％)＝(10×1＋10×2＋10×5)/(60×10)＝13.33％;三个观众(4、5、7 号)分别看了 10、20、50 分钟,共 80 分钟;10 个人在该时段(60 分钟)的总时长为 600 分钟。同理,频道 C 收视率(％)＝(10＋10＋10)/(60×10)＝5％;频道 D 收视率(％)＝(10＋10)/(60×10)＝3.33％;频道 E 收视率(％)＝(10＋10)/(60×10)＝3.33％。5 个频道的总收视率(000)＝(10×18)/(60)＝3(人)＝0.003(千人);5 个频道的总收视率(％)＝(10×18)/(60×10)＝30％;九个观众(除 3 号)共看 180 分钟;10 个人在该时段(60 分钟)的总时长为 600 分钟。

5 个频道的总收视率等于每个频道收视率之和,5 个频道的总收视率(％)＝5％＋13.33％＋5％＋3.33％＋3.33％＝30％。5 个频道的平均收视率(％)＝30％/5＝6％。

(2)频道、时段不确定,收视率计算

例 2 的数据:在 20:00～20:29 内 A 频道的收视率(％)＝30/(30×10)＝10％,在 20:00～20:09 内 A、B、E 频道的总收视率(％)＝20/(10×10)＝20％,在 20:00～20:09 内 C、D 频道的总收视率(％)＝0/(10×10)＝0％,在 20:00～20:19 内 A、B 频道的总收视率(％)＝40/(20×10)＝20％,在 20:00～20:19 内 C、E 频道的总收视率(％)＝10/(20×10)＝5％。在 20:10～20:49 内 B 频道的收视率(％)＝60/(40×10)＝15％,在 20:20～20:49 内 C、D、E 频道的总收视率(％)＝30/(30×10)＝10％,在 20:10～20:49 内 A、B 频道的总收视率(％)＝80/(40×10)＝20％,在 20:30～20:59 内 A、E 频道的总收视率(％)＝20/(30×10)＝6.67％。

收视率与到达率的区别。收视率既要考查观众的人数,也要考查每个观众收视的时长,而到达率只关注观众的人数,因此,对于一个时段(节目)而言,一个观众一次看 1 分钟或 100 分钟,收视率不同,到达率相同。从数值看,时段、频道、节目均相同的收视率小于或等于相应的到达率。这是因为,收视率通常是节目播出的时间内平均每分钟的观众有多少,而到达率是节目播出时间内,至少看了一分钟的观众有多少。

3. 全媒体收视率

中央电视台委托央视市场研究有限公司、央视索福瑞公司、秒针系统公司等公司,对 2014 年春晚进行了跨平台、跨终端的全媒体收视调查[①]。截至 2014 年 1 月 30 日 24:24

---

① 数据来源:2014 年 2 月 7 日的中国广播电视协会的官方新浪微博(电视受众研究 V),http://weibo.com/u/2822803965

分,春晚直播的全媒体收视率达 33.15%,其中网络直播收视率为 2.17%。

全媒体收视率调查数据有两方面数据源:一是 CSM 提供的全国测量仪电视直播收视数据和时移收视数据(春晚是我国首个采用时移收视的电视节目),二是 8 家春晚联合传播网站的后台服务器监测数据,包括独立用户数(UV),累计收视时长(VD)。

全媒体收视率是指平均每分钟通过电视机、电脑、平板电脑、手机等终端以直播、回看或点播等多种形式收看某节目视频的观众人数占全国观众人口总体的百分比。全媒体收视率=(电视收视累计总时长+网络收视累计总时长)/(全国观众人口总体×节目时长)。

网络直播收视率是指平均每分钟通过互联网收看某节目视频直播的网民占全国观众的百分比。网络收视率=8 家联合传播视频网站累计收视时长/(全国观众人口总体×节目时长)。

浙江传媒学院的网络收视率调查系统将在第 9 章介绍。

二、忠实度

忠实度又称忠诚度,是指特定频道、时段、节目等的收视率与到达率的百分比。忠实度=(特定条件的收视率/特定条件的到达率)×100%。

例 2 的数据:20:00~20:59 内,频道 A 忠实度=5%/30%=16.67%,频道 B 忠实度=13.33%/30%=44.43%,频道 A 和 B 忠实度=18.33%/50%=36.66%。

平均忠实度是指特定频道、时段、节目等的收视率与平均到达率的百分比。平均忠实度=(特定条件的收视率/特定条件的平均到达率)×100%。

3. 周平均忠实度

周平均忠实度是指特定频道、时段、节目等的收视率与周平均到达率的百分比。平均忠实度=(特定条件的收视率/特定条件的周平均到达率)×100%。

忠实度、平均忠实度、周平均忠实度的区别是分母不同,分别是考查日内总到达率、平均每天的到达率、平均每周的到达率。各个忠实度的最小值与最大值分别是 0% 和100%,数值越高,表示观众对特定频道、时段、节目越忠实。

到达率与忠实度是收视率的两个维度。到达率反映某一频道(节目)的观众收视规模,是收视的广度;而忠实度是收视的深度,反映某一频道(节目)到达的受众中有多大的比例自始至终收看了某一频道(节目)。

三、毛评点

毛评点(GRP:Gross Rating Points)即总收视点,指定时间内所有单位时段的收视率之和,又称为毛收视率。毛评点是广告媒介计划中,特定时期内某一广告每次插播的收视率之和,是衡量广告媒介计划最重要的指标之一。

$$毛评点 = \frac{累积接触度(000)}{总体推及人口} \times 100\% = \sum_{i}^{n} 收视率\%_i$$

$$= 到达率\% \times 平均暴露频次$$

图 7-3-1 是上海生活时尚频道 2006 年 8 月 8 日 20:00～23:00 时段收视率走势。3 个小时播放了 3 个节目,插播了 11 次广告,每次分别为 3、3、3、2、3、3、3、3、3、1、2 分钟,共 29 分钟。

假设 11 次插播的广告相同,1 个广告 1 分钟。则这一广告的毛评点大约为 56.6%。

$$56.6\% = 0.5 + 0.2 + 0.5 + 0.8 + 0.6 + 0.8 + 1.2 + 0.8 + 0.8 + 1.1 + 1 + 3.2 + 3$$
$$+ 3.4 + 3.4 + 3 + 3.1 + 4.8 + 3.9 + 4 + 3 + 2.2 + 1.8 + 2.1 + 1.5 + 1.4$$
$$+ 1.9 + 1.8 + 0.8$$

从图中可以看出广告收视率同节目收视率的关系。广告收视率同节目收视率正相关,但小于节目收视率,节目收视率是因,广告收视率是果;每次插播的多条广告之间的收视率是两头高中间低。

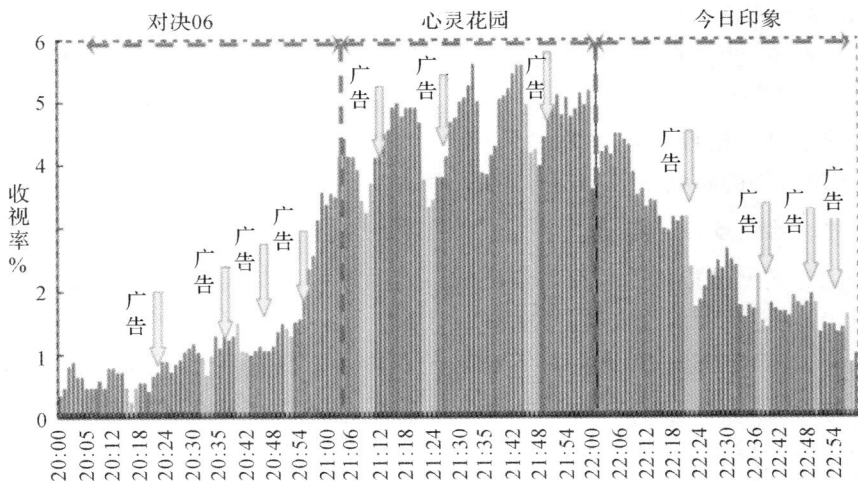

图 7-3-1 节目与广告收视率

数据来源:李红玲. 我国电视节目"无缝编排策略"应用分析. 收视中国,2006(9)

四、收视点成本

收视点成本(CPRP:Cost Per Rating Point),也称为每毛评点成本、每点成本,是指每得到一个收视百分点的所需要花费,以货币单位表示。

收视点成本＝广告成本/所得到的总收视点

千人成本（CPM）与收视点成本一样，是反映广告投入效益的指标，可用于同一市场广告效益的比较。千人成本指在广告媒介计划中，每到达一千人的受众量所需要花费的成本，以货币单位表示。

$$千人成本 = \frac{广告成本}{接触度(000)}$$

千人成本可用于评估广告投放的经济效益，适用于不同市场广告投放成本效益的比较。收视点成本同千人成本的关系是：

千人成本＝（CPRP×总收视点/总接触人次）×1000

五、媒体占有比重与媒体投资比重

媒体占有比重（SOV：Share of Voice）是某品牌商品的总收视率（或总接触人次）占该类商品总收视率（或总接触人次）的百分比。媒体投资比重（SOS：Share of Spending）是某品牌的媒体投资量占该类商品媒体投资总量的比例。

媒体占有比重＝某品牌商品的总收视率/该类商品总收视率

媒体投资比重＝某品牌商品广告费用/该类商品总广告费用

根据央视市场研究股份有限公司媒介资讯（CTR MI）提供的对 17：00—24：00 时段电视广告监测，表 7-3-1 到表 7-3-2 为近几年的数据，数据来源是《中国电视收视率年鉴》（2006—2013）。

表 7-3-1　各类电视频道广告投放量（人民币，亿元）

年	中央台	省级卫视	省级地面	省会城市	其　他	总　计
2004	175	313	521	183	351	1543
2005	197	374	640	200	429	1840
2006	236	437	747	249	502	2171
2007	270	501	911	281	492	2455
2008	360	612	1292	414	723	3401
2009	401	781	1496	465	812	3955
2010	417	916	1784	507	889	4513
2011	495	1078	2059	553	930	5115
2012	490	1250	2183	581	945	5449

注：由于 2012 和 2013 的年鉴没有公布绝对数，表中 2011、2012 年的数据是推算值。

表 7-3-2　中央电视台广告投放额前 5 位的品类(人民币,亿元)

品　类	2004	2005	2006	2007	2008	2009	2010	2011	2012
化妆品/浴室用品	23.2	32.5	33.01	29.8	42.2	47.66	52.4	43.8	
药品	22.7	23.9	27.03						
食品	17.8	19.8	26.08	26.5	36.7	37.94	38.6	47.5	50.3
饮料	18.6	18.2	26.18	34.3	46.5	56.72	50.3	49.4	51.2
娱乐及休闲	13.2	12.5	18.64	18.1	28.8				39.3
交通				27.1	30.5	35.39	43.2	52.5	50.8
酒精类饮品							44.0	72.0	89.7
家用电器					25.6	30.26			

六、开机率

开机率(HUT:Households Using Television),又叫家庭开机率,某一时段内,打开电视机的户数占总电视户数的百分比。开机率与收视率成正相关,受地域、季节、工作周期、生活习惯等因素的影响。我国黄金时间开机率年平均为 60% 左右。

同理,人员开机率(PUT:People Using Television)是某一时段打开电视的人数占总电视人数的百分比。

例 2 的数据:共有 6 个时段,每个时段 10 分钟,在 20:00~20:09 内的开机率=$(2×1)/(10×1)=20\%$;在 20:00~20:19 内的开机率=$(4×1+1×2)/(10×2)=60\%$;在 20:20~20:39 内的开机率=$(7×1)/(10×2)=35\%$;在 20:00~20:59 内的开机率=$18/(10×6)=30\%$。

七、市场占有率

市场占有率或市场份额是指特定时段内收看某频道(节目)的人数占同一时段所有收看电视人数的百分比。也即特定时段内某频道的收视率占所有频道总收视率的百分比,常被称为相对收视率,因为各时间段的电视总收视率是变化的。

$$市场占有率\% = \frac{收视率\%_{某频道}}{收视率\%_{所有频道}} × 100\%$$

$$= \frac{特定时间内收看某一频道(或节目)的人数(或户数)}{同一时间所有收看电视人数(或户数)} × 100$$

市场占有率考察的是收看某一频道(节目)的人数占当时所有收看电视的人数,数值越大,表明该频道(节目)在该时段的市场竞争力越强,是同收视率同等重要的指标。市场占有率经常与收视率一起配合使用,既考察频道(节目)的收视绝对人数的变化,也考察频道(节目)在市场上竞争地位的变化,避免单独强调某一方面。

例 2 的数据:在 20:00~20:59 内频道 A 的市场占有率=[特定时间内收看某一频道(或节目)的人数(或户数)/同一时间所有收看电视人数(或户数)]×100%=3/18×100%=16.67%,同样=[频道 A 的收视率/总收视率]×100%=5%/30%=16.67%。

在 20:00~20:09 内 A 频道的市场占有率=1/2=50%,在 20:00~20:19 内 A 频道的市场占有率=2/6=33.33%,在 20:00~20:19 内 C 频道的市场占有率=1/6=16.67%,在 20:00~20:19 内 A 和 B 频道的市场占有率=4/6=66.66%。

1. 市场占有率同收视率的关系

市场占有率大于或等于收视率,当未看电视的人数等于 0 时,市场占有率等于收视率;当未看电视的人数大于 0 时,市场占有率就大于收视率。市场占有率不受播出时段的影响,可以通过下面公式计算。

$$市场占有率 = \frac{收看某一频道的人数}{总人数 - 未看电视的人数}$$

图 7-3-2 是上海生活时尚频道 2006 年 1 月 1 日到 8 月 14 日 20:00—23:00 之间的收视率和市场份额的走势图。仔细观察可以断定左边坐标是收视率,右边坐标是市场份额,市场份额大于收视率;市场份额同收视率正相关,且随时间有上升趋势。

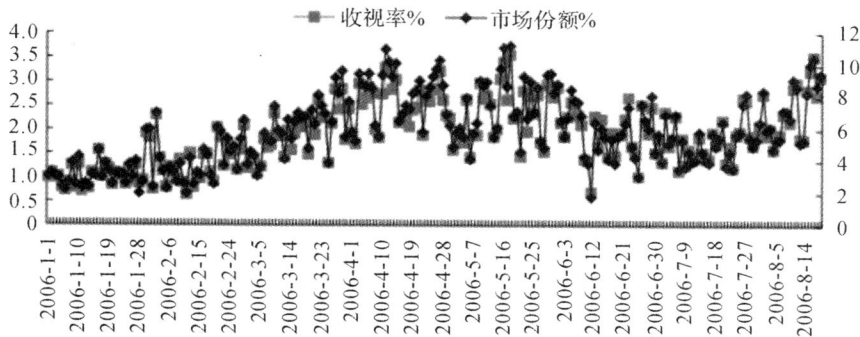

图 7-3-2 市场占有率同收视率的关系

数据来源:李红玲.我国电视节目"无缝编排策略"应用分析.收视中国,2006(9)

2. 市场占有率同收视率、开机率的关系

$$收视率 = 市场占有率 × 开机率$$

这也能证明市场占有率大于或等于收视率。当开机率等于 1 时,市场占有率等于收视率;当开机率小于 1 时,市场占有率就大于收视率。

八、时段指数

时段指数(%)是指某一频道特定时段的市场占有率与同一频道参考时段的市场占有率的百分比。通常特定时段包含在参考时段内,用于描述特定时段的市场竞争力对参考时段市场竞争力的影响。

$$时段指数 = \frac{特定时段的市场占有率}{参考时段的市场占有率} \times 100\%$$

例 2 的数据,以 B 频道 20:30~20:39 为特定时段,20:00~20:59 为参考时段。则 B 频道在 20:30~20:39 的市场占有率为 60%(3/5),B 频道在 20:00~20:59 的市场占有率为 44.44%(8/18)。B 频道的时段指数 = (60/44.44)×100% = 135.01%。

九、观众构成

观众构成(%)指对于特定频道(或节目),目标观众平均每分钟的收视人数(千人)占参照观众平均每分钟收视人数(千人)的百分比。对于目标观众的分类,应主要考察对收视行为影响较大的几组指标,比如性别、年龄段、受教育程度等,也可以根据需要自行定义。参照总体通常指收看过该频道(节目)的所有观众。参照观众一般为所有电视观众。

$$观众构成\% = \frac{\sum_{i=1}^{目标观众} 收视时长_i(分钟) \times 权重_i}{\sum_{i=1}^{参照观众} 收视时长_i(分钟) \times 权重_i} \times 100\%$$

例 2 的数据,假设女性是目标观众,则在 20:00~20:59 内的所有 5 个频道的女性观众构成 = (110/180)×100% = 61.11%;在 20:00~20:59 内 B 频道的女性观众构成 = (70/80)×100% = 87.5%。

十、观众集中度

观众集中度(%)是指对于特定时段(或节目),目标观众(如 15~34 岁人群)收视率(百分比)与参照观众(如 4 岁以上所有人)收视率(百分比)的比值。目标观众收视率和参照观众收视率对应同一时段和同一频道,两组观众均可自定义。

$$观众集中度 = \frac{收视率\%_{目标观众}}{收视率\%_{参照观众}} \times 100\%$$

观众集中度是将某频道(节目)的全部观众中的目标观众比例,与总体推及人口中同一目标人群的比例相比较所得的比值,如果这一比值大于 100,说明目标观众的收视高于平均水平,反之,则低于平均水平。观众集中度表示的是目标观众相对于参照观众的收视集中程度,以此来反映目标观众对特定频道(节目)的收视倾向,回答"谁更爱看这个频道(节目)"的问题。

例 2 的数据,假设女性是目标观众,参照观众为所有 10 个观众,则在 20:00～20:59 内的所有 5 个频道的目标观众(女性)的收视率为 37%(110/300),参照观众的收视率为 30%,因此 20:00～20:59 内的所有 5 个频道女性观众集中度=(37/30)×100%= 122.22%。在 20:00～20:59 内 B 频道的目标观众(女性)的收视率为 23.33%(70/300), 参照观众的收视率为 13.33%(80/600),因此 20:00～20:59 内 B 频道女性观众构成= (23.33/13.33)×100%=175%。

经过多年的培养,我国体育电视观众逐渐趋于成熟,一个以男性为主,相对教育程度较高,消费能力较强的稳定观众群体已经形成。图 7-3-3 显示,2008 年由于奥运会的召开,与 2007 年相比,在观众中占比例较低的目标群体构成比例均有所上升,各目标观众群体之间的观众构成和集中度的差异都有所缩小。如男女观众构成比例由 2007 年的 7:3 变为 2008 年的 6:4,即体育节目的女观众增加。

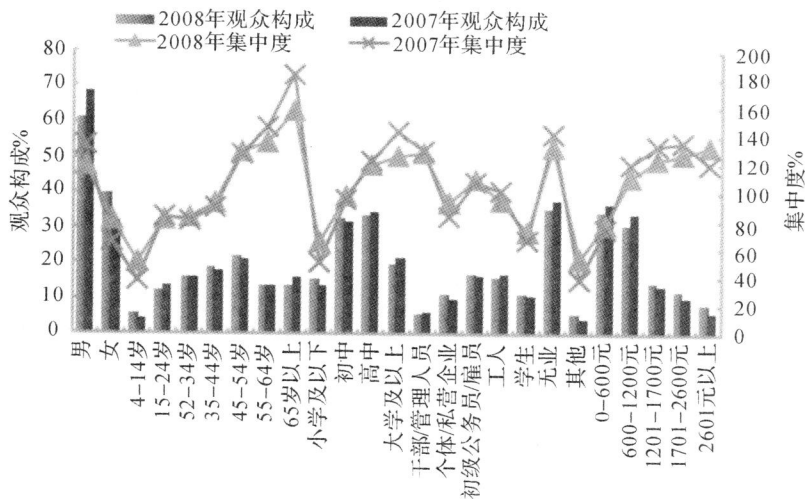

图 7-3-3　2008 年体育节目的观众构成与集中度

资料来源:曹珩.2008 年体育节目收视分析.收视中国,2009(4)

第四节　电视观众满意度调查及指标

顾客满意度是市场营销理论的核心概念之一。Cardozo(1965)提出提高顾客的满意度,会引导顾客产生再次购物的行为,而且不会转换其他产品的观点。顾客满意,是指顾客对某一事项已满足其需求和期望的程度,是顾客在消费后感受到满足的一种心理体验。

理解顾客满意首先要了解顾客需求。从产品的角度着,顾客需求的基本结构如下:

品质需求:包括性能、适用性、使用寿命、可靠性、安全性、经济性和美学(外观)等;

功能需求:包括主导功能、辅助功能和兼容功能等;

外延需求:包括服务需求和心理及文化需求等;

价格需求:包括价位、价质比、价格弹性等。

不同的消费人群对上述需求有不同的需求强度。当顾客需求强度高时,稍有不足,就会有不满或强烈不满,当需求强度要求低时,只需低水平的满足即可。

当顾客需求被满足时,顾客便体验到一种积极的情绪反映,这称为满意,否则即体验到一种消极的情绪反映,这称为不满意。满意度一般分5级(很不满意、不满意、一般、满意、很满意)或7级,7级的参考标准如下:

很不满意:顾客在消费了某种商品或服务之后感到愤慨、恼羞成怒难以容忍,不仅企图找机会投诉,而且还会利用一切机会进行反宣传以发泄心中的不快。

不满意:顾客在购买或消费某种商品或服务后所产生的气愤、烦恼状态。希望通过一定方式进行弥补,在适当的时候,也会进行反宣传,提醒自己的亲朋不要去购买同样的商品或服务。

不太满意:顾客在购买或消费某种商品或服务后所产生的抱怨、遗憾状态。但想到现实就这个样子,别要求过高,于是认了。

一般:顾客在消费某种商品或服务过程中所形成的没有明显情绪的状态。也就是对此既说不上好,也说不上差,还算过得去。

较满意:顾客在消费某种商品或服务时所形成的好感、肯定和赞许状态。但按更高要求还差之甚远,而与一些更差的情况相比,又令人安慰。

满意:顾客在消费了某种商品或服务时产生的称心、赞扬和愉快状态。还会乐于向亲朋推荐。

很满意:顾客在消费某种商品或服务之后形成的激动、满足、感谢状态。成为忠诚顾客。还会利用一切机会向亲朋宣传、介绍推荐，希望他人都来消费。

媒体的顾客就是受众，收视率是行为指标，满意度是心理指标。大众媒体应不断地分析受众满意度，才能不断地提高传播效果。

一、广播电视节目质量研究概况

英国是最先研究广播节目质量的国家。英国广播电台(BBC)于1941年就进行电台节目听众的调查，了解听众对电台节目的偏爱情况。二战后，BBC用反应指数(Reaction index)来度量电视节目质量，用欣赏指数来评定电台节目。20世纪60年代末，英国独立广播协会(IBA：Independent Broadcasting Authority)开始测量观众对电视节目的欣赏程度，并形成了评价9类节目，涉及58个项目0~5分的语义区分量表。IBA的研究后来演变为观众反应评估(Audience Reaction Assessment，AURA)，使用六等评选法(Six-point Rating Scale)来测量受众对节目的评价。这六个等级分别是：极度有趣/享受、非常有趣/享受、比较有趣/享受、普普通通、不大有趣/享受、完全无趣/享受，分别相当于100、80、60、40、20、0分。20世纪90年代，欣赏指数修改成0~100分的量表工具。BBC的受众满意度由消费品市场研究公司(Gfk：Gesellschaft für Konsumforschung)调查，每次调查约15000个成人和1500名儿童，对前一天收听或收看的每个节目在1~10分之间评分，每月每个节目得到的平均分乘以10即为该节目欣赏指数分值。2009年BBC的电视节目的欣赏指数平均得分为80分，广播节目平均得分为79分。

美国对电视节目品质的测量起步稍晚。1958年一家市场研究公司利用邮寄问卷进行TVQ调查。调查使用五级量表测量观众对节目的认知程度(Beville，1988)。之后，该公司又推出热情指数(Enthusiastic Quotient)和表演者/主持者指数(Performer Quotient)，测量受众对节目及其中艺人的感受。TVQ调查的样本为1200个家庭，每年进行七次并公布结果。20世纪70年代，TVQ调查由免费的电视广播扩展至有线电视节目。

Vox Box是另一种测量电视节目品质的方法，使用按钮式仪器记录观众对节目的满意程度。1979年美国西雅图的一家公司，将仪器连接到200户家庭中的电视机，仪器上有两排按钮，一排用于选台，另一排用于评价，包括是否良好、资讯性、可信性、趣味性等。可惜的是未能为业界接受。

1980年，Arbitron公司和公共广播公司(CPB)使用日记法进行类似欣赏指数的调查。邀请600名电视观众填写为期一周的电视日记，对每个看过节目的娱乐性、资讯性、实用性和独特性进行五级评分。一项名为电视观众评估的计划，以吸引指数(Appeal index)来度量电视节目。结果发现，吸引指数与收看行为对节目的忠心程度可能有关，但观众的满意程度与收看人数没有显著关系。

加拿大广播公司(CBC)参照英国的欣赏指数,提出了享受指数(Enjoyment index)。法国称为兴趣指数(Interest index),荷兰则直接引用英国的欣赏指数。加拿大、澳洲、新西兰、哥伦比亚都有电视节目质量的研究。

在亚洲,日本 NHK 于 1990 年开展"广播节目的品质评估"计划,并出版论文集。香港电台在 20 世纪 80 年代末引入 BBC 的欣赏指数。

1999 年,中央电视台委托现在的央视市场研究公司(CTR)进行全国观众满意度调查,并纳入节目评价体系。随后各地电视台相继委托有关机构对其节目进行满意度调查。目前,我国已成为世界上规模最大的电视满意度调查国家。

表 7-4-1　观众满意度调查比较

项　目	中国内地观众满意度	英国欣赏指数	香港欣赏指数
调查周期	每天	每天	每季度
数据反馈周期	每半年	每周	每季度
数据收集方法	问卷	日记法	电话回忆法
访问方式	入户面访	邮寄问卷	电话访问
样本固定性	不固定	固定	不固定
调查区域	全国样本城市	频道覆盖区域	香港地区
频道调查	有	无	无
栏目(节目)调查	固定栏目	所有栏目(节目)	香港电台、两家无线台和一家有线台播出的本地制作的节目
评分对象	过去 7 天看过的频道	无	无
	过去 30 天看过的栏目	当天看过的所有节目	过去三个月看过的栏目(节目)
计分方法	无选择打分	无选择打分	无选择打分
评分方式	100 分制	10 分制	100 分制

现根据央视市场研究公司、中央电视台总编室《中央电视台观众满意度调查报告》(2009 年上半年)[①]作简要介绍。

---

① 数据来源 http://www.doc88.com/p-630728386984.html

二、2009 年上半年全国电视观众满意度调查

1. 调查技术

根据与中央电视台总编室的合同,央视市场研究股份公司媒介策略研究部在 2009 年 4—6 月,实施全国电视观众满意度调查。抽样方案将原来的 4 级抽样单元(中心城市、地级市、县级市及县)变为 5 级(将中心城市分为中心城市市区和中心城市远郊区,其他 3 个不变);样本点由原来的 123 个增加到 186 个。

调查总体是全国 30 个省、自治区、直辖市(西藏及港澳台除外)中所有电视家庭。调查家庭是调查区域内有户籍的正式住户,或在本居(村)委会内居住满 6 个月或预计居住 6 个月以上的暂住户,但不包括现役军人、集体户及无固定住所的家庭。调查对象是调查家庭中自己家里可使用电视机的电视观众。

调查问卷分全国卫星频道入户调查问卷、成年人问卷和青少年问卷 3 部分。频道入户调查问卷调查所有抽中的电视家庭,有效样本为 13534 个;成年人问卷调查为年龄 15～69 岁,且过去 1 个月内看过电视的观众,有效样本为 9961 个;青少年问卷则在成功访问的成年人家庭中选择年龄 4～14 岁的观众进行访问,有效样本为 2256 个。

调查仍然采用多阶段分层 PPS 抽样。以往针对随机抽样获得样本量太少的小众栏目,追加一定量的配额样本,破坏了"随机"原则。本次根据以往调查的样本数据表现,将以往样本较小的栏目,由 A、B、C、D 卡调入小众卡,这样本次栏目的样本均大于 30 个。

调查按两个特征分层。首先按地域将 30 个省、自治区、直辖市分为华北、东北、华东、华中、华南、西南、西北 7 个大层。其次将每个大层分为 5 个小层。186 个抽样点,包括除拉萨外的 35 个中心城市市区(直辖市、省会、自治区首府城市和计划单列市的市区)、61 个中心城市远郊区、31 个一般地级市(除中心城市以外的地级市中的市辖区)、22 个县级市(含北京、上海、天津 3 个直辖市的县)和 37 个县(其他县,包括自治县、旗、自治旗、特区、林区等县级行政单位)。

在 35 个小层中,再分城市和农村样本两部分,采用 PPS 抽样的方法确定各小层需要的城乡样本量,然后在各个小层中采用多阶段抽样,使用随机等距抽样法逐步抽取样本县、样本居委/村委、样本家庭,入户访问,在合格的样本家庭户按简单随机抽样法抽取合格的电视观众进行访问。

2. 频道的满意度细化指标

频道满意度的核心指标包括频道满意度、入户率、观众规模和期待度。入户率体现各个卫星频道的影响范围,其他三项指标从各个侧面反映观众的满意和认同程度。

(1)频道满意度(百分制)

频道满意度指过去 7 天看过这个频道节目的观众对该频道的平均满意程度评分。频道的满意度细化指标与 2008 年一致,包括各栏目(包括影视剧)的表现、节目编排、广告数量和插播时机。频道满意度是上述三个指标的平均满意度。

另外,通过回归的方法,给出各频道三个细化指标的权重值。权重值大表示关注程度高,对总满意度的影响大,是频道管理者要优先考虑的指标。本次调查发现,栏目表现的权重最高,平均值为 0.57,节目编排和广告播出的权重分别为 0.37、0.06。

(2)频道入户率(百分数)

$$频道入户率=\frac{能够接受到某个频道的观众数}{所有被调查观众数}\times100\%$$

频道入户率主要受调查地电视事业发展的影响,一般意义不大。但随着数字电视(含有线、卫星等)的发展,对收费频道和节目点播有重要意义。

(3)观众规模(百分数)

$$频道观众规模=\frac{过去7天看过某频道的观众数}{家中能收到该频道的观众数}\times100\%$$

频道观众规模排除了入户率的影响,能比较客观地反映频道吸引力。

(4)期待度(百分数)

$$频道期待度=\frac{每次看电视都看该频道的观众数}{所有被调查收看该频道的观众}\times100\%$$

频道期待度是频道保有和吸引观众的能力指标。通常情况下,观众只有对频道满意,才会主动、忠诚地收视。

3.栏目满意度细化指标

栏目满意度指标体系主要有栏目满意度、知名度、观众规模、期待度 4 个指标构成。知名度、观众规模与栏目开办时间长短、栏目品质和影响力、栏目播出的时段和频道等因素密切相关;栏目满意度、期待度则受栏目品质、栏目内容编排等"软件设施"的影响较大,反映观众的认可或忠诚情况。

(1)栏目满意度(百分制)

过去 30 天看过这个栏目节目的观众对该栏目带给自己的视听感受进行评价,采用 100 制。同收视率和观众规模关系不大。

根据栏目类型设置不同的细化指标。新闻资讯类包括时效性、贴近性、权威性、信息量、表现形式、制作水平、主持人 7 个方面;专题服务类包括内容吸引力、知识性、表现形式、制作水平、主持人 5 个方面;综艺益智类包括娱乐性、知识性、表现形式、制作水平、主持人 5 个方面。明确定义 0~19 分为"不满意"、20~49 分为"不太满意"、50~69 分为

"一般"、70～89 分为"比较满意"、90～100 分为"非常满意"。

栏目满意度是该栏目所在类别细化指标的平均满意程度。

另外，通过回归给出了细化指标的权重值，它们的和为 1。权重值大，反映观众在评价节目时更关注这个指标，对满意度的影响大，是栏目制作者优先考虑的指标。新闻资讯类、专题服务类、综艺益智类的权重均值分别是 0.143(1/7)、0.2、0.2。以权重均值标准划分观众的关注度是高或是低，以这些指标的满意度分值与其栏目小类的满意度均值的差值为正还是负为界，分成 4 象限。以《焦点访谈》为例。

表 7-4-2　《焦点访谈》满意度

	整　体	时效性	贴近性	权威性	信息量	表现形式	制作水平	主持人
《焦点访谈》满意度	88.73	88.47	87.83	88.96	85.47	85.57	86.33	88.90
深度报道类栏目平均满意度	86.44	86.13	85.15	86.52	84.10	83.56	84.41	86.56
与本类栏目平均满意度差值	2.29	2.34	2.68	2.44	1.38	2.01	1.92	2.34
《焦点访谈》细化指标权重		0.18	0.06	0.14	0.06	0.08	0.14	0.33
深度报道类栏目细化指标权重		0.16	0.12	0.12	0.11	0.09	0.13	0.26
与本类栏目细化指标权重的权重差值		0.03	−0.06	0.02	−0.05	−0.02	0.01	0.07

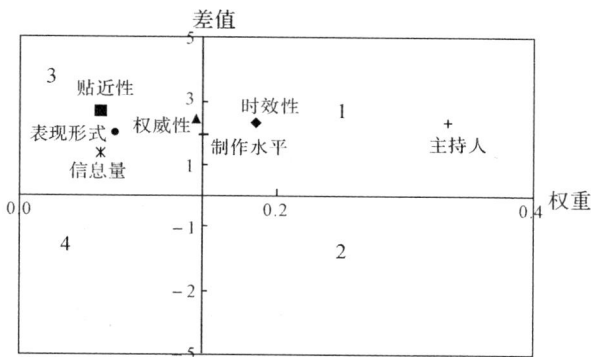

图 7-4-1　《焦点访谈》权重矩阵

象限 1 是关注度高、满意度差值为正的区域，落在其中的指标应保持和继续做好。象限 2 是关注度高、满意度差值为负的区域，落在其中的指标应优先改进。象限 3 是关注度低、满意度差值为正的区域，落在其中的指标可以考虑做差异化、栏目特色。象限 4

是关注度低、满意度差值为负的区域,落在其中的指标有余力应改进,也可以考虑做差异化。

(2)栏目知名度(百分制)

$$栏目知名度 = \frac{听说过这个节目的观众数}{所有被调查观众数} \times 100\%$$

栏目被知晓有两个途径,一是实际收看,二是通过口碑相传或大众媒体得知,因此栏目知名度指标有累计效应和传播效应,是栏目播出环境、宣传力度和栏目质量共同作用的结果。

(3)栏目观众规模(百分数)

$$栏目观众规模 = \frac{过去30天看过某栏目的观众数}{家中能收到该栏目的观众数} \times 100\%$$

栏目观众规模是指在保证观众完全有条件收看到栏目的前提下,对所有栏目近期的收视观众进行比较,展现栏目的影响力。

(4)栏目期待度(百分数)

栏目期待度是过去30天对该栏目采取主动性收视观众的百分比。

$$栏目期待度 = \frac{只要有时间就看某栏目的观众数}{看过该栏目的观众数} \times 100\%$$

栏目期待度是栏目被观众主动选择的程度,是收视率走势的预示信号之一,是竞争力的有力体现。

4.满意度指标的变化

频道满意度指标2002年有12个:满意度、入户率、观众规模、期待度、栏目竞争力、人气指数、忠诚度、观众流入率、观众流出率、广告相对干扰度、品牌栏目集中度、频道特征。2003～2004年有9个:满意度、入户率、观众规模、期待度、栏目竞争力、人气指数、广告相对干扰度、栏目集中度、频道特征。2005年有8个:满意度、入户率、观众规模、期待度、节目编排、节目预告清晰程度、频道标志清楚程度、广告相对干扰度。2006年有11个:满意度、入户率、观众规模、期待度、节目编排、节目预告清晰程度、频道标志清楚程度、广告相当干扰度、频道权威感、频道新鲜感、频道品牌栏目联想。2007—2008年有15个:满意度(3个细化指标)、入户率、观众规模、期待度、各主指标的观众构成和集中度、频道导视效果、频道包装形象、频道权威感、频道创新、大型活动、品牌栏目、节目品位格调、贴近性、引导性、愉悦感。2009年有15个:2008年的"引导性"变为"影视剧表现"。

频道相对广告干扰度反映观众对插播广告的态度,是指过去7天收看过某频道的观众中,认为该频道的广告插播影响了观众对节目正常收看的百分比。频道相对广告干扰度=认为广告插播不合理的观众数/看过某频道的观众数×100%。

栏目满意度指标2002年有10个:满意度、知名度、观众规模、期待度、观众流入率、观众流出率、家庭关注度、人气指数、忠诚度、栏目特征。2003—2004年有6个:满意度、知名度、观众规模、期待度、人气指数、栏目特征。2005—2006年有4个:满意度、知名度、观众规模、期待度。2007—2008年有5个:满意度(5个细化指标)、知名度、观众规模、期待度、各主指标的观众构成和集中度。2009年有5个:满意度(三类节目的细化指标)、知名度、观众规模、期待度、各主指标的观众构成和集中度。

5. 频道满意度调查结果

频道满意度调查包括15个中央电视台的频道、中国教育台和31个省级卫星频道。栏目满意度调查涉及226个中央电视台的栏目,包括针对15～69岁观众调查的栏目206个,针对4～14岁少儿观众调查的栏目20个。

47个频道的平均满意度是83.92分,中央电视台15个频道的平均满意度是86.01分,省级卫视平均满意度为79.82分。

表7-4-3 **2009年卫星频道竞争力表(按满意度排名)**

排 名	名 称	满意度(分)	入户率(%)	观众规模(%)	期待度(%)
1	CCTV1	88.83	96.92	79.56	33.00
2	CCTV12	87.16	71.11	34.55	14.81
3	CCTV3	86.65	71.65	56.00	23.45
4	CCTV 新闻	86.37	65.73	29.71	12.76
5	CCTV10	86.07	73.43	22.62	9.44
6	CCTV2	85.05	83.05	37.22	13.01
7	CCTV8	85.03	68.75	37.66	12.65
8	CCTV5	84.64	70.69	25.82	10.85
9	CCTV 亚洲	84.49	76.96	23.52	9.10
10	CCTV7	84.42	84.34	27.37	10.41
11	CCTV6	83.95	70.36	42.62	14.81
12	湖南卫视	83.30	75.61	39.48	15.82
13	CCTV 少儿	83.09	72.10	8.31	1.39
14	CCTV11	82.53	73.81	10.84	3.39
15	CCTV 音乐	81.75	37.16	8.93	2.87

续表

排　名	名　称	满意度(分)	入户率(%)	观众规模(%)	期待度(%)
16	东方卫视	80.89	64.82	13.09	4.02
17	辽宁卫视	80.77	41.44	14.25	2.49
18	黑龙江卫视	80.70	30.76	12.00	5.92
19	北京卫视	80.39	64.17	8.41	1.59
20	吉林卫视	80.14	29.02	10.79	2.42
21	山东卫视	79.97	70.58	15.24	2.99
22	中国教育台	79.79	43.87	2.64	0.36
23	贵州卫视	79.78	49.52	8.12	2.40
24	浙江卫视	79.66	75.40	17.13	5.52
25	重庆卫视	79.44	54.25	13.76	3.50
26	安徽卫视	79.34	71.46	19.46	5.36
27	江西卫视	79.20	47.39	13.61	4.08
28	青海卫视	79.17	24.13	2.30	0.46
29	四川卫视	79.10	67.56	15.72	4.06
30	河南卫视	78.61	51.16	14.20	1.96
31	河北卫视	78.32	42.90	6.59	1.13
32	山西卫视	78.27	39.14	8.68	0.46
33	江苏卫视	78.16	61.41	14.21	4.53
34	东南卫视	78.13	57.01	8.22	1.51
35	陕西卫视	77.88	34.39	2.70	0.72
36	云南卫视	77.81	37.12	7.28	1.68
37	旅游卫视	77.71	24.40	4.94	1.66
38	广东卫视	77.29	56.00	9.99	3.03
39	天津卫视	77.13	49.56	5.86	1.15
40	内蒙古卫视	77.00	36.64	2.81	0.38
41	CCTV9	76.69	47.80	1.43	0.17

排　名	名　　称	满意度（分）	入户率（%）	观众规模（%）	期待度（%）
42	湖北卫视	76.91	43.40	5.09	0.81
43	广西卫视	76.24	45.07	7.51	1.15
44	西藏卫视	76.12	32.70	3.19	0.33
45	宁夏卫视	75.85	23.60	2.30	0.65
46	新疆卫视	73.76	15.80	1.79	0.60
47	甘肃卫视	73.54	25.18	1.84	0.27

观众对 47 个频道内各栏目表现的满意度均值为 87.18 分,中央电视台 15 个频道栏目的满意度均值为 88.97 分,远高于省级卫视频道栏目的均值 83.63 分。观众对 47 个频道内各栏目编排满意度的均值为 84.19 分,中央电视台 15 个频道栏目编排满意度的均值为 85.92 分,高于省级卫视频道栏目编排满意度的均值为 80.78 分。观众对 47 个频道广告播出的满意度均值为 70.48 分,中央电视台 15 个频道广告播出的满意度均值为 73.79,而省级卫视频道广告播出的满意度均值仅 63.96 分。

排除频道入户的影响,2009 年观众对 47 个卫星频道节目预告清晰的认可度分 3 个层次,CCTV1 为第 1 层次,达到 53.71%;第 2 层次的认可度在 31.52%(CCTV3)～17.44%(CCTV12)之间,包括中央台的综艺、经济、电影、电视剧、社会与法频道和湖南卫视;第 3 层次的认可度在 15% 以下,40 个频道。

在"频道色彩风格比较统一有特点,宣传片和标识醒目、有个性"方面,按照观众认可度,CCTV1 为 52.61%,是第 1 层次;第 2 层次在 36.12%(CCTV3)～13.72%(CCTV10)之间,包括 10 个中央台和湖南卫视;其余 35 个为第 3 层次,认可度在 10% 以下。

调查用"发生重大事件时的首选频道"和"不同说法下更信任的频道"来衡量频道在观众心目中的权威感和公信力。这两个指标的测量在中央台有新闻栏目播出的各频道内进行。权威感和公信力前 3 名相同,CCTV1、CCTV2、CCTV4 的权威感是 78.46、11.43、4.16%;公信力是 79.12、10.30、3.24。

创新性的认可度有 4 个层次。第 1 层次包括 CCTV3、CCTV1、湖南卫视 3 个频道,认可度为 31.54、27.81、26.54%;第 2 层次包括 CCTV2、CCTV8、CCTV12 这 3 个频道,认可度为 12.78、10.66、10.16%;第 3 层次有 14 个频道,在 8.17%(CCTV6)～3.01%(山东卫视)之间;第 4 层次有 23 个频道,在 2.72%(东南卫视)～0.04%(宁夏卫视)之间。

愉悦性的表现分 4 个层次。第 1 层次是 CCTV3、认可度为 46.64％；第 2 层次有湖南卫视和 CCTV1,认可度为 29.54、21.85％；第 3 层次有 8 个频道,在 12.31％(CCTV2)～5.38％(辽宁卫视)之间；第 4 层次有 36 个频道,在 4.55％(浙江卫视)～0.04％(宁夏卫视)之间。

42 个有电视剧的频道表现分 4 个层次。第 1 层次是 CCTV8、CCTV6、CCTV1,认可度为 43.13、35.58、32.13％；第 2 层次有湖南和安徽卫视,认可度为 17.06、9.58％；第 3 层次有 37 个频道,在 8.11％(江西卫视)～0.29％(中国教育台一套)之间。

6. 中央电视台栏目满意度

2009 年上半年栏目满意度研究,从栏目满意度、知名度、观众规模和期待度 4 个方面考察,对新闻资讯、专题服务、综艺益智等不同类型栏目还从满意度分项指标表现做了调查。

中央电视台栏目综合表现。206 个非少儿类栏目的满意度均值为 86.20 分,37 个栏目在均值之上,具体数据见表 7-4-4。

表 7-4-4 中央台栏目主要评价指标汇总表(按满意度排序)

序　号	名　　称	频道号	满意度(分)	知名度(％)	观众规模(％)	期待度(％)
1	新闻联播	1	91.67	92.73	77.97	58.82
2	星光大道	3	89.16	70.94	69.94	61.20
3	今日说法	1	88.88	79.56	55.96	55.73
4	新闻 30 分	1	88.76	70.67	50.26	51.53
5	焦点访谈	1	88.73	88.06	56.41	52.25
6	同一首歌	3	88.44	74.80	67.45	52.67
7	晚间新闻	1	88.22	62.97	38.08	55.57
8	动物世界	3	88.19	63.83	45.57	47.34
9	非常 6＋1	2	87.87	57.61	41.18	47.68
10	法治视界	12	87.66	26.82	18.19	50.98
11	探索·发现	10	87.60	32.47	20.11	50.55
12	法律讲堂	12	87.59	33.46	26.41	41.77
13	经济与法	2	87.44	36.56	20.94	43.55
14	中国新闻	4	87.31	20.76	9.87	33.57

续表

序 号	名 称	频道号	满意度(分)	知名度(%)	观众规模(%)	期待度(%)
15	第一时间	2	87.31	23.99	11.61	37.53
16	欢乐中国行	3	87.31	31.65	22.36	49.91
17	开心辞典	2	87.23	53.65	33.86	50.05
18	天网	12	87.23	29.16	21.70	48.76
19	走进科学	10	87.08	49.53	34.73	50.18
20	人与自然	1	87.07	57.77	32.58	51.42
21	中华医药	4	87.06	9.15	4.52	53.29
22	中国法治报道	12	87.04	31.19	21.55	48.56
23	法治在线	新闻	87.03	46.25	38.27	52.16
24	道德观察	12/1	87.00	46.29	41.64	52.62
25	朝文天下	1/新闻	86.85	33.02	15.32	42.22
26	科技博览	1	86.80	18.55	6.72	31.64
27	新闻60分	4	86.75	32.66	13.29	41.90
28	忏悔录	12	86.72	19.84	12.81	39.37
29	百科探秘	10	86.55	19.03	11.39	39.24
30	新闻调查	新闻	86.50	48.78	40.77	49.22
31	购物街	2	86.48	20.00	10.19	41.44
32	午夜新闻	新闻	86.42	16.83	6.04	42.43
33	实话实说	新闻	86.39	50.13	30.71	47.85
34	每周质量报告	新闻	86.36	6.69	2.72	48.85
35	天气·咨询	新闻	86.33	32.11	22.89	47.92
36	快乐驿站	3	86.29	31.30	19.44	39.18
37	周末喜相逢	3	86.27	28.19	18.49	35.10

这37个栏目可以分为两个梯队。一是"绝对强势、健康发展的栏目品牌群"梯队。满意度前10的栏目,新闻咨询占4席、专题服务和综艺益智各占3席。《新闻联播》、《星光大道》和《今日说法》的满意度、知名度、观众规模和期待度都在前10名;《新闻30分》、

《焦点访谈》、《同一首歌》和《动物世界》的满意度、知名度、观众规模也在前10名，但期待度排名稍低（10名以后）；与2008年下半年调查结果相比，《法治视界》的满意度、期待度排名分别上升了26、44位。

二是"相对强势，个性突出的栏目特色集群"梯队。《法律讲堂》满意度排名12，比2008年下半年上升58位；《第一时间》、《中华医药》、《科技博览》、《忏悔录》、《百科探秘》的满意度均提升50位以上；《欢乐中国行》、《中华医药》、《忏悔录》、《百科探秘》和《周末喜相逢》的满意度和观众规模排名比2008年下半年均上升10位以上，其中《中华医药》的满意度、观众规模、期待度分别上升82、39、21位。

按照栏目类型分析，下表是参与成人观众调查的栏目情况。

表 7-4-5　2009 年上半年中央电视台不同栏目类型满意度表现

类　　型	成人观众调查的栏目数	最高分	最高名次	最低分	最低名次	极差	平均分
新闻资讯	54	91.67	1	79.31	206	12.36	87.02
专题服务	98	88.88	3	79.94	204	8.94	85.66
综艺益智	54	89.16	2	79.69	205	9.47	85.95

其中新闻资讯分竞赛、深度报道、体育、消息、信息推介5个小类，参评栏目数分别为2、17、10、21、4个；专题服务分法制、纪录片、教学类、经济生活、科技文化、谈话类6个小类，分别有3、16、7、24、34、14个栏目参评；综艺益智分大众文艺、电视剧、经典艺术、游戏竞猜4个小类，分别有29、1、16、8个栏目参评。

2009年上半年共有20个少儿节目参与了满意度调查，平均分为85.53，13个节目在平均分之上。

四、满意度与收视率的关系

世界上大部分的电视台，包括我国几乎所有电视台都要靠广告生存，而广告投放的重要砝码就是收视率。相比满意度，广告商似乎更愿意相信收视率这个客观行为指标，也更看重这一指标，至于观众对节目满意不满意，广告商似乎兴趣不大。

广告商的选择，激发了学者对满意度与收视率关系的探索。许多学者致力于收视率与满意度的相关性研究分析，得出基本一致的结论。

1. 正相关

收视率与满意度关系研究（Barwise, Ehrenberg & Goodhardt, 1979）表明，当节目的收视率提高10个点，满意度也会提高3至4个点。这也就是说，收视率和满意度之间存在着正相关的关系。

美国传播学者巴怀斯和埃伦伯格(Barwise & Ehrenberg,1988)对附属于美国三大电视网的三家电视台晚间黄金时段娱乐节目的研究发现:观众人数多的节目,欣赏指数较高;观众人数少的节目,欣赏指数也较低。这种趋势在英国和加拿大也存在。

表 7-4-6   收视率与欣赏指数

收视率(%)	25 以上	20~24	15~19	10~14	1~9
欣赏指数(AI)	74	70	69	67	65

资料来源:Barwise,P.,& Ehrenberg,A.1988,*Television and its audience:international research perspectives:a selection of papers from the Second International Television Studies Conference*,*Lodon*,1986,London:Sage Publications Ltd.,p52

央视调查咨询中心将 59 个节目划分为经济、体育、新闻、专栏、综艺 5 大类,2000 年 3月 20 日至 2000 年 6月 20 日在全国 27 个大中城市进行了一次观众满意度调查。据此,我国学者萧海峰研究结果显示:无论从全体观众来看,还是从不同性别、年龄、文化程度和收入的观众群来看,全部节目的满意度和收视率之间都存在非常显著的正向相关关系。也就是说,就整体而言,满意度越高,则观众人数越多;反之则越少。

表 7-4-7   满意度与收视率的相关系数

	全部节目	新闻类	专栏类	体育类	经济类	综艺类
样本量	59	11	22	5	5	16
全体观众	0.534***	0.802***		0.922**		
男	0.505***	0.831***	0.373*			
女	0.525***	0.779***				
15~24 岁	0.483***	0.748***				
25~34 岁	0.487***	0.763***				
35~44 岁	0.474***	0.803***				
45~54 岁	0.528***	0.819***				
55~64 岁	0.507***	0.802***				
65 岁以上	0.478***	0.751***	0.457**			
小学及以下	0.347***	0.654***				
初中	0.497***	0.778***				

续表

	全部节目	新闻类	专栏类	体育类	经济类	综艺类
高中	0.517***	0.827***				
大学及以上	0.474***	0.758***	0.386*			
0~599 元	0.526***	0.815***				
600~1200 元	0.515***	0.790***				
1201~2000 元	0.401***	0.761***	0.377*			
2000 元以上	0.442***	0.571**	0.376*			

注: * 表示在 90% 的水平显著, ** 表示在 95% 的水平显著, *** 表示在 99% 的水平显著。

满意度与收视率的相关系数显示:第一,满意度与收视率达到显著相关的都是正相关。重要的是没有负相关,这说明满意度与收视率不冲突,即收视率"不"是万恶之源。第二,全部节目的满意度与收视率之间存在非常显著的正相关。第三,新闻类节目的满意度与收视率之间存在非常显著的正相关(99% 的水平上);体育、专栏类节目的满意度与收视率之间存在比较显著的正相关;经济、综艺类节目的满意度与收视率之间不存在显著的相关关系。

2.同类节目正相关,异类节目负相关

香港学者(苏钥机,1999)认为认知率是反映节目"普及"和"知名"程度,同收视率有很强的正相关。如将节目分为时事与公共事务、资讯、娱乐三类时,欣赏指数与节目类型的关系在很大程度上取决于如何对节目进行分类。无论认知率(收视率)水平高低,在同一档认知率(收视率)水平上,新闻及公共事务类节目欣赏指数最高,资讯类节目第二,娱乐类节目第三,但差距并不大。在高认知率(收视率)的情况下,新闻及公共事务类节目和资讯类节目的欣赏指数虽然高于娱乐节目,相差 3 个点;在中度和低认知率(收视率)的情况下,相差 4 个点。在收视水平相当的情况下,英国资讯节目的平均欣赏指数会比娱乐节目高出 10 个点。

满意度同认知率的关系不能一概而论,同一类节目认知率与欣赏指数为显著正向相关,也有负相关。时事及公共事务类节目中,欣赏指数与认知率则呈正向关系,即所谓叫好又叫座;而在资讯节目与娱乐节目中则成负相关,前者是叫好不叫座,后者是叫座不叫好。

第五节　网民满意度测评

随着网络的普及,电视节目的网络满意度研究和应用不断推进。现做简要介绍。

一、网络影响力测量

2007 年 4 月,中国广播电视协会、中国传媒大学和中央民族大学联合推出了中国电视网络影响力大型实战课题,提出了"网络影响力"的概念,并构建了相应的评价指标体系。出版《中国电视网络影响力报告(2008)》4 册,《中国电视网络影响力报告(2009)》9 册,发布《中国电视网络影响力报告(2010)》。2011 年 1 月,"中国电视网络影响力"调整为"中国网络影响力",年度报告也由《中国电视网络影响力报告》调整为《中国网络影响力报告》。2011 年 5 月,《中国网络影响力报告》由年度发布调整为年度发布与月度发布相结合,由前十名发布调整为全榜发布。2011 年 6 月,"北京中视动力传媒文化中心 CMM 数据调查平台(V4.0)"上线。2012 年 1 月,网络影响力项目产业化运作,网址是 http://www.i-cmm.cn/。2012 年 6 月,"北京中视动力传媒文化中心 CMM 数据调查平台(V5.0)"上线。

系统采用抽样调查,对所选用样本网站进行定期调整。网址地位重要的权数大,地位次要的权数小。

网络影响力 = 知名度 × 0.25 + 被关注度 × 0.25 + 收视度 × 0.25 + 美誉度 × 0.25。

知名度是由正式机构发布的关于某一电视媒体的信息量的总和,表明某一电视媒体的信息在网络中传播的广度,主要以样本网站搜索引擎的搜索结果为依据。被关注度是某一电视媒体在网络各大论坛以及博客中被讨论的量,表明电视媒体在网络中的信息传播深度,主要以样本网站搜索引擎的论坛搜索结果为依据。收视度是电视媒体生产的内容在网络中被收看/被下载的次数,表明观众的主动收看行为,主要以样本网站中电视节目的被下载次数为依据。美誉度是网友对电视品牌评价所持的满意及赞美程度。通过关键词检索,分别从百度和谷歌选取前十个具有态度性的文章(如果第一篇文章不具有态度性,则放弃,选择第二篇文章作为分析对象,以此类推,共计 20 篇文章)。

二、中国电视节目网络人气指数体系

2009 年中国传媒大学网络舆情(口碑)研究所/艾利艾咨询在"网络舆情指数体系(IRI)"的基础上,承担国家广电总局 2010 部级重大社科研究项目《中国电视节目网络人气指数体系(IPI)研究》。

电视节目网络人气指数体系由频道、栏目、电视剧、主持人、舆论话题等5个单体指数构成。每个单体指数评价指标如图7-4-2。

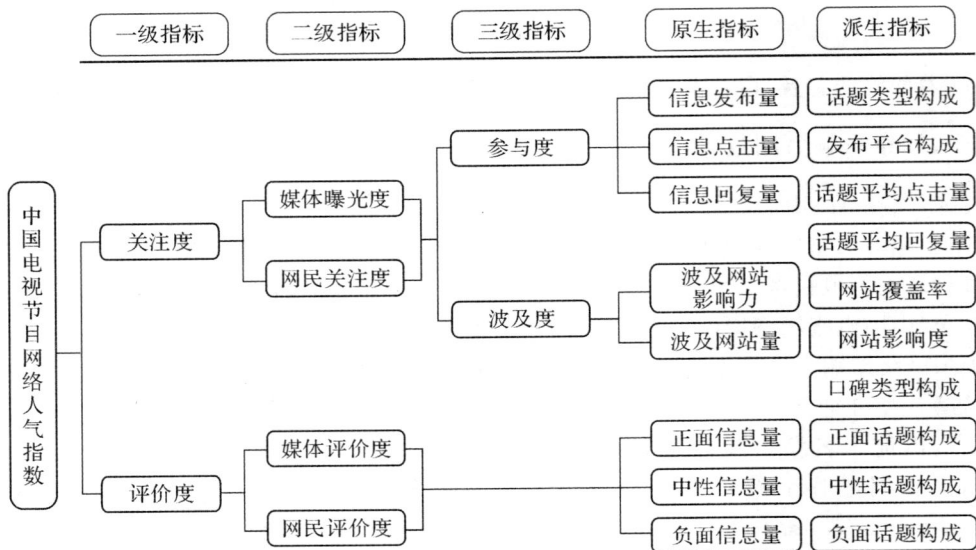

图 7-4-2　IPI 评价指标体系

按照德尔菲法选择"IPI100 网站观察系统"网站。选取在网络上最知名、最有影响力的 200 多家网站组成备选样本库,涵盖新闻、论坛、博客、视频等各种类型的网站。邀请 200 多位专家和网民等进行三轮厘定,选出最有代表性的 100 家网站,作为"IPI100 网站观察系统"的样本库。定期根据专家和网民意见更新样本库。

运用 I-catch 主题评论抓取系统,首先针对主题定制关键词,基于语义分析技术与文本挖掘技术,将 100 网站内新闻、论坛、博客、视频、wiki 等评论和点击的数据抓取到数据库。然后进行数据清洗,清除无效数据(如广告、水贴或其他无关贴)。最后对数据综合分析,提取出客观的、可量化的数据,并建立相关的指标体系和数据模型,计算 IPI 指数值。表 7-4-8 和图 7-4-3 是 2011 年的评价数据。

表 7-4-8　2011 年上星频道网络人气指标 TOP20

排　名	频　道	网络人气指数
1	湖南卫视	47.2
2	东方卫视	33.44
3	江苏卫视	31.41
4	浙江卫视	27.76
5	安徽卫视	26.78
6	CCTV1	25.6
7	山东卫视	25.42
8	深圳卫视	23.48
9	CCTV—13	20.05
10	广东卫视	18.66
11	辽宁卫视	18.41
12	天津卫视	18.19
13	北京卫视	18.10
14	CCTV5	17.58
15	CCTV2	16.08
16	青海卫视	15.75
17	CCTV3	15.05
18	东南卫视	14.59
19	四川卫视	12.31
20	CCTV8	12.26

资料来源:中国传媒大学网络舆情(口碑)研究所/艾莉艾咨询(IRI)2011.1.1—2011.12.31

三、中国电视满意度博雅榜

2010 年,北京大学新闻传播学院等 12 所重点大学的新闻学院发起了有"中国艾美奖"之称的首届中国电视博雅奖,在此基础上改进而成的 2011 首届中国电视满意度博雅榜于 2012 年 2 月 19 日在云南腾冲发布。博雅榜的计算方法如下:

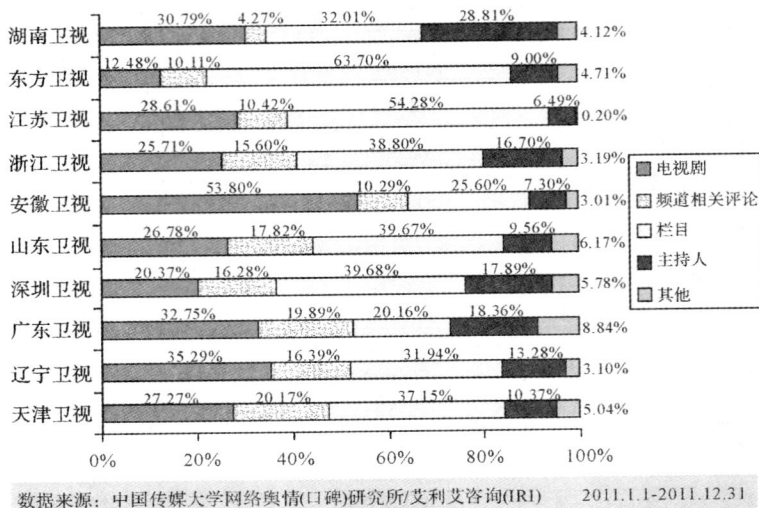

数据来源:中国传媒大学网络舆情(口碑)研究所/艾利艾咨询(IRI)   2011.1.1-2011.12.31

图 7-4-3   2011 年上星频道网民讨论话题 TOP10

资料来源:中国传媒大学网络舆论情(口碑)研究所/艾利艾咨询(IRI)2011.1.1—2011.12.31

网络评估综合满意度(博雅榜)=网络市场满意度×0.7+专家经验评估×0.3

网络市场满意度=网民满意度×50%+网络关注量市场份额×50%

$$网民满意度 = \frac{与节目相关的正面评论条数}{节目评论的总条数} \times 100\%$$

关注量=与节目相关的新闻条数+论坛帖子条数+微博条数

$$网络关注量市场份额 = \frac{节目的关注条数}{被调查的同类节目的总关注条数} \times 100\%$$

专家经验评估:网络市场满意度评估排名前 20 的电视台、频道和在四大类栏目中分别排名前 50 的电视栏目,交由北京大学、中国人民大学、复旦大学、清华大学、中国传媒大学、武汉大学、华中理工大学、四川大学、浙江大学、华东师范大学、暨南大学、华中理工大学等 12 所大学新闻传播学院的 13 位专家组成的评委会,按照专家经验评估系统设定的"创新能力、文化品位、社会价值、人际口碑和总体印象"5 个指标分别进行相同权重评分(100 分制),由高分到低分,评选出各自的结果。

表 7-4-9　2011 年卫星频道综合满意度前十名

排　名	频　道	关注量(评论条数)	市场份额	满意度	专家意见	最终分数
1	湖南卫视	6617420	32.94%	53%	87	80
2	东方卫视	1210836	6.03%	52%	86	51
3	江苏卫视	941912	4.69%	52%	86	49
4	浙江卫视	1147942	5.71%	47%	85	48
5	CCTV—2	524922	2.61%	50%	86	46
6	CCTV—3	475218	2.37%	51%	84	46
7	安徽卫视	808191	4.02%	44%	82	44
8	CCTV—1	593908	2.96%	43%	86	44
9	旅游卫视	461364	2.30%	50%	80	44
10	山东卫视	298354	1.49%	51%	79	43

2011 年省级电视台综合满意度前 10 名是北京电视台、上海电视台、湖南电视台、江苏电视台、浙江电视台、山东电视台、安徽电视台、南方电视台、广东电视台、云南电视台。市级电视台综合满意度前 10 名是洛阳电视台、广州电视台、佛山电视台、成都电视台、杭州电视台、西安电视台、南京电视台、温州电视台、青岛电视台、济南电视台，得分分别是 71、64、52、51、50、48、47、46、45、45 分。

2011 年新闻栏目综合满意度前 20 名是新闻联播、看东方、今日说法、焦点访谈、北京新闻、新闻周刊、经济半小时、24 小时、每周质量报告、朝闻天下、东方新闻、新闻晚高峰、东方时空、超级新闻场、南京零距离、天下足球、广东早晨、新闻 30 分、东方夜新闻、新闻调查，得分分别是 77、57、56、55、48、47、46、44、44、44、44、43、42、42、41、41、41、40、40、40。

2011 年娱乐节目综合满意度前 20 名是快乐女声、快乐大本营、非诚勿扰、中国达人秀、星光大道、天天向上、我们约会吧、百里挑一、快乐男声、我要上春晚、我爱记歌词、本山快乐营、越策越开心、欢乐中国行、非常 6＋1、艺术人生、非常静距离、老公看你的、饭没了秀、激情唱响，得分分别是 82、80、63、60、55、54、54、51、50、49、49、48、47、47、46、46、46、46、45、45。

2011 年文教节目综合满意度前 20 名是百家讲坛、走近科学、档案、杨澜访谈录、这里是北京、小崔说事、大家、对话、行者、可凡倾听、东方直播室、记忆、少年进化论、有多远走多远、往事、探索·发现、解密、读书、流金岁月、经典人文地理，得分分别是 78、66、65、63、61、55、55、52、52、49、49、48、47、47、45、45、44、43、43、42。

2011年生活服务类节目综合满意度前20名是王刚讲故事、小强热线(佛山电视台)、百科全说、职来职往、讲述、美丽俏佳人、幸福魔方、一线、第一时间、见证、身边、人间、消费主张、天下父母、8090、一帮到底、家政女皇、养生、财经郎眼、交换空间,得分分别是77、60、57、52、50、48、48、48、47、45、45、45、45、44、43、43、42、42、42、42。

2012年度中国电视满意度博雅榜,卫星频道满意度前10名是湖南卫视、上海东方卫视、江苏卫视、浙江卫视、安徽卫视、山东卫视、深圳卫视、北京卫视、中央一套、湖北卫视;省级电视台满意度前10名是安徽电视台、北京电视台、上海电视台、湖南电视台、江苏电视台、广东南方电视台、山东电视台、浙江电视台、河南电视台、天津电视台。城市电视台满意度前十名是广州电视台、深圳电视台、成都电视台、西安电视台、杭州电视台、南京电视台、武汉电视台、青岛电视台、长沙电视台、佛山电视台。省级地面频道满意度前8名是广东电视台的体育频道、上海电视台的新闻综合频道、江苏电视台的综合频道、福建电视台的综合频道、广东电视台的新闻频道、江苏电视台的体育频道、广东电视台的珠江频道、重庆电视台的生活频道。新闻类栏目满意度前20名是新闻联播、第一时间、看东方、防务新观察、北京新闻、南京零距离、直播港澳台、超级新闻场、东方夜新闻、成视新闻(成都电视台)、青岛新闻、大连新闻、世界周刊、今日一线、北京您早、九点半、今日、南宁新闻、经视新闻(浙江经视)、每日新闻(山东齐鲁)。娱乐类栏目满意度前20名是中国好声音、非诚勿扰、快乐大本营、天天向上、中国达人秀、非你莫属、声动亚洲、中国梦想秀、非常了得、我爱我的祖国、谢天谢地,你来啦、完美声音、星光大道、歌声传奇、年代秀、幸福来敲门、天才童声、纵横四海、非常完美、非常6+1。生活服务类栏目满意度前20名是河北卫视的家政女皇、广东卫视的财经郎眼、央视一套的今日说法、宁夏卫视的波士堂、中央二套的交换空间、宁夏卫视的头脑风暴、江苏卫视的职来职往、中央七套的聚焦三农、旅游卫视的大驾光临、中央七套的致富经、湖北卫视的天生我财、荆州台垄上频道的垄上行、四川经济频道的生活、陕西家庭生活频道的乐淘淘、苏州城市生活频道的谈天说地、黑龙江都市频道的第一房产、中山公共频道的城市零距离、海南新闻频道的寻情记、乌鲁木齐新闻综合频道的大事小事、武汉新闻综合频道的家住武汉。文教类栏目满意度前15名是中央四套的走遍中国、中央十套的百家讲坛、江西卫视的传奇故事、河南卫视的武林风、湖南卫视的背后的故事、上海娱乐频道的可凡倾听、江苏国际频道的杨澜访谈录、安徽卫视的非常静距离、中央一套的小崔说事、北京青年频道的军情解码、中央十套的科技之光、旅游卫视的国学堂、江苏优漫卡通的家有宝贝、江苏卫视的万家灯火、上海纪实频道的真实第25小时、西藏卫视的西藏旅游。

2013年中国电视满意度博雅榜。湖北卫视《长江新闻号》名列新闻栏目满意度榜单第三,仅次于央视新闻频道的《共同关注》、江苏电视台城市频道《零距离》。卫星频道满意度前10名中,湖南、安徽、浙江占前三甲;娱乐类栏目满意度榜单,前三位分别是湖南卫视《爸爸去哪儿》,浙江卫视的《中国好声音》、《中国梦想秀》。

四、电视节目网络传播影响力评价体系(TNI)

2009 年,北京美兰德媒体传播策略咨询有限公司(CMMR)开始研发电视节目网络传播影响力评价体系(TNI)。监测的对象为 15 家中央级电视媒体、43 家省级、副省级及其他上星电视频道[①],涵盖 2000 多档电视节目、7000 多部影视剧目和 500 多部专题纪录片。数据信息来自新闻门户网站、论坛社区、博客、视频网站、百科问答(WIKI)五大类别共约 3000 余家网站。评价体系采用(T3＋2)的指标分类。"T3"指的是网媒关注度、网民评议度及视频点击量,"2"指的是将网民评议度细分为网民美誉度及微博提及量两个细分指标。表 7-4-10 是根据《2013 年上半年省级卫视电视节目网络传播研究分析报告》编制。

表 7-4-10　2013 年上半省级卫视网络传播影响力 TOP10

	网媒关注度 (万条)	网民评议度 (万条)	微博提及量 (万条)	视频点击量 (亿次)
湖南卫视	49.4	1979	1963	37.1
东方卫视	11.9	727	724	10.9
江苏卫视	11.5	719	715	14.2
浙江卫视	10.2	379	376	7.9
安徽卫视	7.5	286	284	5.9
北京卫视	4.5			5.3
天津卫视	4.3			6.0
山东卫视	3.8	380	378	
深圳卫视	2.9	327	362	6.3
湖北卫视	2.6	224	223	
辽宁卫视		392	392	
四川卫视		174	174	
贵州卫视				2.5
江西卫视				2.4

---

①　中国教育山东台、北京卡酷动画频道、延边卫视、上海炫动卡通卫视、卫视、金鹰卡通卫视、深圳卫视、青海综合频道、新疆生产建设兵团电视台、陕西农林科教频道、华娱卫视、优漫卡通卫视。

五、基于语义分析的满意度测量

浙江传媒学院网络视频监测与分析系统的满意度分析,以褒贬值为主,踩顶数为辅。踩顶数在网络收视模块中。

褒贬值基于语义分析技术,依赖节目评价语料库,对收集到新闻、论坛、微博的文本进行评分,分值在正负5之间,正数、零、负数分别对应正面、中性、负面。在此基础上,对整体节目,主持人、嘉宾、音乐等节目元素的褒贬值进行详细分析。第9章将介绍具体使用方法。

延续阅读

1.段鹏.收视率与满意度的博弈——刍议电视节目传播影响力与收视率、满意度的关系.现代传播,2007(6).

2.王轩.基于量化的中国电视频道满意度评估研究.媒介产业全球化·多样性·认同——第七届世界传媒经济学术会议论文集,2006年.

3.漫画收视率 http://www.csm.com.cn/index.php/SinglePage/index/cid/20/id/110.

思考题

1.从三个核心指标简述收视指标体系。
2.论述市场占有率同收视率和开机率的关系。
3.从满意度调查的发展和现状论述满意度与收视率的关系。

知识点

1.收视指标体系	2.收视率
3.总收视点(毛评点)	4.开机率
5.市场占有率	6.时段指数
7.观众构成	8.观众集中度
9.到达率	10.平均到达率
11.边际到达率	12.覆盖率
13.累计观众	14.重复观众
15.观众流动净值	16.忠实度
17.人均日收视时长	18.时段贡献

19. 平均收视段数　　　　　　　20. 平均每段收视时长

21. 欣赏指数　　　　　　　　　22. 满意度

23. 满意度与收视率的关系

参考文献

1. 中国广播电视协会. 中国电视收视率调查准则. 2009 年 3 月. 中国广播电视协会网，http://www.crta.net.cn/Soft/ShowSoft.asp? SoftID=22.

2. 王兰柱. 收视率调查应用手册(第 2 版). 中国传媒大学出版社，2011.

3. 黄学平. 广播收听率调查方法与应用. 中国传媒大学出版社，2006.

4. 王轩. 基于量化的中国电视频道满意度评估研究. 媒介产业全球化·多样性·认同——第七届世界传媒经济学术会议论文集，2006.

5. 黄孝俊，叶琼丰. 广播电视节目欣赏指数及其应用前瞻. 中国传媒报告，2002(1).

6. 苏钥机. 用欣赏指数量度电视节目品质——香港的经验. (台湾)广播与电视，1999(11).

7. 萧海峰. 满意度与收视率、市场占有率及忠诚度关系的实证分析. 收视中国，2001(2).

8. 刘燕南. 欣赏指数调查：香港经验及其思考. 广播电视学刊，2001(5).

9. 中央电视台. 央视社会与法频道全新改版 打造三大主力时段. http://news.sina.com.cn/c/2008-12-31/095416955682.shtml.

10. 刘燕南. 电视收视率解析：调查、分析与应用(第 2 版). 中国传媒大学出版社，2006.

11. 吴斌. 基于模糊数学模型的节目满意度综合评价法. 海南大学学报(自然科学版)，2011(2).

12. 李德刚等. 理论创新与实践价值：互联网时代电视评价体系的建构. 现代传播，2009(5).

13. 张树庭等. 电视节目网络人气指数体系(IPI)的初步建构. 现代传播，2010(12).

14. 陆地，陈思. 新媒体时代电视节目评估体系的构建和应用. 新闻爱好者，2013(11).

第八章

受众调查样本抽取

　　委托专业公司进行受众调查,已经被越来越多的大众媒体和广告主、广告公司所接受。但在实践操作中,由于对调查方法的科学性和调查数据的实际意义了解不够,不少人(包括一些学者)对受众调查工作还存在着一些认识上的误区和实践上的盲动,或以偏概全否定受众调查的科学意义,或生拉硬拽进行一些无意义的比较。

　　受众调查作为一种科学的测量方法,其理论基础是概率论和数理统计,为此必须重视调查实施过程中,影响数据准确性的各个环节和各种因素,特别是样本的选择、调查员的访问、数据处理等直接影响数据质量的关键环节。

第一节　CSM 收视率调查方法

　　改革开放以前,尽管也常讲电视为观众服务、要最大限度地满足观众需要,但在主管领导和电视从业人员头脑中,观众只是传播活动的被动受体,毫无能动性可言,研究者花费大量精力探讨电视传播者应该如何掌握传播方针和技巧,却疏于研究观众,更不用说用观众意识指导实践,观众研究在电视研究中所占比重极小。大众媒体常常用受众来信和来电作为受众意见的代表。

一、调查总体和样本容量确定

1. 调查总体

受众调查中,首先需要对受众收视行为给出操作定义。《全球电视受众测量指南》有两个定义,一是"受众在房间里,并且电视机开着",二是"受众宣称自己正在看电视"。CSM 的界定和对样本户的要求是"当您能够看到电视机的画面或能听到电视机声音时"。

受众调查中遵循"平权主义"的原则,年龄、文化程度、收入、职业等人口属性不同的受众收看电视的时间,具有相同的权重。在 CSM 的收视率调查中,调查总体一般界定为目标区域内所有 4 岁以上的电视家庭人口。如 2006 年春节晚会全国的收视率为 34.7%,表示在全国进行收视率调查的区域内,所有 4 岁及以上的电视家庭人口中,有 34.7% 的人收看了长达 4 个小时的 2006 年春节晚会。

目标区域是指所要调查收视率的范围,可以是全国、省、市、县,也可以是特定的区域。

电视家庭人口(TVHH:Television Household)是指有电视机的家庭人口。收视率是一种连续性的调查,要求被调查者基本保持稳定,家庭人口的稳定性较强,不包括集体人口、流动人口。

年龄下限是 4 岁。收视率的两种主要调查方式(日记卡和测量仪),均要求被调查者具有一定的行为能力,4 岁以下的儿童不能正确填日记卡或按手控器。

2. 样本容量

根据第 4 章中样本量的确定理论,为减少误差,收视率(P),一般取 50%。因为 P 在 1 和 0 之间取值时,只有当 P 等于 0.5 时,$P(1-P)$ 最大,为 0.25。表 8-1-1 是置信水平分别为 95%、99.01%、99.73%,概率度 t 分别为 1.96、2.58、3 时,样本量 n 和允许误差 M 的关系。

表 8-1-1 允许误差和置信水平与样本量

允许误差(%)	样本量(人)		
	$t=1.96$	$t=2.58$	$t=3$
1	9604	16641	22500
2	2401	4160	5625
3	1067	1849	2500
4	600	1040	1406
5	384	666	900
6	267	462	625
7	196	340	459
8	150	260	352
9	119	205	278
10	96	166	225

综合考虑抽样误差(精度)和成本,在收视率调查中,比较合理的样本规模是 1067 人。按照目前 3.5 左右的户人口规模推算,300 户的样本量就能达到比较满意的效果。因此 CSM 在城市调查网中,一般的样本量为 300 户,对于小城市,样本量为 100 户。

20 世纪 60 年代应美国国会听证会的需要而成立的行业组织,全国电视测量委员会(CONTAM:Committee on Nationwide Television Audience Measurement)对收视调查的样本量做过研究。CONTAM 收集了 50000 个家庭的收视情况,随机等分成 8 组,每组 6250 个家庭。八个组的样本量分别为 25、50、100、250、500、1000、1500、2500 个家庭。研究结果显示,对电视节目火石(Flintstones)的样本收视率与实际收视率(26%)的差异,最小的样本量(25)有很大出入,100 次抽样中有 2.6 个是错误的收视率范围是 0%～53%;样本量增加到 1000 户时,能大大地减少抽样误差,准确性大大提高,100 次抽样中有 2.6 个是错误的收视率范围是 22%～30%;样本量增加到 2500 户,准确性只提高了一点点,100 抽样中有 2.6 个是错误的收视率范围是 24%～28%。虽然加大样本量能提高推断的准确性,但准确性的提高程度很快会达到临界点,而后十分缓慢。

3.抽样方法——样本的确定

高质量的受众抽样调查,关键是使样本对总体具有代表性,具体体现在样本的确定。根据《全球电视受众测量指南》的要求,CSM 抽样总体设计是二相(基础研究和固定样组)、整群抽样。下一节将详细介绍 CSM 全国、省级、城市调查的抽样方法。

基础研究:CSM 在收视网建立前以及建立后的每年都要进行一次大样本的基础研究,也称为基础调查。通过更大样本范围、更多指标的调查,了解所调查地区人口和媒介的基本情况,对样本户人口状况和电视设备的拥有情况有一个总体的把握和估测;为固定样组的抽取提供样本框;为固定样组的轮换与控制提供依据,使固定样组的各项特征与被调查地区总体的特征保持一致,从而保证样本的代表性。

本人或家人在新闻媒体、广告、公关顾问、市场研究等机构工作者不能作为样本。

固定样组:以基础调查的样本为抽样框,抽取日常调查的样本。固定样组的 70% 样本户采用概率抽样完成;30% 样本户则根据事先确定的配额指标(如性别、年龄、文化程度等),采用配额抽样来完成。配额抽样能提高样本结构与总体结构的一致性,保证样本对总体的代表性。

整群抽样:固定样组的样本户中的所有 4 岁以上人口,就是收视调查的样本。

二、样本管理

1.缓冲样本

缓冲样本(buffer sample)就是以随机抽取的额外样本作为候补样本,以提供某些地区或群体的代表性。在抽样落实阶段,如果一个区域的高收入者的成功率明显低于期望值,就需要加入适当的缓冲样本。如果调查员遇到一个不合作的家庭,他们会依据指示,在附近再抽取第二个家庭,并保证这个家庭的关键指标同不合作的家庭类似。

2.样本户激励

为了保证样本户的合作程度,样本户的激励十分重要。在所有的激励方式中,物质激励是最为重要的,定期给样本户一定金额的报酬或一定价值的礼品是经常使用的形式。物质激励的原则是:不能影响样本户的经济水平和收视习惯。不能选择媒介产品(如电视机、收音机)或偏向某一电视台的礼品,免费或低成本为样本户维修媒介产品也建议不使用。常用的其他激励有《样户通信》、给予样本户参与调查的荣誉感等。

3.样本户轮换

在连续性的抽样调查中,样本轮换是常用制度。新样本户要求与被轮换的样本户同一个居(村、家)委会,以最新基础调查结果为依据,采用配额抽样的方法选择,轮换时的配额指标应同建立时的配额指标一致。

日记卡的样本户良好的合作时间一般可保持37~78周。按每年50周(春节期间的2周一般不换样本户)计算,平均每周更换2%的样本户。采用测量仪样本户的轮换有主动和被动两类。主动是指由于配额指标需要调整、数据质量不高等原因,由调查公司主动提出终止合作;被动轮换是指样本户不愿意继续合作而导致的轮换。

三、样本加权

加权(weighting)是分配数学权重的过程。样本加权,又称为抽样平衡,它增强样本中某些人对视听率预测的实际影响,同时降低某些人对视听率预测的实际影响,修正未加权样本对某些人群代表过度或代表不足的偏差。

如要调查节目A在某区域的收视率。基础研究得知该区域的电视家庭总人口是1万,其中男、女比率为51%、49%。固定样组为1000人,样本的男、女比率为45%、55%,调查数据为收看节目A的男、女人数为100、200人。节目A的收视率不等于30%[(100+200)/1000],收视率的正确计算步骤为:

男观众权重=总体中男性比率/样本中男性比率
$$=51/45=1.1333$$

女观众权重=总体中女性比率/样本中女性比率
$$=49/55=0.8909$$

样本中节目A的观众人数$=100\times1.1333+200\times0.8909$
$$=291.5152\approx292(人)$$

样本中节目 A 的收视率＝291.5/1000＝29.15％

推断：节目 A 在某区域的收视率为 29.15％，即该区域有 2915(0.2915×10000)人收看了节目 A。

实际操作中加权的变量不止一个。CSM 在不同的收视调查网采用边际加权方法(rim weighting)进行加权，但不同的调查网使用不同的加权变量。如城市日记卡收视调查网中以性别、年龄为加权变量，而省级收视调查网中以性别、年龄、城乡为加权变量。CSM 根据基础研究等数据，基本上一年进行一次权重变更，并告知所有用户。

第二节 CSM 三级收视率调查网

CSM 是中国最大的电视收视和广播收听市场研究公司，为中国内地和香港地区传媒行业提供视听调查服务。2010 年 5 月，CSM 拥有 180 个收视率调查网络(1 个全国网，25 个省级网，以及包括香港特别行政区在内的 154 个城市网)，对 1268 个电视频道的收视情况进行全天不间断调查。2014 年 1 月，CSM 拥有 177 个收视率调查网络(1 个全国网，25 个省级网，包括香港特别行政区在内的 151 个城市网)，对 1204 个电视频道的收视情况进行全天不间断调查。

一、全国网样本确定

全国收视率调查网的调查总体是全国电视信号覆盖区域内所有电视家庭的 4 岁以上人口。CSM2000 年 6 月 8 日建立了 4000 个样本户的收视调查全国网，使用人员测量仪，2008 年、2011 年 2 月、2012 年 9 月样本量扩展到 5120、6160、8125 户。

1.基础调查的样本抽样

全国收视率调查网基础研究的样本抽取方法为"分层、多阶段、PPS、整群抽样"。调查样本户的所有人口的社会经济情况。

（1）分层

根据非农人口比例将全国分为三个域。城市域，地级市中非农人口比例大于等于50％的市辖区；中间域，地级市中非农业人口小于 50％的市辖区；农村域，所有市辖区以外的县级单位，如县、县级市、旗。

由于每个域太大，在三大区域中按对收视率有显著影响的六个指标(人口规模、0～14 岁儿童的比例、65 岁以上老人的比例、非农业人口比例、识字率、年平均气温)进行聚类分析,将城市域分为 6 小层,中间域分为 4 小层,农村域分为 10 小层。

(2)城市域中样本户的抽取方法

对在自分层城市(即一个城市为一层)中采用二阶段按户数 PPS 抽取样本户,以居(家、村)委会及家庭户分别为初级、二级抽样单位。在其他层中采用三阶段按户数 PPS 抽取样本户,以市、居(家、村)委会、家庭户分别为一、二、三级抽样单位。

(3)中间域和乡域中样本户的抽取方法

在各层中均采用四阶段按户数 PPS 抽取样本户,以县级单位、街道(乡、镇)、居(家、村)委会、家庭户分别为一、二、三、四级抽样单位。最后一阶段均为整群抽样,对抽中家庭户中的所有 4 岁以上人员进行调查。

2.固定样组的抽取方法

固定样组的 70%样本户按随机入选完成,30%样本户采用配额抽样完成。在基础研究大样本内,将各样本户按对收视率有重要影响的指标(家庭户人口数、是否有线、电视机台数、收视时间、有无 14 岁以下子女、地区、日用品主要采购者的年龄、户收入)排序后,使用随机等距抽样方法抽取多套地址,第一套地址拒访后由备选套中的同号样本户代替。调查样本户的 4 岁以上人口的收视情况。

3.固定样组

CSM2008 年电视收视调查全国网有固定样组 5120 户,可推及 4.0195 亿户和 12.36256 亿人。CSM2014 年电视收视调查全国测量仪网有固定样组 8125 户,可推及人口 12.75028 亿,其中城域 4200 户,乡域 3925 户。

表 8-2-1　2008 年电视收视调查全国网的结构

分类 1	分类 2	全　国	城　域	乡　域
样本	样本户	5120	3120	2000
	推及户数	401950	122425	279525
	推及人口	1236256	354571	881685
性别(%)	男	50.5	51.4	50.1
	女	49.5	48.6	49.9
家庭规模(%)	1 人户	6.0	5.2	6.3
	2 人户	28.9	25.8	30.3
	3 人户	32.4	35.3	31.1
	4 人及以上户	32.7	33.7	32.3

续表

分类 1	分类 2	全 国	城 域	乡 域
家庭收入（%）	0～300 元	7.3	9.2	3.0
	301～600 元	10.7	13.2	5.1
	601～1200 元	22.6	26.4	14.0
	1201～2000 元	21.5	22.5	19.2
	2001 元及以上	37.9	28.8	58.7
年龄（%）	4～14 岁	14.6	11.6	15.8
	15～24 岁	15.7	17.4	14.9
	25～34 岁	14.5	18.4	12.9
	35～44 岁	20.4	19.5	20.8
	45～54 岁	14.8	14.5	15.0
	55～64 岁	10.8	9.3	11.4
	65 岁及以上	9.2	9.3	9.2
家庭购买决策者年龄（%）	15～29 岁	7.0	8.2	6.4
	30～49 岁	50.3	49.6	50.6
	50 岁及以上	42.7	42.2	43.Q

数据来源：王兰柱. 中国电视收视年鉴,2009:743

三、省级网样本确定

省级收视率调查的调查总体是全省电视信号覆盖区域内所有电视家庭的 4 岁以上人口。省级电视收视调查网采用日记卡和人员测量仪两种方法。

1. 基础调查的样本抽样

CSM 省级基础调查的样本抽样方法是分层、三阶段、PPS、整群抽样。调查样本户的所有人口的社会经济情况。

（1）分层

由于城乡居民收视行为差异,分为城乡两域。城域是地级（或以上）城市中非农业人口比例在 45% 及以上的所有区;乡域是地级（或以上）市中非农业人口比例在 45% 以下的所有区,县级市和县（旗）。

（2）城域中样本的抽取方法：三阶段、PPS、整群抽样。

第一阶段：抽区。将地级（或以上）市按离省城距离以顺时针方向从近到远排列，在每一个城市中再按非农业人口比例将各区由大到小排列，然后采用PPS抽取区。

第二阶段：抽居（家、村）委会。在样本区中，用随机起点按户数PPS抽取居（家、村）委会。

第三阶段：抽户。在样本居（家、村）委会中，用随机等居起点抽取户。

样本量：省会城市 $36 \times 14 = 504$ 户

地级城市 $10 \times 3 \times 10 = 300$ 户

（3）乡域中样本的抽取方法：三阶段、PPS、整群抽样

第一阶段：抽县级单位。将地级单位按离省城距离以顺时针方向从近到远排列，在每一个地级单位中再按非农业人口比例将各县级单位由大到小排列，然后采用PPS抽取15个县级单位。

第二阶段：抽居（家、村）委会。在样本县级单位中，用随机起点按户数PPS抽取2个居（家、村）委会。

第三阶段：抽户。在样本居（家、村）委会中，用随机等居起点抽取13户。

样本量：$15 \times 2 \times 13 = 390$ 户

2.固定样组抽取方法

省级收视调查固定样组的样本并不来源于基础调查样本。基础调查样本分布在全省30个区县级单位，考虑到成本，固定样组的样本只分布在6个市县（其中城市和县各3个）。

省级收视调查固定样组的抽样方法同基础调查一样为：分层、三阶段、PPS、整群抽样。调查样本户的4岁以上人口的收视情况。

分层：城乡各300户，共600户

在城域中，抽3个城市，每个城市抽20个居（家、村）委会，每个居（家、村）委会抽5户。样本量 $300 = 3 \times 20 \times 5 = 300$

在乡域中，抽3个县级单位，每个县级单位抽10个居（家、村）委会，每个居（家、村）委会抽10户。样本量 $300 = 3 \times 10 \times 10 = 300$

固定样组的70%样本户按随机入选完成，30%样本户采用配额抽样完成，即以配额指标的基础研究结果为目标，在所有未接触的地址中选择样本户，使得固定样组的配额指标结构与基础调查的结构一致。首要配额指标是家庭户规模、日用品主要采购者的年龄、家庭户有无14岁以下子女、是否有线电视、电视机台数和家庭户收入等6个指标，次要配额指标是性别、年龄2个指标。表8-2-2是2014年1月全国省级电视测量网的数据。

表 8-2-2　电视省级测量网(2014 年 1 月)

序　号	固定样组	样本规模 (户)	城域 (户)	乡域 (户)	推及人口 (000)	开始时间
测量仪 1	福建省	800	650	150	35,237	07－01－2006
测量仪 2	广东省	800	650	150	100,303	09－01－2006
测量仪 3	海南省	450	300	150	8,120	10－01－2009
测量仪 4	河北省	800	650	150	68,287	08－01－2011
测量仪 5	湖北省	800	650	150	54,749	04－01－2008
测量仪 6	湖南省	800	650	150	61,641	03－01－2008
测量仪 7	江苏省	800	650	150	75,609	11－01－2007
测量仪 8	辽宁省	800	650	150	42,089	05－02－2004
测量仪 9	山东省	800	650	150	91,090	04－01－2009
测量仪 10	四川省	800	650	150	75,934	01－01－2009
测量仪 11	浙江省	800	650	150	51,837	10－01－2007
日记卡 1	安徽省	600	300	300	55,713	01－31－1999
日记卡 2	甘肃省	600	300	300	24,322	11－01－2005
日记卡 3	广西自治区	600	300	300	43,637	02－24－2002
日记卡 4	贵州省	600	300	300	32,152	12－29－2002
日记卡 5	黑龙江省	600	300	300	37,058	09－30－2001
日记卡 6	河南省	600	300	300	87,484	05－28－2000
日记卡 7	内蒙古自治区	600	300	300	23,774	08－01－2004
日记卡 8	江西省	600	300	300	41,255	01－03－1999
日记卡 9	吉林省	600	300	300	26,212	10－03－1999
日记卡 10	宁夏自治区	600	300	300	5,964	05－01－2007
日记卡 11	陕西省	600	300	300	35,369	07－04－1999
日记卡 12	山西省	600	300	300	34,453	09－01－2004
日记卡 13	新疆自治区	600	300	300	20,801	12－27－2009
日记卡 14	云南省	600	300	300	43,509	04－27－2003

数据来源:CSM 用户文件"Panel List-Jan. 2014(CN). xls"

四、城市网样本确定

城市是我国经济的主要区域,导致电视收视调查重点是城市网。由于我国实行市领导县、区的行政管理体制,而城市收视调查网主要是调查城市居民的收视行为,所以 CSM 收视调查城市网的调查总体是非农人口比例在 45% 及以上的市辖区中 4 岁以上的电视家庭人口。

1.日记卡城市调查网的样本抽取

(1)基础调查样本的抽样方法

日记卡法城市收视调查网的基础调查抽样方法是二阶段、PPS、整群抽样。

二阶段抽样:城市收视调查网基础调查分两个阶段完成。第一阶段从城市所有的居(家、村)委会中抽取 72 或 36 个;第二阶段在抽中的居(家、村)委会中,每个抽 14 户。

按户数 PPS:抽取居(家、村)委会,在样本居(家、村)委会中用随机等距方法抽取样本户。

整群抽样:对样本户(电视家庭)的 4 岁以上的所有人口进行调查。

样本量:大中城市 72 个居(家、村)×14 户＝1008 户

　　　　小城市 36 个居(家、村)×14 户＝504 户

(2)固定样组样本的抽样方法

居(家、村)委会的抽取:在基础调查的样本居(家、村)委会中用随机等距方法抽取 60 或 20 个居(家、村)委会户。

样本户的抽取:对样本居(家、村)委会中的所有电视家庭户,按对收视行为具有重要影响的指标(家庭户人口数、是否有线电视、电视机台数、家庭户收视时间、家庭户有无 14 岁以下子女、地区、日用品主要采购者的年龄、家庭户收入)排序,然后随机等距抽取三套 300 或 100 户组成固定样组,剩余为备选户。使用第一套样本户,当遇到不合作的家庭,则依次用第二、第三套的同号样本替换,如都不合作,则可在备选户选相似的一户。

固定样组的 80% 样本户按随机入选完成,20% 样本户采用配额抽样完成,即以配额指标的基础研究结果为目标,在所有未接触的地址中选择样本户,使得固定样组的配额指标结构与基础调查的结构一致。首要配额指标是家庭户规模、日用品主要采购者的年龄、家庭户有无 14 岁以下子女、是否有线电视、电视机台数和家庭户收入等 6 个指标,次要配额指标是性别、年龄 2 个指标。

样本量:大中城市 60 个居(家、村)×5 户＝300 户

　　　　小城市 20 个居(家、村)×5 户＝100 户

2.测量仪城市调查网的样本抽取

测量仪城市收视调查网抽样方法同日记法相同,即二阶段、PPS、整群抽样。但基础调查的样本量大于日记卡调查网,才能保证从中固定样本的抽取。

(1)基础调查的抽取方法

按户数 PPS 抽取 216 个居(家、村)委会,在每个样本居(家、村)委会中随机等距抽取 14 个样本户。

样本量:216×14＝3024 户

(2)固定样组的抽取方法

固定样组的 70％样本户按随机入选完成,30％样本户采用配额抽样完成。将基础调查的样本户,按对收视行为具有重要影响作用的指标(家庭户人口数、是否有线、电视机台数、家庭户收视时间、家庭户有无 14 岁以下子女、地区、日用品主要采购者的年龄、家庭户收入)排序形成抽样框,然后用随机等距抽样方法抽取多套样本户,第一套样本户拒访后由备选套中的同号样本户代替。

3.电视收视调查城市网

CSM 城市调查网的城市不是随机抽取的,而是 CSM 受这些城市相关机构的委托作收视调查,不能代表全国城市居民的收视情况,只能代表所调查城市居民的收视情况。

从 2009 年 6 月 1 日开始,CSM 香港测量网开始提供含数字地面电视的收视数据。在 650 户的基础上,增加数字地面电视的家庭户为新的样本。除了免费地面电视、收费电视以及卫星电视频道外,监测及提供所有数码地面电视频道的收视数据。这些频道包括亚州电视本港台(标清)、亚洲电视国际台(标清)、亚洲电视中天亚洲台、亚洲电视 CCTV4、亚洲电视亚洲高清台、无线电视翡翠台(标清)、无线电视明珠台(标清)、无线电视 J2、无线电视互动新闻台及无线电视高清翡翠台。

2014 年 1 月全国有 151 个城市网,其中测量仪调查网 79 个,日记卡调查网 72 个。西藏、新疆、宁夏、甘肃、青海等 5 个自治区(省)仍然只有一个城市被调查,见表 8-2-3。

表 8-2-3　电视城市测量网(2014 年 1 月)

序　号	城　市	所在省	起始日期	样本规模(户)	城域(户)	乡域(户)	推及人口(000)	调查区域数
测量仪 1	合肥	安徽	12－01－2006	300	300	0	3,042	4
测量仪 2	北京	北京	08－01－2006	500	500	0	13,203	8
测量仪 3	福州	福建	01－01－2006	300	300	0	2,786	5
测量仪 4	厦门	福建	01－01－2013	200	200	0	3,435	6

续表

序　号	城　市	所在省	起始日期	样本规模（户）	城域（户）	乡域（户）	推及人口（000）	调查区域数
测量仪 5	兰州	甘肃	09—01—2010	200	200	0	2,431	5
测量仪 6	潮州	广东	06—01—2003	100	100	0	568	2
测量仪 7	东莞	广东	04—01—2007	200	200	0	7,260	—
测量仪 8	佛山	广东	01—01—2007	200	200	0	3,955	5
测量仪 9	广州	广东	02—14—1999	400	400	0	10,783	10
测量仪 10	惠州	广东	05—01—2004	100	100	0	2,238	4
测量仪 11	江门	广东	12—01—2003	100	100	0	921	2
测量仪 12	茂名	广东	03—01—2007	100	100	0	1,163	2
测量仪 13	汕头	广东	01—01—2009	100	100	0	5,034	6
测量仪 14	韶关	广东	09—01—2002	100	100	0	952	3
测量仪 15	深圳	广东	04—01—2001	500	500	0	9,908	8
测量仪 16	湛江	广东	08—01—2003	100	100	0	1,558	5
测量仪 17	肇庆	广东	08—01—2008	100	100	0	626	2
测量仪 18	中山	广东	01—01—2003	100	100	0	707	5
测量仪 19	珠海	广东	12—29—2002	100	100	0	846	1
测量仪 20	柳州	广西	10—01—2012	100	100	0	1,333	4
测量仪 21	南宁	广西	07—01—2010	200	200	0	2,640	4
测量仪 22	贵阳	贵州	01—01—2011	200	200	0	2,557	4
测量仪 23	海口	海南	10—01—2009	200	200	0	1,656	3
测量仪 24	三亚	海南	10—01—2009	100	100	0	669	1
测量仪 25	石家庄	河北	10—01—2007	300	300	0	2,655	6
测量仪 26	唐山	河北	01—01—2012	100	100	0	1,602	4
测量仪 27	郑州	河南	12—01—2006	300	300	0	4,083	6
测量仪 28	哈尔滨	黑龙江	01—01—2005	300	300	0	4,664	6
测量仪 29	荆门	湖北	04—01—2009	100	100	0	612	2
测量仪 30	荆州	湖北	07—01—2009	100	100	0	1,121	2

续表

序 号	城 市	所在省	起始日期	样本规模（户）	城域（户）	乡域（户）	推及人口（000）	调查区域数
测量仪 31	武汉	湖北	03－01－2004	400	400	0	9,547	13
测量仪 32	宜昌	湖北	11－01－2010	100	100	0	846	4
测量仪 33	常德	湖南	06－30－2002	100	100	0	1,388	2
测量仪 34	长沙	湖南	09－02－2001	300	300	0	3,457	6
测量仪 35	衡阳	湖南	06－30－2002	100	100	0	1,091	5
测量仪 36	湘潭	湖南	01－01－2006	100	100	0	936	2
测量仪 37	株洲	湖南	07－01－2007	100	100	0	1,011	4
测量仪 38	长春	吉林	10－01－2006	300	300	0	3,235	9
测量仪 39	常熟	江苏	01－01－2014	100	0	100	1,444	—
测量仪 40	常州	江苏	05－01－2005	200	200	0	1,104	3
测量仪 41	江阴	江苏	10－01－2009	100	0	100	1,570	—
测量仪 42	南京	江苏	01－01－2005	400	400	0	7,814	11
测量仪 43	南通	江苏	01－01－2014	100	100	0	1,101	3
测量仪 44	苏州	江苏	01－01－2003	300	300	0	3,944	5
测量仪 45	无锡	江苏	12－01－2003	200	200	0	3,473	6
测量仪 46	徐州	江苏	01－01－2014	100	100	0	1,675	4
测量仪 47	盐城	江苏	12－01－2007	100	100	0	1,533	2
测量仪 48	扬州	江苏	08－01－2011	200	200	0	1,346	3
测量仪 49	镇江	江苏	12－01－2007	100	100	0	873	2
测量仪 50	赣州	江西	07－01－2013	100	100	0	607	1
测量仪 51	南昌	江西	01－01－2009	300	300	0	2,524	9
测量仪 52	大连	辽宁	01－01－2011	300	300	0	3,976	6
测量仪 53	抚顺	辽宁	05－01－2004	100	100	0	1,383	4
测量仪 54	锦州	辽宁	05－01－2004	100	100	0	1,042	3
测量仪 55	沈阳	辽宁	05－01－2004	300	300	0	5,668	8
测量仪 56	呼和浩特	内蒙古	04－01－2011	300	300	0	1,899	4

续表

序　号	城　市	所在省	起始日期	样本规模（户）	城域（户）	乡域（户）	推及人口（000）	调查区域数
测量仪 57	银川	宁夏	01—01—2014	200	200	0	1,249	3
测量仪 58	西宁	青海	01—01—2012	200	200	0	1,160	4
测量仪 59	德州	山东	04—01—2009	100	100	0	639	1
测量仪 60	济南	山东	05—01—2007	300	300	0	4,081	6
测量仪 61	济宁	山东	07—01—2013	100	100	0	1,167	2
测量仪 62	青岛	山东	07—01—2009	300	300	0	4,289	6
测量仪 63	潍坊	山东	07—01—2011	100	100	0	1,968	4
测量仪 64	烟台	山东	10—01—2012	200	200	0	1,589	3
测量仪 65	太原	山西	12—01—2007	300	300	0	3,203	6
测量仪 66	西安	陕西	06—01—2002	300	300	0	4,300	6
测量仪 67	上海	上海	08—01—2006	500	500	0	16,469	11
测量仪 68	成都	四川	02—01—2001	400	400	0	7,409	10
测量仪 69	广元	四川	07—01—2009	100	100	0	502	1
测量仪 70	天津	天津	09—01—2005	400	400	0	11,645	13
测量仪 71	香港	香港	01—01—2006	650	650	0	6,407	3
测量仪 72	乌鲁木齐	新疆	10—01—2011	300	300	0	3,073	7
测量仪 73	昆明	云南	12—01—2006	300	300	0	3,097	4
测量仪 74	杭州	浙江	05—01—2001	400	400	0	6,025	8
测量仪 75	湖州	浙江	08—29—2004	100	100	0	736	1
测量仪 76	宁波	浙江	05—01—2005	200	200	0	2,040	5
测量仪 77	温州	浙江	02—27—2005	200	200	0	1,242	1
测量仪 78	重庆	重庆	09—16—2001	500	500	0	16,871	19
测量仪 79	重庆（城）	重庆	01—01—2008	300	300	0	6,589	8
日记卡 1	安庆	安徽	01—15—2006	100	100	0	739	3
日记卡 2	蚌埠	安徽	11—17—1996	100	100	0	781	3
日记卡 3	滁州	安徽	04—02—2006	100	100	0	298	1

续表

序　号	城　市	所在省	起始日期	样本规模（户）	城域（户）	乡域（户）	推及人口（000）	调查区域数
日记卡 4	阜阳	安徽	01－15－2006	100	100	0	1,660	3
日记卡 5	铜陵	安徽	03－01－2012	100	100	0	445	3
日记卡 6	芜湖	安徽	01－15－2006	100	100	0	1,395	4
日记卡 7	泉州（新）	福建	11－02－2003	100	100	0	840	2
日记卡 8	漳州	福建	05－29－2005	100	100	0	520	1
日记卡 9	河源	广东	03－01－2005	100	100	0	451	1
日记卡 10	揭阳	广东	05－30－2004	100	100	0	717	1
日记卡 11	梅州	广东	07－04－2004	100	100	0	368	1
日记卡 12	清远	广东	11－28－2004	100	100	0	776	1
日记卡 13	汕尾	广东	03－01－2006	100	100	0	478	1
日记卡 14	深圳蛇口	广东	03－31－2002	100	100	0	158	—
日记卡 15	阳江	广东	03－01－2006	100	100	0	656	1
日记卡 16	北海	广西	01－01－2009	100	100	0	325	1
日记卡 17	桂林	广西	09－01－2002	100	100	0	855	4
日记卡 18	玉林	广西	06－01－2006	100	100	0	919	1
日记卡 19	遵义	贵州	10－01－2006	100	100	0	620	1
日记卡 20	保定	河北	04－01－2011	100	100	0	1,098	4
日记卡 21	承德	河北	12－01－2010	100	100	0	556	3
日记卡 22	邯郸	河北	01－01－2010	100	100	0	1,372	4
日记卡 23	秦皇岛	河北	07－01－2006	100	100	0	814	3
日记卡 24	洛阳（新）	河南	06－03－2001	100	100	0	1,300	5
日记卡 25	南阳	河南	11－17－1996	100	100	0	1,698	2
日记卡 26	平顶山	河南	01－01－2007	100	100	0	984	4
日记卡 27	牡丹江	黑龙江	01－01－2009	100	100	0	917	4
日记卡 28	襄阳	湖北	09－01－2001	100	100	0	1,074	2
日记卡 29	岳阳	湖南	01－01－2009	100	100	0	1,174	3

续表

序　号	城　市	所在省	起始日期	样本规模（户）	城域（户）	乡域（户）	推及人口（000）	调查区域数
日记卡30	吉林	吉林	01—01—2009	100	100	0	1,701	4
日记卡31	淮安	江苏	12—26—2004	100	100	0	615	2
日记卡32	连云港	江苏	12—26—2004	100	100	0	1,006	3
日记卡33	南通	江苏	11—02—2003	100	100	0	1,099	3
日记卡34	泰州	江苏	05—28—2000	100	100	0	797	1
日记卡35	徐州	江苏	12—31—2000	100	100	0	1,670	4
日记卡36	九江	江西	06—09—2002	100	100	0	681	2
日记卡37	宜春	江西	01—01—2006	100	100	0	977	1
日记卡38	鞍山	辽宁	10—01—2012	100	100	0	1,176	3
日记卡39	丹东	辽宁	01—01—2009	100	100	0	590	3
日记卡40	营口	辽宁	05—01—2007	100	100	0	748	3
日记卡41	包头	内蒙古	07—02—2006	100	100	0	1,714	5
日记卡42	银川	宁夏	11—17—1996	300	300	0	1,249	3
日记卡43	滨州	山东	07—01—2011	100	100	0	655	3
日记卡44	莱芜	山东	07—01—2011	100	100	0	1,249	2
日记卡45	临沂	山东	02—02—1997	100	100	0	2,441	3
日记卡46	泰安	山东	08—01—2010	100	100	0	704	1
日记卡47	威海	山东	04—01—2005	100	100	0	841	1
日记卡48	淄博	山东	12—26—1999	100	100	0	3,028	5
日记卡49	大同	山西	04—27—2003	100	100	0	1,178	2
日记卡50	永济	山西	11—17—1996	100	0	100	426	—
日记卡51	宝鸡	陕西	09—01—2006	100	100	0	799	2
日记卡52	上海浦东	上海	12—01—2012	100	100	0	5,016	—
日记卡53	达州	四川	12—06—2009	100	100	0	454	1
日记卡54	德阳	四川	07—27—2003	100	100	0	692	1
日记卡55	乐山	四川	10—01—2005	100	100	0	644	1

续表

序　号	城　市	所在省	起始日期	样本规模 （户）	城域 （户）	乡域 （户）	推及人口 （000）	调查 区域数
日记卡 56	泸州	四川	04—01—2005	100	100	0	1,300	3
日记卡 57	眉山	四川	05—01—2007	100	100	0	829	1
日记卡 58	绵阳	四川	01—01—2005	100	100	0	831	1
日记卡 59	南充	四川	01—01—2009	100	100	0	613	1
日记卡 60	攀枝花	四川	05—01—2009	100	100	0	511	2
日记卡 61	遂宁	四川	07—01—2007	100	100	0	623	1
日记卡 62	宜宾	四川	11—01—2004	100	100	0	797	1
日记卡 63	资阳	四川	12—01—2010	100	100	0	859	1
日记卡 64	拉萨	西藏	11—17—1996	100	100	0	273	1
日记卡 65	大理	云南	06—26—2005	100	0	100	626	—
日记卡 66	嘉兴	浙江	06—30—2002	100	100	0	589	1
日记卡 67	金华	浙江	03—18—2001	100	100	0	727	1
日记卡 68	丽水	浙江	03—01—2005	100	100	0	427	1
日记卡 69	衢州	浙江	02—04—2000	100	100	0	436	1
日记卡 70	绍兴	浙江	08—01—1999	100	100	0	860	1
日记卡 71	台州	浙江	10—10—2004	100	100	0	1,787	3
日记卡 72	舟山	浙江	11—21—2004	100	100	0	818	2

数据来源：CSM 用户文件"Panel List-Jan. 2014（CN）. xls"

第三节　尼尔森网联收视率调查方法

数字电视技术的出现，为广播电视提供了更加广阔的发展空间和可能，而此时包括互联网等在内的众多新媒体形式也逐渐爆发出蓬勃的生命力。面对更加激烈的竞争环境，广播电视自身不可避免地越来越依靠数字技术带来的新型的传播模式和节目模式，同时也由此带来了全新的收视率监测方式和方法。

一、海量样本收视率

海量样本收视率,是由尼尔森网联在中国范围内独创的全新的数字电视收视率监测解决方案。相对于前三代收视率研究方法和技术:电话调查与面访法、日记卡法、测量仪法,海量样本收视率因其革新的技术基础和突破性的样本量级又被称为第四代收视率。

海量样本收视率利用静默升级数字电视机顶盒的方式采集、回传用户收视行为数据,这种方式称为回路数据技术(RPD)。回路数据技术采集收视数据的原理是记录机顶盒的状态。它包括机顶盒开机、关机、待机状态,频道跳转的行为,交互业务的使用行为,以及在页面的停留等其他机顶盒可能产生的状态。数据的记录是实时的,精度可以达到毫秒级。利用这些状态的完整记录,包括收看直播频道和使用交互业务的行为。

二、海量样本收视率调查数据采集原理及流程

针对目标城市的主流机顶盒类型开发升级软件,使机顶盒具备监测、传输收视数据的功能。基本交互型机顶盒:由机顶盒厂商在底层系统层集成尼尔森网联标准监测软件,进行相应状态抓取和回传。增强交互型机顶盒:此类机顶盒一般都配置了中间件系统层,可由中间件厂商集成尼尔森网联标准监测软件。另外,基于中间件系统层的基础,可以开发中间层之上的隐藏应用程序,用来记录用户的操作行为。

在机顶盒升级成功后,当机顶盒状态发生变化时,会产生相应的状态值变化,这些状态值中包括了包括开机或待机,当前播出节目的切入或换出,互动页面、数据广播、股票信息、准视频点播(NVOD:Near Video On Demand)、游戏等功能的进入或退出,音量调节,频道列表,EPG 节目指南等各种业务状态的信息。各种类型的记录采用不同的 TSID、SERVICEID 组合进行标识,将这些状态根据科学的逻辑记录下来,通过有线电视双向网络将数据状态回传到数据采集服务器。数据被如实记录后采用标准通讯协议传输,在完全封闭的广电网络中加密并端到端地传输到完全独立的服务器,而后再直接传送到云计算服务器。

三、海量样本收视率调查的特色

1. 从统计学层面提升数据的准确性

海量样本收视率所监测的样本数量是传统收视率样本监测的数十倍甚至百倍,在样本量规模扩大与收视率数据质量和稳定性之间的关系问题上,根据第 4 章抽样误差的计算公式,表 8-3-1 是 1.96 为标准正态分布在 95％置信水平上双尾检验的临界值。在样本量逐步扩大的情况下,误差降低。

表 8-3-1　不同样本量的收视率与置信水平

收视率	置信区间							
	$n=300$		$n=1000$		$n=3000$		$n=10000$	
1%	0.13%	2.13%	0.38%	1.62%	0.64%	1.36%	0.80%	1.20%
3%	1.07%	4.93%	1.94%	4.06%	2.39%	3.61%	2.67%	3.33%
5%	2.53%	7.47%	3.65%	6.35%	4.22%	5.78%	4.57%	5.43%
10%	6.61%	13.39%	8.14%	11.86%	8.93%	11.07%	9.41%	10.59%
15%	10.96%	19.04%	12.79%	17.21%	13.72%	16.28%	14.30%	15.70%
20%	15.47%	24.53%	17.52%	22.48%	18.57%	21.43%	19.22%	20.78%

2. 从操作层面提升数据安全性和准确性

机顶盒监测数据采集为内置程序采集,不需要样本户主动参与,这使获取的样本数据误差小、精度高,同时杜绝了对样本的追踪和人为污染。

机顶盒数据采集为实时记录,数据采集时间为广电网络系统时间,精确到毫秒,广电时间具有标准性、可比性。数据采集后,定时做一次分包处理,防止机顶盒内存溢出或者断电等突发状况导致的数据丢失,并以尼尔森网联专用通讯协议,借用广电封闭的、专用的双向网络发送给采集服务器,专用通道使数据安全得以保障。广电网络属于内部城域网,网络稳定,信道阻抗低,误码率几乎为零。

3. 使交互业务收视测量成为可能

随着数字电视业务的发展,用户能够收看到的直播电视频道数量从之前的几十个频道增加至一百多甚至几百个频道,同时数字电视的互动业务也有了很大发展,很多网络运营商已向观众提供点播、回看等收视增值服务。目前有越来越多的数字电视用户开始使用点播、回看等交互业务,数字电视运营商也在交互业务中设置广告,越来越多的广告主和广告代理公司开始关注互动业务中设置的广告。

交互业务的收视测量是受众调查的新领域。海量样本的应用使得参与收视数据收集的样本户数量大幅增加,减少了收视相对较低的电视频道和互动业务零收视出现的情况,使得对互动业务的收视测量成为可能。

4. 利用机顶盒监测的海量样本收视率和传统收视率相比,单个样本成本极大降低,从而提升数据性价比。

第四节 尼尔森网联城市收视调查网

一、尼尔森网联海量样本监测网络构成

截至 2014 年 4 月,尼尔森网联海量样本收视率数据已经实现在北京、广州、杭州、成都、重庆、武汉、西安、长沙、昆明、大连、厦门等 42 个重点城市的网络建设和数据监测,并已建成河南省和陕西省两个省级监测网。

尼尔森网联在全国各城市的监测网络每天回收机顶盒数据的总样本量接近 200 万,回收的机顶盒数据通过科学的抽样方法和严格的质量控制后才能成为参与生产收视率的样本。尼尔森网联海量样本收视率监测网络中,省会级城市的样本量超过 5000 户,地市级超过 3000 户,省级监测网及北京、广州等一线城市的样本量则超过 1 万户。

同时,样本覆盖华北、东北、华东、中南、西南和西北六个大区的全国收视率监测网也将很快建设完成,样本量将达到 10 万户级,推及全国近 1.7 亿户数字电视用户。

二、城市监测网样本抽选

1.了解网络现状

许多城市的数字电视发展具有不平衡性,尼尔森网联将其归为单双向业务不均衡、区域分布不均衡两个主要方面。确定当地拥有大量订购用户的主要网络公司,并区分不同网络公司统计以下信息:

(1)有线电视网络平台类型及其开通频道、互动业务等情况(如果不同区域有差别,需区分)。单向广播电视平台:模拟转数字频道套数、开通增值业务情况(NVOD 等);双向高清交互数字电视平台:模拟转数字频道套数、数字电视标清频道套数、数字电视高清频道套数、VOD 点播节目等。

(2)分区域统计各平台用户数量、机顶盒安装数量等。这些信息将成为总体估计和样本权重控制的重要参考。

2.确定测量总体

测量总体是设定的全部调查对象,即样本推及总体,通常情况下采用海量样本 RPD 测量技术的市场,其测量总体为目标区域内的全部数字电视用户,包括单向和交互用户。

目标区域:该市场下辖的数字电视覆盖的主要城区(市县)。

覆盖人口:覆盖目标区域中的全部数字电视用户。

覆盖收视:测量目标区域内数字电视用户通过机顶盒的收视行为。(通过其他终端渠道的收视行为,例如互联网、移动终端、模拟电视信号等,一般只包含在定制和研究型产品中。)测量等级通常为户收视,即以家庭为基本单位的收视行为而非个人。另外,在个别市场尼尔森网联会考虑目标区域的特殊性或特定的测量需求来调整测量总体和测量等级,例如实现海量样本到人测量。

3.样本抽选

抽选区域:抽选区域与测量总体的目标区域一致。

抽样框:通常情况下,尼尔森网联采用先大网升级机顶盒使之具备测量功能,而后抽样的方式,抽样框来自全部升级测量功能的机顶盒信息库。大网升级机顶盒的原则是最大限度扩大覆盖范围,使之趋近于调查总体。由于实际操作中的环境比较复杂,涉及网络运营商、技术服务商或硬件厂商的配合,以及可能受制于机顶盒本身的技术局限性,升级成功的机顶盒数量通常会小于调查总体。由于各市场的数字电视用户量和升级条件不同,通常需要回收数万、数十万的升级成功机顶盒数据,用以满足抽样需求。在升级成功量不足的情况下,会使用延长升级期限或多次升级的方式获得足够大的成功机顶盒数量。

如果条件允许,也会设计先抽取样本后升级的方式,抽样框来自升级前机顶盒信息库。采用此种方式需要从网络运营商获取机顶盒的基本分布情况,为确保样本信息的保密性,抽样设计为二阶段抽样。初次抽样的样本量级远大于目标样本量,在初次抽样完成后定向升级,升级成功的机顶盒成为二次抽样的抽样框。

抽样方法:分层、PPS、等距抽样。

抽样控制:根据测量总体在不同区域和平台的用户数量确定样本控制矩阵;样本分布尽量满足控制矩阵要求。以武汉市为例(表8-4-1)。

表8-4-1 样本控制矩阵表(海量样本到户)

区　　域	单向/交互	样本量%	推及总体%
汉阳	单向	77.4	6.8
	交互	22.6	
江汉	单向	80.3	8.5
	交互	19.7	

区　　域	单向/交互	样本量%	推及总体%
江岸	单向	74.3	10.1
	交互	25.7	
硚口	单向	81.8	6.0
	交互	18.2	
武昌	单向	80.2	7.3
	交互	19.8	
青山	单向	70.1	7.5
	交互	29.9	
洪山	单向	79.2	3.8
	交互	20.8	
其他区域	单向	77.5	50.0
	交互	22.5	
合计			100

三、海量样本收视率到人监测

2012年5月,尼尔森网联海量样本收视率技术解决了数字电视收视率监测中一个全球性的重要问题——即无法实现基于数字电视技术的收视率数据的到人级别监测,并建立了全球第一个成功实现海量样本收视率到人商用数据监测的城市——成都。之后又有北京、广州、杭州三个城市陆续推出了海量样本收视率到人监测数据。

实现海量样本收视率到人监测需要调查获取家庭户的人口信息,同时要建设样本量在300～500户的WatchBox测量仪(尼尔森网联自主研发的新一代人员收视测量仪)固定样组,用以修正海量样本机顶盒数据到人收视的偏差。

四、样本轮换

样本轮换是确保海量样本收视样组数据质量与代表性的重要方式。

1. 影响样本轮换的主要因素

样本存在丢失或异常的可能,原因包括但不限于:家户搬迁、机顶盒更换或损坏、家户收视环境改造、网络通信故障或异常等。

数字电视环境变化可能引起样本代表性降低,例如主要类型机顶盒家户的规模与区域分布发生变化导致。

2.新样本的来源——备选样本库

(1)初次升级成功但未入生产样组的样本

海量样本收视率样组在建立之初通常会升级数倍于收视率产品报告样本量的样本,在通过有效性验证后根据抽样规则抽取一定数量符合要求的样本参与生产。初次未入样组的剩余样本仍保持数据回收,但不纳入生产。该部分样本是样本轮换的备选样本库。

(2)新升级样本

在备选样本库不能满足样本轮换要求(数量或分布等)时,将通过新升级一部分新样本作为补充。新升级样本基于回路数据技术静默升级获得,升级成功的样本将被确认稳定回收,并在通过有效性验证后纳入备选样本库。

3.样本轮换周期与比例

(1)定期轮换

定期(月度/季度)整理分析生产样组中的样本状态,根据数据丢失或异常情况确定需要轮换的样本数量及其分布情况。以备选样本库为抽样框,按照抽样规则从中抽选出同样数量的新样本纳入到样组中参与生产,样本构成与初建样组时吻合。

(2)年度轮换

每年根据数字电视环境发展状况,更新调整样本构成以确保对于总体的代表性。按照新的构成要求,根据抽样规则从备选样本库中抽选新样本加入到生产样组。全年样本轮换比例为报告样本量的 15%~20%。

第五节　广播收听调查网

在中国媒体竞争日趋激烈的今天,广播收听率调查数据不仅成为广播电台了解自身收听情况、提升经营管理水平、制定发展战略的重要依据,更是帮助广播电台有效了解媒体市场竞争态势,向广告客户提供投放信息,提高客户服务水平的重要方式。

一、CSM 广播收听调查

2010 年 5 月,CSM 在中国 33 个重点城市,对 399 个广播频率进行收听率调查。

2014年1月,CSM在中国35个重点城市及4个省,对449个广播频率进行收听率调查。CSM的调查区域不是随机抽取,而是委托的,因而不能推广到非调查区域。

1.调查方法

在CSM收听率调查中,除调查总体外,样本量的计算、基础研究和固定样组样本的抽取同电视收视率的调查一样。

调查总体是目标区域内,拥有正在使用的收听设备或者过去3个月有家庭成员收听过广播的家庭中,10岁及以上的符合国家统计局常住人口口径的成员。2000年开始收听率调查以4岁及以上人口为调查对象,分析发现4～9岁人口的收听行为非常少。

基础研究的抽样方案设计要综合考虑人口、社会、经济、地理等宏观因素,包括六个方面的内容:

(1)收听设备拥有情况:收听设备总量、普通收音机拥有情况、数字广播拥有情况、网络广播拥有情况、小汽车拥有情况、其他收听设备拥有情况;

(2)收听习惯:收听广播地点、收听广播途径、收听广播时长及时间段、喜欢收听的内容、最喜欢收听的频率;

(3)家庭情况:家庭常住人口数量、家庭构成、家庭月平均总收入;

(4)个人情况:性别、年龄、民族、教育程度、职业、工作制、个人收入、是否是日用品购买决策者、是否是耐用消费品购买决策者;

(5)家庭主要耐用消费品拥有情况:家庭主要耐用消费品拥有情况、房屋产权及类型;

(6)语言与生活习惯:家庭日常沟通语言,家庭各成员对普通话、广东话以及英语等主要外语的听说能力,家庭各成员对普通话的阅读和书写能力,家庭各成员的主要交通工具及支出,饲养宠物情况。

收听率调查一般采用多阶段、PPS、整群抽样等抽样方法,来抽取固定样组样本。

广播收听率调查有两种方式,一是对固定样本1年365天,每天24小时的收听行为进行不间断监测,获得广播收听率数据。二是每年4波,每波连续3周的收听率调查扫描服务。2014年波次调查的时间分别是2月23日至3月15日、5月25日至6月14日、8月24日至9月13日、11月2日至22日。

2.调查区域

(1)省网:4个省网均使用日记卡,600样本户,城域、乡域各300户。2011年1月辽宁省网首先建立,2011年2月江苏省网建立,2012年2月安徽省网、福建省网,2014年分别推及人口1626.7万、3204.9万、1106.8万、1639.9万。辽宁省网使用连续调查,其他3个省网使用波次调查。

(2)城市网:2000 年在北京、深圳、杭州和成都四个城市进行收听率调查试点,2002 年开始正式在北京、上海和广州三大城市进行收听率调查。在每个城市中每年进行三次连续调查,每次调查持续 4 周。每个城市的样本规模为 300 户,样本户的抽取方法为二阶段、PPS 抽样,对抽中的被访者采用日记卡方法调查其收听行为。CSM 收听率调查城市在 2004 年扩展到北京、上海、广州、深圳、天津、重庆、杭州、成都、武汉、青岛、沈阳、大连、南京、哈尔滨、福州、济南、长春、郑州、西安、长沙 20 个城市。

2007 年 CSM 收听率调查发展到 32 个重点城市,对 398 个广播频率进行收听率调查。其中北京、长沙、广州、上海、南京、重庆、杭州、深圳、无锡、佛山、哈尔滨、乌鲁木齐、济南和厦门 14 个城市进行连续调查,其余 18 个城市进行波次调查。表 8-5-1 是城市网的最新数据。

表 8-5-1 城市广播测量网

序 号	固定样组	所在省	起始日期	样本规模（户）	城域（户）	推及人口（000）	调查区域数
波次 1	福州	福建	03—28—2004	300	300	1,701	5
波次 2	泉州	福建	02—26—2012	300	300	522	2
波次 3	厦门	福建	11—27—2005	300	300	1,526	3
波次 4	佛山	广东	10—16—2005	300	300	2,837	5
波次 5	清远	广东	02—26—2006	300	300	276	1
波次 6	武汉	湖北	03—28—2004	300	300	2,411	7
波次 7	长沙	湖南	03—28—2004	300	300	2,441	5
波次 8	青岛	山东	03—28—2004	300	300	1,337	3
波次 9	西安	陕西	03—28—2004	300	300	2,206	5
波次 10	天津	天津	03—28—2004	300	300	5,777	7
连续 1	合肥	安徽	02—26—2006	300	300	1,831	4
连续 2	北京	北京	07—07—2002	300	300	8,217	8
连续 3	广州	广东	07—21—2002	300	300	4,137	6
连续 4	深圳	广东	03—28—2004	300	300	5,122	8
连续 5	南宁	广西	09—27—2009	300	300	1,660	4
连续 6	邯郸	河北	05—26—2013	300	300	721	4

续表

序　号	固定样组	所在省	起始日期	样本规模（户）	城域（户）	推及人口（000）	调查区域数
连续 7	石家庄	河北	02－27－2005	300	300	1,945	6
连续 8	郑州	河南	03－28－2004	300	300	3,058	5
连续 9	哈尔滨	黑龙江	03－28－2004	300	300	3,375	5
连续 10	长春	吉林	03－28－2004	300	300	2,881	9
连续 11	常州	江苏	04－26－2009	300	300	1,939	5
连续 12	南京	江苏	03－30－2003	300	300	4,704	9
连续 13	苏州	江苏	05－29－2005	300	300	1,880	4
连续 14	无锡	江苏	04－16－2006	300	300	1,458	5
连续 15	南昌	江西	04－01－2013	300	300	980	9
连续 16	大连	辽宁	03－28－2004	300	300	2,573	6
连续 17	沈阳	辽宁	03－28－2004	300	300	3,254	7
连续 18	济南	山东	03－28－2004	300	300	3,163	6
连续 19	太原	山西	03－01－2011	300	300	2,551	6
连续 20	上海	上海	07－14－2002	300	300	8,837	11
连续 21	成都	四川	03－28－2004	300	300	2,201	5
连续 22	乌鲁木齐	新疆	03－27－2005	300	300	1,997	7
连续 23	杭州	浙江	03－28－2004	300	300	4,626	8
连续 24	宁波	浙江	05－28－2006	300	300	889	4
连续 25	重庆	重庆	03－28－2004	300	300	1,582	6

数据来源：CSM用户文件"Panel List-Jan. 2014（CN）. xls"

除 CSM 外，央视市场研究（CTR）从 2000 年 9 月起开始为某广播电台进行广播收听率调查，1 年进行 6 次，每次样本户持续填写一周的日记卡。

二、赛立信广播收听调查

赛立信研究集团（SMR）是以欧洲市场研究协会《社会研究与市场研究国际准则》（ESOMAR 规则）为运作规范，提供市场研究服务和商业信用调查服务的专业机构，总部位于广州。2003 年初，赛立信公司在媒介研究部的基础上，组建媒介研究公司，专门从事广播受众研究和收听率调查，在全国 60 个城市开展过广播受众调研，长期服务的客户包括中央电台、广东电台等数十家广播电台。

赛立信媒介研究公司继《2006—2007年中国广播研究报告》之后,又进行了"2007年上半年全国广播听众无主调研"项目。此次无主调研实施时间为2007年8月,接触样本量30000个,包括北京等60个城市。

2013年9月,出版《2013年中国广播收听市场年鉴》,提供北京、上海、天津、广州、沈阳、西安、武汉、杭州、长沙、昆明、呼和浩特、包头、赤峰、通辽、呼伦贝尔、营口、哈尔滨、大庆、南京、扬州、镇江、徐州、盐城、江阴、常熟、宁波、嘉兴、湖州、绍兴、台州、丽水、福州、厦门、漳州、南昌、青岛、烟台、济宁、郑州、洛阳、深圳、珠海、东莞、惠州、中山、汕头、江门、肇庆、湛江、韶关、梅州、揭阳、潮州、桂林、海口、重庆、成都、泸州、兰州、乌鲁木齐等60个地区收听率数据,北京、重庆、成都、南京、杭州、长沙、南宁、海口、厦门、青岛等10地区移动收听市场收听率数据。

1. 调查总体和样本量

在SMR听众调查中,调查总体是目标区域内具备收听广播条件的12岁及以上的常住人口。常住人口是指连续在目标区域内居住一年以上,不论是否具有当地户籍的人口。具备收听广播条件是指自己或家里拥有接收广播的设备或能够在目标区域的公共场所收听到广播。

2. 城市一次性调查的样本抽取方法

城市一次性调查的样本抽取方法采用多阶段抽样方法。

第一阶段:随机抽取抽样小区。取得调查城市的人口及各行政区的人口分布数据,将该城市的样本量按各区人口比率分到各区;通过城市地图,将各个行政区划分成面积大致相等的N个地块,为抽样小区,并将各抽样小区按照一定的顺序排列;为保证样本的地区分布比较均匀,每个抽样小区的样本量为10户,则每个行政区需要抽出的抽样小区数(n)=该行政区的样本量/10;在各行政区中,以K=N/n为步长,随机起点,每隔K抽出一个小区,作为样本小区。

第二阶段:实地随机抽取家庭样本。在样本小区,以任意点为起点,右手原则,按住户地址顺序,每隔五户抽一户。如抽中的住户拒绝访问,则放弃该样本,再间隔5户抽取下一户,直至完成该抽样小区的10户样本。

第三阶段:入户访问,抽取个人样本。具体方法为:将家庭人口按年龄从大到小列出,根据甄别规定,选出符合条件的家庭成员;如使用配额抽样,则根据配额情况在该户中选出符合配额要求的个人样本,如使用随机抽样,则根据随机表抽出个人样本。

3. 城市固定调查的样本抽取方法

在进行全年连续不断或每月一次的收听调查时,采用基础研究下的固定样本。

　　基础研究样本的抽取方法主要是多阶段 PPS 抽样,一般每年一次。第一阶段:抽取居委会或村委会。将所有的居委会或村委会按照某一标志(所在位置、行政区划等)排列,形成抽样框;以每个居委会或村委会的总户数,按 PPS 抽取居委会或村委会。第二阶段:抽取家庭户。按照各样本居委会或村委会的总户数计算各居委会或村委会的样本家庭数;计算样本间距,如基础样本量为 2000 户,样本居委会或村委会的总户数为 26107 户,26107/2000＝13.05,则样本间距 K＝13;在样本居委会或村委会中,任意起点,右手原则,以 K 为间距抽取样本家庭户。

　　固定样本组的抽样,在基础样本库中使用系统抽样方法抽取固定样本。首先根据样本量,计算抽样间距 K。如固定组样本量为 300 户,基础研究的样本库为 2000 户,考虑到不符合条件的家庭、拒绝访问、样本轮换等因素,增加 100 个备用样本,因此 K＝2000/400＝5。其次按照基础样本库的排列顺序,随机起点,每隔 K 户抽选 1 户,达到所需的样本户为止。最后将样本户中符合条件、愿意接受调查的人作为调查样本人口。

三、尼尔森网联广播收听调查

　　尼尔森网联广播调查使用粘贴式个人日记卡,以市场所有 10 岁以上个人作为可推及人口,15 分钟为记录单位、24 小时填写,收听地点包括在家、交通工具上(不仅限于轿车)、工作地点和其他地方。每个样本户仅填写日记卡一周,提高样本户合作程度和填写质量,避免固定样本户长期填写的"疲惫"和"固定"收听。

　　调查区域是超过 50％非农人口的行政区,调查样本家庭户至少有一人需要有收听习惯,基于公开发布的统计数据和内部数据(基础调研结果)进行配额抽样。表 8-5-2 是杭州地区 2007 年的样本分布。

表 8-5-2　杭州的抽样分布

控制项		人口比例	每月目标样本人数	样本比例
行政区	上城区	18	50	18
	下城区	20	55	20
	江干区	19	54	19
	拱墅区	16	46	16
	西湖区	27	76	27
	合计	100	281	100

续表

控制项		人口比例	每月目标样本人数	样本比例
性别及年龄	男 10～14	3	9	3
	男 15～24	7	21	7
	男 25～34	8	23	8
	男 35～44	11	32	11
	男 45～54	8	22	8
	男 55 以上	13	36	13
	女 10～14	3	8	3
	女 15～24	6	16	6
	女 25～34	8	24	8
	女 35～44	11	31	11
	女 45～54	8	23	8
	女 55 以上	13	37	13
	合计	100	281	100
个人月总收入	没有收入		42	15
	1～999		44	16
	1000～1999		110	39
	2000～2999		55	20
	3000 以上		30	11
	合计		281	100
工作状况	有工作		166	59
	学生		41	15
	全职家庭主妇		3	1
	离休/退休/无业		71	25
	合计		281	100
家庭是否有汽车	有			25
	没有			75
	合计		281	100

　　以杭州"上城区"为例,为了在一个月内达到 50 个受访者目标,需要访问 18 个家庭(每个家庭 2.81 人),这样需要访问 9 个居委小区(一个月内同一小区只能访问两户)。

　　操作中同一小区一个季度被访问一次。将随机抽取 27 个居委小区给当地运作队伍:1~9 号居委小区在一、四、七、十月进行调查;10~18 号居委小区在二、五、八、十一月调查;19~27 号居委小区在三、六、九、十二月调查。一年中,共有 150 个居委小区的 1200 个家庭户将被访问到。

　　2014 年尼尔森网联研发成功收听测量仪(Listen Box):一种是针对车载收听环境的车载式测量仪,通过实时音频比对的方法获得收听行为数据;另一种是针对家庭环境的便携式测量仪,通过收音机本振频率获得家中不同成员的收听行为数据。Listen Box 采集的数据通过 Arianna 软件计算收听率资料。

延续阅读

　　1. 刘会召,王凯博,万强,王晓华. 电视受众的前瞻性洞察——市场前瞻模型在电视节目研究中的应用. 市场研究网络版,2010(10). 第九届"中国市场研究'宝洁'论文奖"专业组一等奖.

　　2. 王锡苓. 议我国收视率调查行业规范和管理. 中国广播电视学刊,2007(6).

思考题

　　1. 简述样本量和样本的确定。

　　2. 简述 CSM 省级网基础调查的样本抽样。

　　3. 简述尼尔森网联城市收视监测网的样本抽取。

知识点

1. 电视收视率调查总体	2. 样本容量
3. 广播收听率调查总体	4. 样本的确定(调查方法)
5. 样本户激励和轮换	6. 基础研究
7. 样本加权	8. 全国收视率调查网的总体
9. 电视收视调查全国网的结构	10. 海量样本收视率调查的特色
11. 海量样本城市网的样本抽取方法	12. CSM 的广播收听调查城市网的总体
13. CSM 全国广播城市调查网	14. SMR 听众调查的总体
15. SMR 城市一次性调查的样本抽取方法	

参考文献

1.王兰柱主编.收视率调查与应用手册(第 2 班).中国传媒大学出版社,2012 年 1 月.

2.央视索福瑞公司网站:http://www.csm.com.cn/

3.尼尔森网络公司网站:http://www.nielsenccdata.com/index/index.ht

4.赛立信公司网站:http://www.smr.com.cn/

第九章
电视节目测评软件使用

　　本章介绍电视节目测量和评价的软件,包括央视索福瑞和尼尔森网联的商业软件,浙江传媒学院和上海易步公司开发的网络测评软件。软件的使用需要多练习,本章通过具体的实例介绍软件的基本操作方法。

第一节　CSM 收视软件:InfosysPlusTV

　　InfosysPlus 是 CSM 汇集 Kantar Media 集团全球 InfosysTV 软件,结合中国国情,优化升级后的收视率数据分析软件。

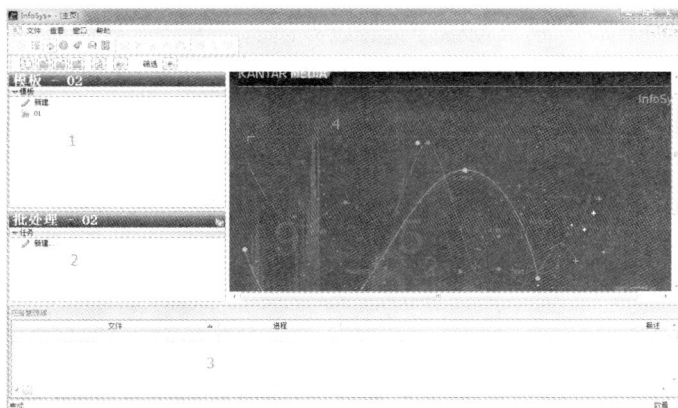

图 9-1-1　InfoSysPlusTV 主界面

一、InfosysPlus 基础

InfoSysPlusTV 的模板有两类。第一类用于计算收视率相关数据,即常规计算模板;第二类是批处理模板,用于自动化批处理已经设置好的一系列常规模板,这类模板并不具体设置收视率计算相关的各个成分。

InfoSysPlusTV 主界面(图 9-1-1)包括 4 个部分。"1"是模板区域,用于新建常规收视率计算与分析模板。"2"是批处理模板区域,用于新建批处理模板,一次性对事先设定好的多个不同类型分析模板进行运算。"3"是任务管理器,用于显示模板的计算状态,批处理过程信息以及各种错误及提示信息。"4"是主页,用于显示图片,网页或者特定模板的计算结果。

InfoSysPlusTV 主窗口中有工具栏,主要工具用法如下:

▤:刷新,用于刷新主窗口中的内容;▥:隐藏或显示批处理模板窗口;

▤:显示或隐藏任务管理器;▧:进入控制面板,管理和控制用户、资源、数据等;

▤:显示或隐藏模板窗口;▨:进入进程管理器,查看模板的运行顺序及状态等。

模板的常规操作有新建、保存和另存、改名、删除、打开、复制和粘贴、共享等。模板设置及结果都以文件的形式存储,存放在用户自定义的模板文件夹中,默认存储在"..\infosys+\Templates\用户名\"文件夹中。其中模板设置以.ist 的格式存储,模板结果以.isr 的格式存储。

模板成分设定后,点击工具栏中的 ▷,模板开始运算。或者使用菜单中的"方案"\"计算",也可以开始运算。点击工具栏中的▨,弹出进程记录对话框。对话框中,显示了各个模板的计算情况,包括计算顺序、计算开始时间、完成时间等等。

多个模板同时计算时,可以调整除运算以外的其他等待运算模板的计算优先级。在"任务管理器"中,每个打开的模板会按计算的优先级顺序显示,选中要调整计算优先级的模板。

无论是模板计算所需要的要素,还是计算的结果都是以"成分"的形式展现。模板包括 10 个成分的设定,即报告、单位、日期、目标、地区、频道、时间段、节目数据、广告插播数据、价目表的设定。

成分包括系统成分、用户自建成分及共享成分 3 类。"系统成分"是安装后就已经存在的成分;"用户自建成分"是用户自定义的公共项成分;"共享成分"是其他用户建立的共享给本组用户,或共享给所有用户的成分。

成分的显示顺序主要具有以下 4 个功能。"预设数据库排序"是以数据库的排列顺序显示;"预设系统排序"是以系统预设顺序显示成分;"用户预设排序"是用户根据自己

的需要设定的显示顺序,使用该功能恢复成用户自定义的预设排序;"保存用户预设排序"是用户根据自己的需要调整成分顺序后,使用该功能保存该顺序。

临时项成分与公共项成分。在"临时项"下"新建"成分,只供该模板使用,关闭模板后,成分消失。在"公共项"下使用"新建"功能,只需要将"另存为成分"选项去掉,该成分就会成为临时项成分。在"公共项"下"新建…",默认为公共项成分;在"临时项"下使用"新建"功能,只需要将"另存为成分"选项勾选,该成分就会成为公共项成分。公共项成分才能共享,通过下拉菜单设置该项成分的共享权限,或在已有成分上使用鼠标右键菜单,也可以获得共享的相关设置。

InfoSysPlusTV 的报告分三大类:基本报告、曲线和计划。基本报告包括时期、载体、节目、每分钟节目、节目牵引、节目表格、广告插播、节目和广告插播、观众移动、交互分析、竞争分析、图表、最终报告、技术卡片 13 个类型,能实现时段、节目、广告收视分析的基本功能。曲线报告是用图形曲线的形式直观地反映时段或节目的收视情况,包括"观众曲线"和"移动曲线"2 个报告。计划报告提供的是一系列媒介计划相关功能的报告,包括载体、计划、到达率曲线、优化 4 个报告。

二、应用实例

【例 1】　使用临时成分计算 2012 年 1 月杭州、北京市的全天人均收视时长、人均收视时长(观众)、人均收视总时长、人均收视总时长(观众)、人均收视段数、人均每段收视时长(分钟)等指标。

第一步:建立模板。在主界面中选择文件、新建,进入模板设置菜单。

第二步:选择受众。目标,临时项、新建、复合、4 岁以上所有人、新建并退出,如图 9-1-2。

第三步:选择地区。地区、临时项、新建、北京(新)、杭州(M)、新建并退出。同样操作,分别选择北京(新)和杭州(M)。

第四步:选择频道。频道、临时项、新建、所有频道、新建并退出。

第五步:选择时段。时间段、公共项、全天。

第六步:选择日期。选择 2012 年 1 月。

第七步:选择指标。单位、高级单位,人均收视时长、人均收视时长(观众)、人均收视总时长、人均收视总时长(观众)、人均收视段数、人均每段收视时长(分钟)。

第八步:选择报告。报告、时期。完成设置,结果如图 9-1-3。

第九步:运行。点击运行按钮,运行结果如图 9-1-4。

第十步:获得技术资料。点击"技术卡片",显示杭州、北京调查期间(2012 年 1 月)的样本分别是 730、938 人,推及人口分别是 4201000、8927000 人。

图 9-1-2　目标设置

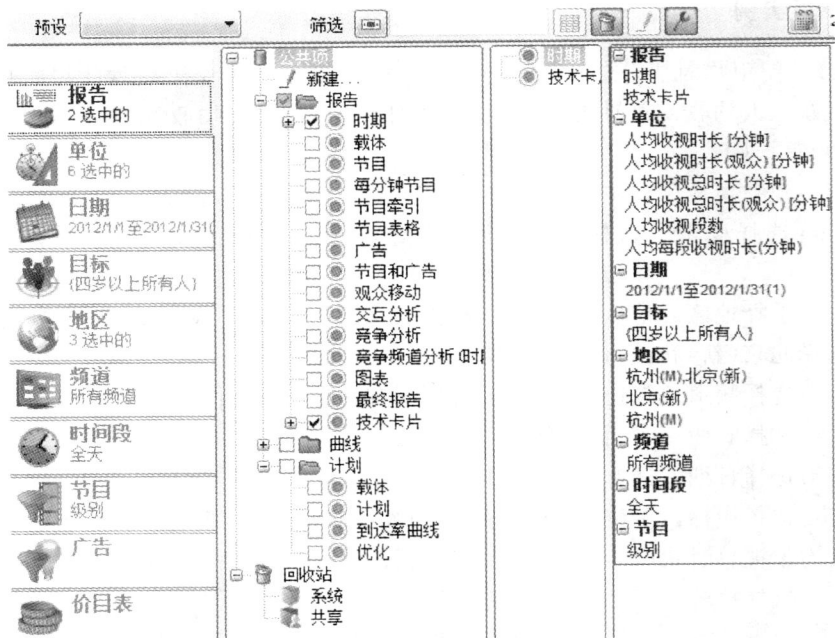

图 9-1-3　设置结果

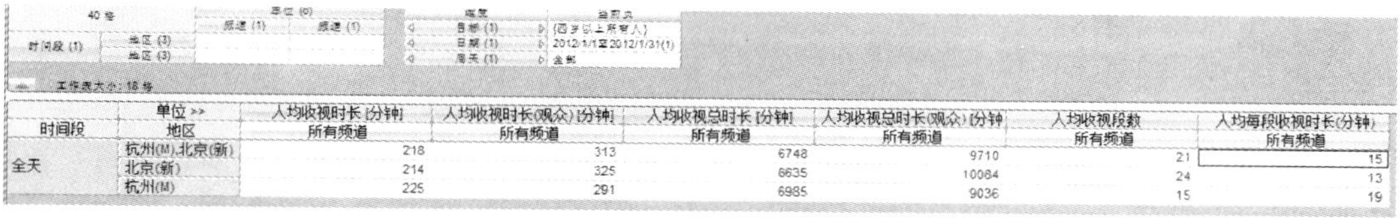

时间段	单位 >> 地区	人均收视时长[分钟] 所有频道	人均收视时长(观众)[分钟] 所有频道	人均收视总时长[分钟] 所有频道	人均收视总时长(观众)[分钟] 所有频道	人均收视段数 所有频道	人均每段收视时长(分钟) 所有频道
全天	杭州(M),北京(新)	218	313	6748	9710	21	15
	北京(新)	214	325	6635	10084	24	13
	杭州(M)	225	291	6985	9036	15	19

图 9-1-4　运行结果

第十一步：表格设计。通过对图 9-1-5 中上部地区、单位（指标）等成分的拖动，重新设计表格格式。

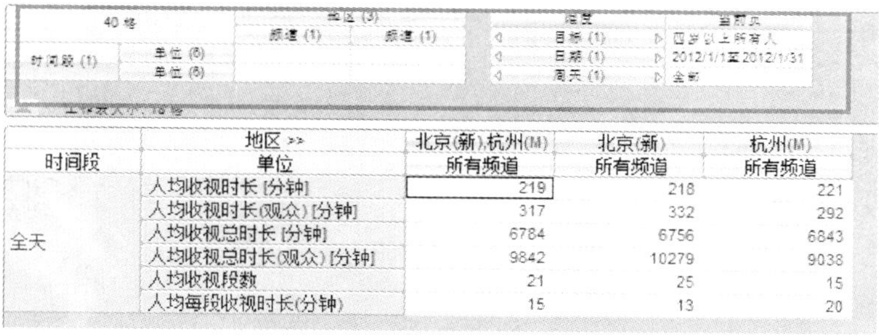

时间段	地区 >> 单位	北京(新),杭州(M) 所有频道	北京(新) 所有频道	杭州(M) 所有频道
全天	人均收视时长[分钟]	219	218	221
	人均收视时长(观众)[分钟]	317	332	292
	人均收视总时长[分钟]	6784	6756	6843
	人均收视总时长(观众)[分钟]	9842	10279	9038
	人均收视段数	21	25	15
	人均每段收视时长(分钟)	15	13	20

图 9-1-5　重新设计表格格式

【例 2】　使用公共项计算杭州、北京市 2012 年 1 月不同性别、年龄组的到达率和平均到达率（000 和%）指标，并保存模板和计算结果。

第一步：建立模板。在主界面中选择文件、新建，进入模板设置菜单。

第二步：选择受众。单击目标，公共项中新建、个人、性别、男、应用（图 9-1-6）；性别、女、应用；同样操作，分别建立 4～14 岁、15～24 岁、……、65 岁以上的年龄组。在模板中加以选择（图 9-1-7）。

第三步：在公共项中选择其他成分。地区（杭州、北京），频道（所有频道），时间段（全天），日期（2012 年 1 月），单位（到达率 000、到达率%、平均到达率 000、平均到达率%）。

第四步：选择报告。报告、时期。

第五步：运行。点击运行按钮，图 9-1-8 是按平均到达率%降序排序的结果，点击“柱状显示按钮”会有不同的显示结果。

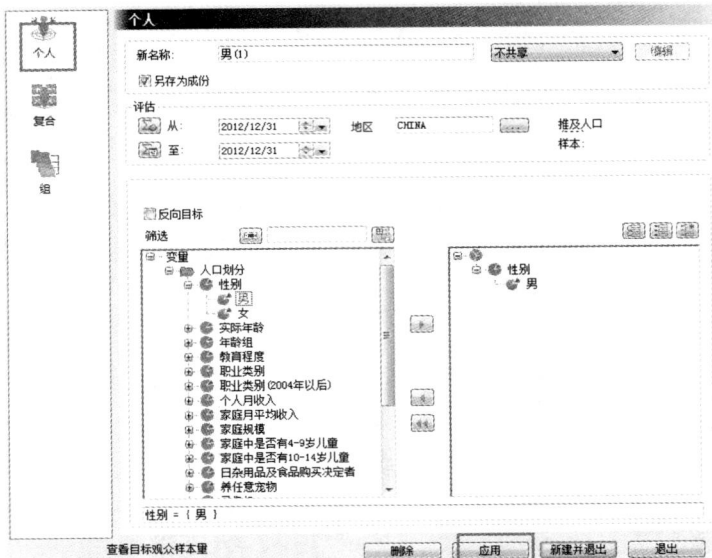

图 9-1-6　目标创建

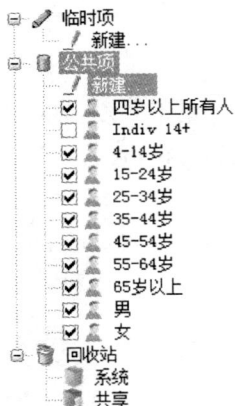

图 9-1-7　目标选择

图 9-1-8　运行结果

第六步：保存设置和结果。选择文件、另存为即可保存设置文件（如 t2.ist）。选择文件、输出文档即可保存数据为 txt 或 MSOffice 的 excel 文件。

【例3】　计算杭州、长沙市 2012 年第 4 季度 20：00～22：00，浙江、湖南卫视的每月收视率、市场份额。

第一步：建立模板。在主界面中选择文件、新建，进入模板设置菜单。

第二步：频道选择。单击频道，在筛选中录入"浙江"，选择"浙江卫视"，如图 9-1-9，同样选择湖南卫视。

第三步：时间段选择。单击时间段，新建"核心黄金时段（20：00～22：00）"。

第四步：日期选择。单击日期，新建"2012/10/1 至 2012/12/31"，然后选中，再双击"间隔"，选中"月"，如图 9-1-10。若无"间隔"选项，单击"常规/高级模式切换"按钮。

图 9-1-9　频道选择　　　　　　　　　　图 9-1-10　日期设置

第五步：其他成分选择。目标观众选 4 岁以上所有人，地区选杭州（M）、长沙（M），单位选收视率和市场份额，报告选时期。

第六步：运行。点击运行按钮，结果如图 9-1-11。

时间段	地区	单位 >> 日期	收视率%			市场份额%		
			湖南电视台卫	浙江卫视	省级上星频道	湖南电视台卫	浙江卫视	省级上星频道
核心黄金时段20-22	杭州(M)	十月 12	1.4	2.5	9.9	2.7	5.0	19.3
		十一月 12	1.7	2.5	11.1	3.3	4.8	21.2
		十二月 12	1.4	3.0	11.5	2.6	5.5	21.0
		2012/10/1至2012/12/31	1.5	2.7	10.8	2.8	5.1	20.5
	长沙(M)	十月 12	2.9	0.3	7.0	7.5	0.9	18.1
		十一月 12	3.7	0.1	7.4	9.4	0.2	18.7
		十二月 12	5.3	0.2	9.1	12.9	0.4	21.8
		2012/10/1至2012/12/31	4.0	0.2	7.8	10.0	0.5	19.6

图 9-1-11　浙江、湖南卫视对比结果

【例4】　杭州市 2012 年 12 月 18 日，《新闻联播》在央视一套和浙江卫视的观众构成、集中度。

第一步：建立模板。在主界面中选择文件、新建，进入模板设置菜单。

第二步：频道和时间段的设置同例 3。

第三步：单位选择。单击单位，选择集中度、观众构成；分别再选择参考目标为"4 岁以上所有人"，如图 9-1-12。

第五步:其他成分选择。日期选 2012 年 12 月 18 日,目标观众选所有年龄组和 4 岁以上所有人,地区选杭州(M),报告选时期。

第六步:运行。点击运行按钮,结果如图 9-1-13。

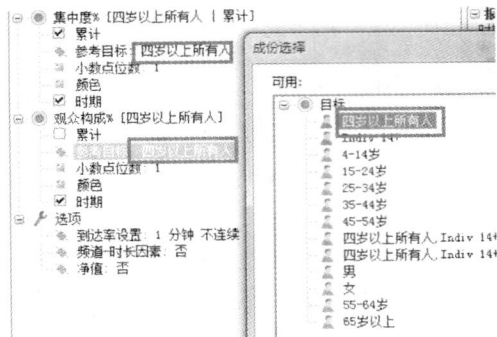

图 9-1-12　集中度和观众构成设置

图 9-1-13　计算结果

时间段	目标	集中度% 四岁以上所有人 累计		观众构成% 四岁以上所有人	
		中央电视台综合	浙江卫视	中央电视台综合	浙江卫视
新闻联播	4-14岁	0.0	133.2	0.0	12.1
	15-24岁	0.0	0.0	0.0	0.0
	25-34岁	89.4	54.4	19.9	12.1
	35-44岁	96.9	170.2	16.4	28.9
	45-54岁	44.8	132.3	8.7	25.7
	55-64岁	121.0	114.5	13.8	13.0
	65岁以上	501.0	99.3	41.2	8.2
	四岁以上所有人	100.0	100.0	100.0	100.0

【例5】　杭州市 2012 年 12 月 18 日 18:00～18:30,浙江卫视和浙江教育科技频道的观众流动。

建立模板:地区选"杭州",时间选"2012 年 12 月 18 日",频道选"浙江卫视"和"浙江教育科技",时间段选"18:00～18:30",单位选"观众移动(%)"和"观众移动(000)",目标选"4 岁以上所有人",报告选"观众移动"。运行结果如图 9-1-14。

标题	流动状态>> 频道	流入 观众移动(000)	观众移动%	流出 观众移动(000)	观众移动%	净值 观众移动(000)	观众移动%	收视率 观众移动(000)	观众移动%
浙江卫视, 18-18:30 - 2012/12/18	浙江卫视							69	1.2
	浙江电视台教育	8	0.1	54	0.9	-46	-0.8	121	2.0
	其它	83	1.4	89	1.5	-6	-0.1	1922	32.6
	开关机	51	0.9	0	0.0	51	0.9		
	总计	143	2.4	143	2.4	-0	-0.0	2113	35.8
浙江电视台教育科技频道, 18:30 - 2012/12/18	浙江卫视	54	0.9	8	0.1	46	0.8	69	1.2
	浙江电视台教育							121	2.0
	其它	185	3.1	122	2.1	64	1.1	1922	32.6
	开关机	35	0.6	15	0.3	20	0.3		
	总计	274	4.6	145	2.5	129	2.2	2113	35.8

图 9-1-14　观众流动

该时间内流入浙江卫视的有 143 千人,来自浙江教育科技频道、其他频道、开机的分别是 8、83、51 千人;分别占该时段浙江教育科技频道、其他频道观众数、开机总数的 0.1%、1.4%、0.9%。

观众流出浙江卫视的有 143 千人,分别流到教育科技频道、其他频道、关机是 54、89、0 千人。而同时段内流入浙江教育科技频道 274 千人,来自浙江卫视、其他频道、开机分别是 54、185、35 千人;观众流出浙江卫视的有 145 千人,增加(净值)129 千人。这里的"其他"是指除了所选竞争频道以外的所有频道。

【例 6】 查询 2012 年 12 月 14 日某地区、某频道节目播出明细并计算收视率。

建立模板：地区选“上海（新）”，时间选“2012 年 12 月 14 日”，频道选“浙江卫视”，单位选“收视率（%）”，目标选“4 岁以上所有人”，报告选“节目”。运行后的点击“属性”选项，选择需要显示的属性，如图 9-1-15。

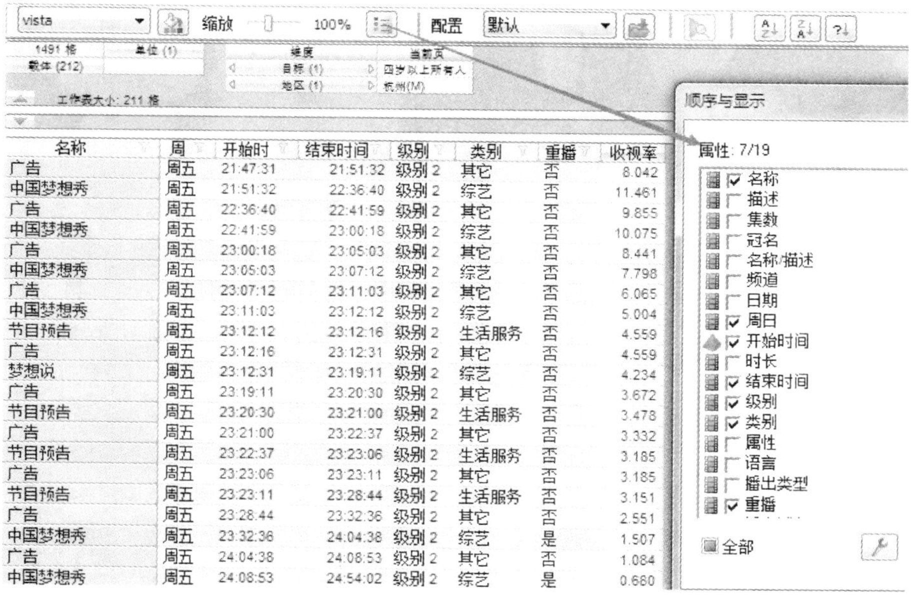

名称	周	开始时	结束时间	级别	类别	重播	收视率
广告	周五	21:47:31	21:51:32	级别 2	其它	否	8.042
中国梦想秀	周五	21:51:32	22:36:40	级别 2	综艺	否	11.461
广告	周五	22:36:40	22:41:59	级别 2	其它	否	9.855
中国梦想秀	周五	22:41:59	23:00:18	级别 2	综艺	否	10.075
广告	周五	23:00:18	23:05:03	级别 2	其它	否	8.441
中国梦想秀	周五	23:05:03	23:07:12	级别 2	综艺	否	7.798
广告	周五	23:07:12	23:11:03	级别 2	其它	否	6.065
中国梦想秀	周五	23:11:03	23:12:12	级别 2	综艺	否	5.004
节目预告	周五	23:12:12	23:12:16	级别 2	生活服务	否	4.559
广告	周五	23:12:16	23:12:31	级别 2	其它	否	4.559
梦想说	周五	23:12:31	23:19:11	级别 2	综艺	否	4.234
广告	周五	23:19:11	23:20:30	级别 2	其它	否	3.672
节目预告	周五	23:20:30	23:21:00	级别 2	生活服务	否	3.478
广告	周五	23:21:00	23:22:37	级别 2	其它	否	3.332
节目预告	周五	23:22:37	23:23:06	级别 2	生活服务	否	3.185
广告	周五	23:23:06	23:23:11	级别 2	其它	否	3.185
节目预告	周五	23:23:11	23:28:44	级别 2	生活服务	否	3.151
广告	周五	23:28:44	23:32:36	级别 2	其它	否	2.551
中国梦想秀	周五	23:32:36	24:04:38	级别 2	综艺	是	1.507
广告	周五	24:04:38	24:08:53	级别 2	其它	否	1.084
中国梦想秀	周五	24:08:53	24:54:02	级别 2	综艺	是	0.680

图 9-1-15　节目收视明细

节目的级别默认是 2，即显示被广告分割的明细，如上图《中国梦想秀》首播被 3 次广告分割。如在模板“节目”中选择“级别 1”，《中国梦想秀》的收视率合并为一个数据，含广告、含首播和重播，如图 9-1-16。

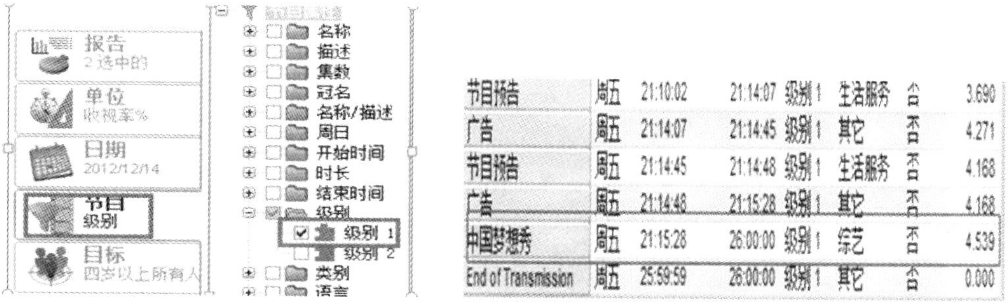

节目预告	周五	21:10:02	21:14:07	级别 1	生活服务	否	3.690
广告	周五	21:14:07	21:14:45	级别 1	其它	否	4.271
节目预告	周五	21:14:45	21:14:48	级别 1	生活服务	否	4.168
广告	周五	21:14:48	21:15:28	级别 1	其它	否	4.168
中国梦想秀	周五	21:15:28	26:00:00	级别 1	综艺	否	4.539
End of Transmission	周五	25:59:59	26:00:00	级别 1	其它	否	0.000

图 9-1-16　合并节目含广告

同时在模板的"单位"中"净值"设为"是",《中国梦想秀》的收视率合并为一个数据,含重播,但不含广告,如图 9-1-17。

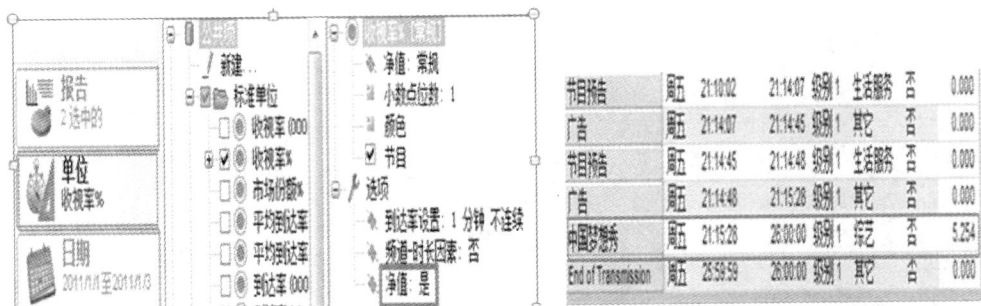

图 9-1-17　合并节目不含广告

【例7】　查询 2012 年 12 月 8 日,某地区、某频道 18:00～23:30 某类节目的收视率。

建立模板:报告选"节目",地区选"北京(新)",时间选"2012 年 12 月 18 日",频道选"浙江卫视",单位选"收视率(%)",目标选"4 岁以上所有人";节目中定义,然后定义播出时段、类别,如图 9-1-18。运行结果如图 9-1-19。

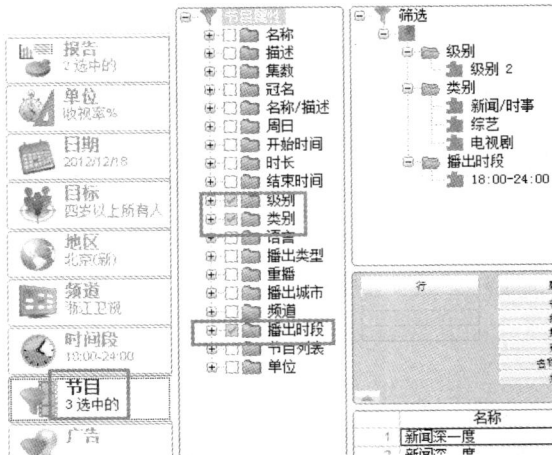

图 9-1-18　节目属性设置

图 9-1-19　分类节目收视率

【例8】　计算某天杭州地区所有频道播出节目的收视率并排序。

建立模板:地区选"杭州(M)",日期选"2012 年 12 月 21 日",频道选"所有",单位选"收视率(%)",目标选"4 岁以上所有人",节目中设置开始时间"18:00～23:30";报告选"节目"和"交互分析",如图 9-1-20。点击"交互分析",将属性中的"名称/描述"拖到"行","时长"拖到"信息"下,"收视率(%)"拖到"单位"下,如图 9-1-21。

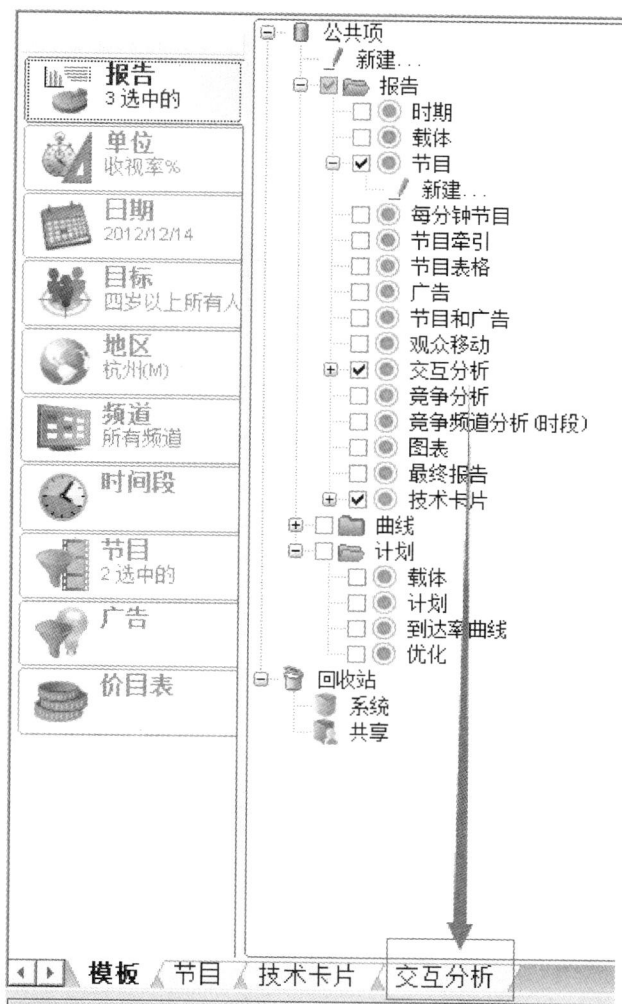

图 9-1-20　报告设置

图 9-1-21　交互分析设置

双击图 9-1-21 中的"名称/描述"进行交互分析设置,如图 9-1-22,将相同频道播出、开始时间 180 分钟以内的同名节目合并计算。运行结果如图 9-1-23。

【例 9】　计算某时期北京地区所有频道各类节目收播比重。

建立模板:地区选"北京(新)",日期选"2011 年 1 月 1～3 日",频道选"所有",单位选"时长(秒)"和"人均收视时长(分钟)",目标选"4 岁以上所有人",节目中级别选 1。报告选"节目"和"交互分析",点击"交互分析",将属性中的"类别"拖到"行",标准单位下的

"时长"和高级单位下的"人均收视时长"拖到"单位"下；然后右键"时长"，操作中选择"％纵向"，右键"人均收视时长"，操作中选择"％纵向"，完成交互设置，如图 9-1-24。运行结果如图 9-1-25，可见电视剧的比重最大，播出和收视比重分别为 28％、30％。

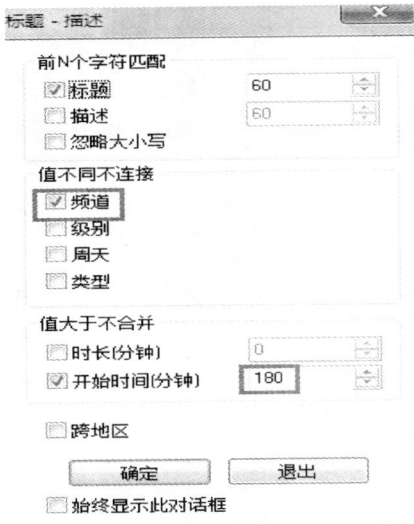

图 9-1-22　交互分析节目合并设置

Summa	名称/描述	开始时间	时长	类别	Summary >> Summar 收视率
Summa					0.6
	中国梦想秀	21:14:40	0105:40	综艺	8.7
	平原烽火	19:18:18	0000:41	电视剧	7.2
	锁梦楼	20:00:02	0000:31	电视剧	5.9
	钱塘老娘舅	19:34:22	0033:40	生活服务	5.3
	新闻快报	19:39:50	0002:10	新闻时事	5.3
	我和你说	20:59:44	0032:00	新闻时事	5.2
	新闻60分	18:00:11	0053:30	新闻时事	4.6
	养女	19:08:08	0000:41	电视剧	4.5
	1818黄金眼	18:18:02	0071:59	新闻时事	4.5
	天天生活秀	20:34:26	0002:25	生活服务	4.4
	小强热线	20:42:02	0052:59	新闻时事	4.3
	和事佬	19:32:46	0028:49	生活服务	4.3
	太平公主秘史	19:19:02	0000:28	电视剧	4.1

图 9-1-23　交互分析结果

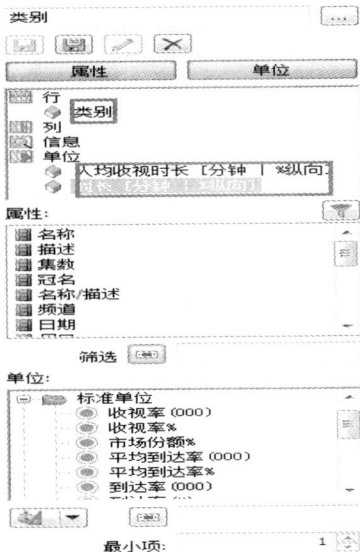

图 9-1-24　交互设置

Summa	类别	Summary >> 人均收视时长 [分钟	%纵向]	Summary 时长 [分钟	%纵向]
Summa		100	100
	新闻时事	9	9
	综艺	18	11
	电视剧	28	30
	体育	3	3
	专题	10	11
	教学	0	0
	外语	0	0
	青少	3	6
	音乐	2	4
	电影	7	4
	戏剧	1	1
	财经	1	1
	生活服务	9	7
	法制(始于2004年	3	1
	其它	5	10

图 9-1-25　播出和收视比重

在此基础上,将属性中的"属性"拖到行下,得到各类节目及其子类的播出和收视比重。

【例 10】 计算观众重叠率。

两个频道的观众重叠率。建立模板:地区选"杭州(M)",日期选"2012 年 12 月 8～15 日",频道选"浙江卫视"和"浙江电视台影视娱乐频道",单位选"重叠率%"和"重叠率000",目标选"4 岁以上所有人",时间段选"20:00～21:00";报告选"载体",并选择"简单时间段",运算结果如图 9-1-26。2012 年 12 月 8～15 日 20:00～21:00 看浙江卫视和影视娱乐频道的观众分别为 3822、2592 千人,其中 2123 千人看了两个频道,分别占 55.7%、82.2%。

Title / Campaign	#1 - 浙江卫视, 20:00-	#2 - 浙江电视台影视娱	#1 - 浙江卫视, 20:00-	#2 - 浙江电视台影视娱
Summary				
浙江卫视, 20:00-21:00 - 2012/12/7至2012/12/15	100.0	55.7	3822	2123
浙江电视台影视娱乐频道, 20:00-21:00 - 2012/12/7至2012/12/15	82.2	100.0	2131	2592

图 9-1-26 两个频道的观众重叠率

若在上述模板中,将日期选"2012 年 12 月 7～8 日";时间段选"20:00～21:00",并将其中的"载体日期间隔"设为"天"。运算结果如表 9-1-1(经过编辑)。表示 2012 年 12 月 7、8 日 20:00～21:00 看浙江卫视和影视娱乐频道的观众分别为 1702、1255、880、987 千人,其中 683 千人看了这两天的浙江卫视,381 千人看了 7 日浙江卫视和 7 日影视娱乐频道,438 千人看了 7 日浙江卫视和 8 日影视娱乐频道。

表 9-1-1 每天之间的观众重叠率

Title/Campaign	浙江卫视 7 日	浙江卫视 8 日	浙江电视台影视娱乐频道 7 日	浙江电视台影视娱乐频道 8 日
浙江卫视 7 日(%)	100	54.4	43.3	44.3
浙江卫视 8 日(%)	40.2	100	27.4	38.9
浙江电视台影视娱乐频道 7 日(%)	22.4	19.2	100	51.9
浙江电视台影视娱乐频道 8 日(%)	25.7	30.6	58.2	100
浙江卫视 7 日(000)	1702	683	381	438
浙江卫视 8 日(000)	683	1255	242	384
浙江电视台影视娱乐频道 7 日(000)	381	242	880	512
浙江电视台影视娱乐频道 8 日(000)	438	384	512	987

在上述模板中继续修改,将日期选"2012 年 12 月 7 日"。重新设置时间段,新建、高级时间段;日期中选择"日期",单击选择,设为"2012 年 12 月 7 日";选择 19:00 到 19:30,

单击“[>>]”,双击“频道”选择“浙江卫视”;单击“新建并退出”完成载体 1 的设定。同样操作完成载体 2、3 的设定,注意频道、时间段的不同。运算结果如表 9-1-2(经过编辑)。表示 2012 年 12 月 7 日杭州市的观众,19:00～19:30 看浙江卫视(新闻联播)、20:00～21:15 看江苏卫视、21:15～23:30 看浙江卫视(中国梦想秀)的观众分别为 173、290、1191 千人,其中 122 千人看了江苏卫视 20:00～21:15 时段和浙江卫视的中国梦想秀。

表 9-1-2　不同时段(节目)之间的观众重叠率

Title/Campaign	载体 1(%)	载体 2(%)	载体 3(%)	载体 1(000)	载体 2(000)	载体 3(000)
载体 1:浙江卫视 19:00～19:30	100	0	52.4	173	0	90
载体 2:江苏卫视 20:00～21:15	0	100	41.9	0	290	122
载体 3:浙江卫视 21:15～23:00	7.6	10.2	100	90	122	1191

【例 11】　查询特定频道和日期的广告播出和收视数据。

建立模板:地区选“浙江(M)”和“哈尔滨(M)”,日期选“2012 年 12 月 7 日”,频道选“浙江卫视”,单位选“毛评点”,目标选“4 岁以上所有人”,报告选“广告”,运算后,通过相应的属性(开始时间、时长、价格等),结果如图 9-1-27(部分)。

广告名称	开始时间	时长	价格	品牌	品类	毛评点 浙江(M)	毛评点 哈尔滨(M
Summary						621.9	593.0
活泉臻透盈润精华霜 VA	02:03:46	0000:05	8000	活泉 VAQUA	化妆品/浴室用品 TOILETRIES	0.0	0.0
活泉臻透盈润精华霜 VA	02:12:23	0000:05	8000	活泉 VAQUA	化妆品/浴室用品 TOILETRIES	0.0	0.0
活泉臻透盈润精华霜 VA	02:19:16	0000:05	8000	活泉 VAQUA	化妆品/浴室用品 TOILETRIES	0.0	0.0
双喜文化传播有限公司	07:27:01	0000:15	18000	双喜 SHUANGXI	烟草类 TOBACCO & ACCESSORIES	0.1	0.0
海飞丝新生丝质柔滑型去	07:27:16	0000:30	36000	海飞丝 HEAD&SH	化妆品/浴室用品 TOILETRIES	0.1	0.0

图 9-1-27　浙江卫视 2012 年 12 月 7 日在浙江省网和哈尔滨的广告清单和毛评点

在此基础上,广告中选择“品类”、“化妆品/浴室用品”下的“彩妆”和“护肤用品”,运算后,选择属性,并按浙江省网的毛评点降序排列,如图 9-1-28(部分)。

广告名称	开始时间	时长	价格	次品类	广告位1	段内广告	名称	开始时间	毛评点 浙江(M)	毛评点 哈尔滨(
Summary									86.9	92.1
活泉臻透盈润精华霜 VA	22:17:59	0000:05	54500	护肤用品	1	24	[中国梦想秀]{中国梦想秀}*	21:14:25	3.5	3.5
巧茜妮奇迹水 CHAIC EN	21:42:32	0000:10	95500	护肤用品	3	20	[中国梦想秀]*{中国梦想秀}	21:14:25	3.0	2.5
凯芙兰甜蜜水嫩唇彩 KA	21:42:57	0000:10	95500	彩妆 Cos	6	20	[中国梦想秀]*{中国梦想秀}	21:14:25	3.0	2.5
活泉臻透盈润精华霜 VA	21:42:12	0000:05	54500	护肤用品	1	20	[中国梦想秀]*{中国梦想秀}	21:14:25	3.0	2.5
巧茜妮奇迹水 CHAIC EN	21:42:42	0000:05	54500	护肤用品	4	20	[中国梦想秀]*{中国梦想秀}	21:14:25	3.0	2.5
奥洛菲肤安舒护精华水	22:18:19	0000:15	136000	护肤用品	3	24	[中国梦想秀]{中国梦想秀}*	21:14:25	2.9	1.8

图 9-1-28　彩妆和护肤用品广告清单和毛评点

【例 12】　以杭州地区本地频道为例,计划在晚间 18:00～19:00 时段投放 800 个毛评点,如何确定具体的投放方案。

模板设置。新建模板,设置模板各成分,如目标、地区、日期、时间段和单位,选择高级时间段载体,如图 9-1-29。InfoSysPlus 的计划功能是以过去一段时期特定频道特定时段的平均收视率为基础评估在该时段投放广告可获得的收视概率。由于"到达率曲线"是基于"计划"报告中各个载体收视进行绘制的,获得到达率曲线报告必须首先完成计划报告的计算,因此模板中同时选择"计划"和"到达率曲线"报告,并在"到达率曲线"报告中设置选项"最小毛评点"、"最大毛评点"和"毛评点间隔"。

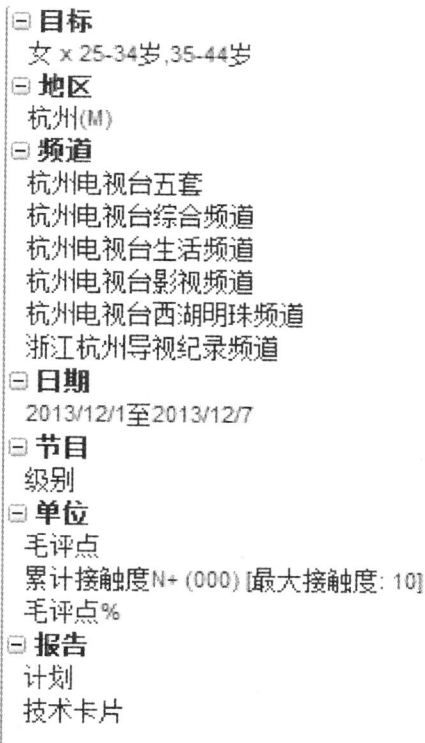

⊟ **目标**
　女 x 25-34岁,35-44岁
⊟ **地区**
　杭州(M)
⊟ **频道**
　杭州电视台五套
　杭州电视台综合频道
　杭州电视台生活频道
　杭州电视台影视频道
　杭州电视台西湖明珠频道
　浙江杭州导视纪录频道
⊟ **日期**
　2013/12/1至2013/12/7
⊟ **节目**
　级别
⊟ **单位**
　毛评点
　累计接触度N+ (000) [最大接触度: 10]
　毛评点%
⊟ **报告**
　计划
　技术卡片

图 9-1-29　模板设置

计算模板。计算后计划报告给出初始计划 1 的总毛评点为 100 时,各载体的毛评点数值和比例、插播次数、边际到达率、平均暴露频次以及接触度。右键增加计划,增加"计划 2",如图 9-1-30。

调整"计划 2"中毛评点为 800,回车后则得到按平均毛评点比例分配的各载体的投

计划		标题	毛评点	1+ (000)	2+ (000)	3+ (000)	4+ (000)	5+ (000)	6+ (000)	7+ (000)	8+ (000)	9+ (000)	10+ (00	毛评点
		⊟ 总计	100.0	417	256	170	112	71	44	27	16	10	7	100.0
	☐	杭州电视台五套, 日一二	15.2	79	41	28	19	12	6	3	1	0	0	15.2
	☐	杭州电视台综合频道, 日	11.8	145	64	38	25	17	12	8	5	4	2	11.8
计划1	☐	杭州电视台生活频道, 日	36.4	270	158	108	73	47	29	17	10	6	3	36.4
	☐	杭州电视台影视频道, 日	15.0	337	197	127	82	52	31	18	11	6	4	15.0
	☐	杭州电视台西湖明珠频道	20.5	410	255	169	111	71	43	26	16	10	6	20.5
	☐	浙江杭州导视纪录频道.	1.1	417	256	170	112	71	44	27	16	10	7	1.1
		⊟ 总计	100.0	417	256	170	112	71	44	27	16	10	7	100.0
	☐	杭州电视台五套, 日一二	15.2	79	41	28	19	12	6	3	1	0	0	15.2
	☐	杭州电视台综合频道, 日	11.8	145	64	38	25	17	12	8	5	4	2	11.8
计划2	☐	杭州电视台生活频道, 日	36.4	270	158	108	73	47	29	17	10	6	3	36.4
	☐	杭州电视台影视频道, 日	15.0	337	197	127	82	52	31	18	11	6	4	15.0
	☐	杭州电视台西湖明珠频道	20.5	410	255	169	111	71	43	26	16	10	6	20.5
	☐	浙江杭州导视纪录频道.	1.1	417	256	170	112	71	44	27	16	10	7	1.1

图 9-1-30　　计划结果

放情况,如图 9-1-31,可以看出图中计划 2 和计划 1 中的毛评点％的值相同。

计划		标题	毛评点	1+ (000)	2+ (000)	3+ (000)	4+ (000)	5+ (000)	6+ (000)	7+ (000)	8+ (000)	9+ (000)	10+ (000)	毛评点%
		⊟ 总计	100.0	417	256	170	112	71	44	27	16	10	7	100.0
	☐	杭州电视台五套, 日一二	15.2	79	41	28	19	12	6	3	1	0	0	15.2
	☐	杭州电视台综合频道, 日	11.8	145	64	38	25	17	12	8	5	4	2	11.8
计划1	☐	杭州电视台生活频道, 日	36.4	270	158	108	73	47	29	17	10	6	3	36.4
	☐	杭州电视台影视频道, 日	15.0	337	197	127	82	52	31	18	11	6	4	15.0
	☐	杭州电视台西湖明珠频道	20.5	410	255	169	111	71	43	26	16	10	7	20.5
	☐	浙江杭州导视纪录频道.	1.1	417	256	170	112	71	44	27	16	10	7	1.1
		⊟ 总计	800.0	718	590	520	470	429	394	365	340	319	299	100.0
	☐	杭州电视台五套, 日一二	121.4	190	121	90	73	64	58	54	50	47	44	15.2
	☐	杭州电视台综合频道, 日	94.6	376	241	178	142	119	104	93	84	77	70	11.8
计划2	☐	杭州电视台生活频道, 日	290.9	532	402	330	283	251	223	213	200	189	180	36.4
	☐	杭州电视台影视频道, 日	120.2	621	496	424	372	333	305	282	263	246	230	15.0
	☐	杭州电视台西湖明珠频道	164.3	696	575	510	462	423	390	362	338	317	298	20.5
	☐	浙江杭州导视纪录频道.	8.7	718	590	520	470	429	394	365	340	319	299	1.1

图 9-1-31　　计划结果

三、索福瑞广播监测软件

InfoSysPlus Radio 是 CSM 集团汇集 TNS 在全球近 10 年的 InfoSysRadio 软件开发与服务经验,同时吸纳国内广大媒介专业人士意见和建议,推出的收听率数据分析软件。软件主要包含以下功能。

软件页面融入更多的个性化元素,主页面可以根据用户的要求设置成远程网页,用户登陆软件即可同时获得网页最新资讯。软件将不同分析模块完全融合,通过相同的模板设置,用户可以同时计算出时段收听、节目收听、广告收听、节目分钟收听、节目交互分析、广告交互分析、听众曲线、听众移动、载体定义、计划、优化等 18 种报告结果。软件新增加了"竞争分析"、"多重节目牵引"、"竞争频道参考收听"、"节目分钟收听"、"节目内广告收听"等分析模块,同时还增强了"图表报告"、"最终报告"、"Excel 表格"等多种报告结果处理模块功能。

第二节　尼尔森网联收视软件：Arianna

Arianna 是古希腊传说中的一个线球，帮助雅典王子忒修斯杀死怪物走出迷宫。尼尔森公司认为 Arianna 是破解收视行为数据迷宫的线球。

一、Arianna 基础

Arianna 最基本的两项功能是"时段分析"和"节目分析"。涉及"节目名称"的分析，使用"节目分析"；其余涉及频道的分析，均使用"时段分析"。

二、应用实例

【例1】　2012 年 10 月 25 晚间北京市场晚间时段（18：00—23：00）央视频道组、卫视频道组和所有频道的收视率排名。

第一步：市场选择，右上角下拉条内选择"北京"。

第二步：分析类型选择，左边收视行为分析中点击"时段分析"。

第三步：时段分析界面的设置

（1）版式设置：点击"……"进入版式设置界面，选择"自定义"，如图 9-2-1，进入板式设置窗口。

图 9-2-1　进入报表设置

按鼠标左键分别将"市场"、"目标观众"、"时段"拖至图中位置,将左边"项目"中的"计数"拖至图中位置;点击"时段群组"向右边空白处拖,直到出现"×",即表示该字段被删除,如图 9-2-2,设置后结果如图 9-2-3。

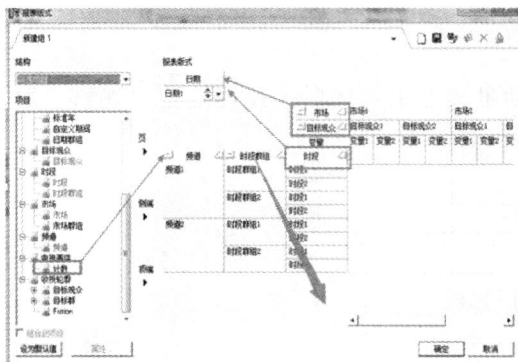

图 9-2-2　报表设置

图 9-2-3　报表设置结果

确定后,将该群组命名为"t1","t1"会出现在"本地",双击"t1",添加到"已选"中,如图 9-2-4。

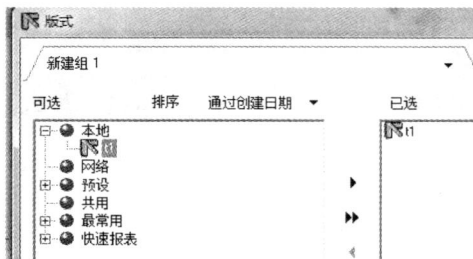

图 9-2-4　群组保存

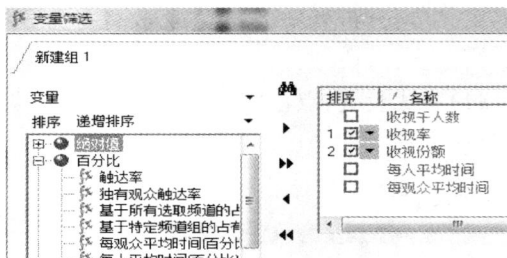

图 9-2-5　指标设置

(2)日期设置:同样点击"…"进入日期设置界面,选择 2012 年 10 月 25 日。

(3)目标观众设置:选择"预设——总体家庭户"。

(4)频道设置:频道设置,选择"All Channels"。频道组设置,点击"…",选择"自定义",选择"频道群组管理",点击"□"新建,输入所要建立的频道组名称,例如"央视频道",将央视所有频道选中到右边频道群组结构中,单击右边"保存",其他频道组如"央视频道";相同方法建立"省级卫视"。切换至"频道结构表",点击"●",将前面设置好的频道组群放置到本次新建的频道群组下,确定,频道群组设置成功。

(5)时段设置:删除系统默认时间,设置为 18:00—23:00。

（6）市场设置：选择北京。

（7）变量设置：点击"…"，选择收视率、市场份额、每人平均时间、每观众平均时间、收视千人数等指标，图 9-2-5 是设置的指标，并按收视率排序。

第四步：点击"运行"。结果如图 9-2-6。

总体家庭户 (北京/Beijing) 母群体：3,619,369 样本：6,020

日期		市场		目标观众		时段	
25/10/2012		北京/Beiji		总体家庭户		18:00:00 -	

计数	频道	(r) 收视率	收视份额	每观众平均时间	每人平均时间	收视千人数
1	央视	13.42	32.8	01:26:46	00:40:15	485,678
2	卫视	12.10	29.6	01:13:27	00:36:18	437,938
3	北京卫视	5.10	12.5	00:55:15	00:15:18	184,545
4	BTV影视	3.68	9.0	01:15:36	00:11:02	133,094
5	中央八套	2.55	6.2	01:02:06	00:07:39	92,284
6	BTV生活	2.29	5.6	00:40:48	00:06:52	82,809

图 9-2-6　运行结果

第五步：导出，导出为 MS excel 数据文件，可以进行页眉、工作表等设置。

【例 2】　杭州市落地频道 2012 年 10 月份每周节目前 10 排名。

报表版式

市场	目标观众	周
市场1	目标观众1	周1

计数	频道	变量	变量1	变量2
计数1	频道1	节目主要描述		
		节目主要描述2		
	频道2	节目主要描述1		
		节目主要描述2		
计数2	频道1	节目主要描述1		
		节目主要描述2		
	频道2	节目主要描述1		
		节目主要描述2		

图 9-2-7　报表设置

总体人口 (杭州/Hangzhou) 母群体：2,523,394 样本：13,928
总体家庭户 (杭州/Hangzhou) 母群体：900,864 样本：4,984

市场	目标观众	周	
杭州/Hangz	总体人口	22/10/2012 - 28/10/2012	

计数	频道	节目主要描述	开始时间	结束时间	(r) 收视率
1	浙江卫视…	香飘飘中国梦想秀	22:24:54	22:35:03	9.02
2	杭州生活…	我和你说	21:23:24	21:29:48	8.90
3	浙江卫视…	香飘飘中国梦想秀	21:36:21	22:20:13	8.84
4	杭州生活…	我和你说	21:26:44	21:29:48	8.48
5		我和你说	21:12:04	21:23:58	8.15
6		我和你说	21:22:50	21:29:48	8.11
7		我和你说	21:21:20	21:29:48	8.08
8	浙江卫视…	香飘飘中国梦想秀	21:10:01	22:57:07	8.01
9		香飘飘中国梦想秀	22:52:12		7.98
10	杭州生活…	我和你说	21:24:35	21:29:48	7.94

图 9-2-8　周节目收视率前 10

设置如下：城市选"杭州"，使用节目分析。日期选"2012 年 10 月"，目标观众选"总体家庭户、总体人口"，版式设置如图 9-2-7，频道选"All Channels"，时段选"全天完全时段"

(默认),市场选"杭州",变量选"(r)收视率",排序方式选择"显示前10"。运行后,点击"![icon]"将对话框中的开始时间、结束时间拖到相应位置,结果如图9-2-8。点击图中上下三角形,显示不同目标受众和周的数据。

【例3】 2012年10月25日成都落地频道晚间(18:00～24:00)各时段(半小时为一档)频道排名Top5(含主要节目名称)。

设置如下:城市选"成都",使用时段分析。版式如图9-2-9,日期选"2012年10月25日",目标观众选"总体家庭户、总体人口",频道选"All Channels",时段选"18:00～23:59,拆分:三十分钟",市场选"成都"、变量选"(r)收视率、收视份额,按收视率分层排序仅显示前5"。运行结果如图9-2-9。

总体人口 (成都/Chengdu) 母群体: 4,803,145 样本: 8,083
总体家庭户 (成都/Chengdu) 母群体: 1,671,114 样本: 2,765

日期	市场	目标观众		
25/10/2012 ▲▼ ▼	成都/Cheng ▲▼ ▼	总体人口		▲▼ ▼
![icon]		变量	(r) 收视率	收视份额
时段	计数	频道		
18:00:00 - 18:29:59	1	中央新闻	1.73	9.3
	2	四川新闻资讯	1.28	6.9
	3	成都公共	1.06	5.7
	4	天津卫视	0.97	5.3
	5	中央四套	0.96	5.2
18:30:00 - 18:59:59	1	四川新闻资讯	2.69	11.2
	2	中央新闻	2.22	9.2

图9-2-9 各时段频道收视排名的板式和结果

更改目标观众下的设置,查看具体人群资料,点击目标观众下"…"定义三个目标观众,如图9-2-10,变量选收视率,其他设置不变,运行结果如图9-2-11。

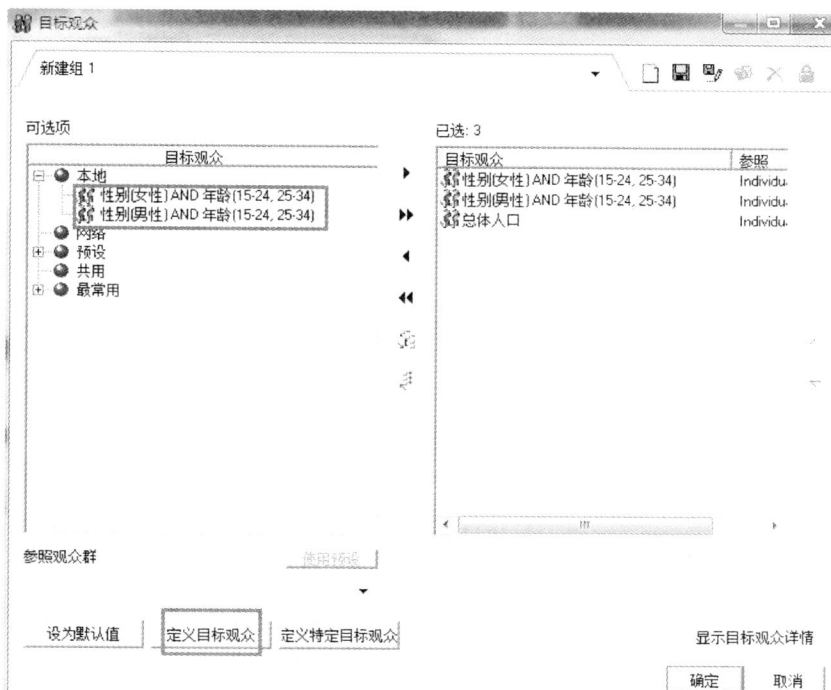

图 9-2-10　年龄和性别的设置

图 9-2-11　具体人群的收视资料

【例4】　2012年11月25日成都市湖南卫视、江苏卫视、浙江卫视全天分钟走势。

设置如下：城市选"成都"，使用时段分析。版式如图9-2-12、日期选"2012年11月25日"、目标观众选"总体家庭户"、频道选"湖南卫视、江苏卫视、浙江卫视"、时段选"全天，拆分：一分钟"、市场选"成都"、变量选"收视率"。

293

图 9-2-12　分钟走势数据

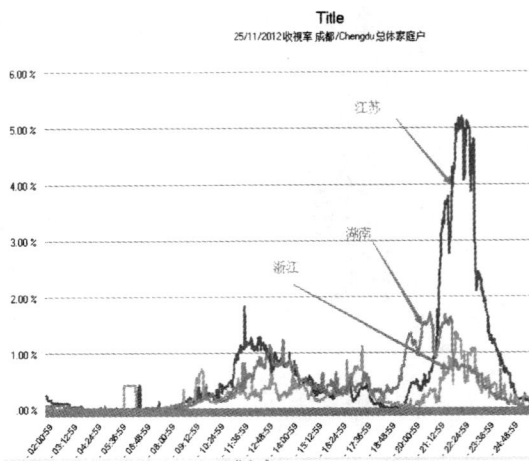

图 9-2-13　分钟走势图

运行结果如图 9-2-12。全选三个频道收视率数值,右键,"点击并进入图表",选择线形图"简易",得到三个频道的分钟走势曲线图 9-2-13,右键可导出到剪切板。

【例 5】　2012 年 11 月 25 日成都市湖南卫视、江苏卫视、浙江卫视节目单及收视率。

设置如下:城市选"成都",使用节目分析。版式选"预设、每日节目流水";日期选"2012 年 11 月 25 日",目标观众选"总体家庭户",频道选"湖南卫视、江苏卫视、浙江卫视",时段不选(默认全天),电视事件不选(默认全选),市场选"成都"、变量选"收视率"。结果如图 9-2-14。

图 9-2-14　节目单

【例 6】 2012 年 10 月成都市晚间(18:00～24:00)娱乐节目排名(分周末/周间)。

设置如下:城市选“成都”,使用节目分析。版式如图 9-2-15,日期选“2012 年 10 月”,目标观众选“总体家庭户”,频道选“All Channels”,时段选“18:00:00—23:59:59”,电视事件不选(默认全选),市场选“成都”,变量选收视率、标准排序、高级设定、节目类型选“娱乐”。结果如图 9-2-15 和 9-2-16。

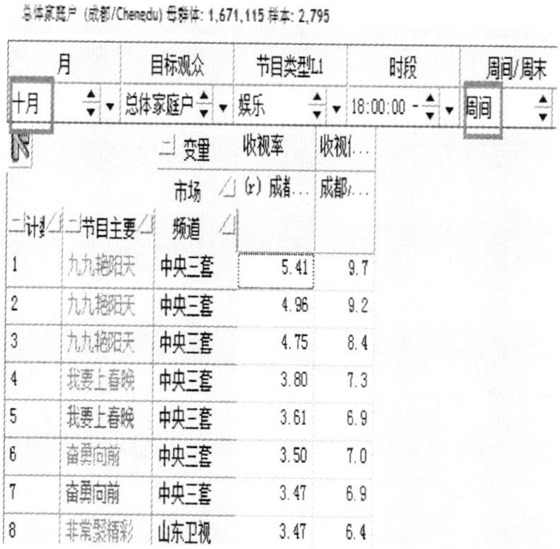
总体家庭户 (成都/Chengdu) 母群体: 1,671,115 样本: 2,795

月	目标观众	节目类型L1	时段	周间/周末
十月	总体家庭户	娱乐	18:00:00 -	周间

计数	节目主要…	频道	收视率 (r) 成都…	收视份… 成都/…
1	九九艳阳天	中央三套	5.41	9.7
2	九九艳阳天	中央三套	4.96	9.2
3	九九艳阳天	中央三套	4.75	8.4
4	我要上春晚	中央三套	3.80	7.3
5	我要上春晚	中央三套	3.61	6.9
6	奋勇向前	中央三套	3.50	7.0
7	奋勇向前	中央三套	3.47	6.9
8	非常聚精彩	山东卫视	3.47	6.4

图 9-2-15　周间娱乐节目排名

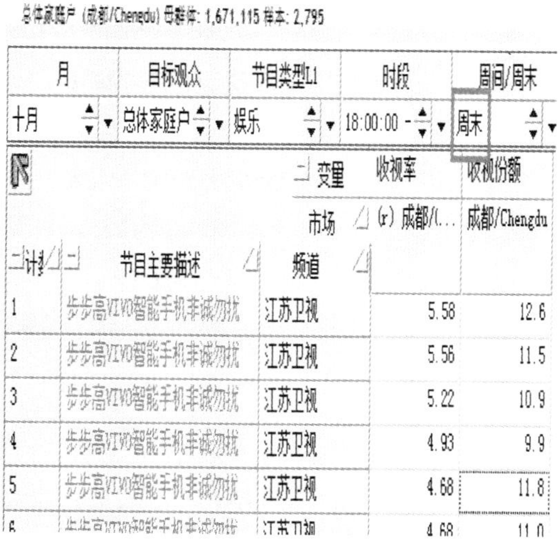
总体家庭户 (成都/Chengdu) 母群体: 1,671,115 样本: 2,795

月	目标观众	节目类型L1	时段	周间/周末
十月	总体家庭户	娱乐	18:00:00 -	周末

计数	节目主要描述	频道	收视率 (r) 成都/(…	收视份额 成都/Chengdu
1	步步高VIVO智能手机非诚勿扰	江苏卫视	5.58	12.6
2	步步高VIVO智能手机非诚勿扰	江苏卫视	5.56	11.5
3	步步高VIVO智能手机非诚勿扰	江苏卫视	5.22	10.9
4	步步高VIVO智能手机非诚勿扰	江苏卫视	4.93	9.9
5	步步高VIVO智能手机非诚勿扰	江苏卫视	4.68	11.8
6	步步高VIVO智能手机非诚勿扰	江苏卫视	4.68	11.0

图 9-2-16　周末娱乐节目排名

【例 7】 计算 2012 年 10 月上海市湖南卫视《快乐大本营》首播时段节目排名。

设置如下:城市选“上海”,使用节目集数与竞争分析。竞争条件选“时段分析”;版式选“预设、标准报告”;目标观众选“总体家庭户”;电视事件选择“”,进入“高级模式”,日期选“2012 年 10 月”、频道选“湖南卫视”、时段选“20:00—22:59”、电视事件选“含广告节目”、节目类型选“娱乐”,开始查找、勾选“快乐大本营”,点击“加入”,如图 9-2-17。

继续设置:频道选“All Channels”;市场选“上海”;变量选“节目主要描述、收视率、开始时间、结束时间”,对“收视率”标准排序;运行结果如图 9-2-18。对报告进行调整,鼠标拖动相关字段至右图位置,点击 将“项次”拖曳至最右边,如图 9-2-19。

【例 8】 计算 2013 年 11 月上海市江苏卫视《非诚勿扰》首播时段观众分钟流动。

设置如下:城市选“上海”,使用观众流动。目标观众选“总体家庭户”;竞争频道选“All Channels”;市场选“上海”;设置选“所有”、拆分显示类型选“一分钟”;电视事件选择同例 7;变量选“收视千人数、获得、流失、净获得、主要获得自、主要流出至”。运行后,将“电视事件描述”调整,拖曳至“市场”字段旁,如图 9-2-20。图中“n. a”表示无内容显示。

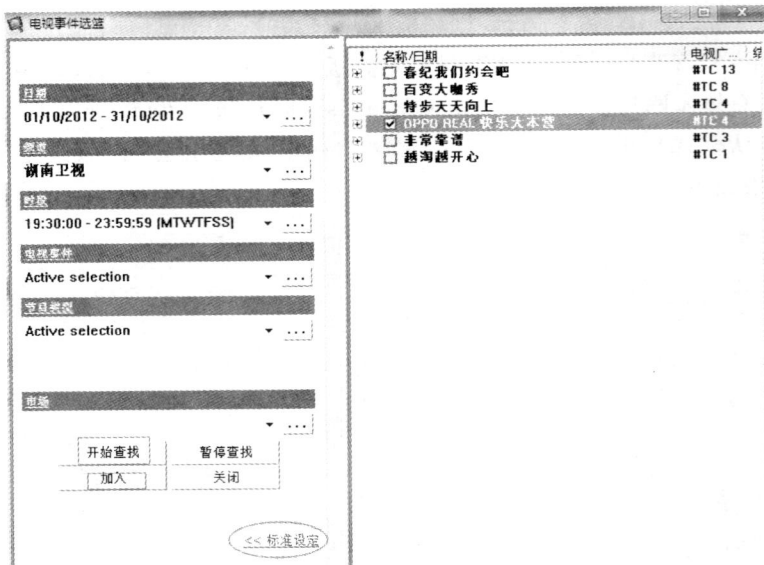

图 9-2-17　电视事件设置

图 9-2-18　上海市 2012 年 10 月《快乐大本营》首播收视情况

总体家庭户 (上海(O)/Shanghai) 母群体: 5,165,675 样本: 234

目标观众		市场		日期			
总体家庭户		上海 (0)/Shanghai		06/10/2012			
项次	变量 频道	节目主要描述	(r) 收视率	开始时间	结束时间		
1	湖南卫视	OPPO REAL 快乐大本营	0.84	20:11:07	22:11:03		
2	中央一套	时段: 星光大道;晚间新闻	0.39	20:11:07	22:11:03		
3	中央二套	时段: 九阳豆浆机厨王争	0.77	20:11:07	22:11:03		
4	中央三套	时段: 我要上春晚;我要上	0.44	20:11:07	22:11:03		
5	中央四套	时段: 走遍中国;走遍中国	2.24	20:11:07	22:11:03		
6	中央五套	时段: 2012年中国网球公	0.31	20:11:07	22:11:03		
7	中央六套	时段: 娃哈哈锌爽歪歪光景	0.45	20:11:07	22:11:03		
8	中央七套	时段: 防务新观察;防务	0.34	20:11:07	22:11:03		

图 9-2-19　上海市 2012 年 10 月 6 日《快乐大本营》首播收视情况

总体家庭户（上海(0)/Shanghai）母群体: 5,165,675 样本: 222

目标观众	市场	电视事件描述
总体家庭户　▼	上海(0)/Shanghai　▼	香飘飘非诚勿扰: 02/11/2013: 江苏卫视: 21:11:32 - 22:55:03: ▼

频道　△江苏卫视

变量 时段	收视千人数	获得	流失	净获得	主要获得自.	主要流出至.
21:45:00-21:45:59	29,872	0	0	0	n.a.	n.a.
21:46:00-21:46:59	41,965	12,093	0	12,093	湖南卫视 - 步步高VIVO.快乐大本营	n.a.
21:47:00-21:47:59	57,779	15,814	0	15,814	湖南卫视 - 步步高VIVO.快乐大本营	n.a.
21:48:00-21:48:59	57,779	0	0	0	n.a.	n.a.
21:49:00-21:49:59	45,686	0	12,093	-12,093		湖南卫视 - 步步高VIVO.快乐大本营
21:50:00-21:50:59	29,872	0	15,814	-15,814	n.a.	湖南卫视 - 步步高VIVO.快乐大本营
21:51:00-21:51:59	43,360	13,488	0	13,488	湖南卫视 - 步步高VIVO.快乐大本营	n.a.
21:52:00-21:52:59	57,779	14,419	0	14,419	湖南卫视 - 步步高VIVO.快乐大本营	n.a.
21:53:00-21:53:59	57,779	0	0	0	n.a.	n.a.

可调日期

图 9-2-20　观众流动分析

【例9】　计算2013年10月11日杭州市浙江卫视《中国梦想秀》首播时段前后观众重叠率。

设置如下：城市选"杭州"；使用收视重叠分析。版式选"重叠分析"；目标观众选"总体家庭户"；市场选"杭州"；电视事件选择如图9-2-21，其中电视事件选"无广告节目"、"含广告节目"；变量选"重叠量、重叠率％、触达千人数"。

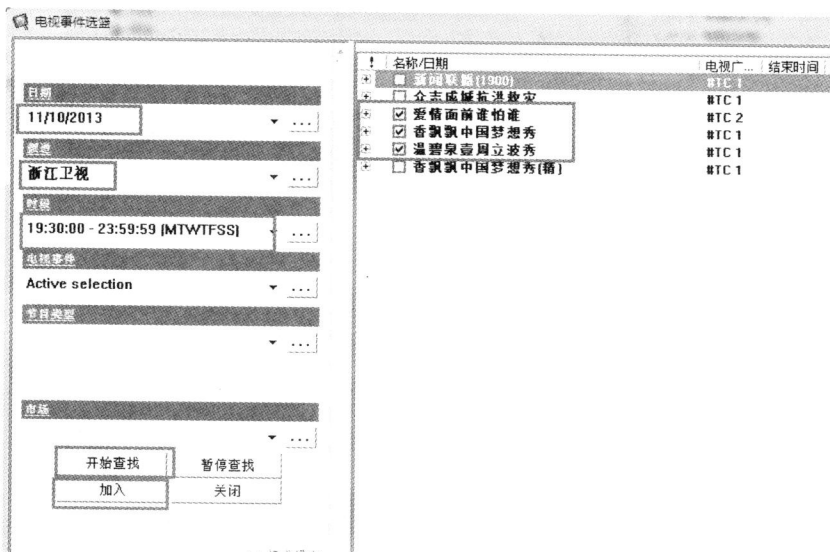

图 9-2-21　电视事件筛选的设置

图 9-2-22　前后节目的观众重叠

运行结果如图 9-2-22。在杭州地区收看《中国梦想秀》的总体推及家庭户是 173262 户；看《爱情面前谁怕谁》第 2 集后继续看《中国梦想秀》的推及家庭有 62916 户，看过《中国梦想秀》后继续收看《壹周立波秀》推及家庭户有 77983 户。

【例 10】　2013 年 10 月份杭州地区浙江卫视《中国梦想秀》每期首播时段观众忠诚度分析。

设置如下：城市选"杭州"；使用忠诚度。目标观众选"总体家庭户"；市场选"杭州"；电视事件选择选"无广告节目"、"含广告节目"；变量选"收视千人数、忠实观众率"；版式选"标准报告"；观众分级选"5"；设置结果如图 9-2-23，运行结果如图 9-2-24。

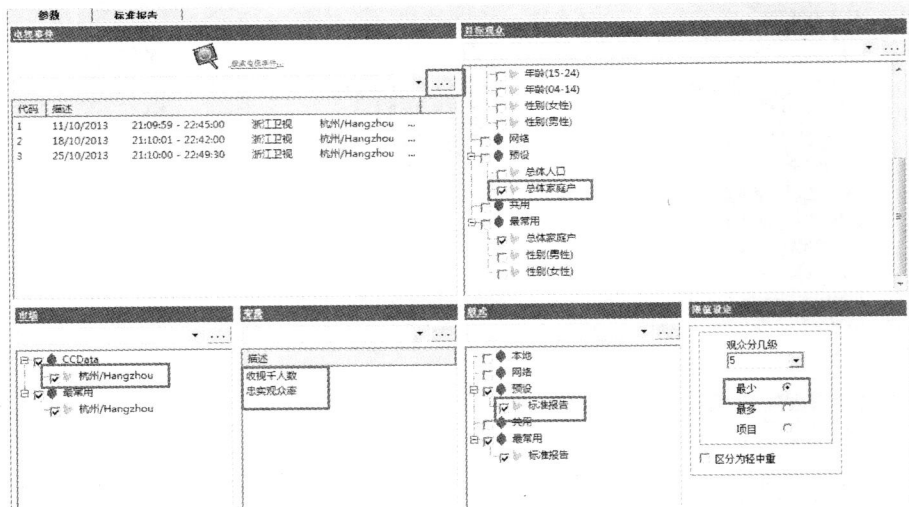

图 9-2-23　忠诚度分析设置

总体家庭户 (杭州/Hangzhou) 母群体: 900,864 样本: 5,263

市场	目标观众
杭州/Hangz	总体家庭户

计数	频道	日期	节目主要描述	开始时间	结束时间	限值设定 / 变量	100 %	>=80 %	>=60 %	>=40 %	>=20 %	>0 %
1	浙江卫视…	11/10/2013	香飘飘中国梦想秀	21:09:59	22:45:00	收视千人数	12,424	48,799	64,052	78,818	84,110	87,479
2						忠实观众率	14.20	55.78	73.22	90.10	96.15	100.00
3		18/10/2013	香飘飘中国梦想秀	21:10:01	22:42:00	收视千人数	14,964	48,114	69,224	83,994	87,592	89,846
4						忠实观众率	16.66	53.55	77.05	93.49	97.49	100.00
5		25/10/2013	香飘飘中国梦想秀	21:10:00	22:49:30	收视千人数	7,566	45,914	66,030	76,618	81,166	84,223
6						忠实观众率	8.98	54.51	76.40	90.97	96.37	100.00
7	平均 浙江卫视 - Zhejiang Satellite TV [收视千人数]						11,553	47,577	66,400	79,716	84,205	87,108
8	平均 浙江卫视 - Zhejiang Satellite TV [忠实观众率]						13.36	54.61	76.20	91.54	96.68	100.00

图 9-2-24　忠诚度分析结果

三、收听率数据分析软件——Radio Advisor

Radio Advisor 是尼尔森媒体研究为广播收听率调查分析而专门设计的分析软件包，可生成的分析报告有六类。

一是时段排行报告：根据用户指定的时段分析多种电台统计数据，如平均收听率、收听份额、到达率、突出听众群、收听时长、听众群百分比和指数百分比等，数据可以用所选时间段的平均值呈现，亦可分隔成每 15 分钟、每半小时或者每小时的值呈现。

二是多个电台的听众叠加分析：根据用户特定的时间段，听众人群和其他分类要求，多个电台的听众触达分析可对于从排行最高到最低的不同的电台组合进行分析。用户可选择 2 个、3 个、4 个、5 个或更多的电台组成电台组合。

三是节目接触广度及频率效益评估(可做 1 年的周报告)：分析任何既定的广告排期表，评估该排期表所能到达的至少一次以上的不同人数，总收听点和平均频次(基于暴露于该广告信息的净听众数)。该评估还可用于进行不同的档次加权和跨周的电台排期。

四是节目排行分析：通过不同听众人群和不同节目类型(例如：体育类、谈话类、成人流行音乐等)的平均收听率和到达率的统计数据进行节目分析。可进行周平均分析和按天进行分析。在每次调查之前，所有的节目由电台指定和更新。

五是听众收听流动分析：分析在两个指定时间段中听众的流动情况。该分析可用于两个自定义的时间段或者两个 15 分钟。

六是电台忠诚度分析：辨析某电台触达听众收听该电台的时间百分比，和收听其他电台节目的时间百分比。

第三节　尼尔森网联广告监测软件:AQX

AQX(AdQuestXtreme)是全媒体广告监测软件。它可以创建各种不同的广告花费报告,涵盖电视、报纸、杂志、电台、互联网和户外媒体在内的多种媒体。在线更新数据,无需下载安装,24小时全天在线。

一、AQX基础

系统的基本分析功能有10个。常规报告,最基本的广告投放情况;例外报告,可以看到自身媒体没有投放而竞争媒体有投放的广告,掌控竞争媒体的广告销售情况;副本报告,通过监测自身媒体和竞争媒体的投放情况,比较自身媒体与竞争媒体的广告资源差异;新业务报告,新开始媒体广告投放的客户;新业务例外报告,新开始媒体广告投放但同时未在自身媒体投放的客户,可做为潜在客户资源;新增—流失—保留报告,了解自身媒体或竞争媒体广告客户的新增、流失、保留情况;新品牌条目报告,与新业务报告功能相似,在日期的选择上无需设置基础日期;详细细分报告,了解广告投放的详细情况;媒介监测报告,媒体广告播放的流水报告,监测广告是否存在漏播等情况;冲突(Conflict)报告,了解相似品牌在投放上是否存在冲突,从而服务于广告客户,保障广告效果。

二、AQX应用实例

图9-3-1是软件的主界面,包括"新建"等6个一级菜单,三角形是运行按钮。

【例1】　杭州综合频道2010年5月1日的监测报告。

第一步:报告类型。选"新建"、"媒介监测报告"。

第二步:建立选择。

(1)单击"报告"、"每日";

(2)选择频道:选择"电视"、"浙江省杭州市"、"杭州电视台综合频道";

(3)选择日期:选择2010年5月1日,如图9-3-2。

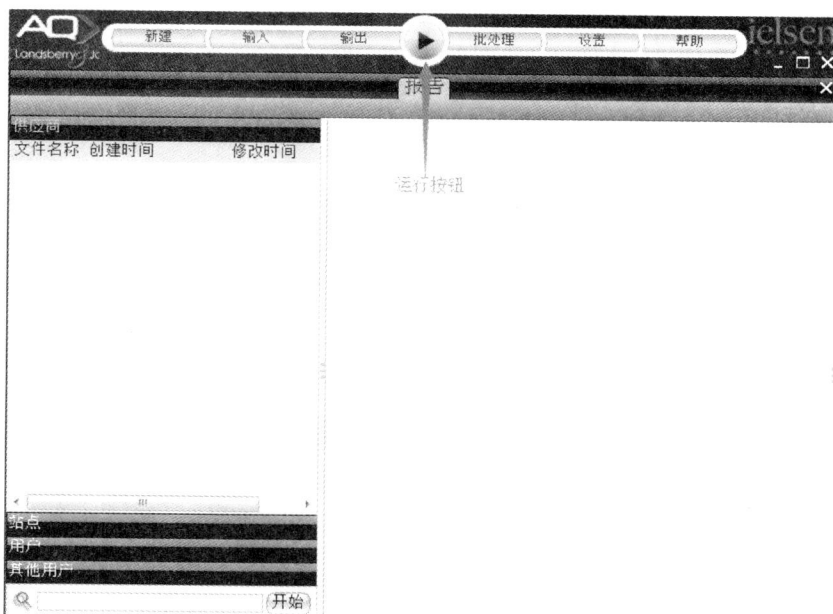

图 9-3-1　AQX 主界面

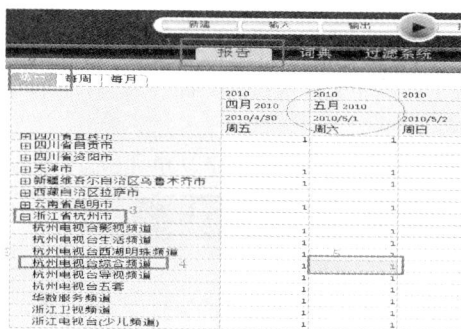

图 9-3-2　频道和日期选择

图 9-3-3　媒介监测报告

　　单元格内的"1"表示该天有数据。双击"杭州电视台综合频道"与"2010 年 5 月 1 日"交叉处的"1",得出详细媒介监测报告,如图 9-3-3 是部分结果,"前节目"、"节目"、"节目类型"、"广告版本"等性状未显示。点击性状名称旁边的"⌄⌄"可进行选择,如图 9-3-4 是广告段位"3-8"的选择对话框和选择的结果。点击"清除"将恢复到原始状态。双击产品名称,若在中央或省级电视台播放过的广告,可以直接播放该广告视频。

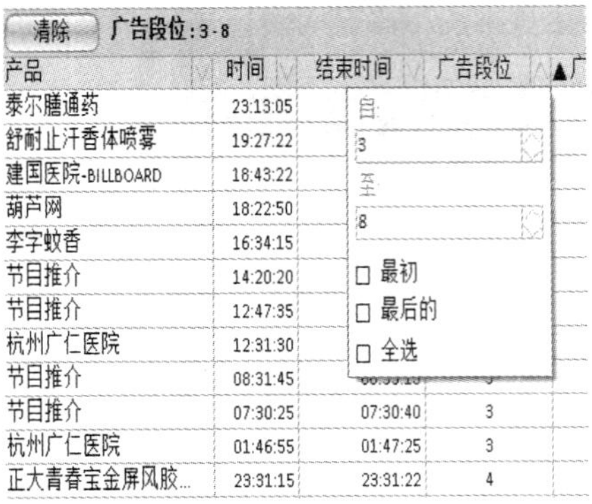

图 9-3-4　性状选择

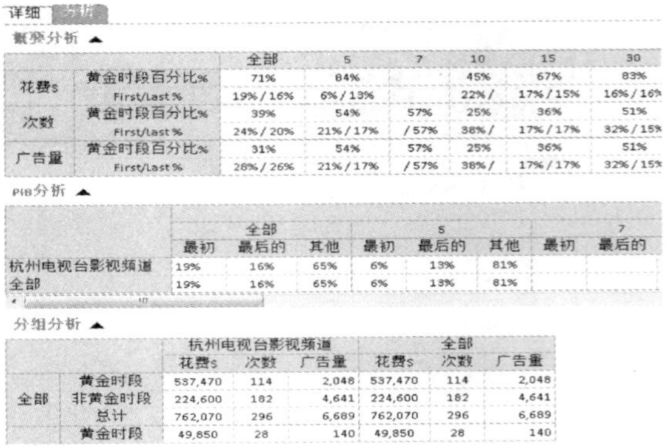
详细

频率分析

		全部	5	7	10	15	30
花费s	黄金时段百分比%	71%	84%		45%	67%	83%
	First/Last %	19% / 16%	6% / 13%		22% /	17% / 15%	16% / 16%
次数	黄金时段百分比%	39%	54%	57%	25%	36%	51%
	First/Last %	24% / 20%	21% / 17%	/ 57%	38% /	17% / 17%	32% / 15%
广告量	黄金时段百分比%	31%	54%	57%	25%	36%	51%
	First/Last %	28% / 26%	21% / 17%	/ 57%	38% /	17% / 17%	32% / 15%

PIB分析

	全部			5			7	
	最初	最后的	其他	最初	最后的	其他	最初	最后的
杭州电视台影视频道	19%	16%	65%	6%	13%	81%		
全部	19%	16%	65%	6%	13%	81%		

分组分析

		杭州电视台影视频道			全部		
		花费s	次数	广告量	花费s	次数	广告量
全部	黄金时段	537,470	114	2,048	537,470	114	2,048
	非黄金时段	224,600	182	4,641	224,600	182	4,641
	总计	762,070	296	6,689	762,070	296	6,689
	黄金时段	49,850	28	140	49,850	28	140

图 9-3-5　广告分析

点击图 9-3-3 中的“分析”,得出杭州电视台综合频道 2010 年 5 月 1 日广告的基本分析,如图 9-3-5。

第三步:保存结果。通过“输出”菜单,可以将结果打印或保存为 excel 数据文件。

【例 2】 浙江各地市电视各大品类 2011 年 4 月广告投放情况。

第一步:报告类型。选“新建”、“常规报告”。

第二步:建立选择。选择前一般通过单击“点击或拖动模式”切换到“点击模式”。

(1)单击“词典”,选择要显示的广告。默认是不选,即全部监测的广告。本题不选。

(2)单击“媒体”,选择要显示的媒体。单击“媒体系统”中的“电视”;单击“媒体类型”,双击“媒体系统”对话框中的“电视”,出现“媒体类型”对话框,选中“电视”;单击“地区”,双击“媒体类型”对话框中的“电视”,出现“地区”对话框,输入“浙江省”,选中浙江省的 11 个地区。

图 9-3-6 的左面是被监测媒体选择的过程,右面是选择的结果。可以单击选择结果

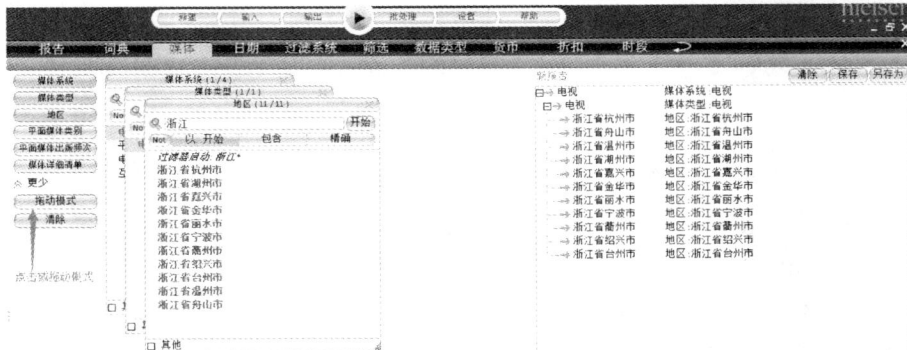

图 9-3-6　选择被监测的媒体

中的"保存",进入文件管理窗口,点击"右键",打开文件管理功能菜单,将本题的媒体选择重命名为"例 2 媒体选择"文件,如图 9-3-7。

图 9-3-7　文件管理窗口

（3）单击"日期",选择要显示的时间。单击 2011 年的"四月",单击"增加",如图 9-3-8。日期选择也能保存为文件,以后使用。

图 9-3-8　选择被监测的时间

第三步:报告格式设置。

（1）单击"报告",进入报告界面。

（2）单击"报告设置",出现报告设置内容。

(3)将词典下的"大类"拖为表格的列,将日期下的"月"拖为表格的行,如图 9-3-9。

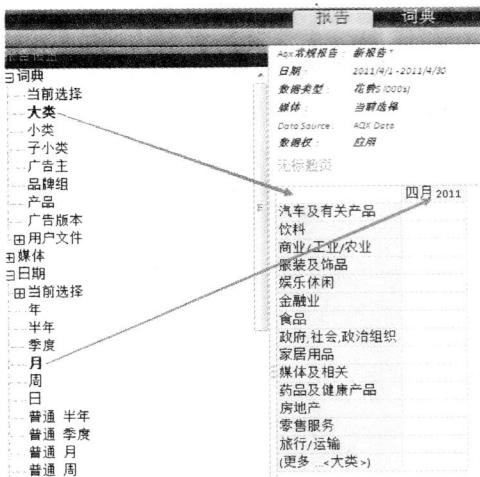

图 9-3-9　报告设置

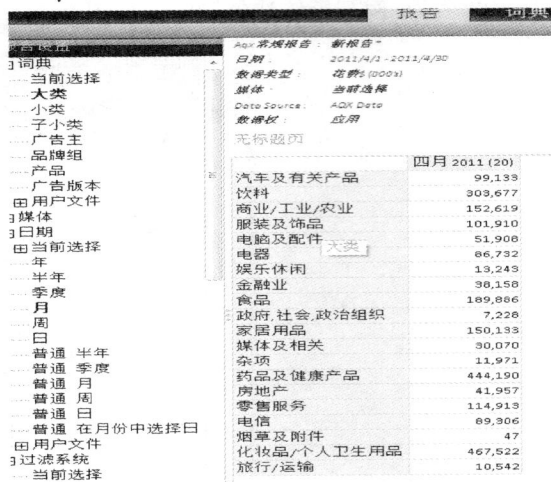

图 9-3-10　运行结果

第四步:运行,单击主菜单的运行按钮,结果如图 9-3-10。

【例 3】 浙江各地市电视台 2011 年 4 月所有广告花费、次数、秒数(分时段)。

第一步:报告类型。选用"新建"、"常规报告"。

第二步:建立选择。

(1)单击"词典",选择要显示的广告。默认是不选,即全部监测的广告。本题不选。

(2)单击"媒体",选择要显示的媒体。选择方法同例 2。也可应用例 2 的保存的文件,单击"媒体"、"用户"后,双击"例 2 媒体选择"。

(3)单击"日期",选择要显示的时间。选择方法同例 2。

(4)单击"数据类型",选择要显示的内容"花费"、"广告条数"和"秒数",如图 9-3-12。

第三步:报告格式设置。

(1)单击"报告",进入报告界面。

(2)单击"报告设置",出现报告设置内容。

(3)将时段下的"小时"拖为表格的列,将数据类型下的"数据类型"拖为表格的行,如图 9-3-13。若对设置不满意,可点击表格的行或列中不满意的内容,拖到窗口外,然后重新设置。

图 9-3-11　媒体选择

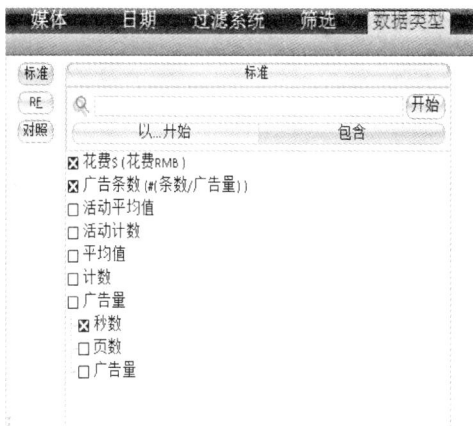

图 9-3-12　数据类型选择

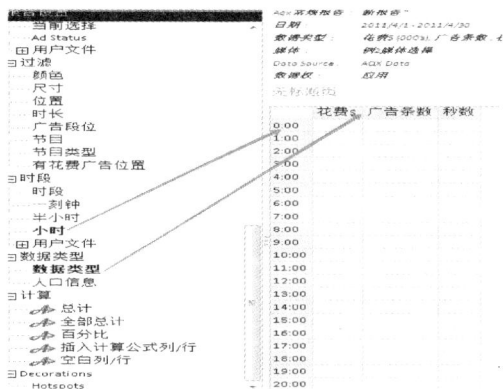

图 9-3-13　报告设置

图 9-3-14　运行结果

第四步：运行，单击主菜单的运行按钮，结果如图 9-3-14。

【例4】　四川地区 2011 年 4 月比 3 月增长最快的小类(或广告主)前 15 名。

第一步：报告类型。选用"新建"、"常规报告"。

第二步：建立选择。

(1)单击"词典"，选择要显示的广告。默认是不选，即全部监测的广告。本题不选。

(2)单击"媒体"，选择要显示的媒体。题意是所有媒体，直接单击"地区"、选择浙江省所有地市(21 个)，如图 9-3-15。

(3)单击"日期"，选择要显示的时间。双击"日期"下 2011 年的 3 月、4 月，直接完成选择。

图 9-3-15 地区选择

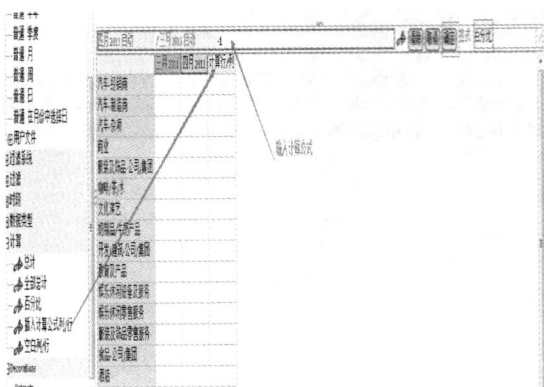

图 9-3-16 报表设置

第三步:报告格式设置。

(1)单击"报告",进入报告界面。

(2)单击"报告设置",出现报告设置内容。

(3)将词典下的"小类(或广告主)"拖为表格的列,将日期下的"月"拖为表格的行,如图 9-3-16。

(4)计算。将"计算"下的"插入计算公式列/行"拖到最后一列;单击单元格输入"四月 2011/三月 2011-1";单击右面的"格式"选择"百分比";单击"确定"。

		二月 2011 (100)	四月 2011 (98)	订升订/列
急救药品	1	*	1,994	2,731,881%
娱乐休闲-公司/集团	2	2	258	11,877%
工业	3	2,434	119,764	4,821%
房地产-其他	4	78	838	975%
政府机构	5	176	945	436%
固体奶制品	6	1,784	8,529	378%
证券/期货	7	20	75	265%
吸烟用品	8	2,184	7,134	227%
家具/灯具	9	7,211	23,361	224%
汽车-零附件	10	2,451	7,009	186%
办公设备	11	80	227	184%
鞋袜	12	1,919	5,117	167%
饮品	13	19,122	43,924	130%
厨房电器	14	3,201	6,983	118%
电脑软件	15	1,788	3,781	111%

图 9-3-17 运行结果

第四步:运行,单击主菜单的运行按钮,数据呈现后,单击百分比列任意数据,右键,排序该列,选择前15,结果如图9-3-17。

【例5】 杭州与浙江其他地市电视媒体2010年4月共有的广告主,并计算比例。

第一步:报告类型。选"新建"、"副本报告"。

第二步:建立选择。

(1)单击"词典",选择要显示的广告。默认是不选,即全部监测的广告。本题不选。

(2)单击"媒体",选择要显示的媒体。

在右边的"在清单中",右键、新建文件夹、并改名为"杭州文广A";单击"媒体详细清单",包含"杭州",选择所有杭州市台,点击"保存",命名为"杭州文广B",如图9-3-18;回到"在清单中",右键"杭州文广A",取消"查看详细"。

图9-3-18 设置"在清单中"

在"同样在清单中",右键、新建文件夹、并改名为"浙江非杭州A";单击"媒体类型"、"电视";单击"地区"、双击"电视",录入"浙江",选择非杭州的所有市,点击"保存",命名为"浙江非杭州B",如图9-3-19;回到"同样在清单中",右键"浙江非杭州A",取消"查看详细"。

(3)单击"日期",选择要显示的时间。双击"日期"下2010年4月。

第三步:报告格式设置。

(1)单击"报告",进入报告界面。

(2)单击"报告设置",出现报告设置内容。

(3)将词典下的"广告主"拖为表格的列;将层次分析设置为"广告主"(不改则默认为"广告版本",在除常规报告的其他报告中,层次分析应该与列表项目一致。例如此题为"广告主",层次分析则应该对应为"广告主");将"媒体"、"用户文件"、"用户"下的"杭州文广B"和"浙江非杭州B"拖为表格的行。

(4)计算。将"计算"下的"百分比"拖到最后一列。如图9-3-20。

第四步:运行,单击主菜单的运行按钮,数据呈现后,单击百分比列任意数据,右键,排序该列,结果如图9-3-20。双击表中的数据,可以看到具体的广告情况。

【例6】 2010年5月在浙江其他地市电视媒体有投放,但未在杭州市级电视投放的

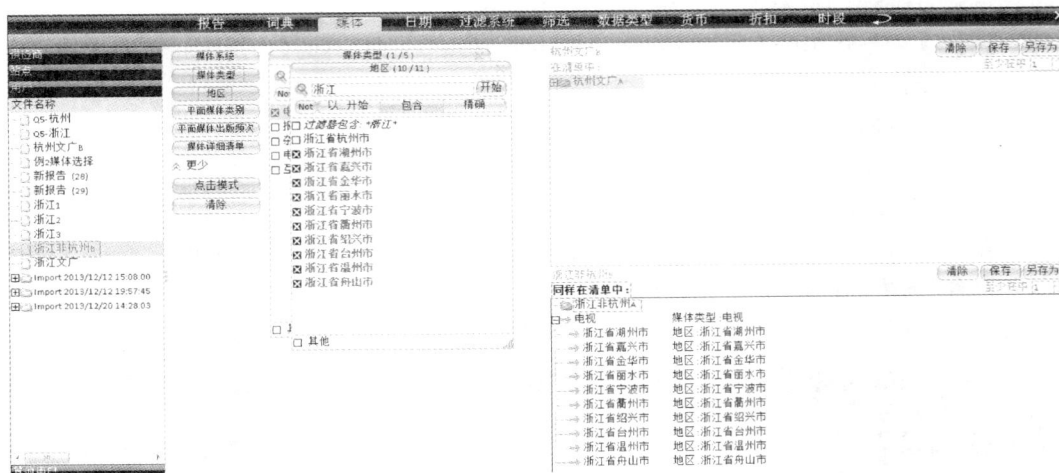

图 9-3-19　设置"同样在清单中"

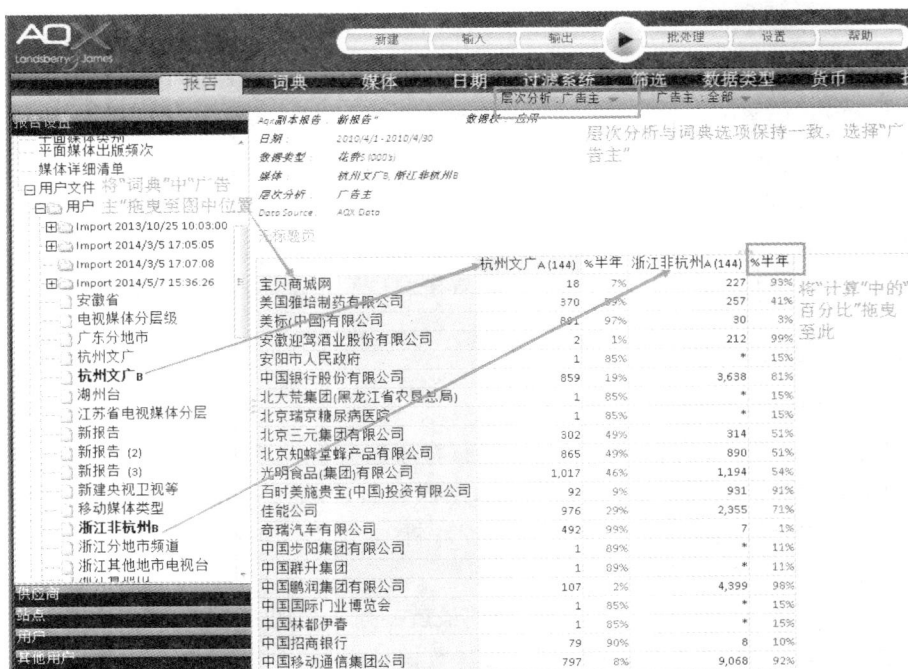

图 9-3-20　报告设置和结果呈现

客户。

第一步：报告类型。选用"新建"、"例外报告"。

第二步：建立选择。

(1)单击"词典"，选择要显示的广告。默认是不选，即全部监测的广告。本题不选。

(2)单击"媒体"，选择要显示的媒体。单击"在清单中"，双击"浙江非杭州 B"使其进入"在清单中"。单击"不在清单中"，双击"杭州文广 B"使其进入"不在清单中"。

(3)单击"日期"，选择要显示的时间。双击"日期"下 2010 年 5 月。

第三步：报告格式设置。

(1)单击"报告"，进入报告界面。

(2)单击"报告设置"，出现报告设置内容。

(3)将词典下的"广告主"拖为表格的列；将层次分析设置为"广告主"；将"日期"下的"月"拖为表格的行。

第四步：运行，单击主菜单的运行按钮，数据呈现后，结果如图 9-3-21。

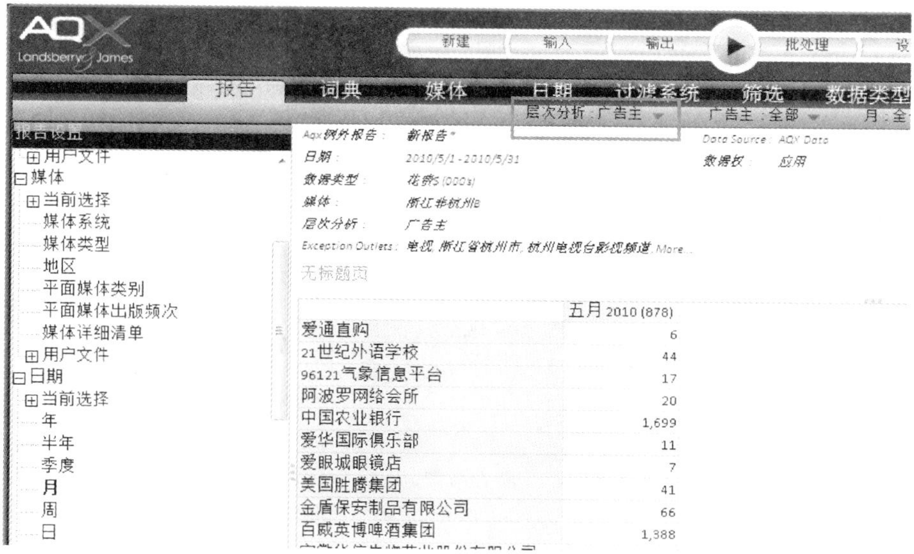

图 9-3-21　结果显示

【例 7】　浙江各地市电视台 2010 年 5 月比 4 月客户新增、失去和保留的个数。

第一步：报告类型。选用"新建"、"新增、失去、保留报告"。

第二步：建立选择。

(1)单击"词典"，选择要显示的广告。默认是不选，即全部监测的广告。本题不选。

（2）单击"媒体"，选择要显示的媒体。单击"媒体类型"，选择"电视"；单击"地区"，包含"浙江"，选择所有浙江地市(11 个)。

（3）单击"日期"，选择要显示的时间。将"2010 年 5 月"选入"新出现项目日期范围"，"2010 年 4 月"选入"基础日期"。

第三步：报告格式设置。

（1）单击"报告"，"报告设置"出现报告设置内容。

（2）将词典下的"广告主"或"品牌组"拖为表格的列，将层次分析设置为"广告主"或"品牌组"。

第四步：运行，单击主菜单的运行按钮，数据呈现，图 9-3-22 是部分结果。

数据显示 2010 年 5 月同 4 月相比，新增了 335 个广告主，流失了 396 个广告主，保留了 1158 个广告主。"NA"表示无法确认广告主。双击表中的具体数据，如爱通直购对应的"1"，显示增加广告主在哪个电视台播出，图 9-3-23；再双击具体的媒体，显示该频道具体的广告，图 9-3-24 是部分结果。

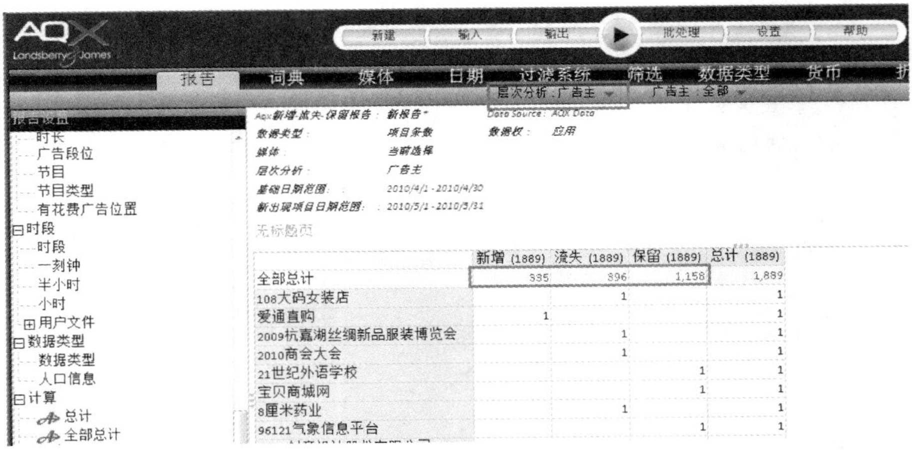

图 9-3-22　广告新增、流失、保留情况

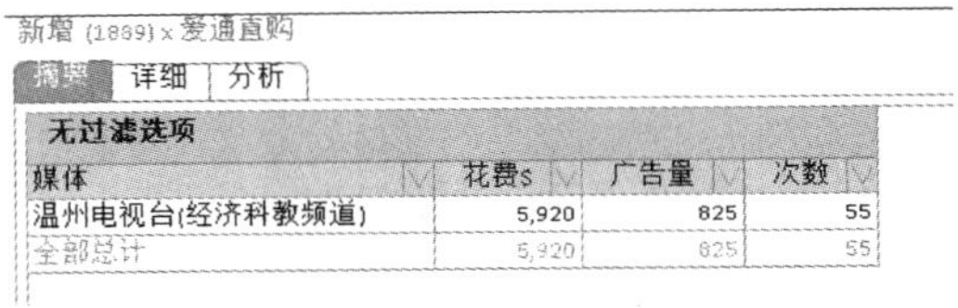

图 9-3-23　新增广告播放电视台

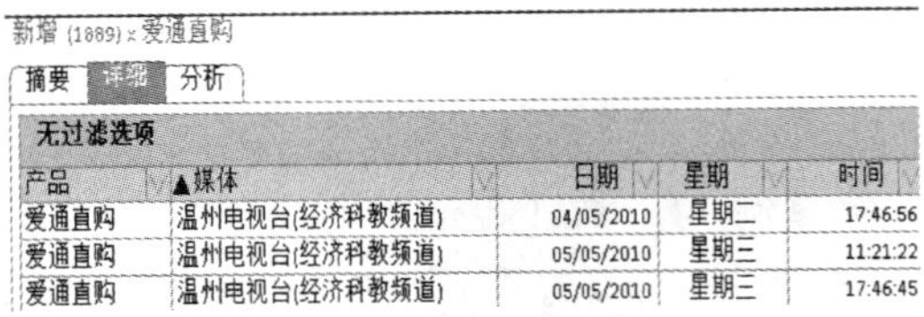

图 9-3-24　温州经济科教频道新增广告

【**例 8**】　挖掘客户流失的原因：将杭州文广 2010 年 5 月比 4 月失去的客户前 5（按广告金额排序）建组，查看该组在浙江其他地市电视台的投放情况。

第一步：报告类型。选用"新建"、"新增、流失、保留报告"。

第二步：建立选择。

（1）单击"词典"，选择要显示的广告。默认是不选，即全部监测的广告。本题不选。

（2）单击"媒体"，选择要显示的媒体。单击保存在"报告"中的"杭州文广 B"。

（3）单击"日期"，选择要显示的时间。将"2010 年 5 月"选入"新出现项目日期范围"，"2010 年 4 月"选入"基础日期"。

（4）单击"数据类型"，选择"花费"。

第三步：报告格式设置。

（1）单击"报告"，"报告设置"出现报告设置内容。

（2）将词典下的"广告主"拖为表格的列，将层次分析改为"广告主"。

第四步：运行，单击主菜单的运行按钮，数据呈现；在"流失"的任一单元格，右键，选择"排序该列"，获得流失前 5 的广告主，如图 9-3-25。

图 9-3-25　流失前 5 的广告主

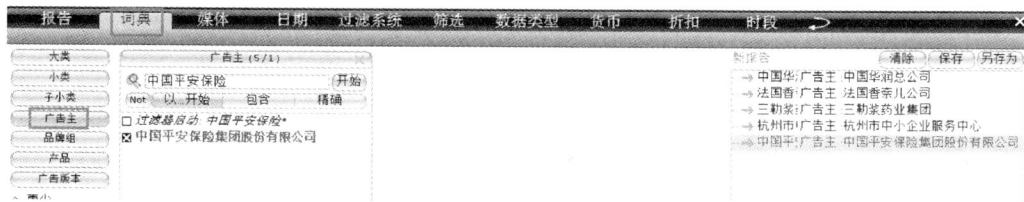

图 9-3-26　流失前 5 个产品广告选择

第五步:建立常规报告。

(1)新建、常规报告

(2)媒体:选择"用户"中的"浙江非杭州 B"。

(3)日期:选择 2010 年 5 月。

(4)词典:点击"广告主",输入"中国华润",单击"以……开始",选中正确的广告主;同样方法选中其他 4 个广告主,如图 9-3-26。

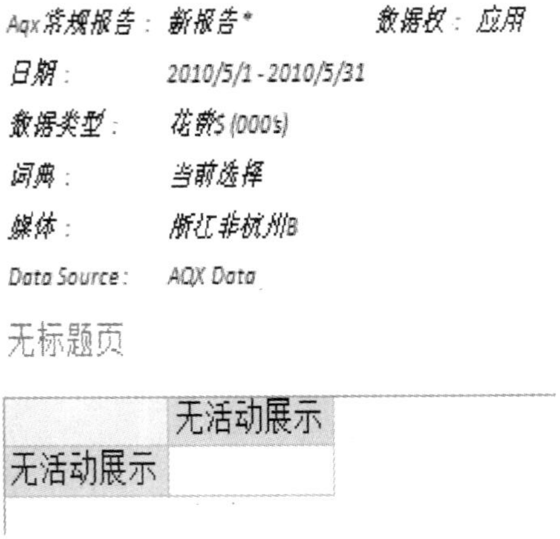

Aqx *常规报告: 新报告**

数据权: *应用*

日期: 2010/5/1 - 2010/5/31

数据类型: *花费S (000's)*

词典: *当前选择*

媒体: *浙江非杭州B*

Data Source: *AQX Data*

无标题页

	无活动展示
无活动展示	

图 9-3-27　流失广告情况

(5)报告:将报告设置的"广告主"拖为列,层次分析改为"广告主",媒体中的"当前选择"拖为行。运行结果如图 9-3-27,"无活动展示"即 5 个广告主 2010 年 5 月在浙江省除杭州市外的 10 个地市电视台均未投放广告。

第四节　尼尔森网联移动终端监测软件:收视蜂和广告蜂

收视蜂和广告蜂是尼尔森网联媒介数据服务有限公司自主研发,并率先在国内推出的第一款随身数据客户端系统,提供贴身的专业数据服务。在苹果官方的 App Store 中搜索"尼尔森"、"尼尔森网联"、"收视率"或"广告蜂"等关键字下载。

一、收视蜂

收视率客户端(收视蜂)登陆界面如图 9-4-1。登录后进入城市选择界面(图 9-4-2)。

图 9-4-1　收视蜂登录界面图

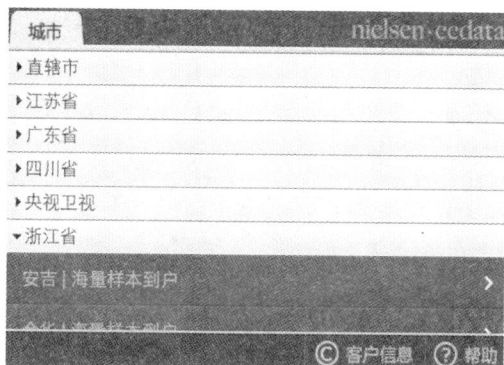

图 9-4-2　城市选择界面

1. 城市选择

选择城市(如"杭州")后可选择日期,如 2014 年 1 月 30 日(春节)。

2. 节目排名

分全部、群组和频道三种报告;进入具体报告后,可上下滑屏查看报告信息。报告信息为柱状图,如图 9-4-3;双击柱状图区域,柱状图变化为数字,如图 9-4-4。

图 9-4-3　节目排名柱状图

图 9-4-4　节目排名数字图

3. 频道排名

根据需要拖动或拉伸时间选取块,改变时间间隔同时会自动刷新频道排名信息,如图 9-4-5。

图 9-4-5　频道排名

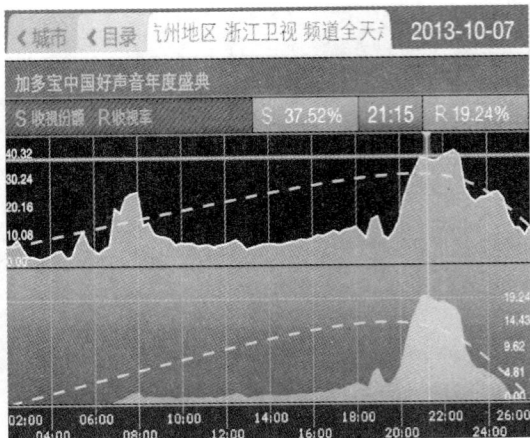

图 9-4-6　收视走势

4.频道趋势

查看每日收视率、收视份额及全天走势信息,可拖动标尺查看不同时间点对应的节目名称、收视率、收视份额。支持两指同时拖动标尺查看相应数据。图 9-4-6 是杭州地区浙江卫视 2013 年 10 月 7 日(第二季《中国好声音》最后一期)收视走势图。

二、广告蜂

广告蜂是收视蜂的姐妹产品,让用户随时随地把握主要城市,主要行业,主要广告主和主要品牌广告市场的动态。

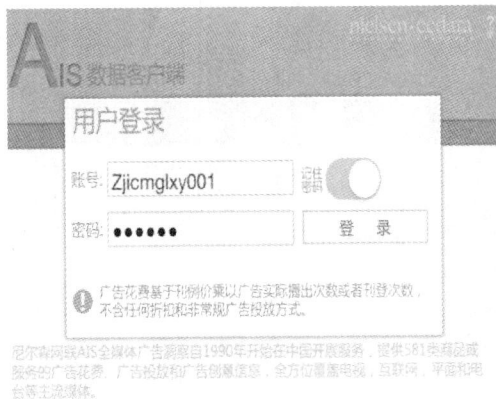

图 9-4-7　广告蜂登录见面

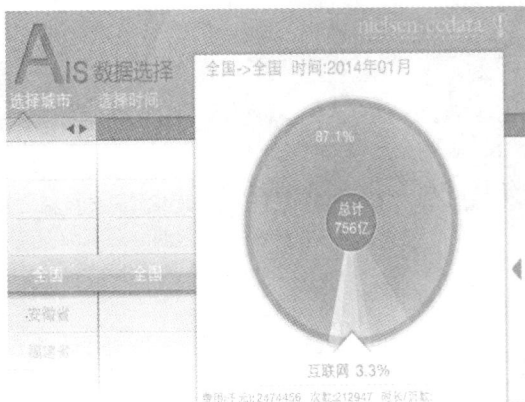

图 9-4-8　广告蜂主界面

广告蜂主界面可进行城市、时间选择，触摸圆的不同色块，显示媒体的广告份额。图 9-4-8 显示 2014 年 1 月全国广告总额 756 亿元，互联网广告 24.7 亿元，占 3.3%。

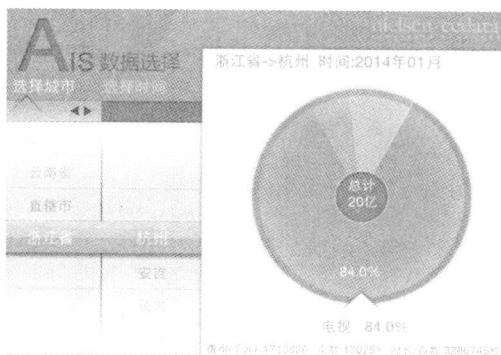

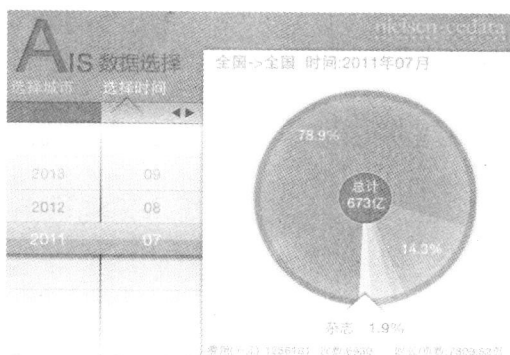

图 9-4-9　城市选择　　　　　　　　图 9-4-10　时间选择

图 9-4-9 是城市选择界面，显示 2014 年 1 月杭州市广告总额 20 亿元，电视广告 17 亿元，占 84%。图 9-4-10 是时间选择界面，显示 2011 年 7 月全国广告总额 673 亿元，杂志广告 12.56 亿元，占 1.9%。

触摸主界面最右边的三角形"◁"进入二级界面。

分媒体类型前十行业排名　电视　全国 2014 一月

行业	费用(千元)	投放次数	时长(秒)	费用同比	费用环比
食品	11785224	633124	10191289	0.2981	0.1961
化妆品/个人卫生用品	11138179	795513	17258945	0.0468	-0.0634
药品及健康产品	9781776	669057	15769536	0.1220	-0.0684
饮料	9376013	611237	12302671	-0.0292	-0.0604
商业/工业/农业	5304835	791103	12302066	-0.0657	-0.2082
零售服务	3671314	325590	6933590	0.1975	-0.0101
家居用品	2905814	204555	4057942	-0.0253	-0.1868
汽车及有关产品	1693716	100436	1886078	0.0253	-0.4091
电器	1598463	69657	1267683	0.7482	-0.1934
服装及饰品	1240111	69622	1302515	0.0743	-0.1947

分媒体类型前十行业排名　互联网　全国 2014 一月

行业	费用(千元)	投放次数	时长(秒)	费用同比	费用环比
电脑及配件	952952	87856		0.4836	-0.0567
房地产	746157	38184		-0.4094	-0.4501
汽车及有关产品	133644	8257		-0.4618	-0.4143
商业/工业/农业	87175	24114		-0.0190	-0.0876
饮料	77742	3256		0.8862	0.1696
服装及饰品	71832	2254		0.3415	0.0529
政府,社会,政治组织	58254	16117		-0.2400	0.1719
电信	57476	5101		0.0557	-0.4241
金融业	54322	7467		-0.5006	-0.5492
家居用品	44816	2464		0.8207	-0.3850

图 9-4-11　电视广告前 10 行业　　　　图 9-4-12　互联网广告前 10 行业

图 9-4-11 是 2014 年 1 月全国电视广告前 10 行业的数据，图 9-4-12 是 2014 年 1 月全国互联网广告前 10 行业的数据。

分媒体类型前十品牌排名				nielsen·ecdata	
电视|食品					全国 2014 一月
品牌	费用(千元)	投放次数	时长(秒)	费用同比	费用环比
费列罗	994559	52974	1449623	1.7799	1.6412
德芙食品	745267	28362	478699	0.5157	-0.0011
康师傅	56484	25841	381785	1.3344	0.2572
旺旺	546957	884	185775	0.4906	0.5295
好时	447592	32217	482813	1.6002	-0.2284
惠氏	42165	2347	443965	0.2531	0.5647
箭牌	361425	13459	21818	0.0651	2.7283
健达	34796	27991	532742	0.9905	-0.1703
士力架食品	312652	12346	184581	0.6651	1.3413
江中食品	33965	413	6155	NA	0.0227

图 9-4-13　电视广告前 10 品牌

分媒体类型前十广告主排名				nielsen·ecdata	
电视|食品					全国 2014 一月
广告主	费用(千元)	投放次数	时长(秒)	费用同比	费用环比
玛氏食品(中国)有限...	1667771	66449	148533	0.6022	0.6267
费列罗亚洲有限公司	1342519	8965	1982365	1.5208	0.6867
箭牌糖果(中国)有限...	77298	363	46212	0.0293	3.4232
澳新国际集团	56486	25842	3818	1.3344	0.2561
中国旺旺控股有限...	546957	884	185775	0.4906	0.5295
好心思食品公司	46696	33535	52588	1.7077	-0.2323
美国惠氏药厂有限...	42165	2347	443965	0.2531	0.5647
江西江中安可科技...	33965	413	6155	NA	0.0227
达能集团	265373	6617	157625	0.9609	-0.2253
百时美施贵宝(中国)...	24798	1168	29874	0.2587	0.0192

图 9-4-14　电视广告前 10 广告主

图 9-4-13 是 2014 年 1 月全国电视广告前 10 品牌的数据,图 9-4-14 是 2014 年 1 月全国电视广告前 10 广告主的数据。

第五节　浙江传媒学院网络视频测评软件

浙江传媒学院网络视频监测与分析系统 V2.0[①] 由五个功能模块组成,分别是热点趋势、褒贬分析、网络收视、统计报告、后台管理。收集和分析同设定节目相关的网络新闻、论坛、新浪微博。

一、热点趋势

图 9-5-1 是首页,是《中国梦想秀》2012 年 1 月到 2014 年 2 月的热点趋势。系统可以任意设定开始和结束时间,显示鼠标所在日期的新闻、论坛、微博篇数和总报道篇数,并能按 excel 数据文件格式导出每天的新闻、论坛、微博篇数。

系统提供最近 24 小时的前 10 个热词。

---

① 对系统感兴趣的读者可以同我们联系,将免费开放系统供学习和研究。

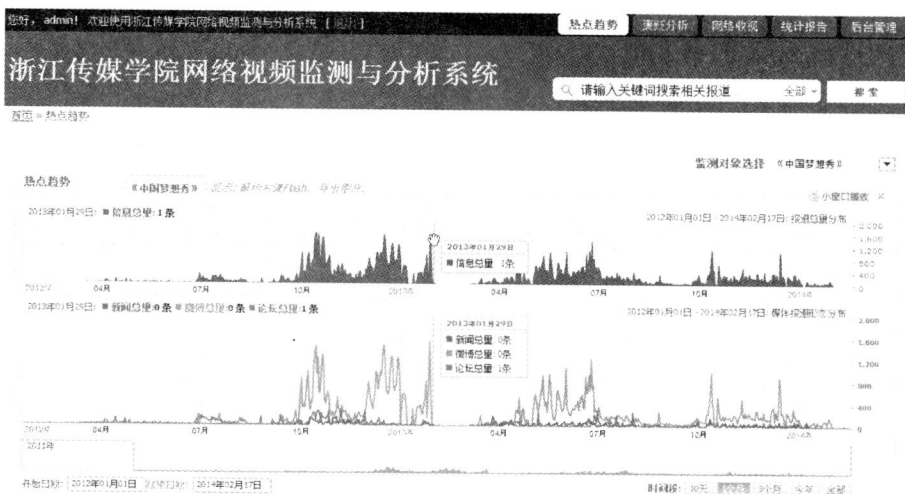

图 9-5-1　浙江传媒学院网络视频监测与分析系统暨热点趋势

二、褒贬分析

系统的满意度分析以褒贬值为主,踩顶数为辅。踩顶数在网络收视模块中收集。

褒贬值基于语义分析技术,对收集到新闻、论坛、微博进行评分,分值在正负 5 之间,正数、零、负数分别对应正面、中性、负面。

图 9-5-2 是江苏卫视《最强大脑》2014 年 1 月到 2 月的褒贬分析,可以显示每日正面、中性、负面报道的篇数,每日平均褒贬值。

三、网络收视

系统收集搜狐、腾讯、新浪、土豆、优酷、爱奇艺、PPS、乐视、激动、56 网等 10 个主流视频网站的数据,显示类统计数据。

1. 全平台统计

10 个平台某节目所有分期节目到截止日期时的总和,图 9-5-3 是 2014 年 2 月 17 日采集的浙江卫视《人生第一次》第二季在乐视网站的截图。

总播放量(31570495)是该节目每一期(包括第一季的节目)在 10 平台到截止日期时的播放量的总和。

回复数(2560)是该节目每一期在 10 平台到截止日期时的回复数总和。

顶(5276)、踩(1194)是该节目每一期在 10 平台到截止日期时的顶、踩数的总和。

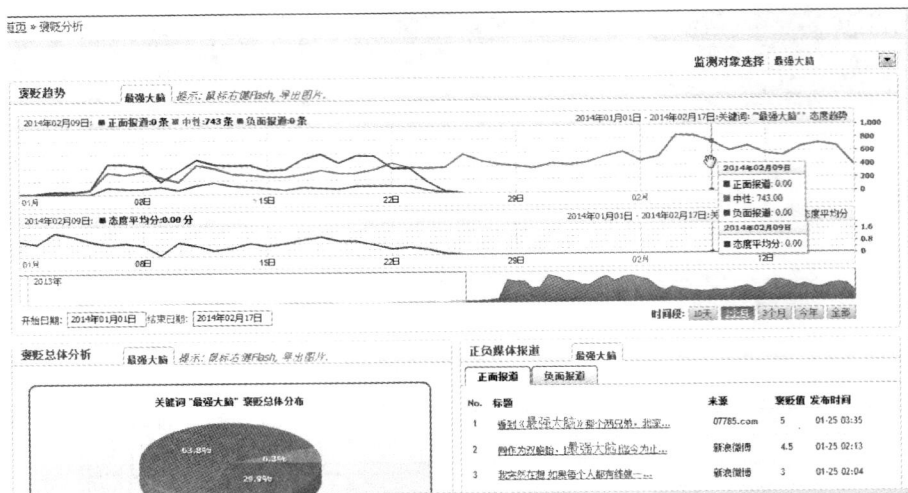

图 9-5-2　褒贬分析

图 9-5-3　单一平台收视数据

2.单一平台统计

在某一平台上,某节目每一期(包括第一季的节目)到截止日期的总和,如图 9-5-3。图中显示的具体节目是《人生第一次》第二季第 6 集(2014 年 2 月 15 日首播)的节目,包括完整视频"小沈阳家庭笑傲少林比武 萌娃为爸妈寻求医病良药（上）"，还有 15 个视频片段，如"人生第一次呐喊真心话钟丽缇直面破碎婚姻"就是 10 分钟的片段。这些视频片段可用于节目的进一步分析。

总播放量（17877945）是该节目每一期在乐视网站到截止日期时的播放量总和。

回复数（1753）是该节目每一期在乐视网站到截止日期时的回复数总和。

昨日增量（565014）是节目每一期在乐视网站到 2 月 16 日播放量总和。

顶（0）、踩（0）是该节目每一期在乐视网站到截止日期时的顶、踩数总和。乐视网站没有顶踩数据。

乐视 PV 浏览量（40400000）是 alexa 网站统计公布的乐视网站的网页浏览总数。

乐视 IP 访问量（3232000）是 alexa 网站统计公布的乐视网站 IP 访问总数。

人生第一次视频 PV 浏览率（1.4%）就是播放率，是昨日增量除以乐视 PV 浏览量（565014/40400000）的百分比。

同理，完整视频"小沈阳家庭笑傲少林比武 萌娃为爸妈寻求医病良药（上）"的播放率（2.399%）等于昨日增量（969025）除以乐视 PV 浏览量（969025/40400000）的百分比。

3. 单集单平台统计

单击上图中的任意一个标题，就能进入该视频的具体监测数据，图 9-5-4 就是《人生第一次》第二季第 5 集（2014 年 2 月 8 日首播）完整视频的监测截图。显示播放数、回复数等是累计播放数、累计回复数。

点击该图的标题，就能直接播放视频。

标题	来源	播放数	回复数	顶	踩	监测时间
少林武功惊呆小萌娃 吃斋习武明星苦修行（上）20140208	乐视	2113025	3200	-	-	2014-02-16
少林武功惊呆小萌娃 吃斋习武明星苦修行（上）20140208	乐视	1968985	3049	-	-	2014-02-15
少林武功惊呆小萌娃 吃斋习武明星苦修行（上）20140208	乐视	1793225	2980	-	-	2014-02-14
少林武功惊呆小萌娃 吃斋习武明星苦修行（上）20140208	乐视	1647599	2929	-	-	2014-02-13
少林武功惊呆小萌娃 吃斋习武明星苦修行（上）20140208	乐视	1450946	2839	-	-	2014-02-12
少林武功惊呆小萌娃 吃斋习武明星苦修行（上）20140208	乐视	1211070	2729	-	-	2014-02-11
少林武功惊呆小萌娃 吃斋习武明星苦修行（上）20140208	乐视	999947	2627	-	-	2014-02-10
少林武功惊呆小萌娃 吃斋习武明星苦修行（上）20140208	乐视	729578	2471	-	-	2014-02-09
少林武功惊呆小萌娃 吃斋习武明星苦修行（上）20140208	乐视	18600	2192	-	-	2014-02-08

图 9-5-4　单一平台单集收视数据

四、统计报告

统计报告是本系统的重要部分,为进一步的分析提供原始数据。图 9-5-5 是统计报告的条件设置和检索结果。设置的条件是 2013 年 10 月到 12 月(《中国梦想秀》第 6 季播出期),同时包含"中国梦想秀"和"周立波"的正面网络新闻,有 790 条,导出的 excel 数据文件包括标题、来源、来源类别、态度值、阅读数、回复数、转发数、评论数、发布日期等内容。

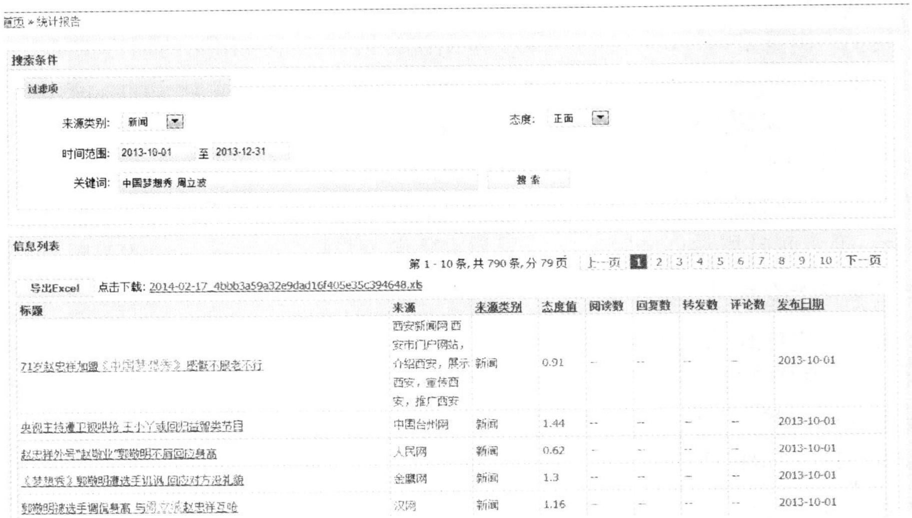

图 9-5-5　统计报告检索结果

点击标题,可链接到具体的网址,看到具体的内容。

关键词的设定,可以多关键词检索,用"A B"(AB 之间为空格)表示"A"和"B"同时存在(和运算),用"A-B"表示有"A"但没有"B"(非运算),用"A|B"表示有"A"或有"B"(或运算)。

需要特别注意的是,检索的第一个关键词需要通过后台管理预先设定。否则监测的结果不全,检索的结果当然不全。

五、后台管理

后台管理主要用于设置监测的内容。有"节目文本监测管理"、"节目视频监测管理"和"广告过滤模块"三个部分,图 9-5-6 是文本内容关键词设定的截图。

"节目文本监测管理"是设置和管理被监测的文本,即新闻、论坛和新浪微博,其中

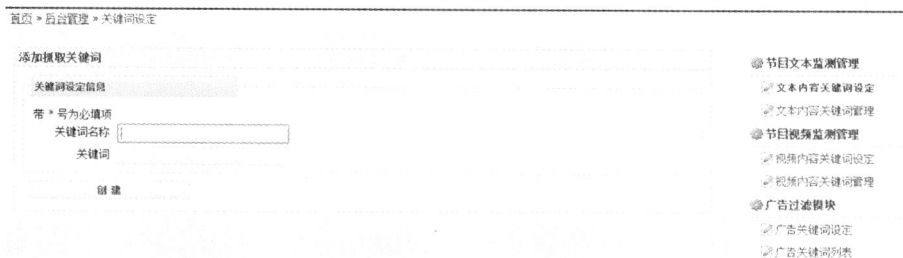

图 9-5-6　被监测对象的设置

"关键词名称"是被监测内容的称谓,"关键词"是被监测内容的关键词,可设置多个关键词,其逻辑关系同上面介绍的统计报告的关键词设定一样。

"节目视频监测管理"是设置和管理被监测视频,仅需要设置节目的名称。

"广告过滤模块"是为了提高系统监测的准确率,过滤无用信息,由系统管理员设定,一般用户不用设定。

延续阅读

1.王兰柱主编.收视率调查与应用手册(第 2 班).中国传媒大学出版社,2012 年 1 月.

2.王兰柱主编.收听率调查与应用手册.中国传媒大学出版社,2009 年 7 月.

3.尼尔森网联公司.AQX 用户使用手册(电子稿).

4.尼尔森网联公司.Arianna 操作手册(电子稿).

思考题

1.如何构建电视节目的多维行为测评系统?

2.如何构建电视节目的多维态度测评系统?

3.简述语义分析与态度测评的关系。

知识点

1.InfoSysPlus 操作　　　　　　　2.Arianna 基本操作

3.AQX 基本操作　　　　　　　　4.网络视频监测与分析系统基本操作

第三部分 >>
受众调查与收视分析的应用

　　在世界上许多国家,收视率无疑是决定节目在电视屏幕上去留最重要的指标之一。通常说来,首轮电视剧的收视率一旦开始持续低下,一般就意味着观众注意力已转移,这时候,无论该剧的剧情进行到何处,电视公司都会毫不留情地置换节目。当然如果电视节目或电视剧收视指标令人满意,电视企业就会不断追加投资,尽可能地维持其生命力,延长其影响力。这就是为什么许多美国电视剧"长寿"的秘诀。如《我们的日子》(*Days of Our Life*)播了 40 多年;《绝望主妇》(*Desperate Housewives*)由于 2004—2005 季的劲爆成绩,到 2011—2012 季推出第 8 季,2009 年 8 月 24 日,ABC 公布了《绝望主妇》第 6 季的宣传照,五位主妇华丽现身。

第十章

受众调查分析与电视节目编排

　　大众媒体的竞争本质上是节目的竞争。当我们评判和分析一个节目的收视表现和竞争能力时，除了节目本身的内容形式、制作包装水准以及宣传推广力度之外，考虑最多、对收视率影响也最大的因素就是节目编排。美国学者根据自己的经验估算出 3 个因素对观众规模产生影响的大概比例：节目选择（40％）＋节目编排（50％）＋节目推广（10％）＝观众规模（收视率）（伊斯特曼，2003）。

　　虽然不同的媒体、不同的节目以及在不同的时代和地区，这三个要素发挥作用的比例都会发生很大的变化。但可以肯定的是，在影响收视率的诸多因素中，节目编排是最重要的因素。改进节目编排，无疑可以有效提高节目或频道的收视率。

　　2003 年 3 月 20 日，当全世界的目光都聚焦在伊拉克战争上时，NBC 以重播电视剧 *Friends* 和新闻搭配编排播出，击败了 ABC 全部直播战争的做法，尼尔森晚间 8 到 11 点监测显示，NBC 收视率达到 6.3％，远高于 ABC 的 3.9％。

　　电视节目编排的决定因素有两个方面，一是政策，二是受众需求。如 2007 年 9 月 20 日下发的《国家广播电影电视总局关于进一步规范群众参与的选拔类广播电视活动和节目的管理通知》、2010 年 1 月 1 日起施行的《广播电视广告播出管理办法》、2010 年 5 月 1 日起执行的《广电总局电视剧司关于进一步规范卫视综合频道电视剧编播管理的通知》、2012 年 1 月 1 日执行的《关于进一步加强电视上星综合频道节目管理的意见》（俗称"限娱令"），2012 年 1 月 1 日执行的《〈广播电视广告播出管理办法〉的补充规定》（俗称"限广令"）等，对节目编排都产生了直接的影响。本章不讨论政策的影响，仅关注受众需求对节目编排的影响。

第一节　受众调查分析与电视节目的关系

节目编排是指根据观众收视规律和频道(节目)定位的要求,将不同类型的节目依时间顺序进行系统的排列和组合,并形成排期表。节目编排是广播、电视传播中最富创意的一项工作,也是一个永无止境的动态过程。

电视节目编排的目的是满足和适应某一时段观众需求,让有限的电视节目资源在激烈的竞争中实现最佳配置,获得最佳播出效果和最高收视率。节目编排是因(自变量),收视率等指标是果(因变量)。从另一角度看,收视分析是帮助节目编排者实现目标的手段和工具。通过观察、分析收视率等受众调查指标的此消彼长、波折走势,可以为电视媒体进一步改进节目编排提供科学依据。

一、收视分析与节目类型

国际上通常把节目分成两大类,即真实节目和虚构节目。区分真实节目和虚构节目的一个重要特征是节目中的出镜人是扮演他自己还是另外的角色。扮演自己的是真实节目,扮演另外角色的是虚构节目。因此新闻、专题、纪录片、体育、综艺娱乐、真人秀等属于真实节目,而电视剧、电影、戏曲、动漫卡通等就是虚构节目。

节目大类之下的节目小类划分标准很多,难以统一。例如从内容题材的角度可以将节目划分为法制、军事、科教节目等,从观众对象的角度可以将节目划分为少儿、女性、老年节目等,从形式形态的角度可以将节目划分为竞赛、谈话、游戏节目等。

CSM 将所有电视节目划分为 15 种类型,即新闻/时事、电视剧、综艺、专题、电影、体育、生活服务、青少、音乐、法制、财经、教学、戏剧、外语和其他。在各类中又设置节目子类若干。2013 年的收视比重依次为电视剧 31.5、新闻/时事 14.8、综艺 11.5、生活服务 7.7、专题 6.1、青少 5.1、电影 4、体育 2.4、法制 1.9、财经 0.8、音乐 0.8、戏剧 0.4、教学 0.1、外语 0,其他节目(含广告)12.9。若归纳为真实节目和虚构节目两大类,则真实节目的收视份额大致为 51.2%,虚构节目的收视份额大致为 35.9%,其他未分类节目(含广告)收视份额为 12.9%。

收视数据研究表明,节目类型特征很大程度上决定了节目收视水平及其波动的幅度。如果以收视率变异系数衡量各类型节目的收视波动特征,电视剧、音乐、体育等类型节目的收视波动明显,而电影、综艺、教育等类型节目的收视波动较弱。这显然与节目类型特征有密切关系(郑维东,2008)。

不同类型节目的供给量影响该类节目的资源使用效率。节目资源使用效率为该类节目收视比重减去播出比重,再除以节目播出比重的百分比。节目资源使用效率大于 0 意味着该类节目的收视贡献大于播出比例,节目资源使用效率较高;小于 0 意味着该类节目的收视贡献小于播出比例,节目资源使用效率较低。节目的总体播出量(时间)是有限的,观众收看电视的总时间也相对有限而稳定,根据节目的资源使用效率,调整和优化各类型节目的播出比例结构显然有助于进一步改善节目资源的使用效率。

收视比重和播出比重的计算请参阅第 9 章第 1 节的例 9。图 10-1-1 是 2012 和 2013 年的综艺节目的播出和收视比重,各级电视台的综艺节目资源使用效率大于 0。

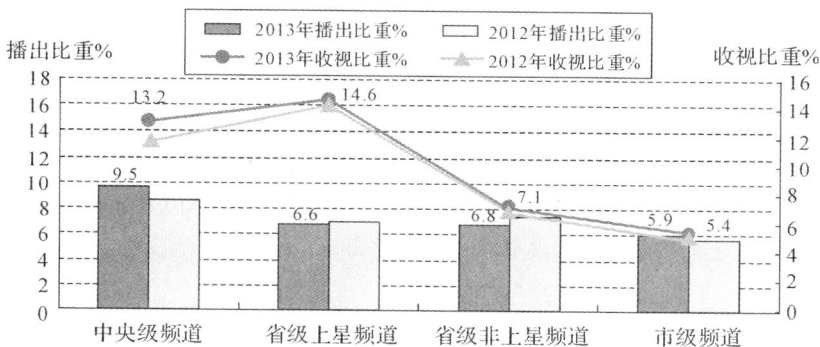

图 10-1-1　2012—2013 年各级频道综艺节目收播比重

二、收视分析与节目要素

收视率虽然是节目投播之后产生的结果,但在制作时就已预置了这一前提,所以说"建构节目的同时也是在建构收视率"。建构节目首要考虑名称或标题、结构布局和流程、节奏和时间长度等要素。操作层面必须考虑出镜人(主持人或者演员)、同期声、解说词、画面、音乐音响和字幕图形图表等具体要素。

在众多的节目要素中,主持人要素特别值得重视。像新闻和综艺娱乐类的节目就特别倚重主持人。优秀的主持人往往成为节目品牌的重要内涵和观众收视的基本指向,主持人得当与否直接影响节目收视曲线。当前日趋显现的主持人明星化趋势使得研究观众对主持人的偏好取向也成为节目定位的一项指标。

第二个值得重点探讨的节目要素是节奏。节奏被定义为"人们感觉上的节目或节目片断的持续时间,是主观时间的一部分"。对观众持续收视行为的研究表明,观众连续收看电视的时间在第 15 分钟发生明显转折,之后观众中断收视的比例大幅度增加。可见

15 分钟是一个非常重要的节目节奏。当然不同类型或形态的节目,其节奏并不完全相同,例如谈话类节目的节奏经常表现出 5 分钟特征,而综艺娱乐类节目则更多表现出 15 分钟特征。

三、收视率与节目模式

节目模式也被称为节目样式(program format)、节目形态。在欧美国家,节目模式通常从"版权和许可"的角度加以定义。节目模式指的是"节目要素的组合方式与特征",这样就可以将节目模式与节目要素区别开来。

不同节目的建构要素实质上并无不同,基本上是画面和声音的连续体,但这些要素的组合方式和表现出来的特征则可以千差万别,如对主持人语言特征的强调、出镜人平民化趋势、引入竞赛或者游戏规则进行节目流程设计等。节目模式丰富多样,相互之间也可以借鉴、模仿、复制、创新。这也说明了为什么国外常以"版权和许可"等法律语言定义节目模式以加强对原创性的市场保护。

当前国际上比较流行的几种节目样式主要有情景剧(包括家庭情景剧和职业情景剧两大类)、新闻杂志、真人秀、电视电影等;国内除借鉴和模仿国外的情景剧、真人秀、脱口秀等节目样式外,还涌现出读报、说新闻、方言栏目剧等一些比较成功的带有本土原创特色的节目样式。

2009 年 2 月,国家广电总局推出 2008 年度 20 个创新创优典型节目形态。他们是中央电视台《文化访谈录》、江西卫视《传奇故事》、广西卫视《金色舞台》、贵州卫视《中国农民工》、上海第一财经频道《头脑风暴》、河北卫视《读书》、广东卫视《社会纵横》、四川卫视《真情人生》、江苏卫视《名师高徒》、福建东南卫视《开心100——大魔竞》、内蒙古卫视《蔚蓝的故乡》、安徽卫视《相约花戏楼》、重庆卫视《拍案说法》、深圳卫视《直播港澳台》、湖南卫视《智勇大冲关》、山东电视台少儿频道《谁不说俺家乡好》、黑龙江卫视《珍贵记忆》、北京电视台《岁月如歌》、湖北卫视《有奖有法》和浙江卫视《我爱记歌词》。

2010 年 3 月,广电总局又推出了 2009 年度 12 个创新创优典型电视节目形态。他们是中央电视台《中华医药》、《致富经》,北京电视台《中华文明大讲堂》,天津电视台《中国人》,上海广播电视台《欢乐蹦蹦跳》,重庆广电总台《追寻中国红——感受信仰的力量》,山西电视台《影像世界》,河南电视台《武林风》,广东电视台《珠江纪事》,云南电视台《经典人文地理》,辽宁广播电视台《王刚讲故事》,新疆电视台《农牧新天地》。

2011 年 4 月 14 日,广电总局推荐的 2010 年 10 个创新栏目是,中央电视台新闻频道《我的这五年》,综艺频道《星光大道》,军事·农业频道《生活567》,社会与法频道《大家看法——我建议》,北京卫视《档案》,江苏电视台城市频道《万家灯火》,浙江卫视《江南》,湖南卫视《天天向上》,重庆卫视《唱读讲传》,中国教育电视台《成长不烦恼》栏目。10 个优秀栏目是,中央电视台中文国际频道《国宝档案》,科技频道《探索·发现》,财经频道《对手》栏目;天津卫视《泊客中国》,河北电视台农民频道《村里这点事》,上海东方卫视《东方直播室》,湖北卫视《欢乐喜洋洋》,四川电视台经济频道《巴山蜀水之城市故事》,陕西电视台都市青春频道《都市快报》,深圳卫视《解密》。

2012年8月10日,总局表彰2012年广播电视创新创优栏目,包括18个电视栏目和10个广播栏目。具体是中央电视台的《谢天谢地你来啦》、《梦想合唱团》,北京广播电视台的《好人故事》、《选择》,天津广播电视台的《非你莫属》,河北电视台的《村里这点事》,辽宁广播电视台的《老梁观世界》,上海广播电视台的《大爱东方》、《劳动最光荣》,江苏电视台的《一站到底》、《花样年华》,浙江电视台的《中国梦想秀》、《中国好声音》,湖北广播电视台的《我爱我的祖国》,湖北全省对农服务电视栏目《垄上行》,湖南广播电视台的《天声一队》、《平民英雄》,云南广播电视台的《士兵突击》。中央人民广播电台的《最美新闻人》,中国国际广播电台的《资讯非常道》,北京广播电视台的《毛毛狗的故事口袋》,天津广播电视台的《滨海直通车》,黑龙江人民广播电台的《朝朝侃谈》,上海广播电视台的《直通990》,安徽亳州市广播电视台的《882资讯排行榜》,福建人民广播电台的《小薇看台湾》,河南人民广播电台的《中原民生汇》,湖南广播电视台的《观点峰会》。

2014年2月20日,国家新闻出版广电总局表彰2013年的10个广播栏目,15个电视栏目。他们是中央人民广播电台的《央广求证》,中国国际广播电台的《媒体双行线》,北京广播电视台的《话里话外》,浙江人民广播电台的《方雨大搜索》,合肥市人民广播电台的《讲述历史典故 传承中华文明》,广西人民广播电台的《说事论理》,四川广播电视台的《中国梦 劳动美》,贵州广播电视台的《微公益·聚能量——我为盲人说电影》,西藏人民广播电台的《驻村夜话》,甘肃人民广播电台的《青葱幸福里》;中央电视台的《开讲啦》、《中国汉字听写大会》,中国教育电视台的《天才知道》,天津广播电视台的《幸福来敲门》,河北电视台的《感恩成长》,辽宁广播电视台的《中国好人》,吉林电视台的《身边发现》,江苏电视台的《赢在中国蓝天碧水间》,江西广播电视台的《传奇故事》,河南电视台的《汉字英雄》、《成语英雄》,湖北广播电视台的《大王小王》,湖南广播电视台的《我是歌手》、《爸爸去哪儿》,广东广播电视台的《技行天下》(数据来源:http://www.sarft.gov.cn/articles/2014/02/20/20140220094533240242.html)。

这些节目的生命周期值得研究。新的节目模式推出后,一旦具有较好的收视表现,很快就会被大家仿效。2005年湖南卫视"超级女声"模仿和借鉴了"美国偶像"的节目样式,成功开启平民选秀节目;上海文广集团走差异化之路,明星真人秀"舞林大会"2006年元旦粉墨登场。对比平民和明星真人秀节目,2009浙江卫视《我爱记歌词》发展成了一系列节目,2010 年江苏卫视《非诚勿扰》[①]是平民真人秀节目的胜利。

四、收视分析与栏目安排

1. 开机率是栏目安排的重要指标。通过对开机率的数据分析可以掌握电视观众整体收视习惯,从而便于理性地设置节目、规划版面。

分析开机率可以分别以一年、一周或一天为时间周期,从中可以发现人们收视时间等于常量的前提下,开机率随着季节的变化、一周内工作休闲的不同、一天中的作息时间表而波动,并呈现出某种规律性;而这种规律性在不同地区因经济发展水平、人们生活习惯甚至娱乐方式差异又呈现出不同的特点(张曼绨,2007)。

图 10-1-2 是南方某城市 2006 年 6—11 月半年的开机率在一天 24 小时内的变化图。整体来看,在该城市上午时段开机率略低于下午,中午时段有收视高峰,开机率在 12:30 达到 22% 左右。从下午 17:30 开始开机率迅速增加,到 21:30 分左右为最高,约为 28%。随后开机率迅速滑落,24:30 分左右,为 5% 左右。可见,南方城市与北方城市传统意义上的黄金时间(19:00~22:00)相比,延后了将近 1 个小时。这主要因为南方一年四季气候温和,人们夜间生活比较丰富,晚上休息、就寝时间比北方寒冷地区普遍推迟。

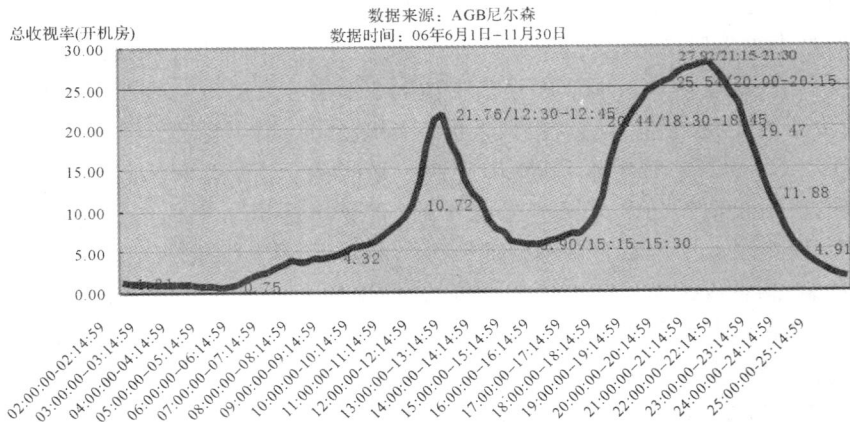

图 10-1-2　南方某城市 2006 年 6—11 月开机率

将工作日和双休日开机率对比(图 10-1-3),可以发现两个显著变化。一是在双休日上午和下午时段,开机率均比工作日有较大的增长,显示双休日白天人们不用上班上学,

---

①　非诚勿扰:江苏卫视 2010 年 1 月 15 日开播的婚恋交友真人秀节目,6 月 6 日的收视率达到 4.53。

有更多的时间看电视;二是晚上的黄金时段,双休日的最高峰值不及工作日高,结束时间明显后移。这说明双休日人们有更多的娱乐选择,黄金时段开机率因此受到影响,但由于第二天不用上班,深夜时段看电视的人会比工作日多。由此可以得出结论:由于受人们生活规律的影响,不同时段开机率不同,播出的节目先天具有不同的收视"基因"。

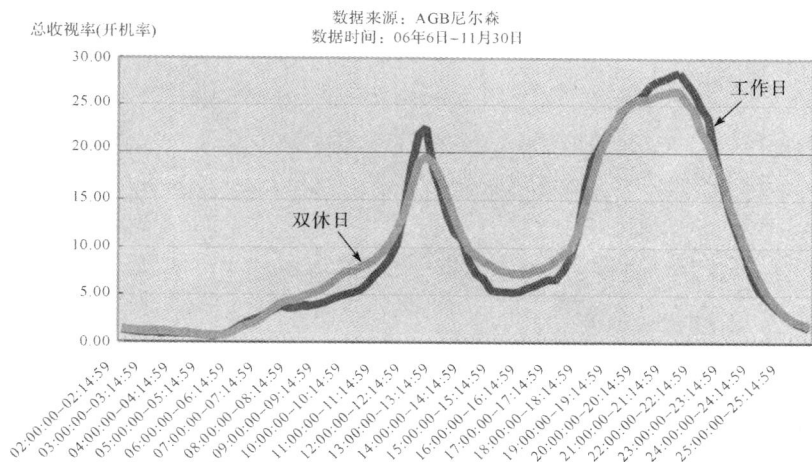

图 10-1-3　南方某城市 2006 年 6—11 月工作日与双休日开机率比较

通过开机率的分析,知道具体地区生活习惯和实际"黄金时段"的具体时间,便于电视台在工作日和双休日采取不同的节目编排策略,不同时段编排不同的节目。

深圳电视台七套公共频道的节目编排策略是,晚上抓两头,争中间;白天抓中间,放两头。"晚上抓两头"主要指 18:00~19:00 和 23:00~24:00,"争中间"是指 20:00~22:00这个黄金高峰。该频道在 18:00~19:00 这一个小时播出《笑笑大拼盘》,以情景喜剧为主;在 23:00 以后安排《都市影院》,以港产电影为主;黄金时段主要安排粤语《岭南剧场》和《各区新闻》以及专题节目。"白天抓中间"是指 11:00~13:00,主要安排播出的是新闻和短剧;"放两头"是指早间和傍晚时段放开给经营栏目,如购物、医疗栏目。通过这样的版面规划,该频道经过 18 个月的运作,频道黄金时段平均收视率在该城市的 60多个频道(包括境外落地频道)中居第五名(唐浩智,2006)。

2.不同年龄受众的收视习惯分析,是栏目安排的另一重要指标。电视观众的市场不同于一般消费市场,它是用时段来进行区分的,不同的时间代表着不同的观众市场结构。因此节目编排不仅要掌握总的收视曲线的变化,更重要的是要掌握不同时段观众的构成和特点。

按照目标观众的年龄特征等,进一步观察某地区不同目标观众收视率在一天 24 小时内的变化(图 10-1-4),无疑会得到与目标观众有关的收视信息,显示出不同特征的目标观众有不同的收视行为习惯和规律。

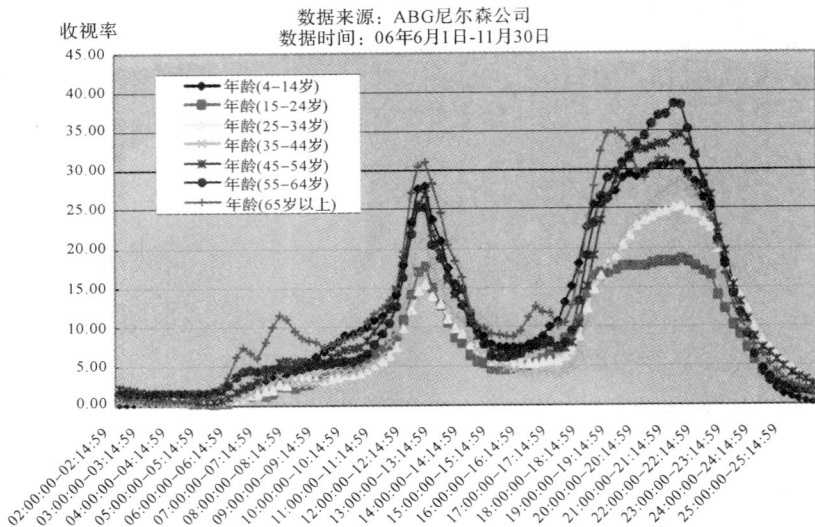

图 10-1-4　某南方地区分时段观众构成

除 22:30 深夜以后,55～64 岁和 65 岁以上的老年观众的收视率在全天各个时段几乎都是最高的,其次是 45～54 岁的观众收视率,可见这部分是该地区主要的收视人群。相反,处于创业阶段或学习阶段的 25～34 岁的观众和 15～24 岁的观众是收看电视最少的人群,在全天大多数时段的收视率都是最低的。但是从晚间 21:30 以后到深夜 23:30,25～34 岁的目标观众的收视率在各年龄层中居第一位。

此外,孩子们放学到晚饭前的傍晚时段被业界公认为是播放少儿节目的"黄金时段",却很少有人注意到 12:00～14:00 也聚集了很多儿童,4～14 岁的目标观众在中午时段居第二名,从节目编排的角度考虑,中午无疑是"少儿频道(节目)"可以重点开发的一个黄金收视点。

了解不同时段可能会有哪些观众收看电视,揣摩这些观众的收视心理和口味,安排适合他们收看的电视节目,是节目编排者的基本要求,也是他们在一般情况下都会遵循的一般性原则。

五、市场占有率与节目创作

节目内编排关注的是节目在时间上的延展,一个节目不论在时间上延展多久,都希望观众能够始终滞留在该节目,不要转换频道。这就需要综合考虑收视率、市场占有率、到达率及忠实度等指标。

市场占有率考察的是在打开电视机的观众中,收看某节目的观众所占的比重,它更能表明一档节目(或频道)在收视市场上的竞争力。如果要分析某一节目的收视走势,衡量其在特定时段内的收视竞争力,应使用市场占有率指标。换一个角度来看,黄金时段中那些高收视率的节目,并不意味着具有强的竞争力。

到达率是在观众总体中收看某节目观众数的百分比,到达率考虑的是人数而不是人次。要考虑一个节目的收视观众数量,到达率是一个不可或缺的指标。

忠实度反映观众对于某一个特定频道(节目)有某种程度的固定偏好。忠实度越高,表明观众越会准时打开电视机(或从其他频道节目中转向本节目)的可能性越高;在该节目中停留的时间越长,即对该节目或频道锁定程度越高。节目内的编排,很大程度就是力求将观众锁定在自己的节目中,使观众不换台,"忠实"地收看某一时段的节目内容。

第二节　我国电视节目编排发展的四个阶段

随着受众在市场中的地位以及受众媒体消费行为的变化,我国电视台不断调整自己的节目编排策略。从受众调查研究发展的四个阶段可以得到线索,探讨近半个多世纪以来,我国电视节目编排发展的情况变化。

一、节目编排没有受众意识

1958—1990 年是我国受众市场的产生和初步发展期,节目编排缺乏受众意识。在 20 世纪 50 至 70 年代的中国,电视不是大众媒体,电视台的数量有限,电视节目制作力量也相对薄弱,电视节目以新闻节目为主,辅以少量的电视剧和与政治活动有关的文艺晚会。电视节目的编排以政治和宣传为原则。

20 世纪 80 年代以后,随着我国改革开放政策的推进、社会经济的发展和人民生活水平的提高,在政府的扶植和鼓励下,电视台和电视频道的数量迅速增长,看电视成为受众尤其是城市受众的重要媒介消费行为。随着《春节联欢晚会》等大型综艺节目的出现以及《渴望》、《红楼梦》和《西游记》等电视剧的流行,获取信息不再是看电视的主要作用,看电视的主要功能开始转变为文化生活和休闲娱乐。因此电视台开始重视受众对电视节目的反馈,在社科院和中央电视台等一批单位的组织下,截面性的受众调查得以诞生,并开始影响电视台的内容选择和编排。

但主观上电视台所扮演的主要角色仍然是党和国家的喉舌,客观上节目供不应求。因此电视台对受众市场的实际需要重视程度较低,受众市场还处于相对无意识状态,电视台在市场中占据绝对的主导地位,受众不能影响电视节目的编排决策。

二、节目编排关注受众调查

1991—2000 年是第二阶段,收视率等指标开始运用到节目编排中。1985 年 4 月经由国务院批转的《国家统计局关于第三产业的统计报告》中,广播电视业第一次被列入第三产业。自 1992 年邓小平南方讲话之后,我国电视业"喉舌"和"市场主体"两种角色相互交织,电视开始转型。转型的一个突出标志就是电视不仅被作为一种意识形态的产物和艺术作品,更以一种具有精神价值的特殊商品,逐步具备了产业化功能。电视频道和电视节目要通过市场的检验,要在广告销售中占据更有利的地位,就必须最大限度地满足受众市场的需求,由此电视台的节目编排开始使用受众调查的结果。

这一阶段,我国的电视节目制作有了长足的进步,使电视节目的编排有了物质基础。自 1991 年至 2000 年的 9 年间,以中央电视台、上海电视台和湖南电视台为代表的一批电视台针对观众日益勃兴的信息需求和娱乐意识,在借鉴国外先进节目模式的基础之上,开始尝试在新闻、娱乐和电视剧等多种节目形态上的研发和创新。以《东方时空》、《焦点访谈》、《实话实说》和《第 7 日》等为代表的新闻栏目,以《综艺大观》、《快乐大本营》和《玫瑰之约》等为代表的综艺娱乐节目以及各种涉及现实、历史、情感、战争和侦破等题材的电视剧,充分体现了电视台对受众市场需求的关照和回应。

这一阶段,频道的增加和传输能力的加强,凸显了电视节目编排的作用。这期间有两件事对电视台的渠道营销有至关重要的影响,一是我国有线电视网络建设的推进,使电视台在各地区,尤其是在城市中的传播质量和数量大幅提升;二是在政策的引导下,各省级电视台陆续开通卫星频道,使全国电视市场的供给状况明显改善。依赖于政策和技术的发展,各级频道开始确立和扩大自己的影响范围,使观众的收视选择空间更加丰富。频道传播质量的提高和覆盖范围的扩大是我国电视台迎合日益增长的收视市场需求的重要表现。

由于电视台和广告主在市场运作中日益强调以观众行为为参照,90 年代中后期,以央视市场调查、央视—索福瑞媒介研究、尼尔森等为代表的一批公司开始进行连续性的受众调研,其调研结果逐步成为电视台节目编播的参照。但在这一阶段,电视台依据受众的实际需求进行节目选择和编排还处于探索阶段,对频道和节目的推广和营销处在尝试期。电视台的节目编排仍然是以产品即电视内容为导向,以满足市场整体需求为目标,而非以个体消费者为导向,不大重视电视观众的分类需求满足。

三、节目编排追求受众满意

第三个阶段只有 4 年（2001—2004 年），但却对电视台的市场运作产生了深远的影响。在电视市场竞争加剧、观众需求日渐细分和碎化、媒体环境日趋复杂的情况下，电视台深刻认识到根据受众市场进行节目编排的必要性。

2001 年是我国电视市场的一个飞跃期，电视频道数从 2000 年的 1206 套增长到 2194 套，全年电视节目制作时间也由 2000 年的 87 万小时猛增至 158 万小时，使电视市场的供给状况有了明显的改善。不过频道和内容供给的增加并没有伴随着收视需求的增长，CSM 媒介研究数据显示，从 2000 年到 2005 年，我国观众平均每日收视时间并没有明显增长，反而有走低趋势，每天的收视时间从 184 分钟，减少到 174 分钟。供求关系的转换，使电视台走下了神坛，以普通供给者的身份服务于观众的收视需求。

与此同时，整体大众媒体环境也在发生变动，互联网、手机等新媒体开始大踏步地占领受众的时间，广播也有复兴之势。这种变化的直接结果即为受众迅速向各种细分的媒介载体分流，反映在电视消费行为上，则表现为部分群体的传统收视时间缩短和频道选择的分散。

对于电视行业来说，最大变化是广告主开始摒弃传统的、随机的广告投放，而引入大量定量和定性的指标对电视广告的传播效果进行衡量。自 20 世纪末期以"宝洁"为代表的广告主将收视率等受众研究指标引入广告效果评估以后，收视率成为电视市场上的通用货币。受众调研结果日渐成为电视台节目编排和广告销售的重要参考，电视节目的编排走上了数据化、科学化的道路。

在市场竞争加剧的作用下，电视台逐渐意识到节目的编排不仅仅只在于选择符合市场需求的节目，更在于以适宜的方式将单个节目串联和播出，以提高观众满意度，减少观众的分散和流失。由此，电视台的节目编排逐渐走上了以观众满意度为核心的阶段。

在这一时期，受众调查数据证明了电视剧、新闻和综艺娱乐节目是引领我国电视受众收视的三驾马车，其中综艺娱乐节目有较为明显的成长空间。为此，我国电视节目带来了新一轮的节目创新和研发高潮。如 2002 年元旦在江苏电视台城市频道正式开播的《南京零距离》，2003 年 7 月《南京零距离》的平均收视率高达 8.3%，2004 年获得了 1 亿零 88 万元的独家广告代理费用。2004 年的《超级女声》获得巨大成功。

在节目编排方面，电视台已经掌握了观众每日、每周和全年的收视曲线，对观众每日收视的"黄金时段"，工作日和周末不同的收视需求，以及在全年各个季节和时期的收视规律有所把握。针对这些规律，电视台不仅仅开始加强每日"黄金时段"的编排，以抢夺日常竞争的先机，同时还针对观众在周末和节假日的特殊收视习惯推出"特殊编排策略"。在这一阶段针对观众在春节、寒暑假、"五一"和"十一"长假推出的"特殊编排"策略得到受众的认可,取得了好的市场效果。

总体而言,第三阶段完成了电视节目编排由电视台主导向观众主导的重要转变。节目编排改变了以内容为导向的编排方法,将观众的满意度放在了节目编排的优先考虑位置。

四、节目编排追求受众忠诚

2005 年以后观众的收视选择进一步丰富,电视市场份额竞争加剧。在国家政策的推进下,数字电视转换迅速进行,付费频道业务逐渐展开,网络电视开始尝试商业运行,受众的选择越来越重要。

频繁转换已不可避免,收视段数日益增加。由于遥控器操作的日益方便和电视节目浏览及导视的作用,大多数观众在节目插播广告或者没有找到能吸引他们的节目时,不停转换频道。15 分钟是观众收视的基本时长,以 15 分钟为单位计算晚间 18 点至 24 点的每 15 分钟人均收视段数并累加,北京市场上 45～54 岁观众累计收视段数最多,达 50.2 段(2009 年上半年数据,下同),上海也是这一年龄组的观众累计收视段数最多,为 46.4 段,广州则以 25～34 岁组最多,达 43.8 段。以性别的角度分析,三地均以女性为主要遥控器使用者,晚间时段收视段数累计分别为北京 49.3 段,上海 43.7 段和广州 42.8 段。谁掌握了遥控器,就决定了一家人收视什么样的节目。因此,在电视节目编排时要参考收视数据,判断影响家庭收视的主要群体及特点,以提高节目的收视。

面对众多的频道,观众的收视行为在分散的同时,也透露出忠诚化的倾向。CSM 媒介研究在数个城市的专项调查显示,在进行数字电视转换之后,70％以上的观众仍然习惯性地固定收看几个频道,绝大多数观众停留在单个频道上的时间没有明显变化,观众忠实度的价值凸现。

在受众市场发展的第三阶段,电视台在受众调查数据的指导下,以短期的优势节目或特色编排赢得游离观众,为不少电视台赢得了经济效益;然而,在“到达率”和“忠实度”的双虞效应的作用下,电视台的分化日渐明显,2008 年能够覆盖全国的频道有 63 个(其中中央台 15 个,中国教育台 2 个,省级卫视 46 个),但市场份额前 15 位(占 24％)的频道囊括了 71％的收视份额(王兰柱,2009)。短期的注意力积累不足以保证长期的市场地位,电视台在节目编排过程中,开始更加强调以培育观众忠诚为目标的关系营销。

美国学者舒尔茨等人提出的 4R 理论,4R 分别是指关联(Relativity),反应(Reaction)、关系(Relation)和回报(Retribution)。这一理论应用在电视节目编播中,则主要强调电视台需要在观众收视需求不断变化的动态市场中建立电视频道与观众的长期互动与关联,防止观众流失,以忠实观众群体稳定自身的市场地位。在捕获游离观众之后,电视台应该通过电视频道和节目与观众之间的情感联系,建立起电视台与观众之间的朋友关系,并为观众提供承诺和服务,以实现观众的重复收看。

在这种理念下,各级电视台进一步基于内容建设加强自己的品牌塑造。2005 年至 2006 年期间,以中央电视台、安徽电视台、湖南电视台和浙江电视台为代表的一批实力派在"独播剧"和"首播剧"方面大做文章,希望凭借频道过人的经济实力,拉开频道与竞争对手之间的差距,在电视剧市场上独树一帜。湖南卫视高举娱乐的大旗,敢于挑战中央电视台;2008 年 8 月浙江卫视提出"中国蓝"品牌,象征差异化的竞争策略;而江苏卫视走出一条"亲情"之路,2010 年将主题定位为"情感世界 幸福中国"。

除了在内容和编排上加强频道与观众之间的关联之外,电视台还通过在电视节目中设置观众互动环节和观众抽奖环节,来加强电视台对观众的回馈。这种互动既可以出现在电视台策划的大型活动中,也可应用微博、微信等社交媒体。得益于现代通讯技术的发展,这种互动和参与已经被电视台和观众广泛接受,成为电视台吸引收视和培育忠实观众的重要手段之一。

在受众市场发展的第四阶段,电视节目编排实现了由追求观众满意为主导,向培育观众忠诚为目标的转变。这种转变表明电视台已经清楚地意识到在电视市场中不仅仅存在着观众,还存在着竞争对手;电视台在寻找和满足消费者需求的同时,还需要冷静地分析自己在竞争中所处的优势和劣势,在竞争的框架下探讨科学的节目编排策略。

纵观我国电视受众市场近 50 年的发展历程和电视节目编播的多次变迁,我国的电视节目编排实现了由电视台主导向观众主导的转变。随着电视市场化的推进,电视节目编排首先由无营销观念转变为以满足市场需求、累计观众规模为目标,再从观众简单需求向满足细分观众需求、追求观众满意度演进。2005 年之后,在行业内外的竞争压力下,在满足观众需求的同时培育观众的忠诚。这应该是电视节目编排的未来发展方向。

第三节 受众分析与电视节目编排策略

电视节目编排是根据受众收视需要将准备播出的节目按照时间顺序排列的播出流程。从宏观上讲,它体现了频道的节目构成、目标受众定位和播出意图;从微观上讲,它包括频道一段时间内(一天、一周、一季、一年等)的编排和不同频道间的编排。电视节目编排既是一项管理活动,也是一种艺术思维活动。节目编排巧妙合理,不仅能发挥高质量节目的威力,保证节目的收视率,而且可以带动保护一般性的节目,使节目在电视市场的竞争中取胜。

一、观众流动分析与频道内节目编排策略

观众流动分析,是指随着时间的延展,对观众群在频道内和频道间的流动情况进行分析,并找出其中的规律。它通过节目播出时间内的收视率数据的起伏来描述观众的动态行为。观众流动形式主要有三种:一是"顺流",即观众的持续收视,不转台;二是"溢流",即观众转台,收看其他频道;三是"入流",即受众从其他频道转入本频道。

观众流动分析在编排内容组合的运用上更多体现在频道内,即一个频道在某一时段里节目与节目的搭配。电视节目编排的目的之一就是控制观众流动,保持顺流,防止溢流,增加入流。

1.导入式

在一个较长时段里,以强势节目为开端,然后再接着安排强势相当的类似节目,以达到最大限度地降低受众"溢流"的编排策略。它大多运用在晚间黄金时间。以 CCTV-1 为例,从 19:00 开始播出《新闻联播》,之后是与之同样具有品牌效应的《焦点访谈》,接下来播出电视剧,或者一些重要的晚会、专题,如 2008 年奥运期间的奥运特别节目。可以将《新闻联播》《焦点访谈》看成一个强势节目的开端,它占据晚间黄金时间开始的一个小时,保证了较高的收视率,而后跟进的节目无论是电视剧或是晚会、专题,虽然会有溢流状况出现,但新的节目又会有新的观众加入,如此保持一个相对固定的动态收视率。再比如近年来部分省级地面频道和城市频道,常常将民生类新闻栏目作为晚间黄金时段的强势引导节目,一般在 19:00 之前播出,而后播出电视剧,从收视效果上看,表现不俗。

2013 年 4 月 7 日 21:57:22,江苏卫视综艺节目《星跳水立方》无缝接档(没有节目间广告)《非诚勿扰》就是最直接的导入式编排,用品牌节目《非诚勿扰》(CSM45 城市收视率 1.9%、市场份额 4.85%)提升首播节目《星跳水立方》(CSM45 城市收视率 1.77%、市场份额 8.73%)的收视水平。

2.支柱式

支柱式又叫搭帐篷,它是指把一个收视率高的节目安排在两个影响比较弱的节目中间。观众会因对第二个节目的收视期待,提前进入收看第一个节目;又会受第二个节目的收视引导,延续收看第三个节目。当一个频道某一时段在竞争中处于弱势,又不愿意做大的编排改动时,用这种编排策略可以在一定程度上促进这一时段的收视率。

美国电视网通常将自己的王牌节目安排在黄金时间。ABC 将《绝望主妇》一剧安排在周日的黄金时间 21:00 播出,起到"支柱"作用。尼尔森的数据显示,2005 年 4 月 10 日《绝望主妇》收视率为 10.9%,市场份额为 25%,观众达 2510 万人次。由此,ABC 周日黄金时间有了最坚实"支柱",带动了整体的收视率;在《绝望主妇》之前的 20:00 时段的真

人秀节目《极度改造翻新:家庭版》作为重播节目,由于《绝望主妇》的带动,也成为该时段的收视率冠军,其观众达 1240 万人次,收视率和市场份额分别为 5％和 14％[①]。

3.吊床式

吊床式同支柱式正相反。它是把一个影响力比较弱的节目放在两个收视率较高的节目中间。以收视率图形表达就好比吊床,中间低两头高。观众对中间节目的收视会受到前后两个强势节目的影响,第一个节目的高收视将带入第二个节目,而对第三个节目的收视期待又会使观众驻留频道的可能性增大,溢流较少。这种编排策略适用于安排那些收视率相对较低或者不容易预测的节目,也可用于安排节目预告片。支柱式和吊床式节目编排策略都是运用了观众在收视上的沿袭心理。

2008 年 4 月 28 日,陕西电视台公共·政法频道进行全新改版,着力打造“陕西五套,人生大参考”的全新概念,成为陕西首个方言频道。将晚间划分为三个时段,其中两个法制时段,辅以法制类剧场以营造频道特色。晚间 21:00 ～22:30 五档强力栏目打造法治时段。采用吊床式的编排技巧,三个自办栏目《法眼观天下》、《非常说道》、《警视听》组成一个播出带在晚间黄金时间 21 点播出;引入栏目《有请当事人》在 21:25 播出;22 点播出另一档品牌节目《说案》。

4.封闭式

封闭式编排策略是连续安排相似诉求的节目,以求将相应的收视群体牢牢锁定在自己的频道,避免其外流,最常用于电视剧的编排。如河南电视台卫星频道在 2008 年 5 月份全国省级卫视热播电视剧《金婚》时,采用封闭式编排策略,打破常规,从下午 16:00 开始到晚上 24:00,连续播出 10 集,让喜欢该剧的观众长时间留在频道上。此种编排策略的采用使河南电视台卫星频道在几个首轮播出该剧的上星频道中拔得头筹,取得不错的收视效果。但这种策略的使用不能长久,不然容易引起各电视台之间的恶性竞争。2009年 3 月 13 日,由北京电视台和上海文广集团发起,包括江苏卫视、湖南卫视在内的 23 家省级卫视在京达成协议,共同签署《电视台电视剧播出自律公约》,试图以此解决频发的电视剧“竞播风波”。

二、目标受众选择与频道间节目编排策略

如今受众细分的诉求强烈,大众传播正转向分众传播、窄众传播。同时技术进步使观众在同一时间内可选择收看多达上百个频道。激烈的竞争局面促使各电视播出机构

[①] 　美国电视网节目编排策略,http://www.zjol.com.cn/05cjr/system/2005/11/01/006352597.shtml

将目标受众的选择作为重要的考量条件,运用到媒体营销的各个环节。对电视节目的编排产生影响的是频道的目标受众选择。

频道的目标受众选择有两层含义,一是指单个频道的目标受众定位;二是指多个频道在同一播出时间上对目标受众的定位。电视节目编排要兼顾两层含义,因为两者都影响频道在节目类型、内容、组合上的选择。具体到策略上分为同一电视台内多个频道的差异式、共进式,不同电视台间多个频道的反向式、对抗式。

1.差异式和反向式

在同一时间段安排与其他频道类型、内容不同的节目。因为同一时段里观众对节目的需求是各不相同的,由此引发编排的契机。一般认为,晚间 20:00～22:00 是电视剧播放的黄金时间。虽然这是观众娱乐需求使然,但这并非是所有观众的需求,就年龄段而言,15～24 岁的青少年在此时段收视偏低,那么播放针对这类目标受众娱乐需求的综艺节目,就会取得较好的收视效果。近年来热播的选秀节目正是采用了反向式编排策略。

差异式编排策略是指同一台内部各频道间的合作,争取尽量多的观众,以整个台的收视份额为目标。比如在同一时间段,综合频道播出时政新闻、生活频道播出专题节目、法制频道播出民生新闻、电视剧频道播出电视剧,这样做兼顾了不同目标受众的需求,提升了整个台的收视份额。

2.共进式和对抗式

共进式编排策略是保护式竞争策略,在同一电视台同一时段,各频道播放同样类型的节目。如河南电视台都市频道在 19:25～20:00 播出《都市报道》,民生频道在 19:25～20:00 播出《民生大参考》[①],两档节目都是民生新闻类节目,就郑州市的观众而言只能选择其一。但是由于两档节目都是所属频道的品牌节目,在郑州同时段收视市场上其他民生类新闻节目无法匹敌,所以从收视表现上看,河南电视台在这一时段收视份额长期雄踞榜首。此所谓强强相加,最大限度地将对手排除在外。

对抗式是一种硬碰硬的编排策略,发生在不同电视台的不同频道间,与其避重就轻,不如迎难而上,在同一时段内编排相同或相近的内容。这是竞争的主要形式。

三、频道忠诚与编排策略

频道忠诚指观众继续收看某一频道(同日、隔天或隔周)播出节目的现象,可以分为单一频道忠诚、频道类组忠诚和特定频道忠诚。单一频道忠诚是受众对某一频道的

---

① 2010 年 6 月 10 日查阅河南电视台网站. http://www. daxiangwang. com/hntv/77687093572141056/index. html.

忠诚。

　　频道类组忠诚是受众对不同频道同一类型节目的忠诚。比如一个对证券类节目感兴趣的观众,早晨 07:24 收看浙江卫视《今日证券》,上午 9:00 收看 CCTV-2 的《交易时间》(上午版),傍晚 18:01 收看甘肃卫视《中国股市报告》,晚间 22:30 收看 CCTV-2《环球财经连线(晚间版)》[①]。

　　特定频道忠诚是受众有针对性地选择几个频道来满足自身多样的收视需要的忠诚。比如一个观众看新闻选择本地电视台综合频道,看娱乐选择湖南卫视,看电视剧选择安徽卫视,看体育选择 CCTV-5,这就是他特定频道忠诚的体现。

　　基于频道忠诚的电视节目编排策略的受众收视行为引导,主要有带状式和承接式。

　　1. 带状式

　　带状式也叫横带式或水平式,是频道内把节目安排在纵向时间(一天)的固定位置播出,从而在横向时间(一周、一季、一年等一段时间)上形成收视带,培养受众收视习惯的编排策略。这是一种最为广泛应用的频道内节目编排策略,也正是它一定程度上推动了电视节目栏目化的发展。

　　2. 承接式

　　承接式是在同一电视台的不同频道间,将同一类型的节目按首尾相接的次序在不同频道播出。比如河南电视台在晚间民生类新闻节目的编排为:19:30～20:25 民生频道播出《民生大参考》,20:00～21:30 法制频道播出《法治现场》,20:40～21:50 公共频道播出《DV 观察》[②],三个频道的同类节目顺次播出,收视率高峰逐个出现,河南电视台晚间黄金时段整体份额提升。

第四节　电视节目编排其他策略

　　广播电视节目编排的目的是在最合适的时间播出最佳的内容呈现给最需要的受众。要把三方面完美地结合起来,就需要在分析电视受众的特征、收视的时间规律及收视内容偏好的基础上,在内容和时间的整合过程中,把握内容组合和时间分割的艺术。除了

[①]　这是 2014 年 2 月的节目和播出时间 http://hunantv.tvsou.com/3.asp。

[②]　2014 年 2 月 18 日查看为"百姓·调解"http://epg.tvsou.com/program/TV_16/Channel_332/W1.htm。

上一节介绍的一般编排策略外,还有一些其他策略。

一、非黄金时间节目编排策略

非黄金时间主要指的是白天时段和深夜时段。我国内地不少电视台、广播台的播出时间延续 20 小时左右,因此非黄金时间的节目编排策略是电视台、广播台节目编排的主体。非黄金时间节目自身与其观众群体的特点均与晚间时段不同,它是一个相对独立的收视时段,应该与黄金时间节目构成互为呼应的有机整体。

首先,非黄金时间的构成较为复杂。它包括了晨间、上午、中午、下午和深夜等分时段,时间跨度通常为深夜 11 点到第二天下午六点,长达 21 个小时。其次,非黄金时间节目的观众构成特殊。不同分时段的观众对象性较强,虽然这些观众与黄金时间的观众存在交集(晚间的观众中有些白天不需要上班、上学),但不完全相同。

CSM 媒介研究的调研数据显示,在行业内和行业外竞争的持续挤压下,晚间黄金时段的电视收视情况已经出现了萎缩。电视台不应该将节目编排的眼光局限于有限的黄金时段中,而应在分析观众全天收视需求的基础上,采取差异化的节目编排策略,全天候满足观众不断变化的收视需求。

1.上午、下午是主体

上午的主要观众是上夜班的人群和离退休老人。这个时段适宜重播头天晚上的精彩节目或以老年类为目标受众的节目。因为在晚间黄金时间,各台都争相推出强势节目,往往使观众应接不暇,不得不对一些撞车的节目割爱,重播可满足他们收看这些节目的需求。老年节目的播出时间要避开老年人晨练、做家务、午休的时间,此外,考虑到老年人的身体特点,单个节目的时间不宜过长。

下午 1:30 至 4:00 这个时段比较适于安排专业性较强的节目,如科教、体育、法制等,当然播放电视剧也是不错的选择。下午 4:00 以后,中小学生陆续放学,至晚饭前(傍晚 6:00)这段时间,是他们的休息、娱乐时间,是播放少儿、学生节目的最佳时间。

2.晨间、中午是关键

这两个时段的收视者,不仅有居家者,还包括早晨出门前的上班族和中午午休时有条件收看电视的人。抓好这两个点的节目,往往能收到以点带面,带动整个白天的收视率的效果。由于这两个时段时间跨度较短,而观众中不少处于仓促的收视状态,因此安排新闻及信息服务类的节目较为适宜。早晨的节目可以多提供些与人们日常生活有关的服务性节目,如播放新闻节目、气象预告、交通消息、菜市行情等等,满足人们出门前的心理需求。

中央电视台《东方时空》栏目开办于 1993 年 5 月 1 日早晨 7 点播出,40 分钟的杂志型新闻节目改变了中国内地观众早间不收看电视节目的习惯,被誉为"开创了中国电视改革的先河"。2000 年 11 月 27 日大改版,《东方时空》从 40 分钟扩为 150 分钟,用直播方式将新闻、实用资讯、新闻专题等诸多内容有机串联,更加突出信息的时效性和服务性,还推出了独有的周末版节目,构成大型早间新闻杂志型节目,被称为"中国新闻晨报"。

中午则可播放信息量较丰富的节目,如最新股市行情评论、综合性新闻等等。总之,准确把握观众与节目、时段间的关系,在他们可以收看的时间里,提供他们想要看的节目,是节目编排的重要任务。

二、编播季

影响受众收视行为的因素有性别、年龄等生理因素,职业、收入等主观因素,季节变化、地域文化等客观因素。其中对电视节目编排产生巨大影响的是季节变化因素,出现了基于受众收视行为季节化的编排策略——编播季。

1. 季播

按"季"播出的概念缘于美国商业电视多年的电视节目编排。"季"(season)并非传统意义上自然的"季节",而是指播出季节。所谓按"季"播出就是指电视播出机构根据收视市场,观众收视习惯呈现出的季节性变化,对频道节目配置、播出安排进行应对性调整。季播是美国商业电视在充分掌握观众收视规律、消费规律的基础上,成功运用心理学提高收视率的策略,是他们运作多年的经典手法之一。

每年 9 月中旬至次年 5 月下旬这段时间为美国商业电视的播出季节,而 5 月下旬至8 月即为"季"外时期。因自 9 月秋季开始,天气转凉,黑夜转长,人们减少室外活动,而增加电视收看时间;加之学生们返校上课,有规律的生活得以恢复,因而开机率及观众规模均大幅提升,从而使得这跨度近 7 个月的播映季节成为全年电视播出的非常时期。据尼尔森数据,秋季期间美国的电视观众比夏天增加 10% 以上。这个不小的收视增量使得跨度近 7 个月的播映季节成为美国各电视网全年电视播出的重中之重。

2. 季播的编排策略

通常新电视剧会相继在映"季"开始后的一两周内亮相,这时各无线网的电视屏幕几乎被新剧集所占据;不仅如此,往年成功的热门电视剧,也会在映季的开始首播当年新推出的续集;映季期间,曾经播过的老节目绝不重播。

一般说来,一部电视系列剧一周只播出一集,一"季"下来电视剧都保持在 25 集左右。所以加起来,美国各大电视网每周总共会有 40、50 部情景喜剧和 20、30 部情节系列剧轮番播出,同时还会有少量的电视电影。而在"季"外的 3~4 个月中,除了新闻和专题以外,电视剧以重播为主。所以,美国电视剧通常以"季"为单位,一"季"即为一年。

3.季播的优点

首先是约会意识的形成。美国电视公司通过尽可能细微地固化电视播出的每个环节,以有效固化观众的收视习惯和规律,建立起易于掌握、分析和针对的收视约会意识,从而方便、快捷地进行电视产品及广告投放和调整。

固定时间播出,也便于观众按照自己的口味寻找喜爱的节目,从而使收视约会意识更加根深蒂固。以映"季"为单位进行节目播出,在电视节目和观众之间形成一种约会意识。这样,每到9月份,观众就急切地等待着屏幕上好戏开演;特别是对经典剧目,观众苦"盼"了整个夏天。一到映"季",观众们的注意力就自觉、自动、自然地转向映"季"的电视剧。固定长度播出,是美国电视培养观众约会意识的又一方法。通常电视剧片长相对固定:包括广告时间在内,情景戏剧一般为30分钟,其他系列剧是60分钟,电视电影2个小时。

其次是充分张扬品牌节目的品牌效应。收视高的电视节目,其品牌号召力可把大量观众固定在某个频道的某个时段,从而相应地带动了此时段的广告价位。这样就促使电视企业不断追加投资,一方面尽可能地延长品牌节目的寿命,另一方面,不断扩大和加深品牌节目的知名度和影响力,从而赢得更多的广告收入。这就是典型的成功者"通吃"的品牌运作模式。

3.编播季

我国的编播季是将美国的"季播"概念同中国国情相融合的产物。在这里的"季",不单指四季的更替,还包括以某种活动为特征而形成的时期,如暑假、春节等。加强节目编排与观众的关联,不少电视台开始尝试将短时期的"特殊编排"向长期性、连续性的"季播"发展。季播性编排是电视台强调编排策略完整性的一种表现,对非黄金时段编排的重视则将这种完整性扩展到每一天的编排策略上。

2005年,重庆卫视推出了"黄金月——中国节"的节目营销概念,是第一个实践"编播季"概念的卫视频道。由此,包括央视在内的多家电视台也开始实践"编播季"的概念,主要做法是以节假日或季节的更替等为分界线,将全年的节目编排分为常态节目编排表和特殊节目编排表。自2010年以来,季播编排在全国遍地开花。东方卫视的"中国达人秀"年度季播,至2014年已播出五季;浙江卫视的"中国梦想秀"一年播两季,至2014年已播出八季;2013年,央视一套进一步加强电视节目"季"的编排,在黄金时段和之后的深夜节目,主要采用"5+2"的横向编排模式:在周一至周五的黄金时间段连续播出电视剧,而在周六、周日的黄金时间段划分为数个"演出季",并分别推出不同的综艺节目。

编播季不仅停留在对节目排列组合的播出阶段,而且已渗透到节目的制作环节,主要表现在"即拍即播"和"阶段性播出"两点上。

"即拍即播"可理解为边拍边播,拍与播之间以上期节目的播出效果和观众的反馈意见为指导,对下期节目的拍摄进行调整,随时保持与受众需求的统一性。比如 2005 年热播的选秀节目《超级女声》《我型我秀》,节目每场的竞赛规则和环节的设置都不尽相同,一方面顺应了观众求新求变的需求,另一方面因规则变化引起的不确定性而调动了观众的收看积极性。

"阶段性播出"是指商业电视网的大多数节目会在收视季的固定时期进行阶段性播出,在前一个"收视季"有良好市场表现的节目会获得下一个季播的机会。《我型我秀》从 2004 年由东方卫视举办历经 6 届,在某种程度上,形成了一个"选秀收视季"。"阶段性播出"在培育和引导观众收视行为方面的巨大作用可见一斑。

对比美国的"季播",编播季的特点是主要用于综艺节目,没有固定的时间。能否有效培育出了观众收视的约会意识,有待进一步观察,但愿能走出一条新路。

三、重大事件和长假的节目编排

重大事件和长假是广播、电视的黄金时期,节目的编排气势磅礴,但特色不足。图 10-4-1 是 2008—2009 年所有调查城市、所有频道的收视率周走势曲线图(李文欢,2009)。从图中我们可以看出在春节、汶川地震、奥运会、国庆长假等重大事件期间、收视率都有小尖顶式的上升。

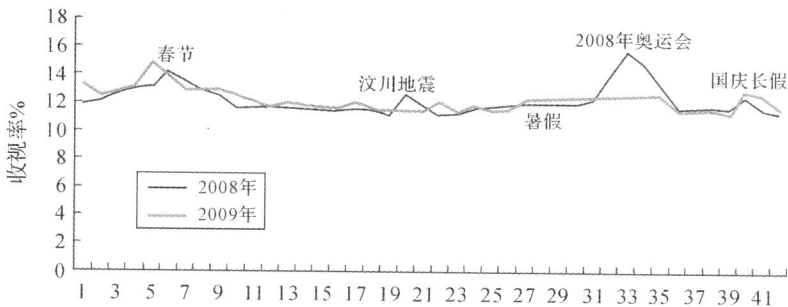

图 10-4-1　2008—2009 年收视率周走势

2008 年是改革开放 30 周年,各电视媒体在 2008 年 10—12 月间,晚间 19:00～23:00 时段,纷纷推出纪念改革开放 30 周年的节目,累计播出时长超过 713 小时,平均每天累计有 8 个小时的相关节目在各地电视荧屏上与观众见面。从参与的频道数来看,中央级频道为 8 个,省级卫视频道为 19 个,省级地面频道和市县级频道累计为 78 个。各节目类型中,专题类节目最多,时长累计为 495 小时,播出频道数共计 93 个;其次为综艺类节目,累计时长为 174 小时,播出频道共计 56 个;新闻时事、音乐、生活服务、法制、财经、体育、电视剧等节目类型也都有播出(蔡倩,2009)。

2009 年国庆是六十华诞,大部分媒体对节目的编播都以此为基调,无论是电视剧、主题晚会还是新闻/专题类节目基本上都是围绕这个中心拓展,因此,国庆收视全局凸显"六十华诞效应"。另外,中秋佳节也恰好在国庆假期内,成为继国庆之后的又一节目编排主题。

对于重大事件和长假,整个电视节目在主题和基调整体一致的前提下,节目类型和编排更多地体现为集中和同质,大多数频道都是白天轮播收视较好的电视剧,晚间播出晚会或者其他剧目,让人耳目一新的编排亮点罕见。对于电视媒体而言,重大节日和长假期间的节目编排仍需继续精耕细作、不断创新。

长假中互动电视潜力巨大,值得挖掘。在 2009 年国庆长假 8 天里,广电网络互动电视的日均点播量超过一万次。最新上线的一批新片新剧的点播量猛增,成为出现点播高峰的最大原因。如新上线的《白银帝国》、《大内密探零零狗》、《追影》等新电影最受追捧,短短 8 天的时间里,每天每部新片均有逾千户点播观赏。在香港创下高收视率的 TVB 新剧《绝代双骄》也赢得了观众的青睐,超过 2000 用户在国庆长假 8 天时间内,将该剧从头到尾点播完。国庆期间互动电视点播热的原因在于,互动电视随时点播随时收看的自主性,适应了长假期间受众能自主安排作息、休闲时间多的特点。

四、栏目剧的编排

栏目剧就是把电视栏目与影视剧结合起来,在栏目中演戏,在戏中做栏目,相对固定的时间播出,有固定的长度,以栏目的形式加以发布,在内容上则不拘泥于喜剧或悲剧,场景设置也不局限于室内,讲述百姓故事,以贴近生活见长,如中央电视台社会与法频道的《普法栏目剧》(2011 年创办),重庆电视台影视频道的《雾都夜话》(1994 年创办)等。电视栏目剧以其独特的个性魅力获得了观众的认可,因而被不少电视台当做"拯救"收视率的法宝和电视剧之外的重点自制节目。

在 2009 年 1 至 4 月晚间 17:00 至 24:00 时段,在全国 153 城市有 CSM/CTR 监测的 650 个频道中,共播出了 100 档栏目剧,播出总时长达 6948 小时。从供求关系来看,目前全国市场上栏目剧的播出比重(1.28)与收视比重(1.15)基本持平,处于供求比较均衡的状态。据 CSM 的统计,栏目剧播出时长较长的地区,多数是省台与市台竞争激烈的省会城市及计划单列市。

在各地市场中,也不乏栏目剧创作和编排创新之举。《因为爱》是浙江影视娱乐频道的栏目剧,以青春偶像剧的形式将现实生活中年轻人的爱情故事搬上荧屏,选题定位与传统栏目剧大不相同,开播一年多来,平均到达率和平均忠实度都实现了稳步上升。

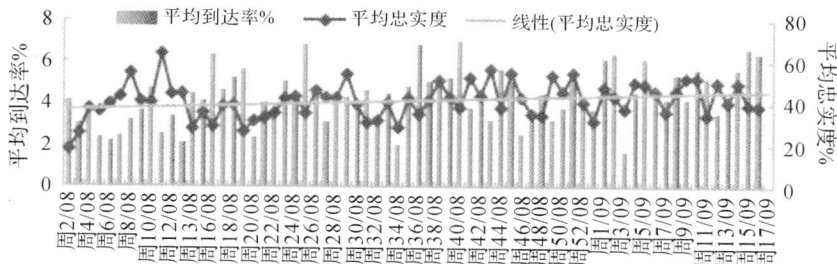

数据来源:CSM媒介研究

图 10-4-2　2008—2009 年《因为爱》平均到达率/平均忠实度

五、特殊人群的节目编排

1. 新闻信息节目与各界精英

在全国电视观众中,政治、商业、知识精英比例小,可谓凤毛麟角,但从购买力看,这些人的社会影响力和家庭收入比全国电视观众平均水平高出很多。如何吸引这些人的眼球,了解和迎合这些精英的收视习惯将是必不可少的工作。这里以商业精英为例,管中窥豹,可见一斑。

电视新闻是商业精英了解信息的重要来源。2002 年北京美兰德媒体传播策略咨询有限公司(CMMR)在全国 30 个省、自治区、直辖市,对 7000 个样本进行卫星频道观众收视状况调查[①]。数据显示,深度新闻报道和一般性新闻报道成为商业精英主要关注的节目类型。商业精英们经常收看的五种节目类型中深度新闻报道的比例为 96.5%,一般性新闻报道为 89.2%,电视剧为 76.3%,法制类为 74.8%,竞猜、益智类节目为 58.3%。

商业精英收视时段都集中在晚上。商业精英周一至周五平均每天看电视的时长约 170 分钟,周末近 200 分钟。不管是在工作日还是节假日,从凌晨 0 点到傍晚的 18 点之前,商业精英的时段收视比例几乎都低于全国观众的平均水平。但从 18 点开始,白天忙忙碌碌的商业精英们,其收视比例开始出现明显提升,在 19 点左右达到第一个高峰时段,19:46～20:00 达到全天收视的最高点,这一高峰时段持续到 21 点左右,其时段收视比例明显高出全国观众的平均水平,成为商业精英晚间收视的第一个"黄金时段"。这个高峰时段的形成除了商业精英自身的作息习惯外,与我国电视节目的整体时间安排也具

---

① 北京美兰德媒体传播策略咨询有限公司."老板一族"的收视习惯. http://www.docin.com/p-27014652.html#documentinfo

有一定的联系。19:00～19:30中央电视台的新闻联播,而19:46～20:00各电视台都在播放如"焦点访谈"、"新闻视线"及各省新闻联播等新闻节目,而新闻节目作为商业精英们最经常收看的节目类型,在这个时间段达到高峰点也在情理之中。

晚上22点之后,形成第二个收视高峰。21点左右,大部分频道进入了电视剧的播出时段,一部分商业精英开始流失,收视比例也开始下降,并低于全国观众的平均水平。而从22点开始,部分电视台进入了新一轮的新闻信息的播出时段,这样又吸引了一批商业精英观众的加入,收视比例出现了晚间时段的第二个高峰,在23点达到峰值后才开始下降。晚间22点至24点时段,商业精英的收视比例明显高出全国观众平均收视比例,是商业精英晚间收视的第二个"黄金时段"。

2. 娱乐节目与青少年

在英国16～24岁人群中有1/4表示他们不看BBC的节目,这使肩负教育公众、公共服务、弘扬民族历史文化遗产使命的公营媒介BBC陷于渎职的境地。BBC急于改善与年轻一代的关系,2005年委派10个小组研究"2012年的世界会是什么模样,那时的受众需要什么,BBC可以对此做些什么"等课题,在此基础上于2006年4月25日提出"创造性的未来"文化产业计划,希望筹集数十亿资金开拓数码媒体科技疆域。按照这一计划BBC将创造一个"按需所取的世界"(World on-demand),用"超广播、全平台"的新招式赢回青少年的"眼球"。

通过互联网收看视频,已成为青少年重要的娱乐选择。图10-4-3显示,我国部分大城市15岁以上的网民都上网收看过视频,但80后(19～28岁)、90后(15～18岁)更多,成都、武汉、北京通过互联网访问视频网站的80后超过85%。

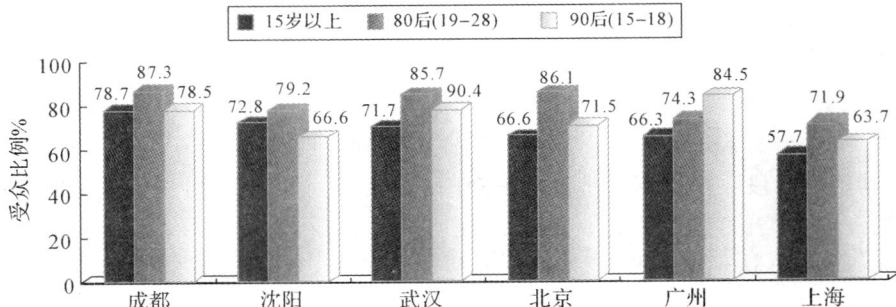

图 10-4-3 主要城市访问视频网站人群比例

我们2005年对浙江省6156名中学生(初中、高中、中专、职高)的调查数据显示,"娱乐"已成为中学生接触网络和电视的首要动机,比"增长知识"的动机高了 10 个百分点以上。中学生在电视和网络接触中"积累知识"的诉求均低于"休闲娱乐"的诉求;但中学生看报刊和杂志的"积累知识"诉求大大高于"休闲娱乐"诉求。青少年对休闲娱乐的选择具体分析,请看延伸阅读 2。

延续阅读

1.中国人搜索行为研究中心.2007 中国电视选秀节目研究.www.searchlab.com.cn.

2.吕一丹,王钦.追求简单轻松的快乐:80 后/90 后人群收视偏好浅析.收视中国,2009(9).

思考题

1.论述受众分析与节目编排的关系。

2.节目要素如何影响受众收视。

3.受众调查分析在电视节目编排的四个阶段的作用。

知识点

1.观众规模的经验公式	2.真实节目
3.虚构节目	4.节目收视比重
5.节目播出比重	6.节目的 6 个基本要素
7.节目模式	8.导入式
9.支柱式	10.吊床式
11.封闭式	12.频道间节目编排
13.编播季	14.栏目剧

参考文献

1.苏珊·泰勒·伊斯特曼等著.电子媒介节目设计与运营——战略与实践.北京大学出版社,2003.

2.杜宇宸.2013 年电视收视市场回顾.收视中国,2014(2).

3.赵晖.2013 年综艺节目收视分析.收视中国,2014(2).

4.杨明品,盛伯骥,陈共德主编.中国电视剧产业发展研究报告.中国广播电视出版社,2011.

5.郑维东.收视率与电视节目研究.广告大观(理论版),2008(1).

6.张曼绨.收视率分析与电视节目编排策略.湖南大学硕士论文,2007.

7.左瀚颖.受众市场变迁与节目编播调整.收视中国,2007(1).

8.唐浩智,戴杰,马肖丹.如何运用编排提高频道收视率和创收.岭南视听研究,2006(8).

9.王兰柱.中国电视收视年鉴2009.中国传媒大学出版社,2010.

10.蔡倩.回望历史启迪未来——纪念改革开放三十年电视媒体共回眸.聚焦受众,2009(4).

11.李文欢.国庆电视收视回顾.聚焦受众,2009(11).

12.姚洁."剧"现老百姓身边的故事——栏目剧收视面面观.聚焦受众,2009(6).

13.葛进平.浙江农村青少年大众传媒接触及影响实证研究.浙江大学出版社,2007.

14.郑维东."混搭"创新收视.收视中国,2009(8).

15.王兰柱.收视率调查应用手册(第2版).中国传媒大学出版社,2011.

第十一章

受众调查分析与广告

随着中国经济的发展，广告成为经济发展的晴雨表。研究 1981 年到 2008 年期间广告经营额与 GDP 增长之间的关系表明，我国广告经营额的变化对 GDP 的增长有正面影响，广告的现期变化对 GDP 的影响是即期的（郑燕宁，2011）。受众调查形成的视听率和发行量等指标成了广告的通用货币，也促进了广告管理的规范化，使广告健康发展。

第一节　广播电视广告概况

广告是为了某种特定的需要，通过一定形式的媒体，公开而广泛地向受众传递信息，包括公益广告和商业广告。电视广告是集文字、人物、动作、音乐、声音等元素于一体，不受年龄、职业、文化程度的限制，覆盖面大、传播迅速的一种广告形式，是广告主进行广告投放的首选。

一、广播电视和广告是准公共产品

1954 年萨缪尔逊①对公共产品做了一个经典的定义。他认为，私人产品的总消费量等于全部消费者对私人产品消费的总和；而对于公共产品来说，其

---

①　保罗·萨缪尔逊（Paul A. Samuelson）：1915 年出生，2009 年 12 月 13 日逝世。他发展了数理和动态经济理论，将经济科学提高到新的水平，1970 年获得第二届诺贝尔经济学奖。

消费总量则等于任何一位消费者的消费量。公共产品具有两个显著特征,一是非占有性;二是非排他性。在现实经济活动中,将公共产品分为纯公共产品与准公共产品。纯公共产品仅仅存在于国防、灯塔等特殊领域,而现实生活中大量存在的是准公共产品。参考郑秉文的《市场缺陷分析》(辽宁人民出版社,1993 年),表 11-1-1 列出了三类产品的主要区别。

表 11-1-1　纯公共产品、准公共产品与私人产品的区别

特　点	纯公共产品	准公共产品	私人产品
提供者	政府	政府、市场	市场
消费时能否分割	不可以	部分可以	可以
购买时能否独享	不可以	基本不可以	可以
购买方式	间接支付(税)	间接支付、直接支付	自己直接支付
分配原则	公共选择(投票)	公共选择、市场购买	市场价格
个人有无选择自由	没有	几乎没有	有
不购买可否享用	可以	部分可以	不可以
是否可以鉴定好坏	不容易	不太容易	容易
实例	国防、法律	义务教育、广播、电视	电视机、美容、服装

报纸、广播、电视等传统大众媒体均为准公共产品,对应的广告也是准公共产品。在媒体所能够覆盖的领域,所有的受众都能够看到或接触到,这对于广告产品的生产者来说,每新增加一个受众的成本是零。当人们在接触这个广告时,并不会减少其他人接触或观看这个广告的机会。也就是说,受众对广告产品的消费存在有限的非竞争性或有限的非排他性,这正是准公共产品的特征。

二、电视广告在国内广告市场中的地位及原因

虽然近几年随着新媒体的出现,电视广告受到一些冲击,但从市场数据看,电视广告仍然是整个广告市场的第一占有者。表 11-1-2 和图 11-1-1 是尼尔森网联提供的数据。

表 11-1-2　历年各媒体广告花费(%)

年	电视	报纸	杂志	电台	互联网	总额 $(亿元)
2006	80.89	17.00	2.12	—	—	387
2007	82.01	15.82	2.17	—	—	444

续表

年	电视	报纸	杂志	电台	互联网	总额 $（亿元）
2008	79.51	14.54	2.13	1.40	2.42	542
2009	78.78	14.92	2.15	1.39	2.75	623
2010	78.25	14.83	2.31	1.58	3.03	694
2011	79.36	13.65	2.34	1.78	2.88	816
2012	80.36	12.63	2.52	1.90	2.59	821
2013	81.13	10.23	2.18	1.58	4.88	924

表 11-1-2 显示电视广告刊例占广告总刊例的比例一直在 80％ 左右，其他依次为报纸、互联网、杂志、电台。即使在 2009 年世界金融危机的冲击下，电视广告仍然以 78％ 的份额占据统治地位，同比增长 13.89％，成为中国广告市场的主要推动者。

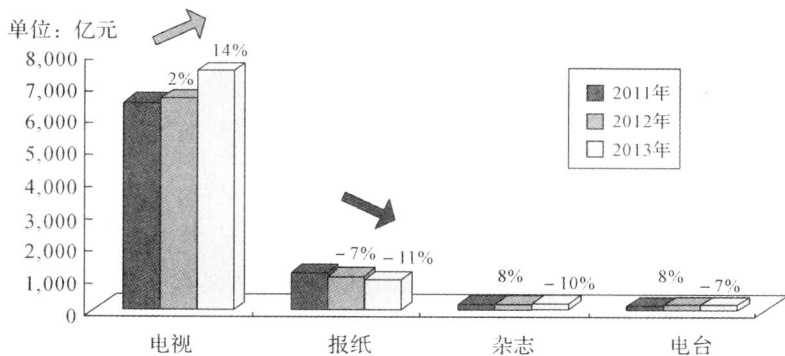

图 11-1-1　2011—2013 年全国广告刊例情况

图 11-1-1 显示 2013 年电视媒体刊例总额增长达到 14％，远高于 2012 年的 2％；而杂志与电台虽然在 2012 年增长高于电视，但在 2013 年却下降。

电视成为最大的广告媒体有两个重要原因。一方面在于电视是受众覆盖面最广、接触时间最长的媒体，且信任度高。另一方面是电视收视率的调查，为广告效果衡量提供了较为明确的标准。

1. 电视的到达率占绝对优势

CTR 对全国 36 个城市的受众调查，从各类媒体的日到达率数据看，受众接触时间最长的媒体是电视,作为第一媒体的地位仍不可撼动,见图 11-1-2①。

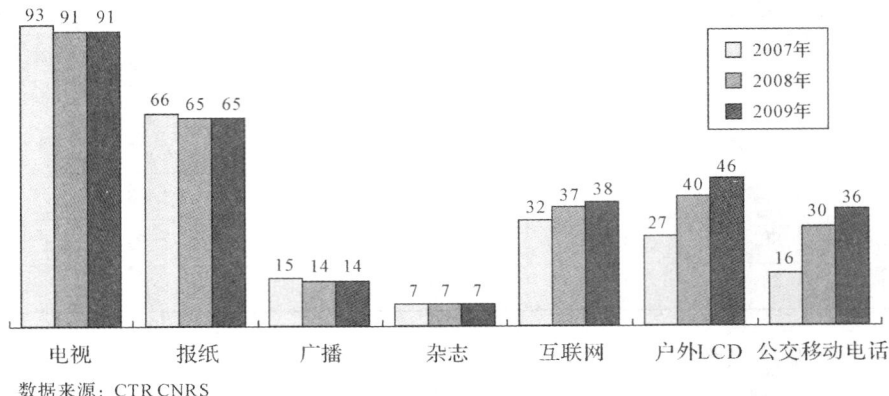

数据来源:CTR CNRS

图 11-1-2 主要媒体的日到达率比较

2.电视广告在关注度、信任度、影响力等方面均有突出的表现

2004 年 7 月,《现代广告》杂志社委托零点研究集团对北京、上海、广州、武汉、成都、沈阳、西安、济南、大连和厦门十个城市中 3212 名 18～60 岁的居民就广告接受度进行了入户访问。调查以多阶段随机抽样方式获取合格受访样本,数据结果根据各地实际人口规模进行加权处理,在 95％的置信度下的抽样误差为 1.12％(卢山冰,2005)。调查结果显示,无论是被动接触还是主动关注,消费者在日常生活中接触最多的是电视广告(96.％和 68.2％),如表 11-1-3。

表 11-1-3 消费者平时接触和主动观看广告的类型比较(%)

媒　体	平时接触较多的广告类型	主动观看的广告类型	媒　体	平时接触较多的广告类型	主动观看的广告类型
电视广告	96.4	68.2	报纸广告	79.1	51.7
杂志广告	24.5	16.9	网络广告	20.6	11.1
路牌广告	14.6	9.8	广播广告	13.9	6
车身或车内广告	12.7	6	地铁广告	2.8	1.3
其他广告	1.3	3.7	没有	0.6	12.9

该项研究表明,女性的关注力倾向于感性化程度高的电视广告,男性的关注力在虚

---

①　http://www.ctrmi.com/list/200706/images/2010020802.gif

拟化的网络广告中具有很强的倾向性。在收入差异与广告关注度的相关性上,个人月收入在1000元以下的群体对电视广告的关注度最高,1001～2000元之间的群体对报纸和杂志广告的关注度要明显高于其他群体,3001～4000元之间的群体对传统媒体广告的关注度要明显低于3000元以下群体,但是在对网络广告的关注度上居于首位。在个人月收入达到4000元以上的群体中,不主动关注广告的群体是最高的(占21.8%),属于对广告关注度最低的群体。

在消费者对媒体的评价上,关注度较高的媒体广告在消费者心目中的信任度也相对较高,且传统媒体广告在获得消费者信任度上占有优势。大学本科以上文化程度的消费者对于网络和杂志广告的信任度明显高于其他群体,但是对电视和报纸广告的信任度明显低于其他群体,文化水平越低的群体对于电视和报纸广告的信任度越强。个人月收入越低的群体对电视和报纸广告的信任度越高。在对消费者关于广告的可信度的评价上,广告主本身的信誉是最为关键的决定因素。"做广告的企业的信誉"(53%)在各种原因中高居首位,其次是"登载广告的媒体的可信度"(21.5%),"广告本身的创意水平"(17%)在一定程度上也会影响到消费者的信任评价。

将关注度、信任度、影响力三个指标放在一起进行比较时,就可以发现广告受众对于产品选择不同媒介刊播广告的认知状况(表11-1-4和表11-1-5)。

表11-1-4 各类产品在不同媒体上刊播广告的关注度、信任度、影响力比较

产品	指标	电视	报纸	杂志	广播	路牌	网络
房子	关注度	34.1	35.8	21.4	18.6	24.3	11.2
	信任度	19.1	23.4	13.7	12.4	16.1	7.1
	影响力	15.7	19.9	12.7	11.2	15.2	7.2
汽车	关注度	31.6	33.1	24.3	17.5	23.7	14.8
	信任度	24.1	24.2	19.2	13.3	17.9	11.5
	影响力	19.1	21.2	15.4	12.3	16.1	10.3
手机	关注度	39.8	36.9	25.9	18.9	28.0	17.9
	信任度	29.4	28.0	19.3	15.7	22.2	14.2
	影响力	28.1	25.7	19.1	14.5	20.4	13.2
电脑及外设	关注度	20.5	19.0	18.2	11.1	15.5	14.2
	信任度	16.7	15.6	14.9	9.8	12.0	11.7
	影响力	15.1	14.8	13.0	9.2	12.4	11.7

续表

产品	指标	电视	报纸	杂志	广播	路牌	网络
数码产品	关注度	22.7	20.3	19.0	14.8	16.7	16.0
	信任度	19.9	17.7	16.4	12.3	14.3	12.1
	影响力	17.5	17.0	15.5	11.5	13.1	11.5
家电	关注度	45.4	37.3	24.3	20.5	24.2	10.6
	信任度	36.7	31.2	20.3	17.8	20.7	8.8
	影响力	35.0	29.2	19.6	17.4	20.2	8.4
食品	关注度	43.6	28.5	17.5	20.1	22.0	8.
	信任度	32.5	24.0	15.5	16.7	18.9	7.1
	影响力	32.4	24.1	16.5	15.9	20.0	6.6
化妆或护肤品	关注度	30.4	19.7	20.7	12.6	17.4	8.4
	信任度	20.3	15.3	17.6	11.0	14.9	6.3
	影响力	21.7	15.1	16.9	10.3	14.1	7.2
家用日用品	关注度	34.5	23.6	17.7	16.3	18.2	7.0
	信任度	28.3	20.1	14.8	13.7	15.3	5.7
	影响力	29.3	20.0	14.7	13.2	15.3	6.4
家居用品	关注度	27.7	22.2	18.3	15.7	15.7	5.9
	信任度	20.7	18.7	15.7	12.9	14.0	5.2
	影响力	20.1	17.6	14.6	12.7	13.9	5.6
服装	关注度	19.0	13.7	16.6	12.7	13.9	5.6
	信任度	13.6	11.0	13.6	7.6	9.6	5.7
	影响力	12.3	10.9	13.2	7.4	9.2	5.5
珠宝首饰	关注度	6.3	6.2	8.8	4.8	6.3	3.5
	信任度	6.6	6.1	7.0	4.4	5.5	2.9
	影响力	5.6	5.9	6.7	4.3	5.8	2.5

续表

产品	指标	电视	报纸	杂志	广播	路牌	网络
通信	关注度	8.2	9.7	7.7	9.1	9.1	5.3
	信任度	8.4	8.7	6.1	7.6	8.5	4.8
	影响力	8.1	8.0	6.3	7.6	8.4	4.2
旅游	关注度	13.0	14.6	10.3	11.6	9.2	8.7
	信任度	9.4	12.2	7.6	9.2	7.1	6.7
	影响力	8.9	11.2	8.4	9.5	7.6	6.2
教育	关注度	12.5	12.2	7.3	10.2	6.7	6.2
	信任度	10.0	9.8	6.2	8.1	6.0	4.8
	影响力	8.4	8.6	6.2	7.8	5.9	4.9
服务	关注度	6.6	7.2	4.1	5.6	3.8	4.2
	信任度	5.2	6.3	3.7	5.0	3.6	3.4
	影响力	4.1	5.3	3.9	4.4	3.8	2.8

表 11-1-5　消费者对各类产品在不同媒体进行广告的接受度比较

	电视	报纸	杂志	广播	路牌	网络
广告高接受度产品	手机、家电、食品、日用品	手机、家电	手机、家电、汽车、化妆品/护肤品	手机、家电	手机、家电	手机
广告中接受度产品	汽车、化妆品/护肤品、房子、家居	汽车、食品、家居用品	数码产品、食品、家居用品	汽车、房子、家庭日用品、家居用品	汽车、食品、房子	汽车、电脑及外设、数码产品
广告低接受度产品	数码产品、电脑、服装、珠宝首饰	数码产品、电脑及外设、化妆品/护肤品、家庭日用品、家居用品、服饰、珠宝首饰	房子、电脑及外设、家庭日用品、服装、珠宝首饰	电脑及外设、数码产品、化妆品/护肤品、服装、珠宝首饰	电脑及外设、数码产品、化妆品/护肤品、家庭日用品、服饰、珠宝首饰	房子、家电、食品、化妆品/护肤品、家庭日用品、家居用品、服饰、珠宝首饰
广告低接受度服务			旅游服务、教育服务	金融服务		

电视广告在关注度、信任度、影响力等方面均有突出的表现源于电视的公信力高。现代广告杂志社和北京师范大学张洪忠博士,在 2009 年和 2012 年进行了二次中国传媒公信力调查①。调查北京、上海、南京、武汉、广州、重庆、沈阳、西安、深圳、成都、天津、杭州等 12 个城市的报纸、电视、网站的公信力,具体包括人民日报、中央电视台、湖南卫视、凤凰卫视、8 家网站(人民网、新华网、新浪、腾讯、搜狐、网易、凤凰网、雅虎)等 74 家综合性媒体。

调查显示,总体而言电视、报纸的绝对公信力明显居于前两位,电视、报纸、网络的相对公信力居于前三位。中央电视台在每个城市均排名第一,在 40%~80% 之间,北京最高 81.0%;凤凰卫视的公信力整体靠前,在六个城市中均排名第二。

2012 年 4 月 13 日,尼尔森发布名为"全球广告信任度"的调查报告②,如图 11-1-3。该项调查在 56 个国家总计 2.8 万名消费者中展开,结果发现,92% 的受访者表示他们信

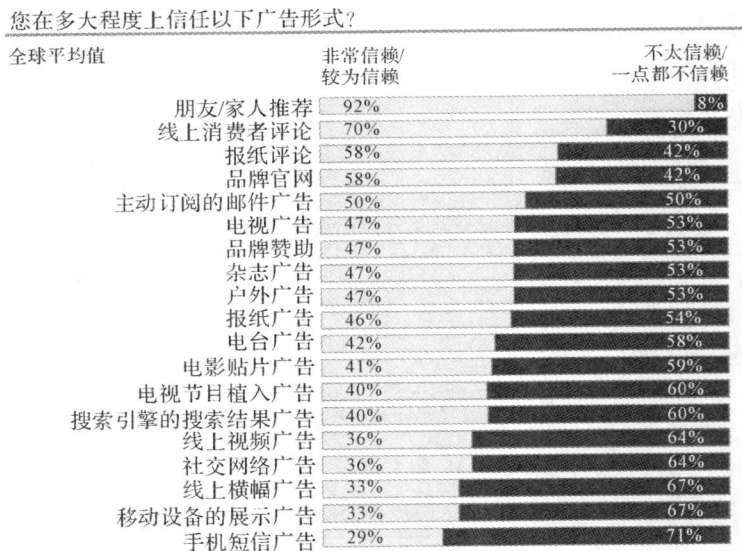

您在多大程度上信任以下广告形式?

全球平均值	非常信赖/较为信赖	不太信赖/一点都不信赖
朋友/家人推荐	92%	8%
线上消费者评论	70%	30%
报纸评论	58%	42%
品牌官网	58%	42%
主动订阅的邮件广告	50%	50%
电视广告	47%	53%
品牌赞助	47%	53%
杂志广告	47%	53%
户外广告	47%	53%
报纸广告	46%	54%
电台广告	42%	58%
电影贴片广告	41%	59%
电视节目植入广告	40%	60%
搜索引擎的搜索结果广告	40%	60%
线上视频广告	36%	64%
社交网络广告	36%	64%
线上横幅广告	33%	67%
移动设备的展示广告	33%	67%
手机短信广告	29%	71%

cr-nielsen

图 11-1-3　广告传播渠道信任度排名

---

① 数据来源 http://www.a.com.cn/info/domestic/2013/0502/190555.html。
② 数据来源 http://www.cr-nielsen.com/news/201204/13-2002.html

任无偿广告,如朋友家人的推荐,该比例比 2007 年上升 17 个点,成为最信赖的传播途径,网络消费者评论的信任度位居第二,信任度超过 70%,比 4 年前大幅提升了 15%。这两项和主动订阅的邮件广告类似人际传播,报纸评论不是广告,品牌官网类似组织传播,在大众传播中,电视广告依然第一。

2013 年 3 月至 4 月,中国社会科学院中国舆情调查实验室开展了第一次全国范围的城市居民舆情调查。调查显示:当重大事件发生时,电视是城市居民获取新闻的第一媒体,也是信任度最高的媒体。43.1% 的人首选电视获取信息,相关政府机构网站排名第二。民众对电视的信任度最高,"非常信任"和"比较信任"的比例共达 81%;对报纸的信任程度大于 70%,属第二梯队;对网络和广播的信任度分别为 55.1% 和 53.3%(资料来源:是真的吗?——关于电视的六大谣言 http://tech. hexun. com/2013-10-18/158865383. html)。

三、电视广告的政策变迁

目前已经形成了以《中华人民共和国广告法》为主干,《广告管理条例》为支撑,《广播电视管理条例》等一批部门规章为补充的电视广告法律体系。

1. 禁播广告阶段

1949—1978 年,在计划体制下,中国电视媒体属于典型的公共性的、非营利性的事业单位。其所需的资金全部依靠各级政府的财政拨款,不存在节目买卖,也不播放商业广告。

2. 电视广告经营政策逐步明确

1979 年不仅是中国历史上划时代的一年,也是广告史上开创性的一年。1979 年 1 月 4 日的《天津日报》率先在第三版上刊登 10 厘米通栏的"蓝天"牙膏等广告。1 月 14 日《文汇报》发表丁允朋的杂谈——"为广告正名",为广告的合法性进行辩护。1 月 25 日,上海电视台起草了一份试办广告业务的报告,请示上海市广电局党委和市委宣传部。随后《上海电视台广告业务试行办法》和《国内广告收费试行标准》先后出台,1 月 28 日(大年初一)晚,播放了我国第一条电视广告——参桂补酒。3 月 5 日上海人民广播电台第一个在全国恢复广播广告业务。3 月 15 日上海电视台播出了"文革"后第一条涉外广告(瑞士雷达表)。4 月 17 日《人民日报》刊登汽车、地质仪器等商品广告。6 月北京市委宣传部同意恢复首都广告业务。9 月 18 日中央宣传部长胡耀邦对新闻媒体刊播外国商品广告问题作了重要批示,9 月 30 日中央电视台播出了第一条商业广告(美国威斯汀豪斯电器)。11 月 8 日中央宣传部发出《关于报刊、广播、电视台刊播外国商品广告的通知》,对大众媒体刊播商业广告的行为予以认可,通知指出:"各报刊、广播、电视台在刊登和播放国内产品广告的同时,可开展外国商品广告业务",并在承办外商广告的三种办法中,首先提到了"由上海或北京广告公司承接广告,然后委托国内报纸、广播电台、电视台刊登或播放"的代理办法。从此,国家加大对电视广告经营的支持力度。

1980年8月国家经济贸易委员会和国家工商行政管理总局开始起草《广告管理暂行条例》,并于1982年2月正式实施。第一次把广告纳入国家的宏观管理,从而结束广告业务多头管理的局面。1982年6月5日国家工商行政管理总局颁布《广告管理暂行条例实施细则(内部试行)》,同时下发《关于整顿广告工作的意见》,对于全国广告经营单位进行普查,统一发证,初步对我国广告市场发展做出了强制性和政策性引导。1983年9月经国家统计局同意,国家工商行政管理总局印发《广告经营统计表》,对广告经营相关数据进行系统全面的统计,从此我国的广告统计步入轨道。

1983年3月第十一次全国广播电视工作会议提出了"广开财源,提高经济效益"的改革方针。1983年10月26日中央批转广播电视部《关于广播电视工作的汇报提纲》,这就是对中国广播电视影响巨大的中发〔1983〕73号文件。文件提出的实行中央、省(自治区、市)、市(地、州)、县四级办广播、四级办电视、四级混合覆盖的方针;各级广播电视机构的服务公司或服务部,要实行事业单位企业管理的制度;省、市、自治区广播电视厅(局)受该省、市、自治区人民政府和广播电视部双重领导,以同级政府领导为主的领导体制;节约开支,提高经济效益,并开辟财源,以补充国家拨款不足的方法,为广播、电视广告的大发展提供了可能性和必要性。

1985年国家有关部门发出《关于报纸、书刊、电台、电视台经营刊播广告有关问题的通知》,开始规范广告市场。在1985年4月国务院批转的《国家统计局关于第三产业的统计报告》中,第一次将广播电视事业列为第三产业。中央电视台于1987年7月成立广告部,专门承担电视广告的编辑、制作、播出和管理工作。1987年10月国务院颁布《广告管理条例》。1988年1月国家工商行政管理总局发布《广告管理条例施行细则》。1988年1月广播电影电视部、国家工商行政管理总局联合发出《关于进一步加强电视广告管理的通知》。1992年6月,中共中央、国务院颁布的《关于加快第三产业发展的决定》,肯定广告的第三产业性质。1993年7月10日国家工商行政管理局、国家计划委员会制定《关于加快广告业发展的规划纲要》。

3.法律法规逐步健全,对电视广告的管理与监督日益严格

1994年10月27日第八届全国人大常委会第二次会议审议通过《中华人民共和国广告法》,1997年12月国家工商管理总局印发《广告活动道德规范》。1999年8月国家工商管理总局做出《关于新闻单位设立广告公司有关问题的答复》。

2003年8月18日国家广电总局发布《广播电视广告播放管理暂行办法》(广电总局

17 号令），业界简称 17 号令，明确规定电视台在 19:00～21:00 之间，每套节目中每小时的广告播出总量不得超过 9 分钟，直接导致了广告时间减少，广告价格有了较大幅度的上涨。

2009 年 9 月 8 日广电总局发布《广播电视广告播出管理办法》（广电总局 61 号令）规定：每套节目每小时商业广告播出时长不得超过 12 分钟，其中广播电台在 11:00 至 13:00 之间、电视台在 19:00 至 21:00 之间，商业广告播出总时长不得超过 18 分钟；每套节目每日公益广告播出时长不得少于商业广告时长的 3%，其中广播电台在 11:00 至 13:00 之间、电视台在 19:00 至 21:00 之间，公益广告播出数量不得少于 4 条（次）；播出电视剧时，可以在每集（以 45 分钟计）中插播 2 次商业广告，每次时长不得超过 1 分 30 秒，其中，在 19:00 至 21:00 之间播出电视剧时，每集可以插播 1 次商业广告，时长不得超过 1 分钟。该办法自 2010 年 1 月 1 日起执行。

2009 年 9 月 10 日广电总局发布、2010 年 1 月 1 日起执行的《关于加强电视购物短片广告和居家购物节目管理的通知》规定：所有电视购物短片广告作为广告管理，计入广告播出总量，不再执行《广电总局关于禁止播出虚假违法广告和电视"挂角广告"、游动字幕广告的通知》（广发社字〔2005〕547 号）中每小时播出此类节目"总长度不得超过 15 分钟"的规定；新闻、国际等专业频道和电视购物频道，不得播出电视购物短片广告；教育、少儿等专业频道不得播出不宜未成年人收看的电视购物短片广告；上星频道每天 18 点至 24 点的时段内，不得播出电视购物短片广告。

2011 年 10 月 11 日《广电总局关于进一步加强广播电视广告播出管理的通知》（广发〔2011〕79 号）要求必须严格遵守 61 号令。新增：(1)禁止在片头之后、剧情开始之前，以及剧情结束之后、片尾之前插播任何广告；(2)在非黄金时间影视剧持续播出时间不少于 15 分钟、黄金时间影视剧持续播出时间不少于 25 分钟后，方可依据 61 号令规定插播商业广告；(3)播出片尾画面以及演职人员表等内容时，禁止播出任何形式的广告。(4)新闻节目中插播广告时，应当安排在不同版块之间的自然间歇段内，不得在整点新闻的整点之后，以及新闻内容结束之后、工作人员字幕前插播广告；时政新闻类节目不得以企业或者产品名称等冠名；不得使用新闻报道及其素材，或以新闻采访形式作商业广告；新闻节目主持人不得为商业广告作形象代言。

坚决禁止在转播节目时插播各类广告。广播电视播出机构、转播台（站）、发射台（站）和有线电视网络机构，在转播传送节目时，必须保证被转播节目的完整性，不得以游动字幕、叠加字幕、挂角广告、贴片广告等任何形式插播广告；不得以自行组织的商业广告替换被转播节目中的正常广告。

2011 年 11 月 28 日，广电总局关于贯彻执行《〈广播电视广告播出管理办法〉的补充规定》的通知要求：自 2012 年 1 月 1 日起，播出电视剧时，每集（以四十五分钟计）中间不得再以任何形式插播广告。同时,《广电总局关于进一步加强广播电视广告播出管理的通知》(广发〔2011〕79号)中第二条"规范影视剧中间插播广告行为"的规定终止执行。

第二节　广播电视广告效果测评

现实生活中,受众对广告大多持视而不见的态度,并且在可能的情况下进行主动回避(换频道或者离开),形成了广告界那句经典的"50％浪费"的"咒语"。

一、广告目标受众收视率数据的计算

收视数据都是4A公司从专门的数据收视调研公司买来的,一般来说有原始数据(Raw Data)和定制报表数据。很多小的、实力不强的广告代理公司,直接找数据收视调研公司来定制报表。大的广告代理公司,大多是买原始数据,根据自己或客户的需求加工数据,产生报表。

广告客户最关心的一个指标就是广告目标受众收视率,计算公式:

$$广告目标受众收视率 = \frac{目标人群中看到广告的总人数}{目标人群的总人数} \times 100$$

一般来说,从数据收视调研公司购买来的原始数据有三种:电视台的节目(广告)清单,样本人群的人口特性,收视数据(蒋勇,2008)。

1. 电视节目/广告清单

典型的电视节目清单如图11-2-1,包括节目内容、频道名字、日期、开始时间、节目长度、节目类型等。

图11-2-1中,节目内容中的"广告",就是电视台插播的广告的。但是具体是哪些广告,收视调研公司会提供另外一种文件,叫做"AD Log",图11-2-2是一个典型的AD Log文件。

通过以上两个文件,广告主和广告公司可以检查,广告是否真的播放过。而实际播放的时候到底有多少人在看这个广告,就需要下面两个文件来计算。

2. 样本人口特性

收视调查公司根据当前市场的人口特性来选择样本,这样每一个样本不但具有自己的人口特性(年龄,性别,家庭收入等),而且都有不同的权重,图11-2-3就是一个典型的样本人口特性的文件。图中每一行代表一个样本人,具体含义如下。

综艺快报	中央台三套	2003-1-1	18:22:46	82	综艺	综艺娱乐报道
电视舞蹈作品展播	中央台三套	2003-1-1	18:24:08	304	综艺	单项艺术类
广告	中央台三套	2003-1-1	18:29:12	120	其它	广告
音乐桥	中央台三套	2003-1-1	18:31:12	15	音乐	其它
广告	中央台三套	2003-1-1	18:31:27	120	其它	广告
音乐桥	中央台三套	2003-1-1	18:33:27	42	音乐	其它
广告	中央台三套	2003-1-1	18:34:09	20	其它	广告
音乐桥	中央台三套	2003-1-1	18:34:29	1543	音乐	其它
广告	中央台三套	2003-1-1	19:00:12	480	其它	广告
第四届中国曲艺节展演	中央台三套	2003-1-1	19:08:12	1080	综艺	其它
广告	中央台三套	2003-1-1	19:26:12	300	其它	广告
迎客松杯第二届CCTV全国电视相声大赛	中央台三套	2003-1-1	19:31:12	18	综艺	单项艺术类
广告	中央台三套	2003-1-1	19:31:30	35	其它	广告
迎客松杯第二届CCTV全国电视相声大赛	中央台三套	2003-1-1	19:32:05	4344	综艺	单项艺术类
广告	中央台三套	2003-1-1	20:44:29	5	其它	广告
迎客松杯第二届CCTV全国电视相声大赛	中央台三套	2003-1-1	20:44:34	16	综艺	单项艺术类

图 11-2-1　电视节目清单

MediaName	Data_Date	StartTime	EndTime	Dur	ProductName	AdvertiserName	CopyName
上海电视台体育频道	2008-01-01	024828	024857	30	阿迪达斯运动品	阿迪达斯ADIDAS	女人在多人手上跳起投篮.男人在多人
上海电视台体育频道	2008-01-01	024858	024912	15	TCL薄绝H76动态全高	TCL	城市.2人跑.从高处跳下.险些摔倒.产品
上海电视台体育频道	2008-01-01	024913	024942	30	百龄坛威士忌酒	百龄坛BALLANTIN	多人看作品.产品展开.男人品酒.河流
上海电视台体育频道	2008-01-01	024943	025012	30	强生公司	强生J&J	女人给孩子看病.帮孩子贴创可贴.城市
上海电视台体育频道	2008-01-01	025013	025042	30	乐事美味体验薯片	百事PEPSI	女人拿产品吃.男人眨眼.门开.男女碰
上海电视台体育频道	2008-01-01	025043	025057	15	元太传媒	元太传媒	如意棒.文字.全国各地.文字
上海电视台体育频道	2008-01-01	025058	025127	30	广州本田雅阁轿车	广州本田HONDA	产品内部设置.行驶.穿越丛林.海边.海
上海电视台体育频道	2008-01-01	025128	025157	30	皇轩至尊解百纳酒	申马酒业	男人开酒.倒酒.产品.男人闻酒杯.产品
上海电视台体育频道	2008-01-01	025158	025227	30	唐朝酒店	七星唐朝酒店	牡丹花.多人鞠躬.餐桌摆设.大厨烹饪
上海电视台体育频道	2008-01-01	025228	025257	30	广东发展银行VISA奥运	广东发展银行GUA	钱条人跑上长城.点燃火把.放烟火.城
上海电视台体育频道	2008-01-01	025258	025312	15	长安福特S-MAX轿车	长安福特FORD	手转动钥匙.车开.男的背女的笑.2人在
上海电视台体育频道	2008-01-01	025313	025327	15	元太传媒	元太传媒	如意棒.文字.全国各地.文字
上海电视台体育频道	2008-01-01	025328	025412	45	香港迪士尼乐园	香港迪士尼乐园	男孩抱玩具.多人碰杯.男人送小孩和
上海电视台体育频道	2008-01-01	025413	025420	5	百威啤酒	安海斯-布希ANHE	蚂蚁坐在啤酒瓶上划.多蚂蚁.摇旗呐喊
上海电视台体育频道	2008-01-01	025421	025429	5	百威啤酒	安海斯-布希ANHE	2蚂蚁冲浪.酒杯激起波浪.标志
上海电视台体育频道	2008-01-01	030114	030143	30	皇轩葡萄酒	申马酒业	法国名模MAJON拿着酒杯.坐在沙发
上海电视台体育频道	2008-01-01	030144	030213	30	粤珍轩	粤珍轩	霓红灯.大龙虾.厨师炒菜.标志&文字

图 11-2-2　AD Log 文件

“010100101”表示一个样本的内部代码；“09.62504”表示这个样本的权重；“11112B22A5”表示样本的人口特性，比如第五位“2”表示女性，第六位“B”表示年龄在50～54岁之间，第七位“2”表示已婚。

根据上面的文件，很容易知道在一个市场的总人口数是多少，只要把每个样本的权重加起来，就是这个市场的总人口数。实际上很少有广告以全部人口作为目标消费人群，但是当知道指定产品的目标人群后，也很容易知道目标人群的总人口数。比如某化妆品产品设定的目标人群是女性20～44岁，只要把上面的列表根据第五位等于“2”的且第六位为“5”，“6”，“7”，“8”，“9”的进行过滤，然后把过滤后的样本的权重加起来，就是这个市场的女性年龄在20～44岁的总人口数(目标受众)。

```
01010010109.6250411112B22A527121111432392111422226339          2
01010010206.7302211111B217222212929432392111422226339          2
01010010314.28877111124129531222929332392111422226339          2
01010019812.192991121000000000000000323921114222226339 00002
01010030111.1034311111A22A525111313434312422114221224239          2
01010030209.88980111129217226222929432124221142212242239          2
01010030312.780501111121295112229294312422114221224239          2
01010039811.570601121000000000000000031242211422122224239 00002
01010040137.6681711121E32A54711111141212312422122231Z9          2
01010049840.46635112200000000000000001212312422122231Z9 00002
```

图 11-2-3 样本人口特性文件

3. 样本收视数据

样本的收视数据也是按照天来保存的,每天每个市场都有一份收视数据的文件,格式如图 11-2-4 所示。

```
040100101CDGG 5194200519570001
040100101CDXW 5195800521080001
040100101CDGG 5210900521090001
040100101SCC1 5211000521110001
040100101SCGG 5211200521120001
040100101SCTV25211300521230001
040100101CCTV25212400521290001
040100101CCTV45213000522040001
040100101CTV125220500522080001
040100101CQTV 5220900522100001
040100101HPTV 5221100522110001
040100101SCETV5221200522120001
040100101SCC4 5223500522360001
040100102CDXW 5094300509430001
040100102SCGG 5094400509450001
```

图 11-2-4 电视收视数据

图中"040100101"表示一个样本的内部代码;"CDGG"表示频道的简写;"5"是开始收看标识;"194200"是开始收看的时间,19点42分00秒;"5"是截止收看标识;"195700"是结束收看的时间,19点57分00秒;"01"表示是第几台电视机收看的。综上所述,图中的第一行表示的意思是:"040100101"样本在19点42分到19点57分,收看"CDGG"这个频道的电视节目,当然也包括中间播放的广告。

有了上面的三种数据,就可以计算广告目标受众收视率。

第一步:确定该产品的目标收视人群,如20~44岁的女性。

第二步:从AD Log中(图11-2-2)获得该广告的实际播放的时间和频道,如CCTV-1,2008年1月1日,20:02:15~20:02:29。

第三步:从人口特性的文件中(图11-2-3)获得女性20~44的总人口数[A]和样本的代码列表。

第四步:根据步骤3中的样本的代码和步骤2中的日期、时间和频道,从收视数据(图11-2-4),获得目标受众在20:02:15~20:02:29这段时间收看CCTV-1的样本列表。

第五步:在人口特性的文件中(图11-2-3),把步骤4所获得的样本列表的权重数加起来,就获得了收视的样本人口[B]。

$$广告目标受众收视率 = \frac{目标受众样本收视人群[B]}{目标受众样本总人群[A]} \times 100$$

二、电视节目品质与广告效果

播出环境和节目质量共同决定了节目的收视表现,其中节目质量对收视率的贡献约为50%(郑维东,2009)。广告穿插于节目之间,观众从节目收视转入广告收视会产生规避行为而致广告收视率降低,基于节目收视率与广告收视率的实证分析表明,国内市场平均的广告收视衰减率约为33%,也即是说1/3的观众会在从节目转入广告时换台或关机。由此可见,节目品质对广告认知效果的影响是透过影响节目收视,进而影响广告收视率形成的,节目品质对广告认知效果的影响程度为33.50%(即50%×67%)。

节目品质同时还影响观众对广告的态度,这种影响也是间接的。节目品质影响观众对节目的态度,而观众的这一态度会转化为对广告的态度。观众对节目的态度往往以满意度来测量,观众满意度高的节目或者频道,观众对其所连接的广告也往往给予更积极的态度评价,这即心理学上指称的"爱屋及乌"现象;反过来,一些品质好的广告也更愿意向高品质的节目或频道集中,从而形成市场共振效应。如果把节目品质对广告效果的影响作为100%看待,则基于上述分析,其中对广告认知层面的影响为33.5%,对广告态度层面的影响则为66.5%,可见节目品质更倾向于影响广告态度。这就凸显出以品质和品牌拉动广告营销的重要。

消费心理学 AIDI("爱达")模式,广告必须吸引观众的注意(Attention),并使其产生兴趣(Interest),进一步诱发欲望(Desire),最后采取购买行为(Action)。按半衰假定,若注意为 1,则兴趣、欲望、行为分别为 1/2、1/4、1/8。广告对态度的影响仅为认知效果的 1/3 或者 1/4,如果以认知效果为 100%,则节目品质的广告态度效果约为 25%。

$$66.5\% \times \{(1/2+1/4) \times 1/2\} = 24.9375\%$$

毛评点(GRP)测量了以广告收视率为基础的电视广告认知效果。如果考虑节目品质对广告效果的影响,则电视广告对认知和态度两个层面的综合效果大致可相当于 1.25(半衰率假定)至 1.665(平权假定)倍 GRP。这是一个市场均值,不同的节目或者频道,其取值或高或低。节目品质高则取值高,节目品质低则取值低,但最低也就是 1 倍的GRP 了。

第三节　收视率与电视广告价格

电视广告价格太高,会抑制企业的广告需求,使广告量达不到饱和;价格太低,又不能充分体现广告时段的价值。价格过高或过低都不能实现媒体广告收益的最大化。要想制定科学、有效的价格,首先应该了解影响电视广告定价的因素。

一、影响电视广告价格的内在因素

电视广告与其他户外媒体(LED、广告牌)、专业电视购物频道等不同,它不能脱离电视栏目而独立存在,即电视广告价值依存于电视栏目的价值。同时电视栏目的价值由电视广告价格来体现。因此,研究电视广告价格就应分析电视栏目价值。从节目本身看,影响电视广告价值的因素主要包括电视成本、品牌形象、节目类型、节目时段等(刘国珍,2009)。

1. 电视成本

电视成本指的是电视栏目制作成本和电视播出运营成本。由于电视台经营的特殊性,其特定频道、特定时段与栏目的广告价格与电视成本没有直接联系。一般而言新闻节目的制作成本不高,但是由于适应人们对及时了解外界信息的迫切需求,收视率一般比较高,广告价格也高。相反科教类节目制作成本很高,但受众人群狭窄,直接导致了这一类节目的收视率偏低,广告价格也就只能处于比较低的价位。

虽然电视节目的成本与广告价格之间没有直接的对应关系,但宏观上广告价格的制定却要与频道及栏目播出的营运成本挂钩,对这一成本的认识和利用可以有效地帮助频道对创收目标的设定。电视节目播出的营运成本主要由三部分组成:固定资产年折旧、直接年费用(人员费用、差旅费、水电费、房租、技术开发费等)、间接年费用(缴纳给台内其他管理、后勤部门的费用)。

2.品牌形象

品牌形象是存在于消费者大脑中的图像和概念的集群,是消费者关于对品牌知识和品牌态度的总和。媒体、频道、节目的品牌形象,影响收视率和满意度,是制定电视广告价格需要考虑的因素之一。

媒体组织或者节目进行价值衡量及广告定价时,其品牌形象的影响力可以从外部资源和内部资源进行评估。以《经济半小时》节目为例,从外部资源来看,《经济半小时》所在的中央电视台第二频道是经济频道,是观众收视行为最为经常和稳定的频道之一,特别是社会主流人群最为主动选择的电视频道之一。中央电视台第二套节目在观众心目中已经拥有坚实的品牌形象,观众对其品牌认知度很高。

从内部资源来看,《经济半小时》在全国电视观众中的知名度指数为79.5%,在全国电视观众中的满意度指数为101(以满意度指数100为中线);拥有占全国电视观众52.9%的基本收视人群,其拥有的观众规模在中央电视台45个栏目中排第11位;观众构成特征为文化程度高、收入高;收视忠诚度指数达到32.8%,在中央电视台45个栏目中的排位居第18位;主动收视率指数为46.2%,在中央电视台45个栏目中的排位居第18位。

根据央视官方网站公布的2008年广告价格,广告平均价格前五名的是央视一套、五套、三套、八套、二套,分别为63312、62185、45990、41409、28114元,而《经济半小时》5秒、10秒、15秒、30秒的广告价格分别是17200、25800、32300、58000元,平均为33325元,超过央视二套的平均价格。

3.节目类型

不同的节目类型拥有不同的接触关注度。所谓接触关注度是调查研究受众在接触媒体时的投入程度。奥美伦敦公司曾有一项研究报告指出,接触关注度较高的节目与接触关注度一般的节目相比较,受众接触关注度高的节目所承载的广告其观众观看意愿将提高49%,而受众对广告的记忆度也相应提高30%。这一研究报告证实了受众的媒体接触关注程度对广告效果的影响一般呈正比关系。

不同的节目类型拥有不同的受众群体,因此广告主在选择投放广告媒体与投放广告时间段上都会有所考虑,比如日用品多选择在电视剧中进行插播广告,来吸引众多的家庭主妇的关注,而汽车类、房产类广告则经常选择在体育栏目以及都市新闻节目中进行插播,以吸引该类产品的目标消费群体。

4.节目时段

广告价格的制定在考虑电视节目类型的同时还要考虑时间因素,因为在同一天的不同时间段播放相同类型的节目,其受众的规模会受到影响。

如表 11-3-1 所示,一天中同属新闻类节目因其白天关注度较之晚上比较低,所以广告价格从早上的 3000 元/5 秒,到中午的 5500 元/5 秒,再到晚上黄金时段 7:30 后的 12000 元/5 秒,随着时间的后移而逐渐增加。

表 11-3-1　某卫视 2008 年广告报价

播出时段	节目类型	广告种类			
		元/5 秒	元/10 秒	元/15 秒	元/30 秒
7:00～7:30	早间新闻插(每天)	3000	5500	7000	13000
11:50	午间新闻前(每天)	5000	8500	10500	20000
12:00～12:20	午间新闻插(每天)	5500	9500	12000	23000
12:35	某剧场一集特约(每天)	5000	8500	10500	20000
18:55	中央新闻联播前(每天)	9500	17000	21000	40000
19:30	某省新闻联播前(每天)	12000	22000	27000	51000

资料来源:节选自某卫视官方网站公布的 2008 年广告价格表。

二、影响电视广告价格的外显因素

从电视传播效果的角度来看,收视率相当于电视产品的销量,覆盖率相当于电视产品销售的渠道通路,而满意度则代表了电视受众对电视产品消费后的评价。因此影响电视广告价值的评价指标主要包括收视率、覆盖率和满意度这三个指标。

1.收视率

虽然影响收视率的因素有很多,比如社会政治经济环境,节目质量,节目播出频道、时段,前后节目的拉动影响,调查方法等等,但是收视率可以清晰表现出一个频道在与其他频道争夺观众时的综合实力。从理论上讲,收视率的高低决定着受众的多少,收视率越高则受众越多,反之亦然。一般来说,同一时段、不同频道,收视率越高其广告价格也越高,如表 11-3-2 所示。

表 11-3-2 频道收视率与广告价格列表

电视频道	广告时段	播出位置	2007 年度平均收视率	2008 年广告价格（元）		
				元/5 秒	元/10 秒	元/15 秒
湖南卫视	7:00～7:30	早 7:00 档栏目	0.41	4400	7200	10500
河南卫视	7:00～7:30	早间新闻插（每天）	0.099	3000	5500	7000
河北卫视	7:00～7:30	今晨播报	0.049	2200	3900	5500

虽然收视率已经成为广告主投放广告、电视台频道定位等强有力的支持,但不同的栏目,其收视人群的特征也存在很大差异性。这就要求对收视率的研究不能仅限于原始数据,应该进一步分析目标受众收视率。

目标受众收视率是指在某商品的目标消费群中,在一定时段内收看某一节目的人数占目标消费群总人数的百分比。目标消费群的确定需要研究受众的人口学特征和消费行为特征,如性别、年龄、职业、教育程度、收入、消费习惯等。目标受众收视率对广告价格制定有一定的指导作用,即收视率数据相近的两个栏目,广告价格却有可能有很大的差别。

表 11-3-3 2006 频道收视率与广告价格前 10 列表

频　　道	收视率%	收视率排名	平均价（元）	最高价（元）	平均价排名
央视一套	1.239	1	31885	67000	1
央视五套	0.539	2	29814	47000	2
央视三套	0.516	3	23970	48500	3
央视八套	0.504	4	20354	41000	4
央视二套	0.276	7	14628	29500	5
央视四套	0.227	8	12961	29000	6
湖南卫视	0.371	6	12437	31400	7
央视六套	0.456	5	9865	38000	8
安徽卫视	0.191	10	6900	17500	9

数据来源:中央电视台各频道、湖南卫视、安徽卫视官方网站公布数据。

通过表 11-3-3 可以看出,虽然央视二套平均收视率排名在第七位,但广告价格（元/5 秒）则排名第五位。这与央视二套的目标观众群具有三高特征（高收入、高学历、高影响力）有很大的关系,这一特征是对广告主的最大诱惑。目标受众收视率决定着广告诉求对象的明确性,目标受众收视率越高,说明广告诉求越有针对性,广告越有效果。在制定广告价格时,也需要考虑到目标受众收视率。

2.覆盖率

覆盖率是媒体受众测量的基本概念之一,专门用于评估媒体向特定目标受众传递信息的程度。将频道覆盖数据与收视数据结合来衡量电视频道传播效果、进行电视媒体广告投放,这一指标正被越来越多的广告主和广告公司采纳。

表 11-3-4　频道覆盖率、平均广告价格列表

频道名称	平均价(元)	覆盖率1	覆盖率2(%)
CCTV-1	62312	95400	95.4
中国教育台一套	19290	85000	85
CCTV-2	28114	83500	83.5
CCTV-5	62185	81300	81.3
CCTV-6	22112	81300	81.3
CCTV-3	45990	81100	81.1
CCTV-4	25563	80600	80.6
CCTV-7	10311	80200	80.2
CCTV-8	41409	80200	80.2
CCTV-新闻	27091	76900	76.9
CCTV-少儿	18495	75800	75.8
CCTV-11	4767	71800	71.8
CCTV-10	24292	71500	71.5
湖南卫视	20810	70800	70.8
上海东方卫视	22422	66700	66.7
贵州卫视	7635	57700	57.7
河南卫视	18181	54700	54.7
CCTV-12	5292	40800	40.8
CCTV-音乐	3476	30000	30
河北卫视	7594	28600	28.6
北京卫视	11075	20400	20.4

数据来源:覆盖率由 CSM 网络公布,平均价格由各频道官方网站公布数据取平均数所得。

由表 11-3-4 和图 11-3-1 说明,虽然不同频道在不同地区拥有不同的覆盖率,但是覆盖率与电视广告价格的关系基本上呈正比关系,由表 11-3-4 得出折线图更为直观。

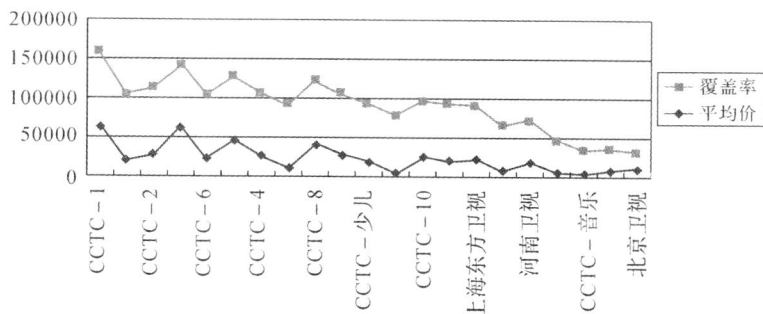

图 11-3-1　频道覆盖率与平均价格折线图

3.观众满意度

观众满意度是反映观众在看过节目之后对节目的评价。电视台在确定某个节目的内容和形式的时候,常常是出于经济利益和政治考量,但观众看节目、评价节目的时候,其目的和动机却要单纯得多。所以观众满意度实际上反映的是一定范围内大众对电视节目的情感需求和理性判断,体现的是电视节目的社会效益,是相对客观和公正的。

观众满意度指数为广告主提供了这样的信息:是谁在看我们的节目,他们对节目的评价怎样、忠诚度如何,节目的质量和美誉度高否等等。这样,广告商就可以根据和利用目标消费者和特定节目受众之间的相近性,有针对性地选择栏目或频道投放广告,以达到广告的最佳效果。

但由于满意度调查成本高,没有日常的数据。满意度大多直接用于电视节目的质量改进,从而间接影响到广告市场。

三、收视率与广告预算

广告预算是在广告策划过程中,为实现企业的战略目标,使用广告经费的具体、详尽的资金使用计划。在电视广告预算中收视率指标有着重要的作用。

首先是评估广告预算。在广告预算时就应该对媒体投放有一个明确的预期,实际投放以后如果达到了目标,那么至少说明支付了足够多的预算,今后还可略为减小投放。反之,如果投放效果没有达到预期目标,有可能是预算不够,也有可能是计划环节出了偏差或投放组合存在问题。

表 11-3-5　某食品生产企业广告投放后的效果

市　　场	计划 GRP	实际 GRP	+/-（%）	计划到达率（%）	净到达率（%）	有效到达率（%）
				6+	1+	6+
城市 1	370	392	5.95	55	86.6	56.6
城市 2	500	762	52.4	55	82.1	58.5
城市 3	500	390	—22	55	64.3	32.9
城市 4	500	557	11.4	55	59.5	34.3
整体效果	468	596	19.15	55	80.1	53.6

资料来源：央视—索福瑞媒介研究（CSM）

　　表 11-3-5 是某食品生产商，在五月份投放广告的播后效果。城市 1 和城市 2 广告投放的实际效果要优于计划，无论毛评点（GRP）还是有效到达率（六次，即 6+）都高于预期值。城市 3 的投放可能出了问题，无论毛评点还是有效到达率都没有达到预期的效果。城市 4 介于前两种情况之间，毛评点高出了计划 10%，但是有效到达率只有计划的59.5%。从四个城市的整体效果来看，基本上符合计划要求。这只是一个短期投放的事后评估，还不能影响到整个预算，但是如果多次投放后的事后评估都显示出与计划的GRP 和到达率值相差甚远，而媒介计划过程中也没有明显的操作失误，企业主就应该开始考虑增加预算的必要了。

　　其次是评估广告的投放媒体。表 11-3-6 是某产品针对 5 个投放媒体市场（A、B、C、D、E）所做的排序，即选取投放媒体的目标人口数、年人均可支配收入、30 秒电视广告价格、竞争产品投放数量这 4 个指标，加权衡量比较从而进行排序。

　　将各个投放媒体的各项指标列出，然后将各项指标统一换算成为指数，目标人口数越多广告覆盖效果越好，因此将人口数最多的 A 市场的数值设为比较值 100，其他市场的人口数除以 A 市场的人口数量的百分比就是该市场在目标人口数这一项的单项指数。年人均可支配收入越多，该市场的消费可能也就越大，因此就将该数值最高的 D 市场的数值设为比较值 100，同理计算出其他市场的指数。而对于电视广告价格，则取最低值 E 市场的数值为比较值 100，用该市场的电视广告价格除以其他市场的价格再乘以 100 就是其他市场在电视广告价格这一项的单项指数。竞争产品投放数量越多，就越需要投放更多频次的广告让消费者产生品牌印象，意味着企业主需要越高的成本支出，因此这一项也是选取数值最低的 E 市场的数值为比较值 100，用该市场的竞争产品投放数量来除以其他市场的竞争产品投放数量以得到该项的单项指数。

表 11-3-6　某产品目标市场排序

目标市场	目标人口数		年人均可支配收入		30 秒电视广告价格		竞品投放数量		最终指标
	排序重要性 30％	单项指标	排序重要性 20％	单项指标	排序重要性 30％	单项指标	排序重要性 20％	单项指标	
A	2180668	100	12433	67.8	7600	93	9	55.6	82.7
B	1972320	90.4	16752	91.3	10000	70	7	71.4	80.7
C	1532900	70.3	9537	52.0	12000	58	8	62.5	61.5
D	1105322	50.7	18344	100	15000	47	8	62.5	61.7
E	995783	45.7	8599	46.9	7000	100	5	100	73.1

　　对于四个指标设定一个重要性的百分比,各项百分比之和为 100％。各个指标的百分比并不是固定不变的,需要企业根据自身产品的特性来进行设定调整。如"年人均可支配收入"的百分比,在价格偏贵的非必需性物品广告中,就需要高一些;而日常生活必需品广告中,则应该低一点(表 11-3-6 中为 20％)。

　　最后用各项指标的指数乘以重要性百分比相加所得的数值就是该市场在整体媒介计划中的最终比重指数,所获得的分数越高证明该市场在媒介投放方面越应该处于优先位置,考虑更多的预算投放。从表 11-3-6 中可以看出,A、B 市场处于媒介比重指数最高的第一阶层,为首选的媒介投放市场,E 市场次之,C、D 重要性最低。

第四节　电视广告编排与收视率

　　对广告效果的评估要求更为精准。据美国广告主联合会 ANA(Association of National Advertisers)2008 年 2 月发布的一项调查显示,广告主在积极寻求新的电视广告形式和植入方式,72％的广告主表示他们越来越关注单条广告的收视率水平,而不是只关注电视广告整体的平均收视率水平(左瀚颖,王建平;2008)。

一、节目收视与广告收视的关系

　　一般而言,广告收视率比节目收视率低,根据 CSM 媒介研究多年的收视率数据,广告收视率大致相当于节目收视率的 2/3。因而对广告收视变化规律及其影响因素进行研究,有助于电视媒体进行有针对性的广告编排,减少广告时段观众的流失,提高广告的传播效果。

节目和广告收视率既有自身的规律,又相互影响。从自身规律看,节目、广告收视率的起伏升降,与节目、广告的内容和编排相关。通常节目刚结束时的广告收视率相对高,部分观众尚未来得及换频道、部分观众的耐心尚存。

从相互影响看,节目收视率是广告收视率的重要保障,高收视节目中的广告段更有机会取得相对高的广告收视。与节目间的广告相比,节目内的广告,受益于节目自身连贯性形成的观众收视粘性,其收视率获得更多保障。广告对于节目收视也有影响,广告段过长,或者广告段插入时经常打断节目自然段落、严重干扰观众收视连贯性,一段时期后,可能引起观众的负面情绪,造成对于节目整体收视或长期发展的不利影响。

根据观众收视特点,结合节目内容,考虑节目间和节目内广告的异同,合理设置广告段位置和广告段长度,是提高节目收视和广告收视的必要手段。两个节目之间插播广告段,作为独立的播出内容,节目和广告段单独计算收视率,概念和操作相对易于明确。

节目内插播广告段,节目收视和广告收视的概念和计算方法在实践中有不同的理解。一档节目中插播广告段,对于节目收视率,有的节目分析人员将节目开始时间和结束时间之间的全部时间视为"节目收视"的计算基础,无论其中有无广告段,节目收视率即为起止时间内每分钟的平均收视率。有的节目分析人员将节目播出期间插播广告段的时间段剥离,以播出电视节目的时间作为"节目收视"的计算基础。对于广告收视率,有的广告经营者将包括广告段的节目全程的平均收视率作为广告段收视率,有的广告经营者将播出广告段的时段收视率单独计算。

节目评价,注重的是节目本身的收视效果,例如内容和编排等,剥离广告段单纯计算节目播出时间内的收视率,可为此目的服务;但是节目中广告段的多少、长短也会影响观众对节目的收视,乃至对节目的忠实度,所以计算包括广告段的收视率,也具有一定的现实意义。广告评价,注重的是广告被观众实际接触的效果,计算广告段实际播出时段的收视率,正是广告交易中发挥收视率"通用货币"功能的具体体现。

正因为广告与节目收视之间的关系复杂,对节目收视计算是否包括广告段,广告收视评估是否区分节目收视和广告收视等问题,没有唯一的答案。电视媒体努力寻找广告插播频率和广告插播时长与节目的最佳组合。

由于广告收视变化受到观众收视行为、频道环境、节目环境和编排方式等多种因素的影响,对其变化规律的研究需要大量的数据资源支持,到目前为止,国内的研究大多数是针对某个频道或节目进行个案研究或定性分析,缺乏一般性和系统性的量化研究。下面两部分介绍左瀚颖等人的研究结果。

二、2008 年北京研究

虽然广告收视低于节目收视在所难免,但广告收视较节目收视的降低会因为广告位置、时段、频道和节目等原因而呈现千差万别的情况。左瀚颖以广告段中每分钟段位的收视率为研究对象,探讨电视广告收视变化。

分钟段位是指整体广告段中的每个分钟,例如第 1 分钟、第 2 分钟,以此类推。每分钟段位的收视变化率是指该分钟段位的收视率相对于前节目收视率的衰退比率,即:

第 N 分钟段位收视衰退率＝(前节目收视率－第 N 分钟段位收视率)/前节目收视率×100%

在前节目的界定方面,将广告段之前 1、3、5 分钟的节目作为前节目,分别以前 1、3、5 分钟节目的平均收视率为参照对象,探讨广告段分钟段位的收视率变化情况。

以 2008 年 4 月份北京市,3 分钟以上、到达率 2% 以上、在黄金时段播出的广告段为研究样本。选择 4 月是因为没有重大事件、重要节日的影响;以分钟为时间单位,3 分钟以下的小广告段不列入研究总体;目前的节目编排和广告投放,黄金时段更受关注,具有实践价值;考虑样本的代表性,满足到达率 2% 以上的广告段才有足够的样本,达到 3800 多个符合条件的广告段样本。经过 SPSS 回归分析(表 11-4-1)可得出以下结论。

表 11-4-1　2008 年 4 月北京市场黄金时间广告分钟段位收视衰变回归分析

		1 分钟衰退率			3 分钟衰退率			5 分钟衰退率		
		未标准化回归系数	标准化回归系数	显著性	未标准化回归系数	标准化回归系数	显著性	未标准化回归系数	标准化回归系数	显著性
		B	Beta		B	Beta		B	Beta	
广告段属性	分钟段位置平方	−0.032	−0.067	★★	−0.017	−0.102	★★★	−0.015	−0.142	★★★
	分钟段位置	−0.072	−0.008		0.097	0.031		0.153	0.075	★★★
	广告段长度	0.902	0.120	★★★	0.280	0.104	★★★	0.157	0.091	★★★
	广告段位置	−2.005	−0.023		−0.971	−0.031	★★	−0.749	−0.037	★★
时段属性	广告段所在时段	2.288	0.032	★★	1.786	0.070	★★★	1.382	0.084	★★★
频道属性	频道竞争地位	−0.330	−0.064		−0.452	−0.246	★★★	−0.436	−0.369	★★★
	频道级别	−4.390	−0.056	★★★	−1.276	−0.045	★★★	−0.487	−0.027	

续表

		1分钟衰退率			3分钟衰退率			5分钟衰退率		
		未标准化回归系数	标准化回归系数	显著性	未标准化回归系数	标准化回归系数	显著性	未标准化回归系数	标准化回归系数	显著性
		B	Beta		B	Beta		B	Beta	
节目属性	前节目收视率	21.490	1.236	★★★	1.982	1.014	★★★	0.632	0.895	★★★
	前节目时长	0.051	0.025	★	0.053	0.072	★★★	0.046	0.097	★★★
	后节目收视率	0.974	0.070	★★★	0.011	0.006		−0.041	−0.058	★★
	后节目归长	−0.078	−0.032	★	−0.011	−0.013		0.003	0.006	
	前节目类型 专题/综艺	−0.506	−0.005		−1.277	−0.036	★	−1.249	−0.055	★★★
	前节目类型 电视剧/电影	−2.340	−0.034		−2.518	−0.103	★★★	−2.009	−0.128	★★★
	前节目类型 法治/财经	5.866	0.038	★	1.511	0.028		0.483	0.014	
	前节目类型 新闻/时事	12.168	0.115	★★★	4.675	0.124	★★★	3.111	0.128	★★★
	前节目类型 生活服务	−3.364	−0.040		−1.488	−0.050	★	−1.370	−0.072	★★★
	后节目类型 专题/综艺	7.631	0.087	★★★	2.620	0.083	★★★	1.626	0.080	★★★
	后节目类型 电视剧/电影	2.040	0.030		1.180	0.048	★	1.088	0.069	★★
	后节目类型 法治/财经	2.779	0.017		1.184	0.020		1.132	0.030	
	后节目类型 新闻/时事	7.132	0.071	★★★	4.043	0.113	★★★	3.445	0.150	★★★
	后节目类型 生活服务	−11.641	−0.116	★★★	−4.876	−0.136	★★★	−3.338	−0.144	★★★
	常数项(constanr)	9.532		★★★	70.264		★★★	81.975		★★★
	Adj. R^2	0.705			0.691			0.684		
	样本量	3867			3867			3867		

★Coefficient is significant at 0.05 level(2-tailed)

★★Coefficient is significant at 0.01 level(2-tailed)

★★★Coefficient is significant at 0.001 level(2-tailed)

1. 广告分钟段收视率为"V"型

节目广告"分钟段位置平方"与1、3、5分钟广告衰退率相关性显著,且相关系数为负,广告收视率的变化就是"V"型,即广告段开始、结束时,广告收视率相对高,而中间的收视率低。在显著性比较强的5分钟衰退模型中,广告收视率最低点出现在5分钟左右。这需要电视台在节目和广告的编排中重点关注。

2. 节目间、节目内广告段在6分钟以内比较合理

广告段的时间长度对广告收视衰退的影响,在1、3、5分钟的模型中都十分明显。当插播广告段的时间越长,换频道的人越多,导致分钟段位收视衰退起点相对较高,结果是长的广告时段,低的收视回报。从研究数据看,节目间将广告段控制在6分钟内相对合理,因为各电视黄金时段的编排比较固定,受众对广告长度有比较明确的估计。

同人们日常经验一样,受同一节目前后两段内容关联的影响,节目内广告分钟段位收视衰退低于节目间。这也是不少电视台压缩节目间广告,扩充节目内广告的原因。但当节目内广告段超过4分钟的时候,对于节目间广告的优势就不明显了。

3. 21点分界线

广告分钟段位收视衰退受时段收视规律影响。在黄金时间的开始阶段,广告分钟段位收视衰退率出现负数,即广告段的收视率高于前节目收视率。北京市场在21点前后达到收视率的高峰,21点前广告分钟段位收视衰退明显低于21点之后。这提示电视台和广告主客观分析广告分钟段位收视衰退的原因,不能仅考虑广告播出本身,必须结合广告段的时间位置。

4. 广告分钟段位收视衰退与频道竞争力负相关

在北京市场上,由于外来人口多,加大了上星频道(中央台和省级卫视)对非上星频道(北京本地频道)的优势。在3和5分钟的模型中,频道市场份额与广告分钟段位收视衰退率显著负相关,即上星频道的广告分钟段位收视衰退率低于非上星频道。这能解释电视市场"双虞效应"[①],形成强势频道拥有更好的广告效果,进而拥有更强的广告定价权。

5. 前后节目类型对广告分钟段位收视衰退率有不同的影响

在5分钟的模型中,前后不同节目类型对广告分钟段位收视衰退率均有不同程度的

---

① 双虞效应(Double-Jeopardy Effect):类似强者越强的"马太效应",指到达率对视听份额的贡献具有"乘数效应",推动市场的两极分化,导致市场向少数强势频率集中。在很多商品消费市场中,这个规律被总结为"2/8法则",指的是80%的市场份额向仅占竞争主体总数20%的少数个体集中的现象。

影响。前节目是新闻时事节目的广告分钟段位收视衰退率相对较高,其次是专题、综艺和生活服务类节目的衰退率,最低的是电视剧、电影节目的衰退率,这与电视剧通常采用多集联放有关。后节目类型对广告分钟段位收视衰退率影响从高到低的次序是新闻时事节目、专题和综艺、生活服务类、电视剧和电影节目。

三、2009 年 20 城市研究——节目内广告

在 2008 年北京研究的基础上,进一步选择 2009 年 4 月份,北部(北京、哈尔滨、锦州、沈阳、太原、天津),中西部(长沙、成都、重庆、武汉、西安、郑州、合肥),东南部(广州、济南、南京、上海、深圳、苏州、珠海)20 个城市,前 5 分钟节目段收视率在 1‰ 以上的,18:00~24:00 播出的(分为 18:00~21:00、21:00~24:00 子时段),节目内广告小于等于 10 分钟,节目间广告小于等于 20 分钟的广告段为研究对象。符合条件的节目内、节目间广告分钟段分别达到 30346、89400 条。经过 SPSS 回归分析,得到表 11-4-2 和以下结论。

表 11-4-2　广告分钟段位收视衰退率回归分析

	节目内 5 分钟衰退率			节目间 5 分钟衰退率		
	未标准化回归系数	标准化回归系数	显著性	未标准化回归系数	标准化回归系数	显著性
广告段属性						
分钟段位置	5.035	0.210	★★★	2.034	0.260	★★★
分钟段位置平方	−0.431	−0.145	★★★	−0.083	−0.165	★★★
广告段长度	0.394	0.020	★★★	0.090	0.012	★★★
时段属性　所在时段(参照组:18~21 点)						
21~24 点	3.536	0.042	★★★	3.163	0.051	★★★
频道属性						
频道竞争地位	−2.826	−0.452	★★★	−3.991	−0.677	★★★
频道类型(参照组:省级地面频道)						
卫星频道	−1.027	−0.010		−0.432	−0.007	
节目属性						
前节目收视率	3.141	0.872	★★★	2.272	0.882	★★★
前节目时长	0.127	0.029	★★★	0.033	0.016	★★★
后节目收视率	−1.733	−0.463	★★★	−1.214	−0.395	★★★

续表

	节目内 5 分钟衰退率			节目间 5 分钟衰退率		
	未标准化回归系数	标准化回归系数	显著性	未标准化回归系数	标准化回归系数	显著性
后节目时长	0.054	0.012	★★★	−0.099	−0.039	★★★
前后节目(参照组:其他－其他)						
电视剧－电视剧	−4.720	−0.056	★★★	4.841	0.078	★★★
新闻－新闻	−3.560	−0.034	★★★	10.405	0.079	★★★
综艺－综艺	−7.442	−0.076	★★★	5.427	0.038	★★★
区域属性						
地区(参照组:北部)						
中西部	1.848	0.021	★★★	0.135	0.002	
东南部	−4.887	−0.057	★★★	−4.433	−0.171	★★★
常数项	5.463		★★★	23.337		★★★
Adj. R²	0.250		★★★	0.563		
样本量	30346			81258		

注:Significant at the 0.001 level(−2tailed)

整体来看,同 2008 年北京研究的结论一致,也同业内人士的普遍认知基本一致。同普遍认知相悖的是,前节目收视率和时长与广告分钟段位收视衰退率正相关均达到极显著。其原因可能是,大部分高收视率节目都是固定时段播出的电视剧、新闻时事或综艺类节目,这类节目中的广告插播有固定的规律,观众能在不影响后续收看的情况下换频道,从而回避广告。

1. 节目内广告倾向于短小精悍,收视衰退随广告段长度明显递增

节目内广告时长为 1～10 分钟的百分比分别是 5.29、24.52、31.56、17.14、8.03、5.19、3.88、1.94、1.55、0.8,2～4 分钟高达 73%。节目内广告时长为 1～10 分钟的广告分钟段位收视衰退率分别是 7.95、11.41、15.13、17.6、21.41、25.97、26.36、31.01、31.17、33.24。

整体来看,与 CSM 历史研究中关于广告收视率相当于节目收视水平 60% 的判断相比,节目内广告收视率要高一些。节目内广告段在 4 分钟内,广告段的收视率为前节目收视率的 85% 左右,是较为安全的广告时长。

2.节目内广告衰退随分钟段位递增而递增,后节目开始前广告收视多有回升

无论是否对影响节目内广告收视的其他因素进行控制,广告分钟段位本身的相对位置都会对其收视衰退情况造成影响。广告段第1~10分钟段位的平均收视衰退率分别为8.78、19.41、22.54、25.47、28.53、31.05、32.63、32.73、31.07、34.02。从广告收视率来看,在节目内广告开播之后,第1分钟和第2分钟是收视率下滑最为迅速的阶段,在第3分钟和第6分钟之间收视率以相对前两分钟为缓的速度继续下滑,到7分钟之后收视率基本到达谷底,维持平稳波动。

进一步分析不同广告时长广告分钟段位收视衰退,时长在1~5分钟的广告段在第1分钟的收视衰退率在10%左右,时长在5~8分钟的广告段在第1分钟的收视衰退率在15%~20%左右,时长在8~10分钟的广告段在第1分钟的收视衰退率在25%以上。时长为1~3分钟的广告段呈现持续下滑;时长为4~8分钟的广告段呈现初期快速衰退率,后期缓慢回升;时长为9~10分钟的广告段呈现第1分钟迅速下滑,随后变化平滑;具体如图11-4-1。

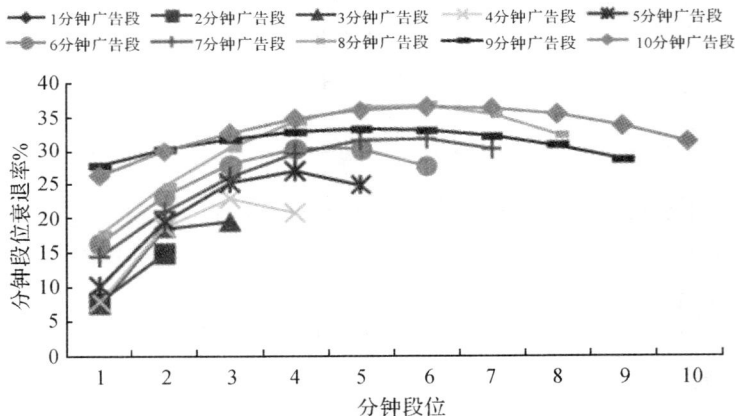

图 11-4-1　不同时长节目内广告段分钟段位收视衰退回归拟合

3.不同节目类型之间的广告衰退

根据回归分析的结果,在控制其他因素的情况下,广告收视衰退率从高到低依次为新闻时事、电视剧、综艺节目,5分钟标准化回归系数(Beta)分别为-0.034、-0.056、-0.076。但从符合筛选条件的节目内广告来看,收视衰退实际情况从高到低依次为综艺、电视剧、新闻/时事,分别是21.8%、21.2%和7.9%。

看似矛盾的数据,却印证了节目编排对广告收视衰退的重要影响。回归分析揭示的是在控制其他因素(时长、时段等编排因素)下,节目本身导致的广告收视差异。同电视剧的情节和综艺节目环环相扣的环节而言,新闻时事节目的联系性差,收视粘性低。

但是,电视广告的收视并非完全由节目本身的特点确定。新闻时事节目中插播广告的收视衰退低的主要原因是,首先,新闻节目大多编排在 21 点之前播出(图 11-4-2),而 21 点前开机率不断增加,带来收视率的不断提升。其次,新闻节目中插播的广告时间短(图 11-4-3),广告段时长与其收视衰退成正相关。超过 80% 的新闻节目中插播广告时长在 2~4 分钟,而电视剧节目,特别是综艺节目中插播的广告时长超过 5 分钟的较多。

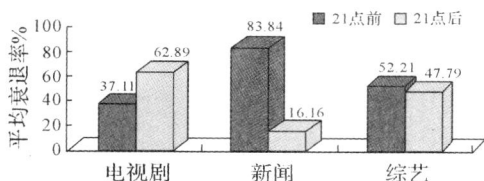

图 11-4-2　不同类型节目播出的时段分布

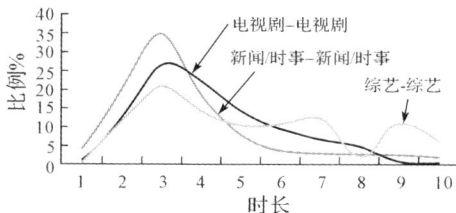

图 11-4-3　不同类型节目广告时长分布

四、2009 年 20 城市研究——节目间广告

整体看,在假定其他因素相同的情况下,节目间广告分钟段位收视衰退率与各项指标的相关性情况,与节目内广告分钟段位的情况基本相似。分钟段位的相对位置越靠后收视衰退率越高;广告段越长各分钟段位的收视衰退率越高;21 点后广告段分钟段位收视衰退率较 21 点前高;频道市场份额越高,分钟段位的收视衰退率越低;前节目收视率越高,时长越长,其后广告段每分钟段位的收视衰退率越高;后节目收视率越高,其前广告段分钟段位的收视衰退率越低。

对比表 11-4-1 中节目内和节目间的数据,区别是后节目的影响不同。后节目越长,节目内广告衰退率越高,而节目间广告衰退率越低。后节目时长对前广告的衰退的负相关,印证了后节目对前广告的牵引作用。值得讨论的是,后节目的牵引作用,来源于观众对后节目内容品质的期待,后节目的收视率与节目间和节目内的广告分钟段位收视衰退均为负相关就是证明。另外,节目间"常数项"数值明显大于节目内的"常数项"数值,原因是节目间广告时间长,收视率变化大;节目间观众的频道决策面临更为复杂的选择,且受更多因素的影响。

1.节目间广告时长多在 10 分钟内,收视衰退随时长上升

在 2009 年 4 月份,20 城市晚间 18~24 点播出的,符合广告段时长小于 20 分钟、前 5

分钟节目平均收视率不低于 1％的节目间广告段中,有超过 70％的广告段时长在 10 分钟以内,其中 3～9 分钟时长的广告段占近 60％(图 11-4-4)。

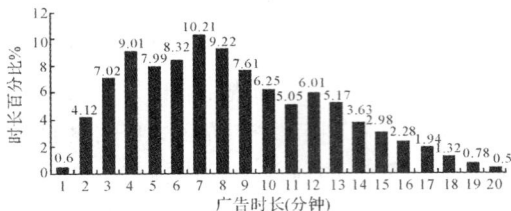

图 11-4-4　节目间广告段时长分布　　图 11-4-5　节目间广告段平均分钟段位衰退分布

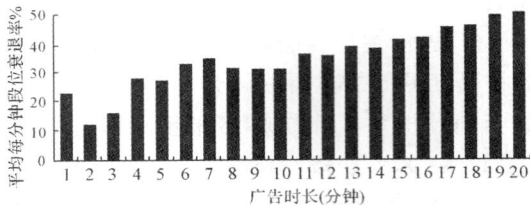

在控制其他因素的情况下,广告段时长与广告分钟段位收视衰退率成正相关(图 11-4-5)。受播出时段等编排因素的影响,8～10 分钟时长的广告段的平均每分钟收视衰退率比 6～7 分钟时长的广告段位低,同 8～10 分钟时长的广告段在 21 点前播出的比例较高有关。

2.节目间广告收视仍是"V"型

同节目内一样,在控制其他变量的情况下,分钟段位数字越大(位置越靠后),收视率越低,仍是"V"型。图 11-4-6 的数据显示第 1、2 分钟段位的收视衰退率分别为 15.84％、26.98％,第 3～8、9～12、13～16、17～20 分钟段位的收视衰退率分别在 20％～40％、40％～45％、45％～50％、50％～60％之间。同节目内不同的是,最后的几个分钟段位(接近后节目)的收视衰退率没有下滑缓慢。

从不同时长广告段每分钟段位收视衰退率的回归拟合看(图 11-4-6),有 3 点启示。

第一,广告段前期迅速衰退,中后期到达谷底并维持平稳,后期稍有回落。

第二,不同时长广告段的衰退起点和幅度差异明显。时长为 3 分钟的广告段第 1 分钟收视衰退率不到 10％,第 3 分钟也在 20％以下;时长为 20 分钟的广告段第 1 分钟的收视衰退率高达 26％,约第 17 分钟到达顶点 60％,且一直保持;其余时长的起点在 15％～25％之间。

由于节目间节目的关联性不强,节目间广告的收视衰退比节目内明显。在节目内和节目间两个模型中,时长为 3 分钟的基本一致,而 4 分钟以上的节目间的衰退率比节目内的高 5％～10％。图 11-4-7 是 10 分钟以内长度的节目内和节目间广告的实际平均每分钟段位收视衰退对比,差异明显。

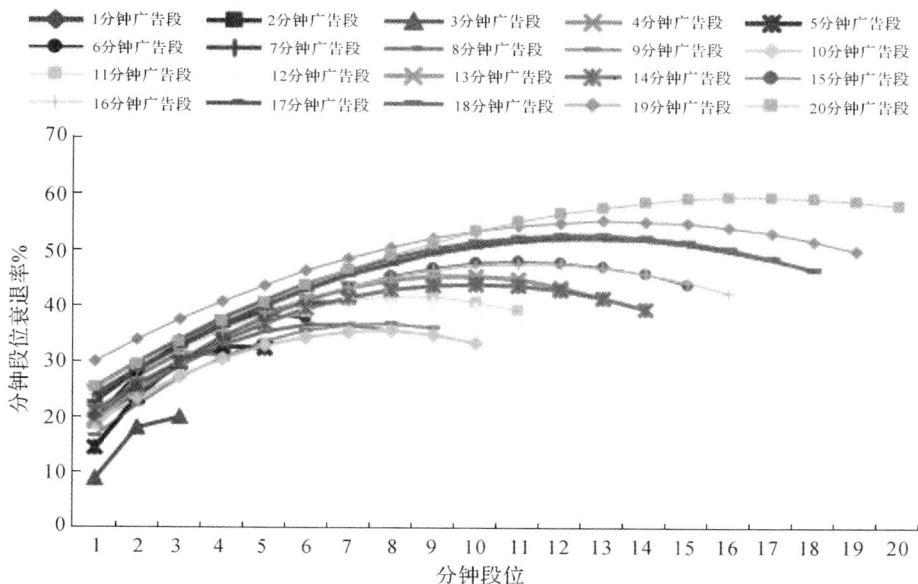

图例：
1分钟广告段　2分钟广告段　3分钟广告段　4分钟广告段　5分钟广告段
6分钟广告段　7分钟广告段　8分钟广告段　9分钟广告段　10分钟广告段
11分钟广告段　12分钟广告段　13分钟广告段　14分钟广告段　15分钟广告段
16分钟广告段　17分钟广告段　18分钟广告段　19分钟广告段　20分钟广告段

图 11-4-6　节目间不同时长广告段每分钟段位收视衰退率回归拟合

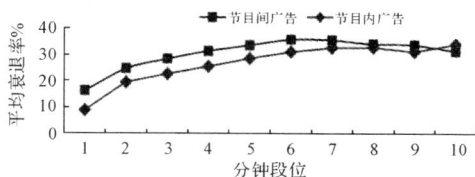

图 11-4-7　节目内和节目间广告段各分钟段位平均衰退率

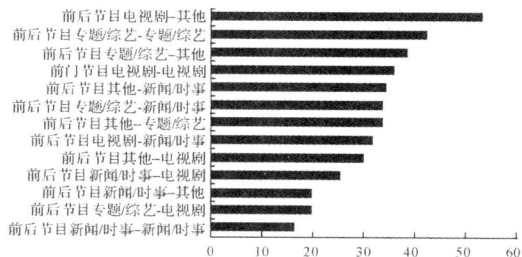

图 11-4-8　节目编排与广告收视衰退

第三,不同时长广告段在中后期衰退差异扩大。从第 6 分钟开始,时长为 11 和 12 分钟的广告段比时长为 9 和 10 分钟的广告段,衰退率高 5%。这一现象在时长更长的广告段中,以 2 分钟为单位,呈现规律性的变化;到第 19 分钟和 20 分钟之间,表现得更为明显。可见,节目间广告段时长越长,对广告收视率的负面影响越大。

3.节目编排对节目间广告影响复杂,后节目牵引作用明显

同节目内相比,节目间广告收视受编排的影响更大。在控制其他变量的情况下,有 13 种节目编排方式同广告段分钟收视衰退有明显相关。从实际衰退数据看,图 11-4-8 后节目为电视剧的衰退率比较低,但"电视剧—电视剧"编排的衰退率比较高;后节目为新闻时事的衰退率比较高,但"新闻时事—新闻时事"编排的衰退率最低。

同节目内分析相同,故事性和娱乐性较强且宣传力度大的电视剧和综艺、专题节目更有利于前广告段维持收视水平,而新闻时事节目对前广告段的牵引作用小。由于节目编排的原因,超过 80% 的"新闻时事—新闻时事"节目在收视上升的 21 点之前播出(图 11-4-9),导致"新闻时事—新闻时事"编排的衰退率低。相反,接近 80% 的"电视剧—其他"节目在收视下降的 21 点之后播出,其广告段的衰退最高。

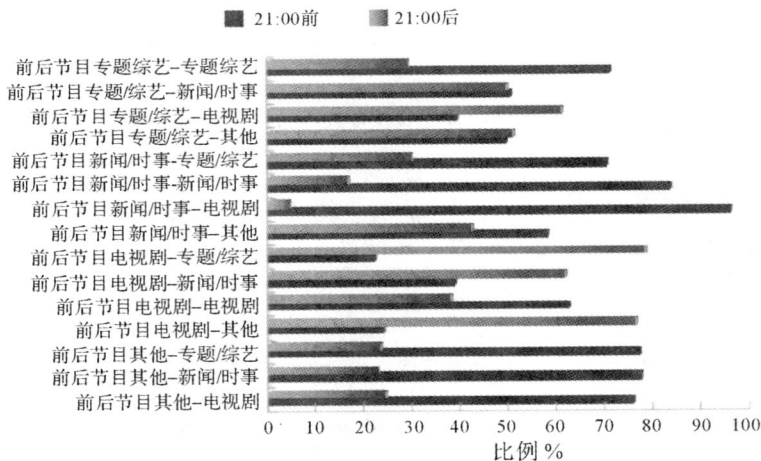

图 11-4-9 不同类型节目编排的时段分布

广告段本身的编排也对其衰退产生影响。节目间衰退率相当较低的"新闻时事—新闻时事"、"新闻时事—其他"、"新闻时事—电视剧"等编排中,节目间广告的时长也偏低(图 11-4-10)。

有趣的是"专题综艺—电视剧"这一编排方式,在回归模型中,其衰退率最低;在实际数据中这一编排的衰退率为 20%,位居第 2 位(图 11-4-8)。这一编排在播出时段或广告段时长等方面均无优势,但借助前后节目功能相似(娱乐),目标观众重叠性高,实现了较多的顺流。

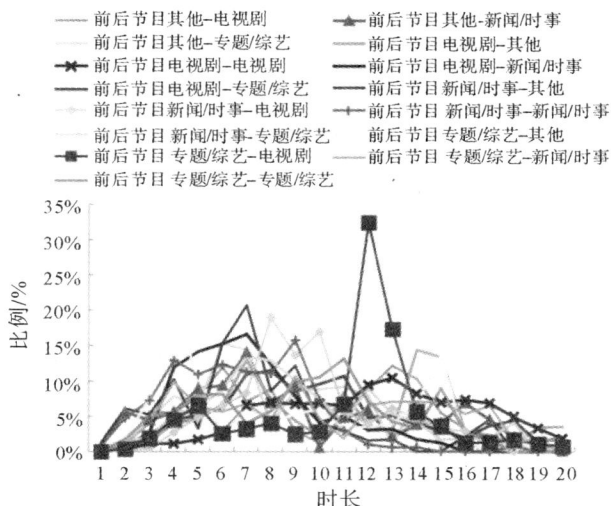

图 11-4-10 不同类型节目编排的节目间广告时长

总体而论,无论是节目内广告,或是节目间广告,广告段本身的时长、频道属性、节目类型和编排方式,都会不同程度地影响广告分钟段位收视衰退率。广告分钟段位收视衰退率呈"倒 V"型,即广告段收视率变化呈现"V"字型。

延续阅读

1.国家广播电影电视总局.广播电视广告播出管理办法.2009 年 9 月 8 日.

2.刘燕南,徐展,陈玲.收视率:历史观照与现实反思——来自电视台数据使用者的报告.中国电视受众研究,2008(4).

思考题

1.从产品属性谈广播电视的产业属性。

2.为什么电视广告在整个广告市场份额中占据绝对优势。

3.论述影响电视广告价格的因素。

4.论述节目收视率与广告收视率的关系。

5.根据 20 城市的研究数据,论述节目间和节目内广告收视效果的异同。

知识点

1.公共产品   2.准公共产品

3. 广播电视广告播放管理暂行办法　　4. 广播电视广告播出管理办法

5. 传播总价值　　　　　　　　　　　6. 电视节目清单

7. AD Log 文件　　　　　　　　　　8. 样本人口特性的文件

9. 收视数据的文件　　　　　　　　　10. 广告目标受众收视率

11. 广告预算　　　　　　　　　　　12. 节目评价与广告评价

13. 2008 年北京研究方法　　　　　　14. 2009 年 20 城市研究方法

15. 广告每分钟段位收视率变化　　　　16. 21 点分界线

17. 广告分钟段衰变倒"V"型　　　　　18. 节目内广告

19. 节目间广告　　　　　　　　　　　20. 后节目牵引作用

21. "专题、综艺—电视剧"编排与观众顺流

参考文献

1. 郑燕宁. 广告与 GDP 关系：中国实证研究. 现代传播，2011(3)，P161—162.

2. 萨缪尔逊. 公共支出理论：经济学和统计学的回顾. 纽约·麦克希尔出版公司，1954.

3. 黄磊. 2009 年电视广告市场回顾. 收视中国，2010(2).

4. 卢山冰. 中国广告产业发展研究：一个关于广告的经济分析框架. 西北大学博士论文，2005.

5. 蒋勇. 基于 WCF 电视收视率介布式计算. 复旦大学硕士论文，2008.

6. 郑维东. 节目品质如何影响广告效果. 收视中国，2009(5).

7. 刘国珍. 电视广告定价模型研究. 湖南大学硕士论文，2009.

8. 左瀚颖，王建平. 电视广告收视衰变研究. 收视中国，2008(10).

9. 左瀚颖，王建平. 节目与节目间广告插播收视变化研究. 收视中国，2009(10、12).

第十二章

收视调查分析与节目评价

　　节目评价是媒体为保证和提高节目质量及其传播效果,由媒体自身或委托有关机构,按一定的原则、标准和程序,对节目质量及其产生的经济、社会效益进行的评定和估算。电视节目评价体系的建立和完善是深化广播电视改革的产物,是强化和细化行业内部管理的需要,是广播电视进行行业管理的重要依据。

第一节　电视节目的生命周期

　　国内电视节目策划,大多采用以下两种方式。一是找专家出谋划策。各种各样的专家在一起,你一言我一语,进行"头脑风暴"式的节目策划。二是克隆外来的节目,尤其是克隆外来娱乐类节目。无论是原创或是克隆,了解节目的生命周期,有利于产生和采用"金点子",也有利于选择克隆的对象和时机。

一、产品周期理论

　　1966 年美国哈佛大学教授雷蒙德·弗农[①]在《经济学季刊》上发表论文《产品周期中的国际投资与国际贸易》,首次提出产品生命周期理论。

　　产品生命周期(PLC:Product Life Cycle)是产品的市场寿命,即一种新产品从开始进入市场到被市场淘汰的整个过程。弗农认为:产品生命是市场上的营销生命,产品和人

---

　　① 　雷蒙德·弗农(Raymond Vernon):美国经济学家,产品生命周期理论的提出者,1931 年出生,二战以后国际经济关系研究最多产的经济学家之一。

的生命一样,要经历形成、成长、成熟、衰退这样的周期。这个周期在不同国家,发生的时间和过程是不一样的,期间存在较大的差距和时差,正是这一时差,表现为不同国家在技术上的差距,反映了同一产品在不同国家市场上的竞争地位的差异,从而决定了国际贸易和国际投资的变化。为了便于区分,弗农把这些国家依次分成创新国家(一般为最发达国家)、一般发达国家、发展中国家。

一般产品的生命周期呈 S 曲线(图 12-1-1),在产品开发期间该产品销售额为零,公司投资不断增加;在引进期,销售缓慢,利润偏低或为负数;在成长期,销售快速增长,利润显著增加;在成熟期,利润在达到顶点后逐渐下滑;在衰退期,销售量显著衰退,利润大幅度滑落。

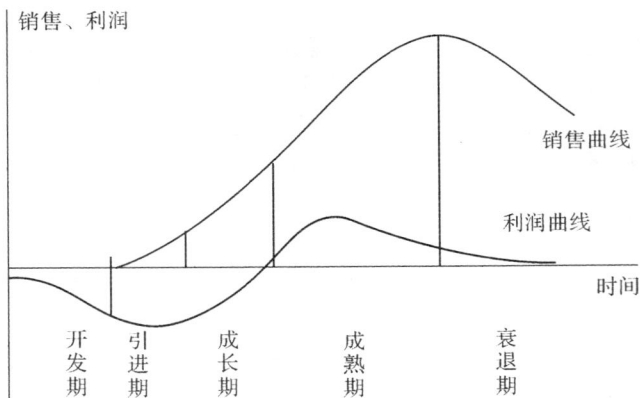

图 12-1-1　一般产品的生命周期 S 曲线

研究认为,有四种特殊类型的产品,它们的生命周期曲线并非通常的 S 型,而是四种不同的形状(图 12-1-2)。

风格型产品生命周期:风格一旦产生,可能会延续数代,根据人们对它的兴趣而呈现出一种循环再循环的模式,时而流行,时而又可能不流行。

时尚型产品生命周期:是指在某一领域里,目前为大家所接受且欢迎的风格。时尚型的产品生命周期特点是,刚上市时很少有人接纳(称之为独特阶段),但接纳人数随着时间慢慢增长(模仿阶段),终于被广泛接受(大量流行阶段),最后缓慢衰退(衰退阶段),消费者开始将注意力转向另一种更吸引他们的时尚。

热潮型产品生命周期:是一种来势汹汹且很快就吸引大众注意的时尚,俗称时髦。热潮型产品的生命周期往往快速成长又快速衰退,主要是因为它只是满足人类一时的好奇心或需求,所吸引的只限于少数寻求刺激、标新立异的人,通常无法满足更强烈的需求。

扇贝型产品生命周期:主要指产品生命周期不断地延伸再延伸,这往往是因为产品创新或不时发现新的用途。

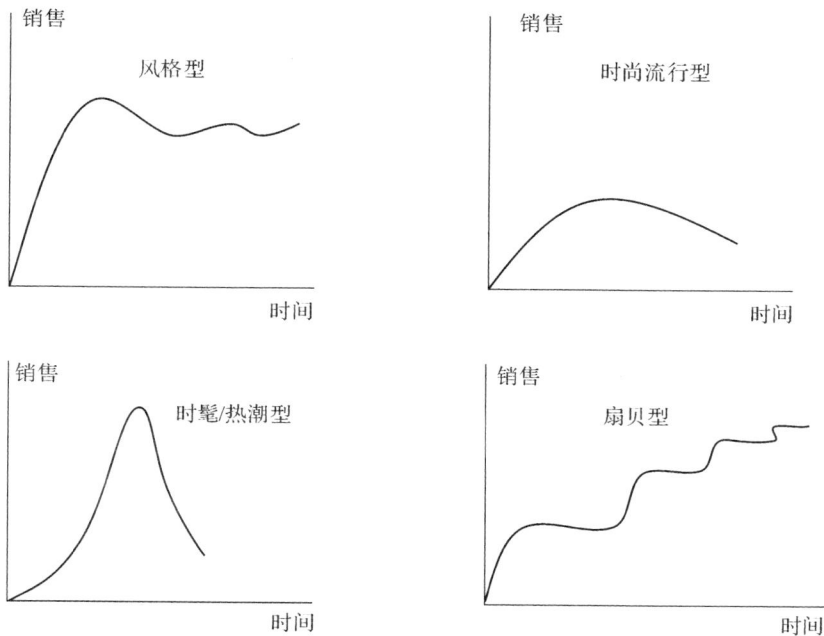

图 12-1-2 四种特殊产品的生命周期曲线

二、电视节目生命周期

节目所具有的艺术和精神产品特性使之和物质消费品不同。物质消费品投放市场后,产品本身变化不大,但同一节目在每一期制作和播出中,虽然节目名称、播出时间、节目要素和节目形态等相对稳定,但是节目内容不相同。所以多数情况下节目的生命周期阶段特征难以像其他产品一样清晰,这显然增加了节目生命周期判断的难度和不确定性。

1. 生命周期各时期节目和受众特征

根据产品周期理论,任何产品都有生命周期。一般的电视节目的生命周期同图 12-1-1 的 S 型曲线,在电视节目培育期(推广期),是创造收视需求的重要阶段,要投入大量的人力、物力等成本,但获得的收视回报有限。在电视节目成长期,节目的受众规模迅速扩大,在受众中的影响力不断增强,节目品牌也进入快速成长阶段。在节目品牌得到了市场和受众的认可后,节目开始进入成熟期。这一时期,节目的受众规模增加趋缓或停滞,同类竞争栏目基本稳定。最后,多数节目都不可避免地进入衰退期,忠实受众大量流失,进行结构性创新和逐步退出是步入衰退期节目的两条必经之路。表 12-1-1 是节目生命各时期的节目特征和受众特征的简要描述。

表 12-1-1　各阶段节目及受众特征

	培育期	成长期	成熟期	衰退期
节目特征	制作相对粗糙,不断改变设计,知名度低	节目质量和知名度提升	节目质量稳定,节目风格定型	同类节目差异小,不能满足受众不断变化的需求
受众与受众行为	受众规模小,受众忽视,必须说服受众	受众规模扩大,观众满意,忠实受众增加	忠实受众不再增加	受众不满意到厌倦,流失增加

2.节目生命周期的判断

收视率是判别节目生命周期的重要指标。收视率是到达率和忠实度的乘积,根据收视率判别节目生命周期阶段,重点是考察到达率和忠实度的变化特征。处于培育期的节目往往表现出"到达率增长,忠实度随之增长,但到达率增长更快"的特征;进入成长期的节目则表现出"到达率和忠实度同时增长,但到达率增幅减缓,忠实度稳步提高"的特征;在市场成熟期,节目表现为"到达率和忠实度相对稳定,但到达率往往波动相对明显";进入市场衰退期的节目则表现出"忠实度缓慢下降而到达率加速下降"的收视特征。

为了更加准确地判别节目生命周期阶段,除以到达率和忠实度为指征进行综合分析之外,还应以节目的重度观众、稳定观众、游离观众和轻度观众的比例变化趋势作参考。考察不同性别和年龄特征的各类观众到达率和忠实度的相对分布,把到达率和忠实度均高于所有观众平均水平的那些观众称为节目的重度观众,仅忠实度高于所有观众平均水平的那些观众称为节目的稳定观众,仅到达率高于所有观众平均水平的那些观众称为节目的游离观众,到达率和忠实度均低于所有观众平均水平的那些观众称为节目的轻度观众。任何一档节目都可以区分出这四种观众类型并能够分别计算出各类型观众所占的比例。处于市场导入期和成长期的节目,往往表现为游离观众和轻度观众的比例高于稳定观众和重度观众的比例;进入成熟期后,重度观众和稳定观众成为节目收视的主导;衰退期则表现出稳定观众和重度观众比例下降而轻度观众和游离观众比例转为增加的趋势。

实证分析表明,从收视率数据研判节目导入期和成熟期的市场特征往往更容易,而节目成长期和节目衰退期表现出来的收视率变化特征由于受竞争环境变化和节目改版等因素的影响而不易判别。

　　广播电视节目同一般的物质产品不同,具有扇贝型产品生命周期的特点。从产品的角度分析,广播电视节目具有风格、时尚、时髦的特性,且容易被模仿(我国对节目模式的法律保护很不完善),因而竞争更为激烈。为了应对同质节目的竞争,许多节目在内容、形式等方面不断寻求创新,在无法长期保持成熟期收视高峰的情况下,能缩短成熟期之后的衰退期,进入下一个成长期,形成波浪型上升的节目生命周期曲线,如图 12-1-3(牛梦,2007)。

　　虽然在每一个小的生命周期内,节目遵循 S 型的发展轨迹,但在进入前一个衰退期后,节目经过创新、调整,能迅速进入下一个成长期,而在收视水平上第二个成长期也明显高于之前,如此往复,节目能通过自身的能力,不断适应受众新需求和竞争的挑战,从而延长生命周期。

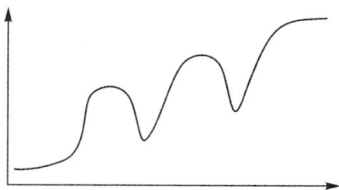

图 12-1-3　电视节目生命周期波浪型曲线

　　节目生命周期中各时期的评价重点有所不同。培育期重点是节目定位时预期的目标受众与实际收看该节目的受众是否吻合;成长期重点是节目收视率的提升,成熟期重点是节目的稳定性,衰退期重点是了解节目的受众群,探索他们的需求,为改版或新版节目做准备。

三、实例

　　《北京体育彩票开奖》2000 年 4 月 28 日开播,分别于北京二套周二和周五的 18:55、18:35 播出。2002 年 1 月 1 日移到北京六套,更名为《京彩时刻》。

　　培育期:半年,从 2000 年 4 月到 10 月,收视率比较低,只有 3%,观众忠诚度低。原因是买彩票的人少,栏目刚开播,没有形成固定观众群。

　　成长期:2 个月,从 2000 年 11 月到 12 月,收视率快速明显上升,12 月 26 日到达最高点 14.2%。

　　成熟期:3 个月,从 2001 年 1 月到 3 月,收视率在 5%~12%之间,平均为 8.2%。

　　衰退期:近三年,分两个台阶下降。衰退期一为 8 个月,从 2001 年 4 月到 12 月是第一次衰退,平均收视率降为 2.7%。衰退期二,2002 年 1 月迄今,2002 年 1 月移到北京六套,改名为《京彩时刻》,有了企业的冠名赞助,收视率继续下降,2002 和 2003 年为 1%。

表 12-1-2 《京彩时刻》生命周期各阶段观众构成

观 众		培育期	成长期	成熟期	衰退期一	衰退期二
性别	男	52.3	49.6	52.0	55.3	63.8
	女	47.7	50.4	48.0	44.7	36.2
年龄	4～14 岁	9.9	14	14.0	13.1	5.8
	15～24 岁	21.6	17	15.9	13.9	16.1
	25～34 岁	17.0	12	10.3	9.8	7.5
	35～44 岁	14.1	16.7	18.6	16.4	17.1
	45～54 岁	20.4	18.1	19	25.9	27.6
	55～64 岁	11.6	12.8	12.1	11.1	10.1
	65 岁以上	5.6	9.4	10.1	9.8	15.9
学历	未受过正规教育	6.2	8.5	5.0	6.8	8.9
	小学	9.3	13.6	16.8	13.1	4.6
	初学	30.4	31.0	30.5	33.1	42.2
	高中	41.5	32.0	32.8	33.9	32.8
	大学及以上	12.6	14.9	15	13.1	11.5
个人月收入	无收入	31.8	32	30.0	27.0	26.5
	300 元以下	4.4	5.1	5.5	4.1	2.7
	301～600 元	20.3	28.1	25.6	24.2	17.5
	601～900 元	24.6	17.7	15.5	15.1	14.1
	901～1200 元	7.2	11.1	13.5	16.0	14.7
	1201～1400 元	4.2	1.2	1.4	4.6	5.5
	1401～1700 元	0.7	1.8	2.5	2.4	9.8
	1701～2000 元	2.1	0.5	1.1	0.6	2.9
	2000 元以上	4.7	2.5	4.9	6.0	6.3

《京彩时刻》各生命周期的主要观众是 45～54 岁、高中文化程度、无收入者,且男性观众稍多于女性观众。

具体而言,《京彩时刻》各生命周期的观众构成不一样。培育期 15～34 岁年轻人比例高,初高中学历的人数比例高达 71.9%。成长期女性观众比例增加,年龄有所增大。成熟期年龄、学历、个人月收入的组间差距最小,即进入稳定期。衰退期男性观众明显多于女性观众,45 岁以上的观众达到 53.6%,受教育程度有所下降,初中学历的观众达 42.2%,但较高收入人群比例高于前几个阶段。

表 12-1-3 《京彩时刻》生命周期各阶段观众忠实度

目 标		培育期	成长期	成熟期	衰退期一	衰退期二
4 岁以上所有人		83	91	93	93	90
性别	男	83	91	92	92	90
	女	84	91	94	95	91
年龄	4~14 岁	84	91	90	95	78
	15~24 岁	80	90	94	89	86
	25~34 岁	91	90	89	88	86
	35~44 岁	85	89	85	94	93
	45~54 岁	81	91	92	94	95
	55~64 岁	87	94	94	99	85
	65 岁以上	75	94	92	95	95
学历	未受过正规教育	81	94	85	90	91
	小学	83	90	92	97	73
	初学	84	91	94	95	91
	高中	87	92	93	91	93
	大学及以上	74	88	92	96	91

《京彩时刻》各生命周期的观众忠诚度也不一样。培育期的观众忠诚度最低,成熟期和衰退期一的观众忠诚度最高。培育期 25~34 岁年轻人的忠诚度最高,65 岁以上、大学以上学历的观众忠诚度最低;到了成长期,65 岁以上老年人观众忠诚度变高,未受过正规教育的观众忠诚度最高;成熟期和衰退期一,各类观众忠诚度都较高;发展到衰退期二,35 岁以下观众的忠诚度明显低于 35 岁以上的观众。

第二节　广电集团、电视台和频道评价

目前,我国广播电视业的运营分为四个层次,广电集团运营,电台、电视台运营,频道运营,栏目运营或节目运营。每一个层次的运营,都有不同的指标体系。虽然各指标体系都涉及受众的调查与分析,但节目和栏目评价指标体系中,受众调查与分析的作用最为重要和直接。本节简述广电集团、电台和电视台、频道评价的指标体系。

一、广播、电视业运营的指标体系建构

广播、电视评价指标是对媒体运营状况的反映,主要表现为广播电视运营的历史和现状分析。广播、电视业运营的指标体系一般与社会系统的运行结构相关联,可以从两个方面进行建构。

首先是基础总量指标,反映广播、电视运营的基本状况,是其他指标的前提与资源,因而又称资源性指标。主要包括电台、电视台数量,有线电视用户数量,数字电视用户数量,地面卫星接收站数量,电视机(收音机)社会拥有量,频道数量,年产广播、电视节目播出和制作的小时数,视(听)受众总人(户)数,年度总收入,广告总收入,受众流向等。每年全国和各省、市的统计年鉴和广播电视统计年鉴有大量这方面的资料。

其次是广播电视传播影响力指标,主要有收视(听)率、开机率、接触率、市场占有率、忠诚度、满意度等指标(详见第 7 章)。这些指标可以从不同的角度进行考察,以秒、分钟、小时、日、周、月、季、半年或一年为期进行计算和分析;以家庭、个人、年龄、学历、收入、职业等分类进行计算和分析;以节目类型、播出时间和地域等类型进行计算和分析;以及不同角度的交叉计算和分析。

二、广电集团评价

对广电集团的评价可以从集团规模、年度总收入两个方面建构指标体系。集团规模的指标一般包括,雇员总数、核心员工数,拥有电视台、电台、频道、报纸、杂志、网站、有线(数字)电视用户、制作公司、广告公司的数量,固定资产总额,其他经营项目等。

反映集团年度总收入的指标为,年度广播电视总收入、年度广告总收入、年度报纸(杂志)总收入、年度网上业务总收入、年度图书销售总收入、年度电影发行总收入、年度有线(数字)电视总收入、年度其他经营项目总收入等。

2013 年是世界品牌实验室①编制中国品牌榜的第十年。2004 年入选门槛仅为 5 亿元,2013 年入选品牌的最低门槛是 15.36 亿元。在 2012 和 2013 年《中国 500 最具价值品牌》中,中央电视台分别以 1546.72、1682.37 亿元的品牌价值位居榜第 4。2013 年《中国 500 最具价值品牌》前 130 中,凤凰卫视、人民日报、广州日报、参考消息、湖南广播电视台、江苏广电集团、浙江广电集团、上海东方传媒集团(SMG)以 311.57、235.62、165.68、164.36、158.72、156.18、143.95、141.85 亿元居第 46、68、102、104、108、111、126、129 位。

三、电台、电视台评价

对电台、电视台的评价有两种方法,一种是按电台、电视台的规模和水平进行评价,另一种是按会计核算指标进行评价。下面仅简述按规模和水平评价电台、电视台的方法。

第一是总体规模,包括全部从业人员年末总数,拥有频道数、年产节目总小时数、对外播出语种数等。

第二是覆盖情况,包括人口覆盖率、地区覆盖率、海外覆盖情况(人口和技术)等。

第三是受众资源,包括受众总人数,受众构成及群体特征,受众媒体消费行为,受众媒体需求情况,受众来信来访情况等。

第四是内容表达,在上面分析的基础上进行评价,包括节目类型是否完备,重点节目安排是否得当,节目编排是否流畅,节目类型之间有没有节奏感和轻重缓急,主持人主持的形式和风格等。

第五是经济实力,包括拥有固定资产,年度总收入,年度广告总收入,总收入增长速度,运营现金流(运营现金流表明一个单位净资本和投资的能力,运营收入的现金流入和运营费用的现金流出的差额,不计净收入的非现金变化,如贬值和摊销)。

第六是广告资源,包括广告时间评价,广告价格评价,广告经营额评价,广告代理公司评价,广告客户评价等。

四、电视频道评价

频道评价指标有频道入户率、频道观众规模、频道品牌栏目数等。电视频道品牌塑造和品牌竞争力是电视频道评价的标志性指标。

---

① 世界品牌实验室(World Brand Lab)是一家国际化、专业性的品牌研究机构,总部在美国纽约,由 1999 年诺贝尔经济学奖得主、"欧元之父"罗伯特·蒙代尔(Robert Mundell)教授担任主席。

1.全国 50 个卫星频道的品牌形象及品牌竞争力调查

央视市场研究股份有限公司(CTR)于 2006 年 6 月 12 日至 7 月 12 日,对全国 50 个卫星频道(中央台各频道及省级卫星频道、凤凰卫视中文台、凤凰卫视电影台以及凤凰卫视资讯台)在观众心目中的品牌形象及品牌竞争力进行了调查。调查的主要目标有四个:各卫星频道在栏目、电视剧、大型活动、节目创新以及主持人方面的竞争力状况;观众心目中的品牌频道以及观众认可的品牌频道的主要特点;观众心目中的品牌栏目以及观众认可的品牌栏目的主要特点;观众心目中的品牌主持人以及观众认可的品牌主持人的主要特点。

调查以频道整体竞争力、频道栏目竞争力、电视剧竞争力、大型活动竞争力、主持人竞争力以及节目创新力六大指标来研究全国卫星频道宏观方面的竞争状况,从而具体了解全国卫星频道之间在品牌竞争力方面不同的优势和差异。

调查采用入户访问的形式,在全国 30 个省会城市(不含拉萨)中进行。各城市的调查人数分别为:北京 164 人,上海和广州各 165 人,合肥、南昌和长沙各 84 人,其余的 24 个省会城市各 85 人,总计样本量为 2786 人。调查对象为近一个月内至少看过该频道节目四次以上的被访者。

(1)观众心目中的品牌频道

首先调查观众认可的品牌频道的主要特点,百分比排位前 10 的因素分别为,新闻栏目、评论栏目办得好(42.7),能对社会不良现象进行批评、监督、曝光(34.1),经常播放观众喜欢的影视剧(29.4),生活服务栏目办得好、贴近老百姓生活(28.2),能够组织一些有深度、有影响力的重点报道(26.1),有名牌栏目(25.4),综艺娱乐栏目办得好(20.6),栏目安排得好,方便我收看喜欢的栏目(13.3),主持人阵容强大(12.0),有精彩的体育赛事(11.8)。

新闻评论、舆论监督、影视剧排名前三,由此可见观众认为品牌频道的主要功能在于时事新闻的报道,对不良现象的监督,以及播放优秀电视剧。这些是频道品牌建设应注意的重点。

其次调查了观众心目中的品牌频道,按照被调查者对品牌频道选择的百分数计算频道人气,前 10 位频道分别是央视一套(58.3)、央视三套(41.7)、央视五套(35.8)、湖南卫视(28.0)、央视二套(26.3)、央视六套(26.0)、央视八套(23.6)、央视十套(12.9)、央视新闻频道(12.6)、央视四套(11.3)。

在最受观众欢迎的频道排行榜中,央视几乎包揽了前 10 名。调查报告对排名前五位的各品牌频道的主要优势进行了分析。

第一名:央视一套作为央视的旗舰频道,凭借在新闻报道方面的主导地位以及丰富的节目资源,成为观众心目中排名第一的品牌频道。观众提及该频道的主要优点是,新闻栏目和评论栏目突出,新闻的舆论监督和深度报道是央视一套的核心竞争力;此外黄金时段高水准的影视剧,央视其他频道的精品节目汇编对中央电视台的核心竞争力形成了有力的支撑和补充,充分体现出旗舰频道高起点高水准的强大优势。

第二名:央视三套在综艺频道的定位上精耕细作,在综艺节目方面形成了核心竞争力,凭借《同一首歌》等品牌综艺栏目的强大号召力,云集了一批优秀主持人,其频道风格青春、时尚,节目创新能力很强,经常推出新栏目,吸引观众,也得到了观众的广泛认可。

第三名:央视五套——体育频道,在转播和直播重大体育赛事方面拥有绝对的市场优势,使广大的体育爱好者成为该频道的忠实观众。同时,该频道也拥有一些名牌栏目和著名主持人,其频道风格得到了观众的广泛认可。

第四名:湖南卫视是唯一跻身品牌频道10强的省级卫星频道。在大部分省级卫视普遍依赖电视剧、缺乏核心节目的状况下,湖南卫视一枝独秀。湖南卫视主要以其鲜明的定位、较强的娱乐性,吸引了很大一部分年轻观众,形成了以综艺节目为主、影视剧为辅的核心竞争力。此外,在主持人、包装、创新方面湖南卫视都体现出比较明显的优势,而且各项指标比较均衡,显示出未来良好的发展潜力。

第五名:央视二套是经济频道,其最大的优势在于生活服务栏目办得好,贴近百姓生活。同时,央视二套又拥有《开心辞典》、《幸运52》和《非常6＋1》等名牌综艺娱乐栏目,拥有李咏、王小丫等名牌主持人,频道的各项指标都有不错的表现,显示出良好的综合能力。

(2)栏目竞争力

栏目竞争力指标是通过调查观众认为哪个频道的节目更好看得出的,主要了解除影视剧外,观众对频道栏目方面的评价。全国50个卫星频道栏目竞争力(%)前20个频道分别是央视一套(39.0)、央视五套(30.9)、央视三套(30.8)、央视二套(18.9)、湖南卫视(17.4)、央视十套(10.1)、央视新闻频道(9.6)、央视四套(8.1)、央视十二套(7.4)、央视六套(4.8)、央视八套(4.6)、上海东方卫视(4.1)、安徽卫视(3.8)、北京卫视(3.1)、央视七套(2.4)、凤凰卫视中文台(2.2)、重庆卫视(2.2)、江西卫视(1.9)、山东卫视(1.8)、云南卫视(1.7)。

央视各频道几乎囊括了排行榜的前10名。这与央视的综合实力,以及频道细分明确、栏目定位准确有很大的关系。值得一提的是,湖南卫视是唯一跻身栏目竞争力10强的省级卫星频道,名列第五。这与湖南卫视独特的栏目定位有关,说明湖南卫视具备了很强的竞争力;上海东方卫视、安徽卫视和北京卫视在栏目方面也具备一定的市场竞争力。

（3）电视剧竞争力

电视剧竞争力，是通过调查观众比较喜欢看哪个频道的电视剧得出，了解观众对各频道电视剧的喜爱程度。全国50个卫星频道电视剧竞争力（％）前20个频道分别是央视八套（27.7）、央视一套（20.8）、央视六套（13.8）、湖南卫视（8.1）、安徽卫视（6.9）、重庆卫视（2.5）、央视四套（2.3）、江苏卫视（2.3）、江西卫视（2.0）、云南卫视（1.9）、北京卫视（1.8）、上海东方卫视（1.7）、四川卫视（1.5）、央视三套（1.4）、浙江卫视（1.4）、河北卫视（1.3）、山东卫视（1.2）、广西卫视（1.2）、吉林卫视（1.0）、央视十二套（1.0）。

在频道电视剧竞争力方面，央视八套、一套、六套以其大手笔的投入、强大的落地覆盖率、优良的电视剧制作队伍，在电视剧资源的掌控方面显示出了强大的竞争力；而紧随其后的湖南卫视，通过购买国外热播电视剧的国内独家代理权，以《大长今》的热播为典型代表，占据了部分市场份额，拥有了自己独特的竞争力；安徽卫视将自己定位为电视剧频道，通过取得国内优秀电视剧的首轮播出权，并且以24小时轮播热门电视剧的方式，在竞争中取得了一定的优势。此外，重庆卫视、江苏卫视等频道在电视剧竞争方面也有不错的表现。

（4）大型活动竞争力

大型活动竞争力是通过调查观众比较喜欢看哪个频道举办的大型活动得出，反映各频道在大型活动方面的竞争力。全国50个卫星频道大型活动竞争力（％）前20个频道分别是央视三套（24.0）、湖南卫视（20.2）、央视一套（14.3）、央视二套（12.6）、央视五套（11.3）、上海东方卫视（2.7）、央视十套（2.0）、央视四套（1.8）、安徽卫视（1.8）、北京卫视（1.7）、央视十二套（1.5）、央视八套（1.5）、云南卫视（1.4）、央视六套（1.0）、央视新闻频道（1.0）、凤凰卫视中文台（0.8）、江西卫视（0.7）、河南卫视（0.6）、重庆卫视（0.5）、浙江卫视（0.5）。

在举办大型电视活动方面，央视三套和湖南卫视表现突出，超过20％的观众认为他们举办的大型电视活动比较好看；中央一套、二套、五套处于第二梯队，竞争力在10％～20％之间。尽管目前各个卫视不断加大在电视活动方面的投入，但是观众对大部分频道在电视活动方面的认可度相当低，目前能够形成竞争力的主要是中央电视台三套、一套、二套、五套和湖南卫视等频道。

（5）节目创新力

节目创新力指标主要是从观众的角度来研究卫星频道在节目内容方面的创新能力。该指标反映出两个问题，一方面，电视台是否具备创新能力，是否能够不断推陈出新，是否能引领电视节目的发展潮流；另一方面，这些节目创新是否被观众接受认可。全国50个卫星频道节目创新力（％）前20个频道分别是央视三套（18.4）、央视一套（17.3）、湖南卫视（14.8）、央视五套（10.5）、央视二套（9.8）、央视八套（3.7）、央视十套（3.5）、央视六套(3.3)、上海东方卫视(2.8)、央视四套(2.6)、央视新闻频道(2.5)、安徽卫视(2.5)、央视十二套(2.1)、云南卫视(1.7)、北京卫视(1.4)、凤凰卫视中文台(1.2)、央视七套(0.7)、央视十一套(0.7)、江西卫视(0.7)、广东卫视(0.6)。

中央电视台凭借自己拥有的专业队伍和制作能力,在新节目的创新方面呈现出强势状态;湖南卫视的创新能力也得到了观众的认可,位居第三名。从指标数值来看,中央台一套、三套、五套、二套和湖南卫视可以说引领国内节目内容创新的潮流,而且它们的节目创新得到观众的普遍认可和好评。其他卫视如中央十套、新闻频道、东方卫视等频道的节目创新能力在电视业界广受关注,但是在调查数据上没有很好地体现出来,这说明这些频道的新节目很大程度上没有被观众接受,处于叫好不叫座的境地。

(6)主持人竞争力

品牌主持人是频道竞争力的重要保证。全国 50 个卫星频道主持人竞争力(%)前 20 个频道分别是央视一套(22.8)、央视二套(22.5)、央视三套(18.6)、湖南卫视(14.9)、央视五套(6.5)、央视四套(2.8)、央视新闻频道(2.6)、央视十套(2.2)、北京卫视(1.6)、上海东方卫视(1.6)、安徽卫视(1.4)、央视十二套(1.3)、江西卫视(1.1)、央视八套(1.0)、云南卫视(0.9)、央视六套(0.8)、央视七套(0.8)、凤凰卫视中文台(0.8)、央视少儿频道(0.6)、重庆卫视(0.6)。

在全国各卫星频道主持人竞争力排行榜中,央视一套、二套、三套分列前三名,湖南卫视位居第四,其他频道在主持人方面尚未形成比较明显的竞争力。央视各频道仍是对优秀主持人最具有吸引力的频道,央视也因为优秀主持人的加盟而增强了自身的品牌影响力,巩固了自己在市场竞争中的优势。湖南卫视通过灵活的激励机制,吸引了一批有朝气、有个性、深受年轻观众喜爱的主持人。同时,湖南卫视非常注重对主持人的包装,使其具有一定的影响力和号召力,从而增强了频道自身的市场竞争力。

(7)频道标识清晰度

频道标识清晰度是衡量一个频道 Logo 是否吸引眼球、整体形象设计是否具有鲜明特点的重要标准。全国 50 个卫星频道标识清晰度排位前 10 的频道分别是,央视一套(69.2)、央视三套(43.3)、央视二套(36.4)、央视五套(34.4)、湖南卫视(22.1)、央视六套(18.7)、央视四套(17.7)、央视八套(15.9)、上海东方卫视(11.2)、央视十套(8.1)。

湖南卫视以其鲜亮的橘黄、动感十足、富有个性的台标位居第五,东方卫视以其丰满的鲜橙烙上舒展的红色五角星印记的台标被观众所牢记,位居第九。

(8)观众心目中的品牌主持人

优秀的有影响力的主持人是频道品牌影响力的重要组成部分,主持人一旦成为品牌之后,便成为一个频道的象征,其个性、形象、品质反映着频道的定位和品牌影响力。观众心目中的品牌电视节目主持人排名前 10 的分别是,李咏(13.2)、王小丫(5.4)、汪涵

(3.4)、毕福剑(2.9)、何炅(2.6)、朱军(2.4)、白岩松(1.4)、李湘(1.4)、董卿(1.4)、陈扬(1.3)。

在品牌主持人排行方面,李咏遥遥领先,成为最受观众欢迎的主持人,王小丫、汪涵分列二、三位。前10名中有6位是央视的主持人;汪涵、何炅、李湘均来自湖南卫视。值得一提的是,广东卫视的新闻节目主持人陈扬以其独特的个性化点评风格,深受观众喜爱,在排行榜中名列第10。

2.2009全国电视媒体影响力评估

2009年9月,由厦门大学品牌与广告研究所、北京大学市场与媒介研究中心、CTR、知本策略公司历经两年完成了"2009全国电视媒体影响力评估报告"(CTR,2009)。调查选取了中央、地方、城市三级电视台共323个频道和60个全国收视率最高的代表性栏目,在全国35个中心城市对10500个样本进行了大规模的入户调查。

报告中首次提出媒体影响力(MI)由可信度(MC)、喜好度(MP)、广告环境(AE)组成。调查认为从频道影响力方面,2009年中国最具影响力的媒体是中央电视台,其中央视一套是最具影响力的频道,其影响力指数达到3.62,其后是央视新闻频道和央视四套。东方卫视是最具影响力的地方卫视,影响力指数为1.68。在"喜好度"上,湖南卫视遥遥领先,尤其深得女性观众的青睐。

从新闻财经类栏目影响力方面,2009年中国最具影响力的新闻财经类栏目是《新闻联播》,其影响力指数为4.67,并且排名前十五位的栏目全属于中央电视台,这也显示出中央电视台在新闻财经类栏目方面的绝对竞争优势。东方卫视的《深度105》、贵州卫视的《股市先锋》、广东卫视的《财经在线》、北京卫视的《北京新闻》也获得不错的栏目影响力,并进入所有新闻财经类栏目二十强。

在综艺影视剧类栏目影响力方面,CCTV-3的《星光大道》、《同一首歌》与CCTV-1的《黄金剧场》位列前三甲,说明了中央电视台在综艺影视剧栏目方面仍具有无可比拟的影响力。湖南卫视的《快乐大本营》、《金牌魔术团》和《天天向上》三档栏目也入围前十名,突显了湖南卫视在娱乐定位上的全面成功。

第三节　栏目和节目评价中的收视率

对栏目或节目的评价是广播电视四个运营层次中,最为基础和核心的评价。对广播电视栏目和节目的评价,现有各种方法都有局限性。目前国内各级电视台大都采用主观和客观相结合的综合方式。

节目收视率的变化受诸多因素的影响和制约。这些因素可简单分为两大类：一是节目内在的影响和制约因素，如题材、图像、配乐、剪辑、节奏、主持人和版块设计等。另一类是外在的影响和制约因素，主要有节目类型、节目播出频道和时段等，这类因素对节目收视率的起着至关重要的作用。

一、收视指标与节目研判

1. 到达率和忠实度

到达率是指特定时段内，接触过某一节目的不重复受众人数占推及总人数的百分比；忠实度是收视率与到达率的比值，值指在 0～100 之间，值越高，则节目聚合受众的能力越强。收视率＝到达率×忠实度。

到达率和忠实度可以视为节目收视评价的两个维度，到达率反映节目收视的广度，忠实度则表征着收视的深度。到达率和忠实度高低的四种组合（图 12-3-1），用于判断节目市场表现的优劣状况，评价节目市场竞争力。第一象限的节目，受众的到达率和忠实度都高，是最具竞争力的强势节目；第二象限的节目，到达率低但忠实度高，是留得住受众的特色节目；第三象限的节目，到达率和忠实度都低，是竞争力较差的弱势节目；第四象限的节目，到达率高但忠实度低，受众流动性强，形不成相对稳定的受众群，是问题节目。

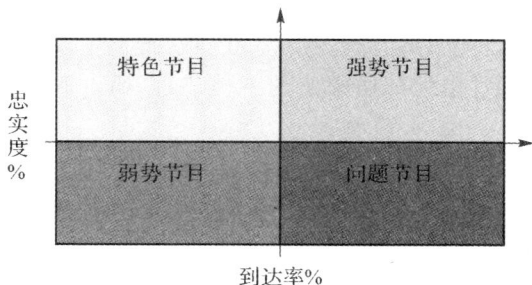

图 12-3-1 节目市场竞争力评价四象限图

以 2008 年 12 月北京台文艺频道播放的节目为例，《空中笑林》落入第一象限，是强势节目；《早安北京》落入第二象限，是特色节目；《子夜柔情》由于播放时间的原因，到达率和忠实度均低，是竞争力较差的弱势节目；而《广播剧场》落入第四象限，属于问题节目。

2.收视率与满意度

满意度与收视率是两个不同性质的指标,两者既相互独立,又彼此联系。收视率主要反映受众对节目"数量"的计算,满意度追求的是受众对节目"质量"的评估。按节目在收视率和满意度这两项指标上的高低,可将节目分为"叫座又叫好"、"叫座不叫好"、"叫好不叫座"、"不叫好也不叫座"四类。

香港学者苏钥机依据从香港调查获得的数据,将收视率和欣赏指数分别分为高中低三个等级,即将数据分别以三分之一为界划分,并将这两个指标交互列表,划分出六类节目,如表12-3-1。

表 12-3-1　收视率和欣赏指数对节目的评价

欣赏指数 ＼ 认知率	认知率(收视率)		
	低	中	高
欣赏指数　低	劣质节目	平庸节目	大众节目
欣赏指数　中	平庸节目	中档节目	大众节目
欣赏指数　高	精英节目	精英节目	理想节目

研究发现:第一类是收视率和欣赏指标都低的劣质节目。此类节目不到总体节目的十分之一,均为娱乐节目。

第二类是平庸节目,收视率和欣赏指标一"中"一"低",香港近半数的节目属于此类。

第三类是大众节目,收视率高但欣赏指标"中"或"低",很多娱乐节目属于此类。

第四类是收视率和欣赏指标都居中游的中档节目,约占四分之一,包括许多不同类型的节目。

第五类是精英节目,收视率不高,但欣赏指标高,不到一成,以资讯类为主,一般电视机构都有几个这类招牌节目。

第六类是理想节目,收视率和欣赏指标双高,不到一成,以新闻及公共事务类节目占去一半,也有资讯节目和娱乐节目。

从整体看,平庸节目、中档节目和大众节目,三者占到节目总数的八成,可见香港电视仍以"最大标准"和"最少人反对的节目编排"为主导,余下的两头是理想节目、精英节目与劣质节目,呈现两头小、中间大的格局。

如将欣赏指标换成我国内地使用的满意度,可撤换劣质节目,警告平庸节目,改进中档节目,提升大众节目,宣传精英节目,发展理想节目。

二、节目收视率的标准化

大量的研究表明，播出时段、播出频道、节目类型是影响收视率的三个最直接、最重要且相互独立的变量。对不同节目的收视情况进行评价时，必须让不同频道、不同时段、不同类型的节目收视率具有可比性。一般的方法是赋予影响收视率的各项指标一定的权重之后，再根据调查的收视率计算标准化收视率。

标准化收视率＝实际收视率×时段权重×频道权重×节目类型权重

1. 时段权重来自开机率，每天的平均开机率与各时段开机率之间的比值就是这个时段的权重。哪个时段的开机率高，它的时段权重反而低。表 12-3-2 是 2003 年 10 月 16 日到 22 日一周中，北京地区各时段权重。

时段权重＝全天开机率/节目所在时段的开机率

表 12-3-2　北京地区各时段权重

时间段	开机率	权　重	时间段	开机率	权　重
02:00～02:30	0.75	18.93	14:00～14:30	9.64	1.47
02:30～03:00	0.59	24.07	14:30～15:00	9.49	1.50
……	……	……	……	……	……
06:30～06:30	0.62	22.90	18:00～18:30	27.57	0.52
06:30～07:00	2.11	6.73	18:30～19:00	35.73	0.40
07:00～07:30	4.75	2.99	19:00～19:30	40.59	0.35
07:30～08:00	6.10	2.33	19:30～20:00	43.80	0.32
08:00～08:30	7.47	1.90	20:00～20:30	45.48	0.31
……	……	……	……	……	……
13:30～14:00	11.18	1.27	01:30～02:00	1.32	10.76
全天	14.2				

2. 频道权重来自频道的覆盖率，是所有频道入户率平均值与这个频道入户率的比值，频道的入户率越高，频道权重越低。表 12-3-3 是 2003 年 10 月 16 日到 22 日一周中，北京地区各频道的覆盖率和权重。

频道权重＝所有频道平均覆盖率/节目所在频道覆盖率

表 12-3-3　北京台各频道权重

名　称	覆盖率	权　重	名　称	覆盖率	权　重
北京台二套	96	0.91	北京台六套	84	1.03
北京卫视	95	0.92	北京台八套	84	1.03
北京台三套	94	0.93	北京台七套	83	1.04
北京台四套	85	1.02	北京台九套(公共频道)	74	1.17
北京台五套	84	1.03	平均值	87	

3. 节目类型权重来自各类节目收视率,是各种类型节目平均收视率与这类节目收视率的比值,本类节目收视率越高,权重越低。表 12-3-4 是 2003 年 10 月 16 日到 22 日一周中,北京各类节目的类型权重。

节目类型权重＝所有节目平均收视率/此类节目的收视率

表 12-3-4　北京台各类节目权重

名　称	收视率	权　重	名　称	收视率	权　重
新闻	2.18	0.34	少儿	0.41	1.80
综艺	1.95	0.38	体育	0.36	2.06
电视剧	1.91	0.39	生活服务	0.35	2.11
电影	1.05	0.70	财经	0.19	3.89
专题	0.52	1.42	外语	0.10	7.40
戏曲	0.52	1.42	教学	0.06	12.33
音乐	0.48	1.54	其他	0.30	2.47
平均值					0.74

4. 标准化收视率及排名

各节目的收视率经过时段权重、频道权重、节目类型权重的处理后,得到标准化收视率。表 12-3-5 是北京台 2003 年 10 月 16—22 日一周中,按标准化收视率排名的前 10 个节目。

表 12-3-5　北京电视台在北京地区收视率排名

排名	节目名称	播出频道和开播时间	实际收视率（原排名）	时段权重	频道权重	节目类型权重	标准化收视率
1	天气预报	北京卫视 18:56	20.0(1)	0.40	0.91	2.11	15.36
2	法治进行时	北京台三套 18:59	9.5(7)	0.70	0.92	1.42	8.69
3	午间气象服务	北京卫视 13:03	3.6(18)	1.02	0.91	2.11	7.05
4	荧屏歌声	北京台二套 20:32	6.4(9)	0.31	0.90	1.54	2.75
5	生活面对面	北京台七套 18:59	3.0(21)	0.35	1.04	2.11	2.30
6	北京新闻	北京卫视 18:30	18.1(3)	0.40	0.91	0.34	2.24
7	电视剧《生死卧底》	北京台二套 20:47	19.5(2)	0.31	0.90	0.39	2.12
8	转播新闻联播	北京卫视 19:00	17.6(4)	0.35	0.91	0.34	1.91
9	2003 年北京相声小品邀请赛	北京台二套 18:59	15.7(5)	0.35	0.90	0.38	1.88
10	电视剧《人证》	北京台二套 21:56	11.1(6)	0.45	0.90	0.39	1.75

数据来源：《收视率调查应用手册》（第一版），第 247 页，有改动。

第四节　节目评价体系

　　由于电视产品的特殊性和节目评价的复杂性，目前我国电视还没有一套全面、权威、操作性强的节目评价体系。2000 年 9 月，中国广播电视学会受众分会根据节目评价工作的现状与发展，建立了由收视率、满意度、专家评议和节目投资收益比四个指标构成的节目评价模式。在这种背景下，国内各电视台根据实际情况，选择最有代表性的评价点建立各自的节目评价体系（王兰柱，肖海峰，郑维东；2002）。

一、中央电视台

1.2002 年的三项指标，一把尺子

　　中央电视台 1998 年就开始着手建立节目评价体系，经过几年摸索和思考，评价方案2002 年 6 月出台。该评价体系通过对中央电视台栏目分类；对影响节目质量的各项因素进行排查，确立用客观指标、主观指标和成本指标对中央电视台栏目进行评价；对上述三

项评价指标分别加权,最终获得栏目的综合评价指数,简称"三项指标,一把尺子"。

中央电视台将所有栏目划分为 5 大类 16 小类,分别为:

第一是新闻资讯类:含信息推介、深度报道、消息 3 个小类;

第二是专题服务类:含纪录片、谈话、教学、经济生活、科教文化 5 个小类;

第三是综艺益智类:含游戏竞猜、经典艺术、大众艺术 3 个小类;

第四是影视剧类:含动画片,电视剧、电影 3 个小类;

第五是广告类:含公益广告、商业广告 2 个小类。

"三项指标,一把尺子",既是央视节目评价的基本方法,又是栏目实施警示淘汰的依据。由于各频道专业定位和落地情况的差异,为保证评价的公平和警示淘汰的公正,以频道为单位,在同一频道内实施节目评价和栏目警示淘汰。

节目评价和栏目警示淘汰是一项复杂的系统工程。央视确定了"先评价、再警示、后淘汰"的操作规程,即总编室每季度会同相关节目部门,对节目综合评价一次,视评价结果对相关栏目分别给予警示;根据栏目全年综合评价结果,最终确定本年度淘汰的栏目。

《中央电视台栏目警示及淘汰条例》分两种情况对待栏目。第一种是以频道为考核单位,在考核期内,排名处于最后的几个栏目,或综合评价指数下滑趋势比较明显的栏目,或者排名下降比较明显的栏目将被首先给予警示。警示每季度进行一次,警示结果在下一季度初公布,一年内一个栏目累计被警告三次就将被淘汰。《条例》实行阶段,被警示栏目的比例为所在频道栏目总数的百分之五。

第二种情况,在考核期内,综合评价指数排名处于最后的几个栏目将被淘汰。对于被淘汰的栏目,央视将重罚:不再允许播出;所在的部门,一年内不能增加新的栏目;制片人两年内不得以制片人的身份开办新栏目;经费由总编室收回。

中央电视台于 2002 年 9 月开始试行《中央电视台栏目警示及末位淘汰条例》。2003 年 3 月 24 日中央电视台编委会决定,在中央电视台开播一年以上的所有栏目实行末位淘汰,CCTV1 到 CCTV8 被淘汰栏目依次是《地方文艺》、《电视购物》、《音乐再现》、《观众之友》、《回音壁》、《电影市场写真》、《农业新闻》、《原声影视》、CCTV10《城市平台》、CCTV11《绝活》。被警示栏目是 CCTV1《中国人口》、《艺苑风景线》,CCTV2《商界名家》,CCTV3《音乐厅》、《外国文艺》,CCTV4《台湾百科》,CCTV6《边说边看》,CCTV7《快乐点击》,CCTV8《世界名著名片》和 CCTV10《外语教学》。

央视的"分析报告"显示,这些栏目有些因为"忽视电视节目传播规律、内容肤浅、形式落后、严重滞后于观众的收视需求",有些节目"无新意"、"形态过时",还有些节目存在"成本过高"等原因。综合评价的最终结果是,20 个栏目中的 10 个栏目被淘汰,剩下的 10 个栏目被警示。被警示的 10 个栏目有半年的整改期,到 2003 年上半年结束时,如果综合评价指数没有明显提升,那么将被淘汰。

2004 年曾经深受读书人好评的《读书时间》被末位淘汰,引起了央视网络论坛上爱书人的极大争论,对于末尾淘汰的做法,在观众中产生了强烈的质疑。2005 年《每日一歌》、《体育英语》、《文体视窗》、《地球故事》、《瞬间世界》、《电视你我他》、《环球》、《记忆》等栏目从人们的视线中消失。

2.2007 年调整评价指标

2007 年央视对节目综合评价体系和警示淘汰办法进行适当调整。坚持节目评价警示和淘汰相结合的基本原则,适度减轻收视率在评价体系中的权重份量,加强对栏目成长性指标的考量。同时,充分考虑品牌栏目,尤其是传统品牌栏目价值对各频道品牌建设的贡献,加强对栏目品牌价值的考量。

将客观指标分解为收视指标和趋势指标。趋势指标的引入主要对客观指标产生影响,原客观指标(50 分)分解为收视指标(30 分)和趋势指标(20 分),其中收视指标主要以栏目的绝对收视数据及权重为计算依据,反映栏目的绝对收视影响力,计算方法与原评价体系完全一致;趋势指标则通过和前三年平均收视数据的比较,确定栏目收视的成长状态,并转换为趋势指标。

将主观指标中专家打分置换为栏目品牌价值分值。为贯彻频道发展品牌战略,提升各频道栏目的品牌价值,以品牌价值指标(10 分)代替主观评价指标中的专家评价指标(10 分),该指标主要考察栏目社会影响力、广告号召力、对频道贡献、资源利用效率等因素。

综合评价办法调整前后各项指标构成及所占比例如下所示:

旧办法综合评价指数＝客观指标×0.5＋主观指标(领导打分＋专家打分＋观众满意度)×0.3＋成本指标×0.2

新办法综合评价指数＝收视指标×0.3 ＋趋势指标×0.2＋主观指标(领导打分＋品牌价值＋观众满意度)×0.3＋成本指标×0.2

(1)收视指标

收视指标使用标准化收视率,计算方法如下(刘效礼,2007):

收视指标＝时段权重×频道权重×类别权重×收视率

时段权重＝全天各时段平均开机率/节目所在时段的开机率

频道权重＝所有频道平均落地率/节目所在频道落地率

类别权重＝所有被评价类别的节目平均收视意愿值/此类节目的收视意愿值

(2)趋势指标

为使数据具有较强的可比性,趋势指标的计算方式为:栏目本季度的平均收视率与该栏目前三年同季度平均收视率的比较。

由于频道改版、播出季节不同等因素,栏目的播出时间与常规播出时间存在较大的差异,为使比较基础更具公平性,在计算趋势指标时,前三年平均收视率指标均使用时段权重加权。

(3)主观指标

领导评价,占10％。

领导评价得分＝每个领导对同一节目不同考评项目打分之和/领导人数

品牌价值,占10％。品牌栏目满足以下每项要求的栏目,分别加2.5分。

年度综合评价中位于前八名的栏目(第一套)和前五名的栏目(其他频道);广告收入位于频道前十名的栏目(第一套)和前五名的栏目(其他频道);每年被台评为优秀的栏目;节目在两个以上频道播出的栏目。

观众满意度,占10％。根据CTR中国内地观众满意度确定(参考第7章第4节)。

(4)成本指标

成本指标＝(节目的收视率/所有被评价节目的平均收视率)/(节目的每分钟预算成本/所有被评价节目平均预算成本)

(5)综合评价方法调整

严格执行《中央电视台节目预算分配标准和预算分配管理办法》颁布的频道节目首播量标准。对于首播节目量达标的频道,其栏目继续进行节目评价,但对连续两个季度或累计三个季度受到警示的栏目,不再实施末位淘汰,将责成中心(频道)调整栏目内容、置换栏目或更换制片人。对于首播节目量未达标的频道,继续按照现行栏目警示和淘汰的规定对栏目进行评价。

在不实施末位淘汰的频道内不再设置政策性保护栏目。对于仍旧实施末位淘汰的频道,本着鼓励政策性保护栏目积极创新的原则,将对政策性保护性栏目设定保护期,暂定为两年(2007—2009)。在保护期内的每一评价年度,如果栏目连续两个季度或累计三个季度受到警示,将责成中心(频道)在栏目宗旨不变的前提下,改版(创新节目内容和表现形式等)或更换制片人。

经过与新闻、广告经济信息中心、体育节目中心沟通,根据CCTV2、CCTV5、CCTV新闻频道的特点,将对三个频道内的栏目采取如下评价办法:CCTV2为培养栏目的成本意识,提高栏目的投入产出水平,将成本指标由20分提高到25分,同时将满意度指标由10分减至5分。CCTV5体育频道改版后,赛事直播量增加,因此将赛事节目与日常栏目分开评价。CCTV新闻频道增加对栏目品牌价值的评价。

CCTV4频道一分为三后,只对亚洲版播出栏目表现进行评价。

2009年9月28日起《今天故事汇》、《实话实说》、《电影传奇》、《健康之路周刊》、《半边天》、《道德观察》、《走近科学》、《九州大戏台》、《大风车》、《三星智力快车》、《我们》等11

个节目告别央视一套。《大风车》调整为 CCTV 少儿频道播出。

3.2011 年评价体系

（1）指标体系

2011 年 7 月 1 日起，《中央电视台栏目综合评价体系优化方案暨年度品牌栏目评选办法》正式实施。新方案的设计原则：以正向激励带动负向激励，以奖优带动罚劣，变硬性淘汰栏目为主动置换栏目。表 12-4-1 是评价指标体系。

表 12-4-1　电视台栏目评价指标体系

指标及百分比	二级指标及百分比	考量维度	专家打分	观众调查	收视率调查
引导力 20	引导力 20	表征栏目导向是否正确、价值观是否被认同的社会效果指标	√	√	
影响力 25	公信力 10	表征栏目可信性、权威性以及责任感方面的社会效果指标		√	
	满意度 15	总体满意度		√	
		分项满意度		√	
传播力 50	收视目标完成率 10	受众传播规模的拓展与维护			√
	观众规模 20	栏目传播广度与观众群的拓展能力			√
	忠诚度 15	栏目粘着观众的能力			√
	成长趋势 5	栏目成长性和阶段性状态			√
专业性 5	专业品质 5	制作水准和品质（编辑编排、制作剪辑、播音主持、音响音乐、画面镜头（舞美）、文字写作）	√		

在中央电视台 15 个开路频道的近 400 个栏目中，符合新体系考评资格的栏目在 200 个左右（考评周期内在播常态栏目），而年度获奖品牌栏目有 30 个名额，超过十分之一比例。电视剧、动画片不参与考评，简单串联类和外购节目只打分不参与评选，新栏目播出期满一个季度以后进入考评体系，英、法、西、俄频道，阿语频道，电影频道，央视七套的部分节目不计入考评。

（2）指标计算

客观（定量）部分——传播力指标，由收视率调查数据转换计算获得，权重占比 50%。在初稿中，传播力指标的权重设置为 40%，经过试测后作出调整，最终定为 50%。年初各频道把台里下达的频道收视份额指标进行分解，按照频道内栏目的定位、历史收视表

现等因素,设计出栏目的收视目标值,每个季度考核周期结束时,对栏目的收视目标完成情况进行评估。具体计算如下:

$$收视目标完成率=\frac{考评周期内的栏目平均收视率}{收视率目标值}\times100\%$$

$$观众规模=\frac{考评周期内累计到达千人}{全台参评栏目该周期内累计到达千人平均值}\times100\%$$

$$忠诚度=\frac{考评周期内收看过栏目的观众人均收看期数-1}{考评周期内栏目总期数}\times100\%$$

$$成长趋势=\frac{考评周期内的平均收视率-上一年度同期平均收视率}{栏目考评周期上一年度同期平均收视率}\times100\%$$

客观(定性)部分,占50%,由观众调查和专家打分组成。

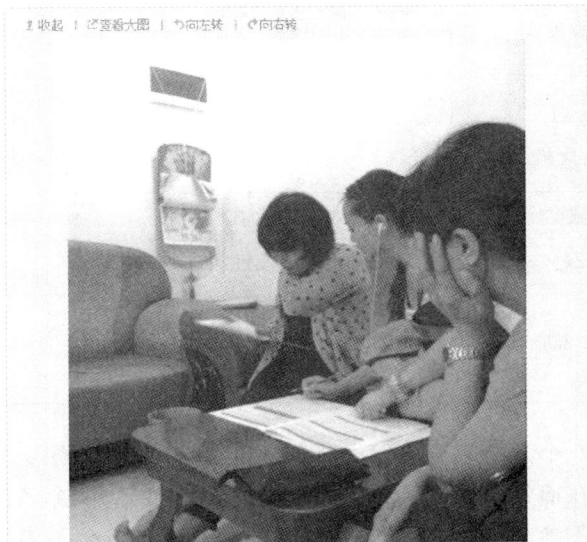

#2013.3季度央视栏目观众满意度入户调查随访# 【广东河源东华桃源居社区】30岁中专学历,正在看七天乐。喜欢看华人世界、影视留声机、共同关注、中华情、法律讲堂等。觉得一档节目主持人是灵魂,如果换了主持人,就应该改名。平时很少看电视剧,喜欢8套的民国或者解放题材的剧。但更多还是去网上看。

图 12-4-1　满意度入户调查

"观众调查"的数据来自 CTR 承担的全国观众入户调查。全国观众入户调查每季度观众入户调查样本达到 1.2 万个,在全国 30 个省市、自治区(西藏自治区及港澳台地区除外)的 184 个抽样点随机抽取。图 12-4-1 来自中国广播电视协会的官方新浪微博(电视受众研究 V,http://weibo.com/u/2822803965),为 2013 年第 3 季度央视栏目满意度入户调查,时间是 2013 年 9 月 16 日。

"专家打分"由 300 名专家完成。专家严格按照性别、年龄、身份等类别配额产生。男、女专家分别占 77% 和 23%;50 岁以上专家占 55%,50 岁以下专家占 45%;主管部门领导占 1%,业界专家占 45%,高校专家占 54%。领导主要是中宣部、国务院新闻办、广电总局的领导。业界专家主要来自中央主要新闻单位,高校来自国内知名传媒院校,副教授以上职称。

每季度考核期间,配对专家组和参评栏目,随机抽取不少于 10 位专家对某栏目进行考核,这 10 位专家也严格遵循专家评审组的配比结构,并考虑到不同类型栏目的诉求,如对戏曲、少儿节目等的考核,会配给定向专家。专家评审采取在线的形式,并规定一个栏目至少收看 5 分钟,提前告知专家他所需要打分的栏目,并提醒他们线下就开始关注。每季度一个专家要评价的节目一般为 8 个左右,不超过 10 个。为保证打分的公正性,专家被提示,需对评审专家的身份保密。

(3)评价结果,见表 12-4-2。

表 12-4-2　2011 年第二季度前 30 位节目

栏目名称	频　道	综合分	引导力	影响力	传播力	专业性	排　名
新闻联播	CCTV1	87.44	17.82	24.79	40.4	4.43	1
星光大道	CCTV3	85.79	17.49	23.62	40.19	4.49	2
今日说法	CCTV1	85.15	18.69	24.72	37.34	4.4	3
新闻直播间	CCTV13	83.35	17.1	22.28	39.76	4.21	4
欢乐中国行	CCTV3	82.87	16.1	21.15	41.33	4.29	5
中国新闻	CCTV4	81.34	17.54	22.01	37.12	4.67	6
焦点访谈	CCTV1	80.9	17.59	22.9	36.02	4.39	7
新闻 30 分	CCTV1	80.54	17.8	22.54	35.57	4.63	8
共同关注	CCTV13	80.37	18.48	20.92	36.4	4.57	9
今日关注	CCTV4	80.04	15.87	21.52	38.93	3.72	10
东方时空	CCTV13	80.01	17.74	20.14	37.55	4.58	11
非常 6+1	CCTV3	79.44	15	22.19	38.2	4.05	12
欢乐英雄	CCTV3	79.05	14.93	18.59	41.72	3.81	13
晚间新闻	CCTV1	78.66	16.84	22.27	35.28	4.27	14

续表

栏目名称	频　道	综合分	引导力	影响力	传播力	专业性	排　名
智慧树	CCTV14	78.58	18.43	22.23	33.35	4.57	15
探索 发现	CCTV10	77.97	17.63	23.86	31.99	4.49	16
朝闻天下	CCTV1	77.66	17.18	21.89	34.21	4.38	17
国际时讯	CCTV13	77.51	16.91	21.74	34.51	4.35	18
生财有道	CCTV2	76.89	18.74	20.69	32.97	4.49	19
经济半小时	CCTV2	76.6	18.87	20.79	32.22	4.72	20
大风车	CCTV14	76.47	17.16	21.62	33.22	4.47	21
走进科学	CCTV10	76.4	17.35	22.31	32.34	4.4	22
向幸福出发	CCTV3	76.04	15.26	19	37.61	4.17	23
经济信息联播	CCTV2	75.85	17.44	19.09	34.69	4.63	24
笑星大联盟	CCTV3	75.67	14.31	20.82	36.61	3.93	25
体育世界	CCTV5	75.28	17.78	21.01	31.79	4.7	26
第一时间	CCTV2	75.25	16.6	21.51	32.88	4.26	27
军事纪实	CCTV7	75.02	16.81	22.77	31.29	4.15	28
我们有一套	CCTV1	75.01	16.6	20.43	33.77	4.21	29
法治在线	CCTV13	74.36	17.87	22.02	30.2	4.27	30

二、省级电视台节目评价

1. 湖南电视台节目评价体系

湖南电视台节目评价体系,分三个考评层面:整体栏目、各期节目和单个节目。在栏目层面,主要以市场和行政两项指标进行评价;在各期节目层面,主要以专业和行政两项指标进行评价。在单个节目层面,主要用专业指标进行评价。

强调市场竞争和广告创收是湖南电视台制定节目评价体系的特色。将市场竞争与广告经营联系起来考察,促使节目生产者首先关心自己的节目质量和如何在观众市场上立足,在此基础上再考虑如何降低成本。

各栏目评价期前三个月的收视数据、收视负载比、市场份额、负载点盈利、点成本数据进入评价流程。五个指标同时比较,实施末位淘汰制,并结合节目制作预算对节目制作经费实行宏观调控，以求降低成本，提高效益（曹湘屏，2003）。

收视负载比：收视负载比的前提是"处于不同时段、不同频道的节目应该对频道作出不同的贡献"。按照这个前提，时段越好，占据时间越多的栏目应作出更大的贡献。收视负载比的计算基础是收视量。根据各栏目的收视负载比，可以计算出该栏目在播出时应肩负的创收任务和指标。

负载点盈利：湖南电视台从 2002 年 3 月开始试行全额成本核算。各栏目根据其收视负载比可计算出承担的创收指标，在此基础上减去栏目的制作成本，再除以栏目的播出时间，就是栏目的负载点盈利。

点成本：是指栏目取得一个收视点需要投入的成本数。点成本评价指标把栏目收视率与栏目制作成本联系起来，构成一个互动的评价指标。它对栏目有明确的收视要求，对制作成本提出了一定的控制要求。

湖南电视台的收视份额占比 40％，投入产出比、专家评价和满意度各占 20％；新闻节目没有收视考核，专家评价和满意度各占 50％。考核与奖励挂钩，2010 年年底奖了1000 多万元，《湖南新闻联播》奖励了 100 万元；2011 年《回家的诱惑》在全国同时段收视排名第一，得到"台长嘉奖令"50 万元的奖金；2013 年《爸爸去哪儿》以高收视和好口碑得到"台长嘉奖令"100 万元的奖金。

2. SMG 电视节目评估体系

2005 年上海文广新闻传媒集团研发制成"SMG 节目评估体系"及 SMG 电视节目评估体系软件（1.5 版本），试图建立一套行业内有参考价值的通行标准，该体系采用修正收视率指标、主观评议指标、预算指标以及成本指标等四项指标对电视节目进行总体考评。研发历时近两年、耗资 20 万元的 SMG 电视节目评估体系，最后未能在 SMG 实施，也未能向外推广，成为一个闲置的体系（请参考延伸阅读 2）。

上海东方电视台的节目质量评价体系共有五项指标：收视率、成本降低率、节目清账天数、社会评价、广告创收。其中收视率占 50％的权重，节目成本降低率占 25％的权重，节目清账天数占 5％的权重，社会评价占 20％的权重，广告创收只做参考而不列入综合考评。社会评价一项是制片人、部门主任和台领导三级审查、打分的综合。由此看来，能够对节目综合得分产生实质影响的是收视率、节目成本、社会评价三项。

3. 山东电视台的评价体系

山东电视台从 2008 年起，使用新的节目考核办法。新考核办法对自办节目考核总的指导思想是"实行综合考评，兼顾主、客观两个指标，侧重客观指标；兼顾省内外两个市场，侧重全国市场份额和收视率；兼顾城乡两个受众群，侧重城市影响力，综合考评节目的质量、竞争力和市场价值"。

（1）市场份额考核办法

每季度考核一次，重点考核本台节目在全国省级卫视频道同时段的竞争力。对被考核节目在 35 个中心城市、全国网、山东省网、济南市、青岛市五个区域的市场份额排名进行考核。其中 35 个中心城市、全国网数据考核的是在全国省级卫视中的份额排名；山东省网、济南市、青岛市数据考核的是在所有频道中的份额排名。

根据份额排名确定考核节目在以上五个区域的分值，第一名满分为 100 分，每下降一个名次减 3 分。例如，《天下故事》2007 年第一季度在 35 个中心城市、全国网、山东省网、济南市、青岛市五个区域的市场份额排名分别是 13、2、1、2、2，得分就分别是 64、97、100、97、97。

市场份额综合分＝35 个中心城市排名分×35％＋全国网排名分×25％

＋山东省网排名分×30％＋济南市排名分×5％

＋青岛市排名分×5％

（2）收视率考核办法

每季度统计一次，计算出每个节目季度平均收视率，重点考核节目对山东卫视全频道收视份额和市场价值的贡献率。对被考核节目在 35 个中心城市、全国网、山东省网、济南市、青岛市五个区域的收视率。

对山东卫视频道播出的所有自办栏目按照绝对收视率（季度平均值）进行排名，第一名为满分 100 分，每下降一个名次减 3 分。

收视率综合分＝35 个中心城市收视率排名分×35％＋全国网收视率排名分×

25％＋山东省网收视率排名分×30％＋济南市收视率排名分

×5％＋青岛市收视率排名分×5％

（3）专家评价考核办法

以季度抽评方式进行，对节目的思想性、艺术性、观赏性做出整体评价。评委会给每个节目的选题及结构、包装制作、技术质量分别打分。另外根据节目内容或形式创新情况，给予最高不超过 5 分的创新加分，计入专家评价综合分。

专家评价综合分＝选题及结构分×70％＋包装制作分×20％

＋技术质量分×10％＋创新加分

（4）最终得分计算公式

最终得分＝收视份额综合分×80％＋收视率综合分×10％

＋专家评价综合分×10％

4.天津、北京、黑龙江、陕西等电视台的栏目评价

天津电视台由发展研究部对频道实行季度考核。频道市场份额占 25％，自制栏目平

均收视率占 30%，广告创收占 25%，频道栏目满意度占 10%，频道栏目主观评价占 10%。90～100 分不奖不惩，90 分以下适当地扣除节目经费，100 分以上按比例增加频道的节目制作经费

北京电视台 2006 年开始，研究发展部负责全台节目的考核和评价。对频道进行年度考核。每个频道再据此指标分解，对栏目考核。收视市场份额、投入产出贡献率、品牌价值评价，分别占比 40%、30%、20%，另设 10 个单项奖另加 10%，包括创新力、引导力、传播力、社会舆论等。对全台 120 多个栏目，按照收视贡献率和投入产出贡献率的完成情况分为 ABCD 四个区。两项指标都达到 60% 以上属 A 区；收视贡献率及格、投入产出贡献率不及格则划为 B 区；C 区是投入产出率及格，而收视贡献率不及格；D 区则是两项都不及格。

黑龙江电视台 2011 年共有 7 个频道，61 档自制栏目，按属性和类别的不同，分为公益性节目、常态性节目和经营创收性节目等三类。公益类节目的收视人群贡献、收入、投入产出比分别占 60%、20%、20%；常态类节目的收视人群贡献、收入、投入产出比分别占 40%、40%、20%；经营类节目的收视人群贡献、收入、投入产出比分别占 10%、70%、20%。频道对栏目进行以月为单位的考核，结果纳入绩效考核中兑现奖惩；台里对栏目的综合评估则以季度为单位，不达标或在排行榜中处于末位的栏目将被警告，连续三个季度均被警告的栏目将进入退出程序。

陕西电视台实行"一把标尺量到底"的评价方法。收视率增幅、市场份额、广告收入分别占比 20%、50%、30%；但《陕西新闻联播》市场份额加权 15%，《今日点击》市场份额加权 8%。考核以季度为周期，并与绩效挂钩，根据各栏目的季度排名，依次划分为 A、B、C 三个等级，当季排名，下季奖励。A 等为前 4 名，第 1 位的栏目，月人均绩效工资、月栏目制作经费均奖励其标准值的 30%，其余三名，每降低一个名次，两项奖励各减少 1%。B 等为 5～20 名，第 5 名月人均绩效工资、月栏目制作经费均奖励其标准的 20%，以后每降低一个名次，两项奖励各减少 1%。C 等栏目不奖励。栏目实行"点分钟收视考核"，即计算出每晚平均收视率，超过平均收视率 0.1%，稿酬随之提升 20%，低于 0.1%，稿酬降低 20%。2009 年《陕西电视台自办栏目管理办法》在全台运行以来，2010 年就淘汰了 3 档栏目，前 8 年没有淘汰栏目。

5. 省级卫视频道综合评估体系

2012 年 10 月 17 日，央视市场研究发布 2012 省级卫视综合评价结果，前五排名：湖南、浙江、江苏、东方、北京卫视。评判标准：3 个一级指标（引导力、传播力、品牌力）、11 个二级指标、33 个三级指标。数据来源：一是央视索福瑞的收视率数据；二是专家学者、媒体机构和政府官员等组成的专家库意见；三是从 35 个城市的 5000 个家庭进行抽样调

查,获得观众满意度。

2013 年 10 月 19 日 20:00～21:00,CTR 与国家广电总局领导、知名学者就"省级卫视综合评估体系(表12-4-3)"以及综合评估结果与网友进行互动交流。湖南、浙江、江苏、上海东方、北京、安徽、天津、深圳、山东、江西卫视分别以 94.6、93、92.2、86.5、83.8、78.5、78、77.9、77.1、75.9 位居前 10(数据来源:央视市场研究(CTR)官方微博 CTR 洞察中国 Vhttp://www.weibo.com/chinainsight)。

表 12-4-3　省级卫视综合评估体系

一级指标	二级指标	三级指标	数据来源
引导力20	舆论引导10	公信力	专家调查
		舆论监督	
	政策响应10	政策执行度	行业主管部门获取
传播力50	电视传播力40	覆盖规模	覆盖率调查
		收视率	收视调查
		忠诚度	
		收视份额	
	网络传播力10	知名度	网络监测
		关注度	
		收视度	
		美誉度	
品牌力30	社会影响力10	文化品位	专家调查
		道德建设	
		社会公益性	
	品牌号召力20	专业性	
		创新性	
		栏目影响力	

注释:表中数字代表该指标所占权重

资料来源:刘燕南博客,http://blog.sina.com.cn/s/blog_628bf6a90101h7ac.html

延续阅读

1.葛进平整理.关于"实话实说".

2.雷雯.电视节目评估体系现状调查及趋势分析.上海戏剧学院硕士论文,2006.

思考题

1.举例说明电视节目生命周期各阶段的节目和受众特征。

2.如何建构广播电视运营的评价指标体系。

3.如何构造电视节目评价指标体系。

知识点

1.产品生命周期理论	2.电视节目生命周期各阶段特征
3.电视节目生命周期波浪型曲线	4.广播电视业运营的五个层次
5.2006年全国50个卫星频道品牌竞争力调查	
6.2009全国电视媒体影响力评估报告	
7.节目收视率标准化	8.中央电视台栏目警示及末位淘汰条例
9.2007年央视节目评价体系	10.央视收视指标的计算
11.央视趋势指标的计算	12.央视品牌价值的计算
13.央视成本指标的计算	14.2011年央视节目评价体系
15.收视负载比	16.负载点盈利
17.山东电视台评价体系	18.省级卫视综合评估体系

参考文献

1.牛梦.电视新闻节目生命周期及其延伸策略研究.湖南大学硕士论文,2007.

2.吴东,王建平.电视频道质的评价:方法与案例.受众中国,2009(9).

3.赵彦华.媒介市场评价研究:理论、方法与指标体系.新华出版社,2004.

4.郑维东.考核频道与评价节目内在关系的思考.收视中国,2006(11).

5.CTR.受众收视态度决定电视媒体影响力——电视媒体影响力评估体系.

6.http://www.ctrchina.cn/ctrwebsite/cn/Dongcha_newscenter.php?page=3.

7.吴东.收听率数据在广播节目评价中的应用.收听研究,2009(5).

8.中央电视台.关于调整节目综合评价体系和警示淘汰办法的说明.
http://cctvenchiridion.cctv.com/special/C20624/20100114/103189.shtml.

9.甄凤芮.电视节目评价的基本元素研究.山东师范大学硕士论文,2009.

10. 王兰柱,肖海峰,郑维东.聚焦收视率.北京广播学院出版社,2002.

11. 刘效礼.2007 中国电视记实节目发展报告.中国传媒大学出版社,2007.

12. 曹湘屏.建立电视节目评价体系的思考.电视研究,2003(1).

13. 央视"栏目评价体系"揭秘.中国广播影视,2011(7 下).

后　　记

今天是 2014 年高考第一天。收视率与高考相似,同 GDP 和金钱一样,社会离不开,又受人诟病。

数值评判是收视率、高考、GDP、金钱的根本特征。写作本教材的主要目的是为了向毕业后从事文化产业实践和研究的同学,提供受众调查与收视分析的系统知识和数值应用能力;同时也为正在从事文化产业的实践者和研究者,提供受众调查与收视分析原理和方法,为收视率指标的科学研究与应用鼓与呼。

根据国民经济行业分类(GB/T4754—2011),收视调查属于 L 门类,商务服务大类(72),咨询与调查中类(723),市场调查小类(7232)。按照文化及相关产业分类(2012)的十大类,收视调查直接服务于文化产业中的新闻出版发行服务、广播电视电影服务、文化信息传输服务、文化创意和设计服务四大类,间接为国民经济其他行业服务。第一、二次全国经济普查的资料显示,2004、2008—2013 年文化产业当年实现增加值 3440、7630、8400、11052、13479、18071、21000 亿元,分别占同期 GDP 的 2.15%、2.43%、2.5%、2.75%、2.85%、3.48%、3.77 %。可对应参考的数据是,文化产业占 GDP 的比例美国是25%,日本和英国都超过了 15%。

国务院 2009 年 7 月 22 日通过的《文化产业振兴规划》,开宗明义"在重视发展公益性文化事业的同时,加快振兴文化产业,充分发挥文化产业在调整结构、扩大内需、增加就业、推动发展中的重要作用"。为此,我们不能仅把文化作为意识形态的附庸物和政治的衍生品,而是要具有独立的市场地位,独立的发展规律的产业。这就是要按市场规律办事,不是按政治标准和行政命令办事。这就要强调多元化、开放式发展,既要有主流也要有非主流。这就是要为《潜伏》叫好的同时也为《蜗居》喝彩,盼望大餐——《春节联欢晚会》的同时也消费快餐——《非诚勿扰》。

本教材分三大部分。第一部分受众研究的基础理论(5 章),围绕受众这一核心,梳理传播学、心理学、经济学、统计学(调查)、统计学(分析)等学科的相关理论与应用;第二部分是重点(4 章),讲述受众调查与收视分析的方法,结合具体实例阐释数据收集、指标体系、软件应用;第三部分是难点,受众调查与收视分析的应用,尽量客观的描述收视分析数据在节目编排、广告投放、栏目和频道评价中的作用。高校的文化产业管理、广告学等专业,在 2 或 3 年级用每周 3 或 4 课时学习全部内容;新闻学、广播电视学、传播学、广播电视编导等专业在 3 年级用每周 2 或 3 课时学习部分内容(可不学第一分部)。

考虑到主要使用者的学科背景大多是文科和社会科学,高等数学和统计学知识不多,力求以通俗的语言和直观的数据,没有数学推导和复杂的计算,但强调对数据的正确解读。便于使用者掌握受众调查的科学组织方法,并能用 SPSS 进行统计分析。

第二版主要变化有两个方面。一是调整结构:随着网络的普及,取消第 14 章,同网络相关的内容放入相应的章节,体现网络无处不在的现状;将原第 2 部分的统计学内容提前到第一部分,由 3 章精简为 2 章。二是新增内容,主要是受众调查与收视分析商业软件的基础应用,包括(1)央视索福瑞公司的收视软件 InfoSysPlus;(2)尼尔森网联公司的广告监测软件 AQX,电视收视分析软件 Arianna,收视蜂和广告蜂;(3)电视节目网络测评软件的使用方法。其次是增加满意度调查的理论(量表设计)和方法(访谈)。

在教材的改编中,我校的王颖老师改写了第三至五章,方建移教授通读全稿仔细而认真,提出了许多宝贵意见;尼尔森网联公司的徐珍、史勤、项盼,央视—索福瑞公司的赵长军、陈明、曹金毅,上海易步信息技术公司的张克旭、董海军,他们提供相关资料和软件使用的帮助;我校文化产业管理专业 2012 级程美茵同学,她帮助收集资料,高效而准确,在此一并表示衷心感谢。

由于编著者水平有限,时间仓促,再加上参考资料缺乏,特别是不少数据属于商业秘密或竞争敏感数据,书中错误、不足和可商榷之处在所难免。在此真诚地期待各位读者的批评指教,同时恳切希望学界和业界的前辈和同仁能在今后的学习和研究中给予我们更多的支持和帮助。

最后,愿参加高考的儿子和所有学子取得圆满的结果,走出人生精彩一步。

葛进平

2014 年 6 月 7 日于杭州文欣苑

图书在版编目（CIP）数据

受众调查与收视分析 / 葛进平编著. —2 版. —杭州：
浙江大学出版社，2015.1(2022.7 重印)
（传媒效果研究）
ISBN 978-7-308-14192-5

Ⅰ.①受… Ⅱ.①葛…Ⅲ.①媒体(新闻)－受众－
社会调查 Ⅳ.①G223

中国版本图书馆 CIP 数据核字（2014）第 295903 号

受众调查与收视分析(第二版)

葛进平 编著

丛书策划	李海燕	
责任编辑	李海燕	
装帧设计	续设计	
出版发行	浙江大学出版社	
	（杭州市天目山路 148 号　邮政编码 310007)	
	（网址：http://www.zjupress.com)	
排　　版	杭州青翊图文设计有限公司	
印　　刷	嘉兴华源印刷厂	
开　　本	787mm×960mm　1/16	
印　　张	26.75	
字　　数	523 千	
版 印 次	2015 年 1 月第 2 版　2022 年 7 月第 8 次印刷	
书　　号	ISBN 978-7-308-14192-5	
定　　价	68.00 元	